प्रस्तावना

'धर्म का समाजशास्त्र' पुस्तक स्नातकोत्तर परीक्षा के एम.एस.ओ.ई.–003 प्रश्न पत्र की तैयारी के लिए सारगर्भित एवं परीक्षोपयोगी प्रश्नोत्तर के रूप में लिखी गई है। इसके अध्ययन से न केवल अल्प समयावधि में छात्रों को अपना पाठ्यक्रम पूर्ण कर पाने में मदद मिल सकेगी बल्कि प्रश्नों के उत्तरों को हल करने में भी सरलता होगी। प्रश्नोत्तरों की भाषा शैली को क्लिष्ट न रखकर पाठ्यक्रम को शीर्षकों एवं उपशीर्षकों में विभक्त कर इस तरह से प्रस्तुत किया गया है कि विद्यार्थी बिना किसी शिक्षक की मदद के आत्मसात कर सकें। आगामी परीक्षा में सम्मिलित होने वाले विद्यार्थियों को इस पुस्तक के समग्र अध्ययन से अच्छे अंक लाने में न केवल मदद मिल सकेगी बल्कि शत–प्रतिशत प्रश्नोत्तरों को ग्रहण करने की सुविधा भी मिल सकेगी।

हमारी पुस्तक की सबसे बड़ी और महत्त्वपूर्ण विशेषता यही है कि इसके अंतर्गत आपको गत वर्षों के प्रश्न पत्र हल सहित दिए जाते हैं जो आपकी परीक्षा को न केवल सरल बनाते हैं बल्कि आपको परीक्षा में अच्छे अंक प्राप्त करने में भी सहायक होते हैं। प्रश्न पत्रों को आपके सामने बिल्कुल उसी प्रकार प्रस्तुत किया गया है जैसा आपके सामने परीक्षा केंद्र में प्रस्तुत होता है जो आपको अपने आप में एक अलग प्रकार का आत्मविश्वास बढ़ाने में सहायक होगा।

प्रस्तुत पुस्तक के पाठ्यक्रम में 7 खंड है जिसमें कुल 26 इकाइयाँ प्रस्तुत की गई हैं। प्रस्तुत पुस्तक में सामाजिक जीवन में धर्म के महत्त्व का वर्णन है। पुस्तक में धर्म – समाजशास्त्रीय परिप्रेक्ष्य, मानवशास्त्रीय उपागम, मार्क्सवादी सिद्धांत व धार्मिक बहुलवाद में सिक्ख, बौद्ध, जैन, ईसाई, इस्लाम व हिन्दू धर्म पर संक्षिप्त रूप से जानकारी दी गई है। धर्म के अध्ययन क्लासिकल उपागमों जिसमें मार्क्स, दुर्खीम और वेबर के उपागम सम्मिलित हैं उनकी भी विस्तारपूर्वक विवेचना की गई है। इन इकाइयों में पंथनिरपेक्षीकरण और पंथनिरपेक्षवाद, साम्प्रदायिकता और मौलिकतावाद का विश्लेषण तथा साईं बाबा के दिव्य रूप का वर्णन भी सम्मिलित किया गया है।

आगामी संस्करण में आपके सुझावों को यथास्थान साभार सम्मिलित किया जाएगा। अतः अपने सुझाव निःसंकोच हमें हमारी **Email : feedback@gullybaba.com** पर या सीधे प्रकाशन के पते पर लिखें और हमें अपने सुझावों से अनुग्रहीत करें।

प्रकाशन अपने कार्यरत सहायकों व लेखकों का सहृदय से आभार प्रकट करता है, जिनके सहयोग और प्रयासों के कारण ही इस पुस्तक का प्रकाशन संभव हो पाया है।

आपकी सफलता की कामना के लिए,

–प्रकाशक

Topics Covered

खंड–I **परिभाषाएँ तथा उपागम**
Definitions and Approaches

इकाई–1 धर्म – समाजशास्त्रीय परिप्रेक्ष्य
Religion – Sociological Perspectives

इकाई–2 मानवशास्त्रीय उपागम
Anthropological Approaches

इकाई–3 ऐतिहासिक तथा तुलनात्मक उपागम
Historical and Comparative Approach

इकाई–4 धर्मः मनौवैज्ञानिक उपागम
Religion: Psychological Approaches

खंड–II **शास्त्रीय सिद्धान्त**
Classical Theories

इकाई–5 मार्क्सवादी सिद्धान्त
Marxian Theory

इकाई–6 दुर्खीम एवं प्रकार्यवाद
Durkheim and Functionalism

इकाई–7 वैबर एवं प्रातीतिक अर्थ का प्रश्न
Weber and the Question of Meaning

खंड–III **धर्म के नृजातीयलेखन अध्ययन**
Ethnographic Studies of Religion

इकाई–8 एम. एन. श्रीनिवासः दी कुर्ग
M. N. Srinivas: The Coorgs

धर्म का समाजशास्त्र

Sociology of Religion

(एम.एस.ओ.ई.-003)

समाजशास्त्र में स्नातकोत्तर उपाधि (एम.ए.) हेतु

For Master of Arts in Sociology [M.A.]

Gullybaba.com Amazon.in GPHbook.com

Bestseller

विशेष विश्वविद्यालयों के लिए महत्वपूर्ण अध्ययन सामग्री

इंदिरा गाँधी राष्ट्रीय मुक्त विश्वविद्यालय (इग्नू), के.एस.ओ.यू. (कर्नाटका), बिहार विश्वविद्यालय (मुजफ्फरपुर), नालंदा विश्वविद्यालय, जामिया मिलिया इस्लामिया, वर्धमान महावीर मुक्त विश्वविद्यालय (कोटा), उत्तराखंड मुक्त विश्वविद्यालय, कुरुक्षेत्र विश्वविद्यालय, सेवा सदन कॉलेज ऑफ एजुकेशन (महाराष्ट्र), मिथिला विश्वविद्यालय, आंध्रा विश्वविद्यालय, अन्नामलाई विश्वविद्यालय, बैंगलोर विश्वविद्यालय, भारतीयर विश्वविद्यालय, भारतीदशन विश्वविद्यालय, हिमाचल प्रदेश विश्वविद्यालय, सेंटर फॉर डिस्टेंस एंड ओपन लर्निंग, काकाटिया विश्वविद्यालय (आंध्र प्रदेश), के.ओ.यू. (राजस्थान), एम.पी.बी.ओ.यू. (एम.पी.), एम.डी.यू. (हरियाणा), पंजाब विश्वविद्यालय, तमिलनाडु मुक्त विश्वविद्यालय, श्री पद्मावती महिला विश्वविद्यालयम् (आंध्र प्रदेश), जम्मू विश्वविद्यालय, वाई.सी.एम.ओ.यू., राजस्थान विश्वविद्यालय, उत्तर प्रदेश राजर्षि टण्डन मुक्त विश्वविद्यालय, कल्याणी विश्वविद्यालय, बनारस हिंदू विश्वविद्यालय (बी.एच.यू.), और अन्य भारतीय विश्वविद्यालय।

इस पुस्तक का अंग्रेजी संस्करण भी उपलब्ध है।

English Edition of this Book is also available.

Closer to Nature We use Recycled Paper

GPH BOOK ®

गुल्लीबाबा पब्लिशिंग हाउस प्रा. लि.

आई.एस.ओ. 9001 एवं आई.एस.ओ. 14001 प्रमाणित कं.

Published by:
GullyBaba Publishing House Pvt. Ltd.

Regd. Office:	Branch Office:
2525/193, 1st Floor, Onkar Nagar-A, Tri Nagar, Delhi-110035 (From Kanhaiya Nagar Metro Station Towards Old Bus Stand) Call: 9991112299, 9312235086 WhatsApp: 9350849407	1A/2A, 20, Hari Sadan, Ansari Road, Daryaganj, New Delhi-110002 Ph.011-45794768 Call & WhatsApp: 8130521616, 8130511234

E-mail: hello@gullybaba.com, **Website:** GullyBaba.com

New Edition

ISBN: 978-93-81066-73-7
Author: Gullybaba.com Panel

Copyright© with Publisher
All rights are reserved. No part of this publication may be reproduced or stored in a retrieval system or transmitted in any form or by any means; electronic, mechanical, photocopying, recording or otherwise, without the written permission of the copyright holder.

Disclaimer: Although the author and publisher have made every effort to ensure that the information in this book is correct, the author and publisher do not assume and hereby disclaim any liability to any party for any loss, damage, or disruption caused by errors or omissions, whether such errors or omissions result from negligence, accident, or any other cause.

If you find any kind of error, please let us know and get reward and or the new book free of cost.

The book is based on IGNOU syllabus. This is only a sample. The book/author/publisher does not impose any guarantee or claim for full marks or to be passed in exam. You are advised only to understand the contents with the help of this book and answer in your words.

All disputes with respect to this publication shall be subject to the jurisdiction of the Courts, Tribunals and Forums of New Delhi, India only.

HOME DELIVERY of GPH Books

You can get GPH books by VPP/COD/Speed Post/Courier.
You can order books by Email/SMS/WhatsApp/Call.
For more details, visit gullybaba.com/faq-books.html
Our packaging department usually dispatches the books within 2 days after receiving your order and it takes nearly 5-6 days in postal/courier services to reach your destination.

Note: Selling this book on any online platform like Amazon, Flipkart, Shopclues, Rediff, etc. without prior written permission of the publisher is prohibited and hence any sales by the SELLER will be termed as ILLEGAL SALE of GPH Books which will attract strict legal action against the offender.

इकाई–9	इवान्स प्रिचार्डः दी नुऐर Evans Pritchard: The Nuer
इकाई–10	टी. एन. मदनः सन्यास हीनता T. N. Madan: Non-Renunciation
इकाई–11	सुधीर कक्कड़: शामन, रहस्यमय तथा चिकित्सक Sudhir Kakar: Shamans, Mystics and Doctors

खंड–IV समकालिक सिद्धांत / Contemporary Theories

इकाई–12	पीटर बर्जर : धर्म का घटनाशास्त्र Peter Berger: Phenomenology of Religion
इकाई–13	क्लिफोर्ड गीर्ट्ज : सांस्कृतिक विश्लेषण Clifford Geertz: Cultural Analysis
इकाई–14	लेवि–स्ट्रॉस का टोटमवाद Levi-Strauss: Totemism

खंड–V धार्मिक बहुलवाद / Religious Pluralism

इकाई–15	सिक्ख धर्म Sikhism
इकाई–16	बौद्ध और जैन धर्म Jainism and Buddhism
इकाई–17	ईसाई धर्म Christianity
इकाई–18	इस्लाम धर्म Islam
इकाई–19	हिन्दू धर्म Hinduism

खंड–VI	धार्मिक और सामाजिक परिवर्तन
	Religion and Social Change
इकाई–20	पंथ निरपेक्षवाद और पंथ निरपेक्षीकरण
	Secularism and Secularization
इकाई–21	साम्प्रदायिकता तथा मौलिकतावाद
	Communalism and Fundamentalism
खंड–VII	धार्मिक पुनर्जागरण: नए आंदोलन और संप्रदाय
	Religious Revivalism: New Movements and Cults
इकाई–22	धर्म–परिवर्तन (धर्मान्तरण)
	Religious Conversion
इकाई–23	अनुभवातीत चिंतन (टी.एम.)
	Transcendental Meditation
इकाई–24	हरे कृष्ण आंदोलन
	Hare Krishna Movement
इकाई–25	राधास्वामी सत्संग
	Radhasoami Satsang
इकाई–26	शिर्डी के साईं बाबा
	Sai Baba of Shirdi

विषय-सूची

1. धर्म — समाजशास्त्रीय परिप्रेक्ष्य	1
2. मानवशास्त्रीय उपागम	7
3. ऐतिहासिक तथा तुलनात्मक उपागम	21
4. धर्मः मनोवैज्ञानिक उपागम	31
5. मार्क्सवादी सिद्धांत	37
6. दुर्खीम एवं प्रकार्यवाद	47
7. वैबर एवं प्रातीतिक अर्थ का प्रश्न	55
8. एम. एन. श्रीनिवासः दी कुर्ग	63
9. इवान्स प्रिचार्डः दी नुऐर	69
10. टी. एन. मदनः सन्यास हीनता	75
11. सुधीर कक्कड़ः शामन, रहस्यमय तथा चिकित्सक	83
12. पीटर बर्जर : धर्म का घटनाशास्त्र	91
13. क्लिफोर्ड गीर्ट्ज : सांस्कृतिक विश्लेषण	97
14. लेवि–स्ट्रॉस का टोटमवाद	103
15. सिक्ख धर्म	107
16. बौद्ध और जैन धर्म	113
17. ईसाई धर्म	121
18. इस्लाम धर्म	127
19. हिंदू धर्म	135
20. पंथ निरपेक्षवाद और पंथ निरपेक्षीकरण	143
21. सांप्रदायिकता तथा मौलिकतावाद	149
22. धर्म–परिवर्तन (धर्मान्तरण)	155
23. अनुभवातीत चिंतन (टी.एम.)	159

24. हरे कृष्ण आंदोलन	165
25. राधास्वामी सत्संग	169
26. शिर्डी के साईं बाबा	175

प्रश्न पत्र

(1) जून 2008 (हल सहित)	185
(2) दिसम्बर 2008 (हल सहित)	187
(3) जून 2009 (हल सहित)	190
(4) दिसम्बर 2009 (हल सहित)	197
(5) जून 2010 (हल सहित)	201
(6) दिसम्बर 2010 (हल सहित)	206
(7) जून 2011	209
(8) दिसम्बर 2011	211
(9) जून 2012 (हल सहित)	213
(10) दिसम्बर 2012	215
(11) जून 2013	216
(12) दिसम्बर 2013	217
(13) जून 2014	218
(14) दिसम्बर 2014	220
(15) जून 2015	221
(16) दिसम्बर 2015	222
(17) जून 2016 (हल सहित)	223
(18) दिसम्बर 2016 (हल सहित)	232
(19) जून 2017 (हल सहित)	235
(20) दिसम्बर 2017	239
(21) जून 2018 (हल सहित)	240
(22) दिसम्बर 2018	244
(23) जून 2019 (हल सहित)	245
(24) दिसम्बर 2019 (हल सहित)	257
(25) जून 2020 (हल सहित)	261
(26) फरवरी 2021 (हल सहित)	268
(27) जून 2021 (हल सहित)	271
(28) दिसम्बर 2021 (हल सहित)	274

अध्याय–1
धर्म – समाजशास्त्रीय परिप्रेक्ष्य
Religion — Sociological Perspectives

परिचय

मानव समाज का एक लंबा इतिहास है। धर्म किसी न किसी रूप में उतना ही प्राचीन है जितना की मानव समाज तथा मानव हजारों वर्षों से धर्म की प्रकृति के बारे में विचार करने में लगा हुआ है। संसार के प्रमुख धर्मों का उद्गम एशिया में रहा है तथा अब धर्म इज़्राइल और चीन में अपनी विविधता के साथ वर्तमान है। इन धर्मों के अपने लिखित धर्म ग्रंथ, आलोचनाएँ एवं धार्मिक संस्कार हैं। ये प्रमुख सभ्यताओं के अंग हैं।

धर्म के समाजशास्त्री धर्म के विशेषज्ञ नहीं हो जाते हैं, इसकी जटिलताएँ तथा व्याख्या की सच्चाईयाँ उन क्रियाओं से संबंध रखती हैं जो एक अन्य शीर्षक के अंतर्गत आती हैं। धर्मशास्त्र, धर्म का समाजशास्त्र किसी भी आस्था से संबंधित अथवा बिना किसी आस्था के समाजशास्त्री द्वारा प्रयुक्त किया जा सकता है। अतः धर्म का विश्लेषण जब हम समाजशास्त्रीय परिप्रेक्ष्य में करते हैं तो विभिन्न समाजों के ऊपर इसका प्रयोग करते हैं अर्थात् धर्म का समाजशास्त्र केवल धर्म का अध्ययन नहीं है वरन् धर्म के बारे में है। महान् समाजशास्त्री वैयक्तिक रूप से नास्तिक रहे हैं। अतः धर्म का समाजशास्त्रीय विश्लेषण एक धर्मनिरपेक्ष कार्य है।

संक्षेप में, धर्म का समाजशास्त्र केवल धर्म का अध्ययन ही नहीं है, वरन् धर्म के बारे में भी है। यह समाजशास्त्रीय अध्ययन है और इसके विद्यार्थी अथवा व्यवसायी धर्म की विशेषज्ञता का दावा नहीं कर सकते हैं।

प्रश्न 1. धर्म के कार्यक्षेत्र पर प्रकाश डालिए।

उत्तर – धर्म किसी न किसी रूप में उतना ही पुराना है जितना की मानव समाज तथा मानव हजारों वर्षों से धर्म की प्रकृति के बारे में विचार करने में लगा हुआ है। धर्म ईश्वर की उपासना है, जो किसी न किसी रूप में प्रत्येक समाज में पाया जाता है धर्म आलौकिक शक्तियों में विश्वास है यह सामाजिक नियंत्रण का एक महत्त्वपूर्ण एवं प्रभावशाली औपचारिक साधन है। धर्म ने पूर्व साक्षर एवं साक्षर समाजों में एक सामाजिक शक्ति के रूप में प्रभाव डाला है। उनका ढंग प्रारंभ में स्मरण करना एवं मंत्रों और पद्य के रूप में गाना था और इसी तरीके से उसका प्रसार होता गया। इन्होंने धार्मिक पूजा को आकर्षक बना दिया। कुछ कथा वाचक हरि कथा में नाटकीय प्रभाव उत्पन्न कर देते हैं। नानक तथा कबीर के समर्पण से भरी रचनाएँ अच्छे प्रभाव के लिए प्रयुक्त की गई हैं। प्राचीन समय में श्रुति तथा स्मृति की परंपरा थी। जीवन प्रकृति के निकट था। प्रकृति तथा उसके तात्विक बल इन रचनाओं की विषय वस्तु बन गए, ग्रीक तथा भारतीय विचारकों ने प्रकृति को देवत्व रूप तक दे दिया। व्यक्तियों के समूहों ने स्वयं की पहचान सूर्य, चंद्रमा और अग्नि से करनी प्रारंभ कर दी और क्षत्रिय वंश ने इनको पूर्वजों के रूप में मानना प्रारंभ कर दिया। जनजातियों में पशुओं के संदर्भ मिलते हैं जिनमें कौआ, गरूड़, कंगारू मुख्य हैं, भारत में लोग सर्प (नाग), शेर (सिंह), मृग (हिरण) आदि को टोटम के रूप में मानते हैं। टोटम गोत्र का प्रतिनिधित्व करते थे अथवा उसकी आत्मा को साकार रूप देते थे। जल, वायु, भूमि तथा अग्नि को वह पद दिया गया जैसा नदी, पहाड़ या पर्वत को। इसीलिए हमारे पास कैलाश पर्वत, पवित्र गंगा तथा सरोवर धार्मिक भाव से संबंधित हैं। इन स्थानों की प्रशंसा में अनेक गीत व कहानियाँ प्रकट हुईं। भारत में प्रमुख महाकाव्यों की व्याख्या विभिन्न रूपों में की गई है जिसका उदाहरण राम या कृष्ण की कथा है जिनमें अच्छाई एवं बुराई, सज्जनता एवं दुष्टता, देव और दानवों का विवरण नाटकीय ढंग से किया गया है।

पुस्तकों में ईश्वर का सारतत्व है और उसकी महिमा एवं भक्ति साहित्यिक रूप में वर्णित की गई है। लगभग प्रत्येक वस्तु जो जानने योग्य, संरक्षित करने योग्य तथा एक पीढ़ी से दूसरी पीढ़ी को हस्तांतरित करने योग्य थी, इन सब में धार्मिक सुगंधता स्पष्ट थी। यहाँ तक की उत्कृष्ट बुद्धिजीवियों की सोच धर्म के इर्द–गिर्द रही। अतः इसमें कोई आश्चर्य की बात नहीं है कि पहली औपचारिक पाठशालाओं ने मिशन स्कूलों का रूप, मदरसों या आश्रमों का स्वरूप लिया और इन्हीं केंद्रों से इसे लागू भी किया गया। स्मृत ज्ञान, लिखित तथा बाद में प्रकाशित धर्मग्रंथों का प्रचलन हुआ। इन्हीं संस्थाओं के माध्यम से विभिन्न भाषाओं का व्याकरण, अभिव्यक्ति का ढंग, तर्क की विधि एवं वैज्ञानिक खोज के तत्त्व आए। एक अर्थ में प्रारंभिक मानव जो शिक्षापूर्व व शिक्षित दोनों ही से संबंधित थे, उन्हें मानव, प्रकृति व आलौकिक की उपयुक्त जानकारियों का मिश्रण हो गया। इस अर्थ में समाज के विभिन्न स्तरों का विवरण किया गया, नागरिक कर्त्तव्यों की समझ तथा समय, स्थान तथा कर्त्तव्यों के साथ उनका धर्म में समागम हुआ। धर्म सर्वव्यापक था, जिसे दुर्खीम ने समाज की आत्मा कहा है।

इसने सामूहिक क्रियाओं में सहभागिता, सामूहिक एकता की भावना को उत्पन्न किया और एक ऐसी शक्ति का उद्‌भव हुआ जो असंबंधित क्रियाओं से अलग है।

प्रश्न 2. टोटम के अध्ययनों की व्याख्या कीजिए।

उत्तर – टोटम कोई भी वह पशु–पक्षी, पेड़–पौधे अथवा निर्जीव पदार्थ है, जिसे जनजातियाँ अपना रहस्यपूर्ण संबंध मानती है, जो कि टोटम का अध्ययन महत्त्वपूर्ण तथ्य है। इन रहस्यात्मक संबंधों के आधार पर यह विश्वास किया जाता है कि टोटम 'गोत्र' की रक्षा करता है, सदस्यों को चेतावनी देता है तथा भविष्य की घटनाओं की ओर संकेत करता है। ऑस्ट्रेलिया की आदिवासी जनजातियों में से अरूण्टा जनजातीय समूह ने दुर्खीम का ध्यान आकर्षित किया। ये लोग इस अर्थ में टोटमिक थे कि वे अपने आपको पौधों तथा पशुओं की आत्माओं से इस प्रकार संबंधित करते थे कि वे इस संबंध से पहचाने जाएँ। वे टोटम पशु का सम्मान करते थे, उसे कभी हानि नहीं पहुँचाते थे। उसके सम्मान में गायन व नृत्य से भरे सार्वजनिक समारोह का आयोजन करते थे, समारोह को सामान्य से अलग दर्शाने के लिए अपने चेहरे और शरीर पर रंग लेप लेते थे। इसकी गतियों से जुड़े कुछ स्थानों का भी सम्मान होता था। यदि असाधारण परिस्थितियों में कोई टोटम पशु मारना पड़ता था, तब उस अपरिहार्य परिस्थिति तथा आवश्यकता को दर्शाने के लिए प्रायश्चित सार्वजनिक रूप से अभिव्यक्त किए जाते थे ताकि लोगों को आवश्यकता से आश्वस्त कराया जा सके।

चित्र–1.1 : दुर्खीम

सामान्य परिस्थितियों में जनजातियाँ अपने आप को टोटम की आत्मा से जोड़ती थी। व्यक्तियों की सामूहिकता के रूप में समूह की भावना इस विचार और सामान्य टोटम से संबंधित होने की चेतना को प्रबल कर देती है। इसे एक बहिर्विवाही समूह के रूप में भी पारिभाषित किया जाता था जिसके अंदर कोई विवाह नहीं हो सकता था। प्रत्येक सामूहिक क्रिया से सामाजिक परिभाषा को बल मिला। यही वह भाव है जिसमें दुर्खीम ने इन समारोहों का वर्णन किया तथा इनके पीछे छिपे आत्मा के विचार को समाज (समूह) की आत्मा के रूप में माना। इन आयोजनों और समूह की एकता में इनका योगदान, जैसा कि **दुर्खीम** ने कहा है,

धर्म का निचोड़ है तथा ये समाज के लिए प्रकार्यात्मक है। इन सरलतम लोगों में धर्म पूर्ण ओज के साथ था, वह सबसे सरल एवं शुद्ध रूप में था और जिस पर ईश्वर के जटिल चरित्र–चित्रण का भी कोई प्रभाव नहीं था।

दुर्खीम ने ईश्वर को धर्म के एक अपरिहार्य अंग के रूप में नहीं देखा और इसी आधार पर अपने विचारों की पुष्टि के लिए बौद्धित्व के प्रकरण का भी वर्णन किया। यहाँ एक स्पष्टीकरण आवश्यक है। जब दुर्खीम ने कहा कि धर्म समाज की आत्मा था और समाज के एकीकरण के लिए प्रकार्यात्मक था, तब संदर्भ बिंदु सरल समाज था। बाद में उन्होंने स्पष्ट किया कि धर्म में सभी वस्तुओं का ज्ञान एकत्रित किया जाए जिन्हें जानने की आवश्यकता है। विज्ञान का बाद में विकास हुआ और विज्ञान प्रकृति की व्याख्या विभिन्न प्रकार से देने लगा। ज्ञान की एक लौकिक व्याख्या संभव हुई। विद्यापीठ तथा विश्वविद्यालय गिरजाघरों से बाहर विकसित हो सके और उन्होंने देखा कि प्रकृति के साथ–साथ मानव क्रिया की व्याख्या का क्षेत्र वैज्ञानिकता की तरफ बढ़ सकता है तथा धर्म की व्याख्या करने की क्षमता कम होने लगी।

टोटम के प्रति सदस्यों की भावना भय, श्रद्धा तथा सम्मान से युक्त होती है और इसी कारण टोटम को मारना या हानि पहुँचाना समूह द्वारा निषिद्ध होती है। टोटम के प्रति रहस्यात्मक तथा घनिष्ठ आध्यात्मिक संबंध पवित्रता की धारणा को जन्म देता है और इस प्रकार टोटम के सभी सदस्यों को एक नैतिक समुदाय में बाँध देता है।

प्रश्न 3. अर्थव्यवस्था एवं उसका धर्म के साथ संबंध समझाइए।

उत्तर – धर्म का अर्थव्यवस्था से गहरा संबंध है। भारतीय धार्मिक पद्धति में 'धन को मैल' कहा गया है। अर्थव्यवस्था एवं धर्म को दो दिशा में देखा जा सकता है जिससे उनके अंतर–संबंध की पहचान होती है, जो कि इस प्रकार है :

(1) भौतिक कल्याण : भौतिक कल्याण और इस सांसारिक विकास उन अन्य सामाजिक विषयों से आकर्षण कम कर देते हैं जिन्हें धर्म प्रोत्साहित करता हुआ प्रतीत होता है। इस अर्थ में धर्म धीरे–धीरे आर्थिक समृद्धि के लिए अप्रासंगिक होता चला जाता है, इतना ही नहीं बल्कि विकास की प्रक्रिया को बाधित करता है। एशिया में धर्म जिनमें हिन्दुत्व, इस्लाम और कनफ्यूसी के उदाहरण दिए गए हैं, में बताया गया है कि जितना जिसके पास है उस पर बल दिया जाता है और अगले जन्म में अच्छे जीवन के लिए भगवान से प्रार्थना की जाती है और उस दिन के लिए भी प्रार्थना की जाती है जब कयामत का दिन आएगा और पाप और पुण्य का लेखा–जोखा परखा जाएगा। इस्लाम अपनी आय का एक भाग दान करने के लिए प्रेरित करता है जिसको जकात कहा जाता है तथा ऋण पर ब्याज लेने से मना करता है, परंतु लाभ में हिस्सेदारी की अनुमति देता है। ये विचार पूँजीवाद के विकास और उसके परिणाम के लिए सहायक नहीं होते। हिन्दू धर्म मानता है कि अगला जन्म अच्छा हो या मोक्ष प्राप्ति हो और यह सोचा जाता है कि वर्तमान दशाओं के साथ संतोष किया जाए और इस जीवन में अच्छा भौतिक जीवन जीने के लिए अधिक परिश्रम और अधिक धन कमाने की आवश्यकता नहीं है।

(2) धर्म में रुचि : धर्म में रुचि पूँजीवाद को बढ़ावा देती है जिसके अनुसार मनुष्य को अधिक परिश्रम करने के लिए, कर्म को पूजा समझने के लिए, अधिक धन अर्जित करने, अधिक समय तक काम करने के लिए 'समय धन है' और अधिक बचत करने और यह मानना कि बचत किया गया धन ही उपार्जित धन है और फिर इस बचत का उपयोग और अधिक धन उपार्जन के लिए प्रयोग करने अर्थात् उसे पूँजी में बदलने के विचार को प्रोत्साहित करती है। लंबे समय के अंतराल में आर्थिक लाभ, सुविधा और विलासिता प्राप्त होते हैं और इस प्रकार का आनंद इसी संसार और इसी जीवन में प्राप्त होता है। इस विचार से 'स्वर्ग को पृथ्वी पर लाया जाता है।' ईसाइयों के प्रोटेस्टेन्ट सम्प्रदाय में यह भाव पूरी तरह अभिव्यक्त होता है, जबकि कैथोलिक अन्य धर्मों के समान दिखाई देते हैं। 19वीं शताब्दी के संदर्भ में प्रोटेस्टेन्ट तकनीकी और वैज्ञानिक अध्ययनों में अधिक संतुष्टि पाते थे, जबकि कैथोलिक मानविकी और कला में अधिक संतुष्टि पाते थे। लोगों के ऐसी आर्थिक सफलता के प्रति भावों से जुड़े तथ्यों और विचार चिंतन के परिक्षण ने **मैक्स वेबर** (1864–1920) को उनकी प्रमुख पुस्तक *'दी प्रोटेस्टेन्ट एथिक एण्ड स्पिरिट ऑफ कैपीटलिजम'* (अंग्रेजी अनुवाद 1930) लिखने का मार्ग सुझाया। उसने मानव व्यवहार को निर्देशित करने में सभ्यता की भूमिका का अध्ययन किया जिसने 'पश्चिमी यूरोप और केवल पश्चिमी यूरोप में' जीवन के सभी पक्षों में तर्क पूर्ण संगठन को आधार दिया जिसका पूँजीवाद भी एक पक्ष था। वह जिस प्रघटना की व्याख्या करने का प्रयास कर रहे थे वह थी पूँजीवाद का विकास। इसके प्रारंभिक विकास के तथ्य पहले इंग्लैंड में, फिर हॉलैंड और फिर जर्मनी में तथा इसके विपरीत अन्य कैथोलिक देश जैसे स्पेन, फ्रांस और इटली में देर से विकास उनके विचारों की पुष्टि करता है।

प्रश्न 4. पूँजीवाद के उदय की रूपरेखा को चिह्नित कीजिए।

उत्तर – पूँजीवाद के उदय के साथ–साथ कृषि का महत्त्व घटता–रहता है। इसे इस प्रकार से समझा जा सकता है कि जब सामंतवाद का बोलबाला होता है तो धर्म का महत्त्व बढ़ता है तथा कृषि का महत्त्व भी, किंतु पूँजीवाद में कृषि और धर्म का महत्त्व कम होना चाहिए अथवा पूँजीवाद में धार्मिक रूढ़िवाद की समाप्ति होनी चाहिए।

मार्क्स ने समाज की अधिसंरचना और अधोसंरचना को विभाजित करते हुए व्यक्ति के वर्ग को उसके व्यवहार के संचालन में महत्त्वपूर्ण माना है, इसी प्रकार धर्म भी है। मार्क्स ने धर्म की समाज में भूमिका स्वीकारते हुए कहा है कि धर्म मानव की पीड़ाग्रस्त मस्तिष्क को शांति प्रदान करने का एक माध्यम है। **वेबर** ने इस संदर्भ में धर्म को आर्थिक विकास में सहायक नहीं माना है। मार्क्स भी धर्म को मानवीय क्रियाकलापों को निर्देशित करने वाला नहीं मानते। किंतु मार्क्स ने धर्म को मानव व्यवहार में उपस्थित अवश्य माना है। फिर भी पूँजीवादी अर्थव्यवस्था में धर्म की भूमिका को नकारा नहीं जा सकता, यह अपने परिवर्तित स्वरूप में सहयोगी अवश्य है।

जी.एस. घुर्ये जैसे विद्वान ने सोचा कि महाभारत में भारतीय समाज का निचोड़ है। संस्कृत भाषा इसका स्पष्ट माध्यम थी और ब्राह्मण ऐसी परंपरा के वाहक थे। इसी प्रकार अन्य खोजों द्वारा भारतीय समाज विश्लेषण में धार्मिक ग्रंथों एवं धर्म की भूमिका को निर्विवाद स्वीकृति मिली। 1913 में भारतीय जनगणना आयुक्त **जे.एच. हट्टन** ने *'कास्ट इन इंडिया'* में स्पष्ट किया कि भारतीय धर्म पर आर्यों से पहले का भी प्रभाव है। अर्थात् हड़प्पाई सभ्यता के देवी-देवताओं को देखा जा सकता है।

अध्याय-2
मानवशास्त्रीय उपागम
Anthropological Approaches

परिचय

ऑक्सफोर्ड विश्वविद्यालय में जब सामाजिक मानवशास्त्र एक अलग विभाग के रूप में स्थापित किया गया उस समय गैर-पश्चिमी समाजों में धर्म अध्ययनकर्त्ताओं के लिए एक मुख्य विषय था। समाजशास्त्रों के स्वरूपों में सामाजिक व्यवस्था के अध्ययन को मानवशास्त्रियों द्वारा किए गए विभिन्न मानव संस्थाओं के तुलनात्मक अध्ययन से जाना जा सकता है। इस प्रकार के अध्ययनों में समाज की जानकारी के लिए मानव की उत्पत्ति अथवा सामाजिक संगठन की उत्पत्ति से अद्यतन संरचना तक का ज्ञान आवश्यक है अतः मानव जीवन की विकासात्मक कहानी से ही समाजशास्त्रियों का अध्ययन पूर्ण हो सकता है। इन अध्ययनों का प्राथमिक उद्देश्य सामाजिक संस्थाओं की उत्पत्ति व उद्धविकास का अध्ययन था, साथ ही वे यह पता करना चाहते थे कि उत्तरोत्तर उद्धविकास के पैमाने पर मानव समाजों को कहाँ रखा जा सकता है। मानवशास्त्रीय सिद्धांतों के निर्माण की आरंभ की अवस्था धर्म और नातेदारी की संस्थाओं ने अधिक ध्यान आकर्षित किया क्योंकि आदिम समाजों में केवल इन्हीं संस्थाओं के स्वरूप मिलते थे। अतः धार्मिक संकल्पना अति प्राचीनतम होने के साथ-साथ विश्व की सभी सभ्यताओं में विद्यमान है। एक अज्ञात सत्ता, सर्वशक्तिमान सत्ता की उपस्थिति और समाज की संरचना के निर्धारण में महत्त्वपूर्ण भूमिका ने समाजशास्त्रियों के लिए सामाजिक ज्ञान के संदर्भ में नया आयाम खोला। अतः इस इकाई में मानवशास्त्रीय उपागमों के माध्यम से धर्म की उत्पत्ति के सिद्धांतों की व्याख्या, धर्म का सांस्कृतिक स्वरूप आदि पर संक्षिप्त चर्चा की गई है।

प्रश्न 1. धर्म की उत्पत्ति के सिद्धांतों की व्याख्या कीजिए।

उत्तर – विभिन्न मानवशास्त्रियों तथा सामाजिक विचारकों ने धर्म की उत्पत्ति को समझाने के लिए भिन्न-भिन्न विचार प्रस्तुत किए हैं जैसे :

(1) आत्मवाद या जीववाद का सिद्धांत,

(2) जीवित सत्तावाद या मानववाद,

(3) प्रकृतिवाद,

(4) धर्म का सामाजिक सिद्धांत।

धर्म की उत्पत्ति के सिद्धांत जीव-विज्ञान या अन्य भौतिक विज्ञानों की तरह समझने योग्य आँकड़ों पर आधारित नहीं थे जैसे आँकड़े जीव-विज्ञान या भौतिक विज्ञान में उपलब्ध हैं। ऐसा कोई अवशेष या भौतिक साक्ष्य, जो विश्वास को सिद्ध कर सके, नहीं है। गुफाओं में बने भित्ती चित्र और रेखाकृतियाँ ही कुछ भौतिक वस्तुएँ थीं जो उस समय के पूजा के प्रकारों और विश्वासों के बारे में संकेत देती थीं। परंतु इनमें से कोई भी लोगों की सोच के बारे में नहीं बताती थीं और धर्म केवल आस्था तक ही सीमित था। **एडवर्ड टेलर** मानवशास्त्र के जनक के रूप में माने जाते हैं जिन्होंने धर्म की पहली विस्तारपूर्ण मानवशास्त्रीय परिभाषा दी थी। इनके अनुसार यह मानवजाति की एक मनोवैज्ञानिक एकता थी जिसको इवान्स-प्रिचार्ड ने "यदि मैं घोड़ा होता" की पूर्व उपकल्पना कहा है। उस समय के बौद्धिक वातावरण से जो सूचनाएँ मिल पाई थीं उनसे वैज्ञानिक समुदायों को यह पूर्ण विश्वास था कि मानव भी एक प्रजाति थी तथा संरचनात्मक व सांस्कृतिक अंतर होने के बाद भी विचारों तथा बौद्धिक तार्किकता की क्षमता में समानता थी। इस प्रकार टेलर ने अपने आपको आरंभिक मानव के स्थान पर उन चिंतनपूर्ण क्षमताओं में रखकर कल्पना की और विचारों से आशय निकाला और उन विचारों को बताया जो आदि मानव के विचारों के अधिकतम निकट थे। टेलर के अनुसार विचारों को सबसे अधिक प्रभावित करने वाली दो घटनाएँ मृत्यु और स्वप्न की घटनाएँ थीं। इसमें कोई संदेह नहीं कि ये दोनों घटनाएँ आज भी मानव के चिंतन में हैं परंतु आरंभिक मानव के लिए निश्चित रूप से रहस्य थीं।

आरंभिक मानव को आश्चर्य होता होगा कि जब एक आदमी मरता है तो क्या होता है? कैसे एक बोलता, चलता-फिरता मनुष्य अचानक निष्क्रिय हो जाता है? फिर स्वप्न में एक मनुष्य के साथ क्या होता है? जब शरीर निष्क्रिय दिखाई देता है तब उसे अनेक यात्राओं, लोगों से मिलना-जुलना, कार्य करना जैसे अनुभव होते हैं, जबकि ये वास्तव में भौतिक रूप में उसके द्वारा नहीं किए जाते। इस प्रकार के उदाहरणों से शरीर में प्राण, आत्मा में विश्वास पैदा हुआ। ये आत्मा अथवा शरीर के अनदेखे भाग में शक्ति है तथा इसके अस्तित्व के जीवित आयाम हैं। यह आत्मा ही है जिससे व्यक्ति बोलने और चलने के लिए समर्थ हुआ। जब शरीर सो जाता है, तब आत्मा अपनी यात्रा पर जाती है, लोगों से मिलती है और विभिन्न रूपों में कार्य करती है। परंतु निद्रा में आत्मा का शरीर से अलग होना अस्थाई है। जब हम जागते हैं

तो यह भौतिक शरीर में आत्मा के लौटने की पहचान है। परंतु मृत्यु के समय यह अलगाव अंतिम है। आत्मा कभी नहीं लौटती और शरीर आत्मा के बिना अर्थहीन होकर सड़ जाता है।

यह आत्मा शक्ति से विभूषित थी। इसमें सजीवता की शक्ति थी और यह समझने योग्य वस्तु भी नहीं थी जो प्राकृतिक जगत से जुड़ी हो। यह परालौकिक थी, प्रकृति से ऊपर थी। इस प्रकार अपने अवलोकन और विचारों की शक्ति से आरंभिक मानव अलौकिक प्राणी या आत्मा के अस्तित्व में विश्वास करने लगा और टेलर के अनुसार यही धर्म की मौलिक परिभाषा थी। उसके अनुसार धर्म के अन्य सभी आयाम आत्मा अथवा अलौकिक प्राणी में विश्वास से ही पनपे थे और यही धर्म का पहला स्वरूप या जीववाद था।

जीववाद से धर्म के अन्य पहलू निकले। उदाहरण के लिए टेलर ने व्याख्या दी कि सभी संस्कृतियों में फैला हुआ बलि का रिवाज भी आत्मा में विश्वास से ही उदय हुआ। बलि की प्रक्रिया में शरीर से आत्मा अलग कर दी जाती है और उसको विशिष्ट उद्देश्य के लिए निर्देशित किया जाता है। ऐसे ही एक शासक के सेवकों, यहाँ तक कि पत्नियों, घोड़ों और सैनिकों की बलि देने का चलन था ताकि ये लोग मृत व्यक्ति का साथ दे सकें और वैसे ही सेवा कर सकें जैसे भौतिक जीवन में उसकी सेवा करते थे। ऐसे रिवाज चीन और मिस्र में भी फैले हुए थे। स्वर्ग और नर्क में विश्वास, जीवन में और उसके बाद में विश्वास सभी आत्मा के विचार से संबंधित हैं। जैसा कि कहा जाता है कि आत्मा अजर अमर है, आत्मा न दिखाई देती है और न मरती है, उसका कोई ठिकाना होना चाहिए, इसी से स्वर्ग अथवा बाद की दुनिया में विश्वास पैदा हुआ क्योंकि पूर्वजों की आत्माओं में उनके जैसे ही लक्षण थे, इसलिए कई संस्कृतियों में पूर्वजों को संरक्षकों की तरह देखा जाता था तथा संतुष्ट रखा जाता था।

हरबर्ट स्पेंसर, उसी विचारधारा के एक विद्वान थे जो प्रेत के डर से धर्म की उत्पत्ति की व्याख्या करते हैं। टेलर की तरह आरंभिक मानव के विचारों को श्रेय देने के बजाय उन्होंने कहा कि वे केवल प्रेत की अवधारणा से डरते थे। उन्हें संतुष्ट रखने के लिए वे शक्तिशाली मनुष्यों के प्रेतों को देवी-देवताओं के रूप में बदलकर पूजने लगे तथा इसी प्रक्रिया में देवी और देवताओं का निर्माण किया। प्रमुख भाषाविद् मैक्स मूलर ने धर्म की उत्पत्ति भाषा में देखी। उसके सिद्धांत के अनुसार आदि मानव प्राकृतिक घटनाओं की भव्यता और चमत्कार से डरा होगा। उनकी पूरी प्रजाति चंद्रमा, सूर्य, आँधी और बाढ़ से भयभीत हुई होगी। अपने आपको अभिव्यक्त करने के लिए उसने अलंकारों और उपमाओं से भरी भाषा का प्रयोग किया होगा क्योंकि वो अपने अंदर उत्पन्न असामान्य भावों को सामान्य भाषा में अभिव्यक्त नहीं कर सकता था। आकाश में सूर्य की यात्रा से डर कर आरंभिक मानव ने उसका वर्णन अनेक घोड़े हाँकते हुए सारथी के रूप में किया होगा अथवा चंद्रमा के सौंदर्य की तुलना सुंदर कन्या से की होगी। जैसा भी हो, समय अंतराल में भाषा का यह रूप बिगड़ा होगा और जो पहले केवल उपमा के रूप में कहे जाते थे वे वास्तविकता में बदल गए होंगे। इस प्रकार यह कहने के स्थान

पर कि चंद्रमा एक सुंदर महिला के समान है यह कहा गया कि चंद्रमा एक सुंदर महिला है और चूँकि वह सामान्य नहीं है, उसके पास कुछ दैवीय शक्तियाँ होनी चाहिए।

धर्म की उत्पत्ति के अन्य मानवशास्त्रीय सिद्धांत में जीवित 'संतावाद' और 'माना' का सिद्धांत भी है। इस सिद्धांत में वर्णित आत्मा जीववाद जैसी है, मानवशास्त्रीय अवधारणा में सभी को विश्वास नहीं है। कुछ संस्कृतियों में आलौकिक के मानव या पशु के रूप में होने का अवधारणा नहीं है लेकिन विभिन्न वस्तुओं में कम या अधिक शक्ति के प्रसार के पाए जाने में विश्वास है। कुछ वस्तुओं को अन्य की तुलना में अधिक शक्तिशाली होने के कारण 'माना' कहा जाता है क्योंकि ये शक्तियाँ प्राप्त की जा सकती हैं अतः इन्हें प्राप्त करने के लिए जादुई प्रक्रियाएँ की जाने लगीं। इस प्रकार यदि कोई व्यक्ति अच्छा शिकारी है तो उसके पास अन्य से 'माना' अधिक हो सकता है। हालाँकि, कोई अन्य व्यक्ति उससे 'माना' को अपनी जादुई क्रिया से दूर कर सकता है अथवा छीन सकता है। इस प्रकार से शक्ति प्राप्त करने के भी कुछ रास्ते हो सकते हैं।

उत्पत्ति का दूसरा सिद्धांत प्रकृतिवाद है। इसके अनुसार धार्मिक विश्वासों की उत्पत्ति प्रकृति की शक्तियों में है, जिन्हें मानव ने मानव के रूप में ही समझा। प्रकृति के इस मानवीकृत प्रतिनिधित्व को जीववाद के विस्तार के रूप में देखा जा सकता है। प्रकृति के बारे में विचारमग्न होकर मानव ने सोचा होगा कि प्रत्येक प्राकृतिक घटना में आत्मा और मानव के समान गुण हैं। ऐसे ही अण्डमान द्वीप वासियों में दो मानसून वायु पति–पत्नी माने जाते हैं। अधिक दृढ़ तथा लाभदायक हवाएँ नर हैं और सनकी तथा विनाशकारी हवाएँ मादा हैं। भूमि का प्रतिनिधित्व माँ या नारी के रूप में तथा आकाश का पिता अथवा नर के रूप में प्रतिनिधित्व सभी जगह माना जाता है।

इस प्रकार धर्म की उत्पत्ति के सिद्धांत अटकलों पर आधारित थे। समान घटनाओं के लिए अनेक विभिन्न प्रकार की व्याख्या दी जा सकती थी और इन कथनों की सत्यता जाँचने के लिए विद्वानों के पास निगमनात्मक तर्क के अलावा कोई साक्ष्य नहीं था।

टेलर की धर्म "एक अलौकिक शक्ति में विश्वास" की परिभाषा अभी भी मान्य है और उसी प्रकार धार्मिक क्रियाओं की परिभाषा जीववाद के रूप में है। जब हम प्रकृति की शक्तियों और प्राणों में विश्वास करते हैं, उस संस्कृति को सर्वचेतनवादी की संज्ञा दी जाती है। जीववाद से अद्वैतवाद तक ही धार्मिक विश्वासों की शृंखला लंबे समय तक मान्य नहीं रही। यह विश्वास अधिक मान्य रहा कि जादू समेत सभी धर्मों में कुछ न कुछ विश्वास के तत्त्व हैं। हालाँकि प्रारंभिक समय से जादू और धर्म का अंतर मानवशास्त्रीय सिद्धांतों का प्रमुख योगदान रहा तथापि इन दोनों के अध्ययन के उपागम उत्तरोत्तर सैद्धांतिक उपागमों के साथ काफी अलग होते गए।

धर्म की उत्पत्ति के अधिकतर सिद्धांत लक्षणों में उद्विकासीय होने के साथ मनोवैज्ञानिक–सांस्कृतिक सिद्धांतों के लक्षण भी रखते हैं, क्योंकि इनकी उत्पत्ति प्राकृतिक घटनाओं और

जीवन तथा मृत्यु के तथ्यों एवं प्राकृतिक प्रघटना के प्रति मनोवैज्ञानिक प्रतिक्रियाओं में पाई गई है। इस संबंध में क्षेत्र से एकत्रित कोई समंक नहीं था और केवल द्वैतियक स्रोतों का अध्ययन किया जा सकता था। इन्होंने उस समय के आराम कुर्सियों पर बैठकर अध्ययन करने वाले मानवशास्त्रियों को तर्क करने की निगमन प्रक्रिया प्रदान की। इन विद्वानों का यह योगदान था कि समाज की अन्य संस्थाओं की तरह धर्म को भी एक संस्था माना जाए, उसे गैर–धार्मिक विज्ञान माना जाए तथा उसकी तार्किकता की जाँच उस सत्य से की जाए जो परम सत्य के दार्शनिक क्षेत्र से बाहर थे।

प्रश्न 2. धर्म तथा पवित्र की अवधारणा की व्याख्या कीजिए।

उत्तर – इमाइल दुर्खीम की रचना, एलिमेन्ट्री फॉर्म्स ऑफ रिलीजियस लाइफ जिसे समाजशास्त्र अध्ययन में बाईबल का दर्जा मिला हुआ है, में उसने अपने धर्म संबंधी विचारों का उल्लेख किया है। अपने समय के अन्य के समान दुर्खीम ने भी अपने जीवन की एक उद्विकासवादी की तरह शुरुआत की। उसके अध्ययन का शीर्षक भी यही बताता है कि उनका उद्देश्य ऑस्ट्रेलिया के आदिवासियों के धर्म के अध्ययन में रुचि इसलिए थी चूँकि वह धर्म के आदि स्वरूप के अध्ययन करने की आवश्यकता थी। दूसरे शब्दों में उन्होंने भी अपनी खोज की शुरुआत धर्म के मूल रूप और उसकी उत्पत्ति से की। सिगमंड फ्रायड समेत अन्य के समान दुर्खीम भी यही विश्वास रखते थे कि टोटमवाद धर्म का सबसे पहला तथा मूल स्वरूप था। तब भी, उनका अध्ययन तब उत्पत्ति की खोज से आगे बढ़ गया जब उन्होंने धर्म के तथा विशेषतः सरल समाज के धार्मिक अनुष्ठानों के प्रकार्यों का विस्तृत सिद्धांत दिया।

दुर्खीम ने टोटम संबंधी अनुष्ठानों के अपने विश्लेषण द्वारा यह दर्शाया कि सामूहिक धार्मिक अनुष्ठान 'सामूहिक चेतना' उत्पन्न करते हैं तथा एक समूह अथवा समुदाय से जुड़े होने के लिए 'हम' की भावना भी उत्पन्न करते हैं। यही नहीं, टोटम में पवित्र विशेषता का विचार जो कि गोत्र का पूर्वज भी है, मानवीय वंशजों में पवित्रता के रूप में भागीदारी की भावना बनाता है। इस प्रकार **दुर्खीम** के शब्दों में एक ऐसा समुदाय जो कि पूर्वजों की पवित्र वस्तुओं की भागीदारी में एक है अर्थात् उसे 'नैतिक समुदाय' कहा है। टोटम संबंधी पूर्वज पवित्र हैं, तब टोटम जो पूर्वज का प्रतिनिधित्व करने वाला पशु है वह भी पवित्र है और मानव वंशज भी पवित्र हैं। चूँकि वे पवित्र हैं अतः वे नैतिक रूप से उत्तरदायी हैं। अतः मानव की क्रियाएँ स्वेच्छा से समुदाय के नियमों के अनुरूप क्रिया करती हैं तथा समुदाय के नियम पवित्रता ओढ़े हुए वास्तव में वे नियम हैं जो समुदाय को बनाए रखने के लिए उसकी सामाजिक एकता के अनुरूप हैं अथवा दूसरे शब्दों में वे समूह को निरंतर बनाए रखते हैं।

उदाहरण के लिए एक ही टोटम संबंधी गोत्र में विवाह निषेध वास्तव में गोत्र की पहचान बनाए रखने के लिए आवश्यक है क्योंकि आदमी और औरत एक ही पूर्वज के वंशज के रूप में एकता रखते हैं। मियादी टोटम संबंधी धार्मिक अनुष्ठान सामाजिक एकता को दृढ़ करने में

मदद करते हैं तथा सामूहिक चेतना को पुनः जीवित करते हैं। इस प्रकार अंततः टोटम संबंधी पूर्वज की पूजा में लोग 'समाज' को ही पूजते हैं। दुर्खीम का मुख्य योगदान यह दर्शाना नहीं था कि टोटमवाद प्राचीन और मौलिक धर्म था वरन् यह अन्य धर्मों से अलग नहीं था जैसे कि सभी धर्मों की पहचान एक ही है जो ईश्वरवादियों के समुदाय या आध्यात्मिक समुदाय पर आधारित है। दुर्खीम इसे गिरजाघर कहते हैं जो पवित्रता के संबंध में एक से विश्वासों के मानने वाले लोगों का संकलन है।

यह वही गिरजाघर है जो दुर्खीम के अनुसार धर्म को जादू से अलग करता है क्योंकि जादू आवश्यक रूप से समुदाय या सामूहिकता को शामिल नहीं करता। यह व्यक्तिगत लाभ के लिए व्यक्तिगत रूप से प्रयोग किया जा सकता है। यही नहीं, जादू पवित्रता के क्षेत्र के बजाय अपवित्रता के क्षेत्र में अधिक है। दुर्खीम के अनुसार जादू से धर्म की प्रकृति अलग है क्योंकि जादू में ऐसा कोई तत्त्व नहीं है जो पवित्र हो।

पवित्रता वह चीज है जो अलग है और वर्जित है। इसमें खतरे के तत्त्व हैं और इसकी व्याख्या नहीं है। अपवित्रता की प्रकृति व्यवहारिक के साथ कारणों पर आधारित है, पवित्रता की प्रकृति सैद्धांतिक है तथा उसके सिद्ध करने के कारण नहीं हैं। जहाँ अपवित्रता ज्ञान से औचित्य पाती है वहीं पवित्रता केवल आस्था का विषय है। यह पूर्णतया विश्वास पर निर्भर करता है। अतः गिरजाघर का अस्तित्व इसलिए महत्त्वपूर्ण है क्योंकि यही समुदाय है जो आस्था के द्वारा विश्वासों के संकलन को विश्वसनीय बनाता है। अन्यथा न तो पवित्रता ज्ञान से और न ही साक्ष्यों से सिद्ध की जा सकती है। उदाहरण के लिए सभी धर्मों की उत्पत्ति की अपनी काल्पनिक कथाएँ हैं जिन पर उनके अनुयायी आस्था के द्वारा विश्वास करते हैं। उनके पास कोई वैज्ञानिक समर्थन या वास्तविक साक्ष्य नहीं हैं।

प्रश्न 3. धर्म की प्रकार्यात्मक व्याख्या पर प्रकाश डालिए।

अथवा

दुर्खाइम की धर्म की परिभाषा का उल्लेख कीजिए तथा विज्ञान और जादू के साथ इसके संबंध की भी चर्चा कीजिए। [दिसम्बर 2010, प्रश्न 3.]

उत्तर – धर्म की प्रकार्यात्मक विचारधारा के मुख्य रूप से दो प्रतिनिधि माने जाते हैं, रैडक्लिफ ब्राउन और मैलिनोव्सकी। रैडक्लिफ ब्राउन ने पवित्रता के विचार के साथ निषेध (टैबू) का विचार जोड़ा। टैबू अथवा टाबू शब्द पॉलीनेशिया का शब्द है जिसे रैडक्लिफ ब्राउन ने इस क्षेत्र में अध्ययन करते समय सीखा। यह उन सब वस्तुओं के लिए प्रयोग किया जाता है जो धार्मिक रूप से खतरनाक मानी जाती है। तब भी, रैडक्लिफ ब्राउन ने टैबू की यह व्याख्या की है कि विचार का अच्छे, बुरे या पवित्र से कोई संबंध नहीं है, वास्तव में पॉलीनेशिया में ऐसे विचार विद्यमान नहीं थे। किसी वस्तु की पवित्र प्रकृति का संबंध उसके धार्मिक मूल्य से

होता है तथा इन धार्मिक मूल्यों में परिवर्तन करने में खतरा है जो किसी बड़े धार्मिक मूल्य के संपर्क में आने से हो सकता है। इस प्रकार मृतक शरीर जितनी टैबू की वस्तु है उतना ही मंदिर के समान पवित्र स्थान है। उनके धार्मिक मूल्य व धार्मिक दशा के कारण दोनों निषेध हैं।

रैडक्लिफ ब्राउन के अनुसार टैबू का प्रकार्य अन्य धार्मिक कृत्यों के ही समान सामाजिक एकता में योगदान है। उदाहरण के लिए पॉलीनेशिया में होने वाली माता एवं उसके पति तथा उनके निकट के नातेदारों, बहन, भाई, माता–पिता पर कई टैबू (करने योग्य और न करने योग्य) लगाए जाते हैं। साधारण रूप से यह आपेक्षित है कि होने वाली माँ ही जो प्राणी शास्त्रीय रूप से तथा उसके कारण मानसिक रूप से होने वाले बच्चे के जन्म से जुड़ी है, उन निषेधों का पालन करें।

टैबू का ये प्रकार्य है कि वो बच्चे के जन्म में नातेदारों और विशेषत: पिता को भागीदारी के प्रति जागरूक बनाता है। इस प्रकार टैबू लोगों को उनकी नातेदारी, सामाजिक स्थिति के बारे में सचेत करता है जबकि प्राणी शास्त्रीय रूप से वे जागरूक नहीं होते। कुछ अन्य आदतों के भी वही समान प्रकार्य हैं जैसे 'सहकष्टी' जहाँ पिता बच्चे के जन्म का झूठा नाटक करता है। वो ये इशारा करते हैं कि पिता की भूमिका माँ से अधिक महत्त्वपूर्ण है हालाँकि भौतिक रूप से जन्म वही देती है परंतु माता–पिता में पिता अधिक महत्त्वपूर्ण हो रहा है।

रैडक्लिफ ब्राउन ने धार्मिक अनुष्ठानों का विश्लेषण उसी ढंग से किया जैसा दुर्खीम ने। किसी धार्मिक अनुष्ठान में सामूहिक सहभागिता का यह प्रकार्य है कि लोगों को याद दिलाए कि वे एक ही समुदाय के हैं। इस प्रकार धार्मिक कृत्यों को बार–बार करने की प्रकृति हर बार धार्मिक कृत्य करने के अवसर पर उससे जुड़ी भावनाओं को जाग्रत करते हैं तथा फिर से दृढ़ता व शक्ति लाते हैं।

यदि समाज में संस्तरण हो तब किसी महत्त्वपूर्ण व्यक्ति के जीवन चक्र से जुड़े धार्मिक अनुष्ठानों का मानना उनकी सामाजिक स्थिति तो दर्शाता ही है साथ ही स्थिति को उठाने में योगदान देता है उदाहरण के लिए राजा की अंत्येष्टि क्रिया का विस्तृत रूप। इस प्रकार दुर्खीम और रैडक्लिफ ब्राउन दोनों ही धर्म का अर्थ समाज के प्रतिबिम्ब में देखते हैं। हालाँकि मैलिनोव्सकी का दृष्टिकोण थोड़ा अलग था। उनके अनुसार प्रकार्य कुछ हद तक व्यक्ति की मानसिक आवश्यकताओं पर केंद्रित था, फिर भी अपने शास्त्रीय अध्ययन *कोरल गार्डनस एण्ड देअर मैजिक* में उन्होंने दिखाया कि शामन द्वारा किए गए धार्मिक अनुष्ठान किस प्रकार बागबानी क्रियाओं को नियमित करने में सहायक होते हैं।

उनके अनुसार धर्म और जादू में मुख्य अंतर यह है कि धर्म दैवीय तथा आध्यात्मिक अनुभवों से निर्देशित है जो अपने आप में ही लक्ष्य है। बच्चे के जन्म के अवसर पर धार्मिक अनुष्ठान किया जाता है तो यह अपने आप में लक्ष्य है क्योंकि यह समुदाय में एक नए सदस्य के आगमन के लिए समारोह करता है तथा यह देवताओं के प्रति श्रद्धा की अभिव्यक्ति हो

सकती है। परंतु यदि धार्मिक कृत्य किसी बीमार बच्चे के इलाज के लिए किया जा रहा है तो ये उद्देश्य से प्रेरित हैं क्योंकि यह भविष्य में कुछ पाने के उद्देश्य से निर्देशित है, विशेष रूप से जिसके लिए किया जा रहा है उस व्यक्ति का अच्छा स्वास्थ्य हो।

मैलिनोव्सकी के अनुसार, जादू करने का एक सार्वभौमिक प्रकार्य है, विशेषतः अनिश्चितता और सफलता के बीच की दूरी को पाटने के साधन प्रदान करना। मैलिनोव्सकी फ्रेजर के उन विचारों से भी अंतर रखते हैं कि जादू आदिम समाज का विज्ञान है। विज्ञान एक वास्तविक ज्ञान का संकलन है और घटनाओं के बीच वास्तविक कारण संबंध को इंगित करता है जो मानव को जीवित रहने तथा पर्यावरण से जीविका प्राप्त करने के योग्य बनाता है, सभी समुदायों में ऐसे व्यवहारिक ज्ञान का दृढ़ आधार है। इस प्रकार जनजातियाँ कृषि, मिट्टी के प्रकार, बीज के प्रकार, बाग की योजना कैसे करें, नाव कैसे बनाएँ, समुद्री यात्रा कैसे हो आदि के बारे में वास्तविक ज्ञान जानते हैं, जिस ज्ञान के बिना कोई भी व्यक्ति वास्तव में जीवित रहने योग्य नहीं हो सकेगा। हालाँकि बाग लगाने, खाद देने, खरपतवार निकालने और अच्छी फसल पाने के लिए उपलब्ध सभी तकनीकी प्रयोग करने में अपना पूरा प्रयास लगाने के बाद भी व्यक्ति फसल के नष्ट होने के डर से भरा रहता है। अच्छी नौका बनाने, समुद्री यात्रा का अच्छा ज्ञान होने, अनुभव होने के बाद भी हर नाविक समुद्र को कुछ अंश तक अनिश्चितता के रूप में देखता है, वे नहीं जानता कि क्या होगा? जनजातीय लोगों में सभी व्यवहारिक क्रियाएँ जादू करने, उपहार देने, मंत्रों का उच्चारण करने आदि धार्मिक कृत्यों से गुंथी हैं।

उन्होंने जादू और धर्म में अंतर उसकी विधि से नहीं किया वरन् उसके उद्देश्य से किया। धर्म का उद्देश्य धार्मिक है जबकि जादू का उद्देश्य अपवित्र। मैलिनोव्सकी ने धर्म और जादू के अध्ययन में दूसरा महत्त्वपूर्ण योगदान यह किया और वह योगदान इस बात का सूचक है कि व्यक्ति की धार्मिक कृत्यों में भागीदारी है और वह भागीदारी व्यक्तिक रूप में है ठीक ऐसी जो उच्चतर या सार्वभौमिक धर्मों में होती है। हालाँकि सभी धार्मिक कृत्य सार्वजनिक रूप से किए जाते हैं तथा सामूहिक भावना से जुड़े हैं तब भी उन्हें पूर्ण तथा सामूहिक नहीं माना जा सकता, यहाँ तक कि जब वे सामूहिक होते हैं परंतु व्यक्ति के प्रति निर्देशित हो सकते हैं, उसकी मदद के लिए अथवा चिंताओं या दुखों से छुटकारा दिलाने में सहायता के लिए। कभी–कभी सामूहिक धार्मिक कृत्यों में भाग लेने से कोई व्यक्ति अपने दुख या चिंता से छुटकारा पा सकता है।

किसी जोखिम भरे साहसिक कार्य जैसे मछली पकड़ने के लिए दूर जाने में सामूहिक धार्मिक कृत्य में सहभागिता 'हम सब साथ है' की भावना भरती है और साथ ही विश्वास और सकारात्मक मानसिकता लाती है।

सरल समाजों में धर्म के प्रकार्यों के कई अन्य अध्ययनों में रैडक्लिफ–ब्राउन तथा मैलिनोव्सकी का अनुसरण किया गया। उनके प्रमुख विश्लेषणों में इवान्स प्रिचार्ड द्वारा अजान्डे में जादू–टोने के प्रकार्यों का विश्लेषण, नवाहों में जादू–टोने का विश्लेषण क्लाइड क्लूखौन

द्वारा, इवान्स प्रिचार्ड द्वारा न्यूर धर्म का विश्लेषण और एम.एन. श्रीनिवास का कुर्गों का अध्ययन है। धार्मिक कृत्यों तथा समाज में उनके प्रकार्यों के बारे में भी अनेक अध्ययन किए गए, विशेष रूप से क्लूखौन का अध्ययन जिसमें दिखाया गया है कि सामाजिक व्यवस्था बनाए रखने में किस प्रकार विद्रोह का धार्मिक कृत्य योगदान देता है तथा टर्नर और लीच का जीवन चक्र के धार्मिक कृत्यों के प्रतीकात्मक आयामों जैसे दीक्षा संस्कार का अध्ययन। वास्तव में, आधुनिक समय के बाद के भाग में धर्म संबंधी अध्ययनों में प्रतीकवाद केंद्रीय बन गया।

प्रश्न 4. क्लीफोर्ड गीर्टज़ ने धर्म की व्याख्या किस प्रकार से की है?

उत्तर – मानवशास्त्री क्लीफोर्ड गीर्टज़ धर्म और धार्मिक कृत्यों से जुड़े रिवाजों तथा कृत्यों एवं उनसे जुड़े प्रतीकों को जानने एवं उनके गहन अध्ययन में रुचि रखते थे। उनका अध्ययन क्षेत्र प्रकार्यात्मक न्यूनीकरण से आगे बढ़ गया था उनके अनुसार मानव अर्थों की एक व्यवस्था में जीता है जो समूह की संस्कृति है। मानव जीवन के सभी आयाम प्रतीकों से बने हैं जो तभी कोई अर्थ देते हैं जब अर्थों की उसी व्यवस्था में होते हैं जिनके वे भाग हैं। उसके अपने शब्दों में वे "धार्मिक विश्लेषण का सांस्कृतिक आयाम" विकसित करना चाहते हैं। उनके द्वारा संस्कृति "प्रतीकों में साकार रूप लेती अर्थों की ऐतिहासिक हस्तांतरण की एक रचना, प्रतीकों के स्वरूप में अभिव्यक्त अनुवांशिक धारणा की व्यवस्था जिसके द्वारा मनुष्य संदेश देता है, चिरस्थायी रहता है तथा जीवन के प्रति भाव तथा ज्ञान का विकास करता है," के रूप में परिभाषित की गई।

प्रकार्यवादी क्रिया पर केंद्रित थे और क्रिया को लोगों के विचारों के अनुसार ही समझते थे। उनसे हटकर गीर्टज़ मूलतः प्रघटना के बारे में विचारों की निगमनात्मक प्रक्रिया का प्रयोग करते हैं। दूसरा स्थान उन क्रियाओं को देते हैं जो मानव मस्तिष्क की विशेष स्थिति को बताती हैं तथा बदले में प्रतीकों से उत्पन्न शक्तिशाली अर्थों पर निर्भर करती है। धर्म के प्रति उनका दृष्टिकोण सैद्धांतिक तथा परा सावयवी है। उन्होंने सांसारिक दृष्टिकोण तथा जीवनशैली के बीच चक्रीय संबंध देखा, क्योंकि ऐसे संसार के प्रति लोगों का एक विशिष्ट दृष्टिकोण होता है, वे एक विशेष प्रकार का जीवन जीना चाहते हैं और बदले में अपने अनुभवों के द्वारा सांसारिक दृष्टिकोण बनाते हैं।

प्रतीक वास्तविक तथा भौतिक है तथा संस्कृति में निहित सभी विश्वासों और अर्थों का प्रतिनिधित्व करते हैं। गीर्टज़ ने धर्म को परिभाषित करते हुए कहा : (1) धर्म प्रतीकों की एक व्यवस्था है, (2) यह शक्तिशाली, व्यापक तथा देर तक चलने वाले भावों और प्रेरणाओं का निर्माण करता है, (3) अस्तित्व की सामान्य व्यवस्था की धारणा बनाता है, (4) वास्तविकता की धारा से इस धारणा को ढकता है, तथा (5) भावों तथा प्रेरणाओं को विशिष्ट रूप में दर्शाता है।

धार्मिक प्रतीकों की शक्ति लोगों के आधारभूत मूल्यों में निहित है जिन्हें सांस्कृतिक परिस्थितियाँ बनाती हैं। इनमें वो अभ्यास और क्रियाएँ होती हैं जो धार्मिक कहलाती हैं व इनके अपने सामाजिक महत्त्व होते हैं जैसे लोगों का झण्डे लेकर धार्मिक युद्ध लड़ना जो उनके धार्मिक अर्थ का निशान है। झण्डे की उपस्थिति उनकी शक्तिशाली भावनाओं को वेग देती है तथा उनके मिजाज को क्रिया करने के लिए तैयार करती है। गीर्टज़ के अनुसार 'मिजाज' (मूड) अंतर्वस्तु में स्थित है, यह अपने आप क्रिया नहीं करता। 'प्रेरणा' इसे क्रिया करने के लिए प्रेरित करती है। धार्मिक प्रतीक केवल अपनी मूल्य व्यवस्था में अर्थ देते हैं। केसरिया झण्डा केवल उन लोगों की भावनाओं को वेग दे सकता है जिन्हें ये रंग अर्थों की एक बड़ी व्यवस्था से जोड़ता है जिससे शक्तिशाली भावनाएँ प्रभावित होती हैं।

गीर्टज़ ने एक और महत्त्वपूर्ण बात बताई। प्रतीक की प्रकृति अमूर्त है, ये उस जीवनशैली से बड़े हैं जो उन मूल्यों के समान है जिनका वे प्रतिनिधित्व करते हैं। प्रतीकों द्वारा जो व्यवस्था बनाई जाती है वह सदा क्रिया में परिवर्तित नहीं होती, परंतु क्रिया के एक शक्तिशाली स्रोत के रूप में बनी रहती है। जब हम कहते हैं कि एक व्यक्ति धार्मिक है, इसका यह अर्थ नहीं है कि वह हर समय पूजा में लिप्त है, वरन् वह पूजा कर सकती है या उसकी पूजा करने के लिए अपेक्षित है। इस प्रकार वह प्रेरणा को इस प्रकार परिभाषित करता है कि प्रेरणा कुछ क्रियाओं को करने के लिए चिरकालीन चाह है, न कि वास्तविक क्रिया को।

गीर्टज़ के अनुसार धर्म का प्रकार्य धर्म का वास्तविकता पर एक प्रकार की व्यवस्था थोपना है, अव्यवस्था के बोध को दूर करना और यह विश्वास थोपना है कि "ईश्वर पागल नहीं है।" उन्होंने तीन ऐसे बिंदुओं की पहचान की जहाँ मानव की समझने की क्षमता ठहर जाती है। वे तीन बिंदु वहाँ हैं जहाँ अन्य स्रोत असहाय हो जाते हैं तथा धर्म ही आश्रय देता है। पहला है मानव की विश्लेषण क्षमता की सीमा, जहाँ लगता है कि इसका समाधान कोई ज्ञान नहीं कर सकता। दूसरा, सहनशीलता की शक्ति की सीमा जहाँ बीमारी असहनीय हो जाती है, धर्म बीमारी को दूर नहीं कर पाता परंतु वह ऐसी समझ दे पाता है जो उसे सहनीय बना देती है। तृतीय, नैतिक अंतर्दृष्टि की सीमा या बुराई की समस्या जो रोज अधिकतर लोगों को चोट पहुँचाती है जब हम देखते हैं कि बुरा व्यक्ति उन्नति कर रहा है और अच्छा कष्ट पा रहा है। यह एक ऐसी अव्यवस्था या नैतिक अतार्किकता है जिससे केवल धर्म यह समाधान देकर बचा सकता है कि 'वह अगले जन्म में कष्ट पाएगा।'

अतः अब हम कह सकते हैं कि धर्म रास्ता दिखाता है और धर्म की शक्ति इस बात में निहित है कि उसकी व्याख्या तर्क पर आधारित न होकर आस्था पर आधारित है, किसी बात को ज्यों की त्यों स्वीकार करने में है। धर्म का प्रकार्य ज्ञानात्मक है न कि व्यावहारिक रूप में। यह संसार को एक विशिष्ट प्रकार से देखने में मदद करता है, एक ऐसा प्रकार जो चेतना को कम मानसिक आघात देता है। इस प्रकार गीर्टज़ मैलिनोव्सकी की सारे धर्म को लघुकृत करने की आलोचना करते हैं। गीर्टज़ सर्वप्रथम ज्ञानात्मक प्रक्रिया पर केंद्रित हैं तथा अपने विश्लेषण में मनोवैज्ञानिक आयाम के निकट रहे विशेषतः मिजाज तथा प्रेरणाओं के संदर्भ में।

प्रश्न 5. स्पीरो ने धर्म को किस प्रकार परिभाषित किया है?

उत्तर – अन्य मानवशास्त्रियों से हटकर मैलफोर्ड स्पीरो ने धर्म को व्यापक रूप से परिभाषित किया है। उसके अनुसार धर्म के सांस्कृतिक मनोवैज्ञानिक दोनों ही आयाम है। उसने पवित्रता की अवधारणा की आलोचना की क्योंकि उसमें पवित्र नाम का कोई तत्त्व नहीं है जिसे समाज भी पवित्र समझे। वह दुर्खीम के इस विचार को भी नहीं मानते कि धर्म "अलौकिक वस्तु में विश्वास" नहीं है। अनेक सरल लोग प्रकृति और परालौकिक में अंतर नहीं करते हैं और कुछ धर्म जैसे बौद्ध परालौकिक वस्तुओं में बिल्कुल विश्वास नहीं करते। स्पीरो यह विश्वास करते हैं कि धर्म जैसी भिन्न तथा व्यापक घटना को संस्कृति में रहकर ही परिभाषित किया जा सकता है और इसे उन्होंने 'परामानवीय वस्तु जो मानव को लाभ या हानि पहुँचाने की शक्ति रखता है' में विश्वास को धर्म कहा है। हालाँकि थेरावाड बौद्ध परालौकिक वस्तुओं में विश्वास नहीं करते परंतु इस धर्म के अनुयायी किसी न किसी परालौकिक वस्तु में विश्वास करते हैं जैसे बर्मा के नट। यहाँ तक कि बुद्ध को परामानव की श्रेणी में माना जा सकता है चूँकि उनकी पूजा होती है और उन्हें साधारण व्यक्ति नहीं माना जाता। जूडियो ईसाई परंपरा में ईश्वर की अवधारणा है जिसका सार्वभौमिक होना आवश्यक नहीं है। जबकि तथ्य यह है कि बौद्ध धर्म के अनुयायी बुद्ध की शिक्षा का भी अनुसरण करते हैं जैसे ईसाई धर्म में प्रभु ईशू की शिक्षा का अनुसरण। यह भी विश्वास किया जाता है कि बुद्ध अपने अनुयायियों के कल्याण के लिए सकारात्मक प्रभाव डालते हैं।

धर्म की आध्यात्मिक अथवा परालौकिक प्रकृति के संदर्भ में मैलिनोव्सकी के विचारों से स्पीरो सहमत नहीं है तथा कई सार्वभौमिक धर्म का उदाहरण देते हैं जो इहलोक से जुड़े हैं जैसे कनफ्यूसी अथवा हिन्दुत्व के कुछ पक्ष। परंतु परामानवीय वस्तु सार्वभौमिक रूप से एक माध्यम मानी जाती है, इनसे इहलोक अथवा परलोक के उद्देश्यों को पाया जा सकता है, परंतु संस्कृति किसे प्राथमिकता देती है उसका भी प्रभाव पड़ता है।

स्पीरो धर्म को एक सांस्कृतिक संस्था के रूप में मानते हैं तथा उसे परिभाषित करते हैं उनकी परिभाषा इस प्रकार है कि धर्म एक संस्था है जो सांस्कृतिक रूप से माने हुए परालौकिक मानवों की सांस्कृतिक प्रतिमानों से निर्धारित अंतःक्रिया है। अधिकतर यह अंतःक्रिया धार्मिक कृत्यों के रूप में दिखाई देती है तथा इसमें वो क्रियाएँ होती हैं जो परामानवीय वस्तुओं के मूल्य व्यवस्था से एकरूपता रखती है। साथ ही ये विश्वास करने वाले मानवों के लाभ के लिए उसे प्रसन्न करने तथा शांत करने के लिए की जाती है। परामानवीय मानव संस्कृति के स्वीकृत तथ्य है तथा जो अपनी वैधता सामूहिक विश्वासों की व्यवस्था प्राप्त करते हैं।

स्पीरो ने धर्म के अस्तित्व को दो आधार पर बताया है : पहला उस आधार की खोज करना जिन पर धार्मिक तथ्य सत्य माने जाते हैं तथा दूसरा परामानवीय मानव में विश्वास का आधार ढूँढ़ना। दूसरे शब्दों में ऐसा अस्तित्व क्यों है तथा इस विश्वास को क्या बनाए रखता है।

इस प्रकार सभी धर्मों का एक ज्ञानात्मक आयाम होता है और वह यह है कि यह परामानव में विश्वास करता है तथा मानव और परामानव में संबंध है यह मानता है।

स्पीरो के अनुसार आवश्यकता शब्द समाजशास्त्रीय अभाव तथा मनोवैज्ञानिक इच्छा से संबंधित है। आवश्यकता स्वयं क्रिया नहीं कराती वरन् इच्छा अपनी पूर्ति के लिए कराती है। एक आवश्यकता जब तक प्रेरणा नहीं पाती तब तक क्रिया में नहीं बदलती। स्पीरो ने उन विद्वानों की भी आलोचना की है जो क्रिया के अनिश्चित कारण परिणामों को उसका कारण मानते हैं। यहाँ तक कि यदि धार्मिक व्यवहार सामाजिक एकता लाता है तो उसका अर्थ यह नहीं है कि कर्त्ता सामाजिक एकता लाने के लिए पूजा अथवा धार्मिक कृत्य नहीं कर रहे हैं क्योंकि वे अपनी क्रिया का परिणाम ये समझते हैं कि सामाजिक सुदृढ़ता होगी। धार्मिक रिवाज का कारण कर्त्ता की आवश्यकताओं में तथा उसे पूरी करने की इच्छा में ढूँढ़ा जा सकता है।

स्पीरो ने धार्मिक व्यवहार की तरफ ले जाने वाली इच्छाओं को तीन प्रकारों में बाँटा है : ज्ञानात्मक, वास्तविक और द्योतक तथा इनके साथ–साथ होने वाले प्रकार्यों को क्रमशः समायोजक, अनुकूलक तथा एकीकृत। प्रथम ज्ञान की इच्छा के संदर्भ में हैं तथा न समझ में आने वाली सब प्रकार की घटनाओं की धर्म व्याख्या देता है।

वास्तविक इच्छाएँ वे हैं जिसमें कर्त्ता जागरूक है तथा यही वास्तव में उसकी धार्मिक क्रिया की प्रेरणा है, जिसकी इच्छा है जैसे वर्षा या उर्वरता अथवा धन दौलत।

आवश्यकता का अंतिम प्रकार द्योतक मनोवैज्ञानिक क्षेत्र से संबंधित है, इस अर्थ में चिंताएँ, कष्टपूर्ण लक्ष्य तथा डर जो मानव के लिए महामारी है और जिनकी तर्कपूर्ण व्याख्या नहीं है। ये धार्मिक व्यवहार मनोवैज्ञानिक लक्ष्यों को निर्मल करते हैं और धार्मिक विश्वासों के अस्तित्व का अचेतन आधार प्रदान करते हैं। इस प्रकार धर्म, एक सामाजिक संस्था के रूप में, एक आश्रित चर है तथा इसके अस्तित्व की व्याख्या इस संस्था के केवल उस चर द्वारा ही समझाई जा सकती है जो संस्था से बाहर है, इसलिए इसकी व्याख्या मनोविज्ञान में देखने की आवश्यकता है।

प्रकार्यात्मक व्याख्या की एक मुख्य आलोचना यह है कि वे उद्देश्यवादी हैं तथा स्वतंत्र चरों को कारण होने का मौका नहीं देतीं। इस प्रकार स्पीरो के अध्ययन ने धर्म की मानवशास्त्रीय व्याख्या को एक नया आयाम दिया।

प्रश्न 6. धर्म के मानवशास्त्री उपागम के मार्क्सवादी दृष्टिकोण पर प्रकाश डालिए।

उत्तर – मानवशास्त्रीय उपागम के मार्क्सवादी दृष्टिकोण की सबसे बड़ी विशेषता यह है कि ये दृष्टिकोण संरचनात्मक तथा वस्तुनिष्ठ विश्लेषण करता है। इस दृष्टिकोण में स्टीफन फ्यूचवैंग का नाम उल्लेखनीय है। उसने धर्म को परिभाषित करने के लिए नया उपागम दिया। उनके अनुसार धर्म एक सर्वमान्य वास्तविकता है। यह वास्तविकता के बारे में विचारों की व्याख्या है तथा इन विचारों के संचार के साधन दोनों ही हैं। दूसरे शब्दों में धर्म विचारधारा का

एक प्रकार है। वह परासावयवी अथवा परालौकिक की मान्यता को समस्या मानता है, जो अन्य सभी उपागमों में एक मानी हुई दशा के रूप में रही है। यह विचार सामाजिक जीवन के एक स्वतंत्र तथ्य के रूप में प्रयोग किया जाता रहा क्योंकि इसकी प्रकृति सार्वभौमिक थी। यद्यपि अधिकतर मानवों के मस्तिष्क में सार्वभौमिक रूप से परामानवीय मानव का अस्तित्व है, तब भी वैज्ञानिक दृष्टि से किसी वस्तु का अस्तित्व उसके प्रमाणिक तथ्यों पर निर्भर करता है। अतः यह विश्वास एक भावनिष्ठ तथ्य है न कि वस्तुनिष्ठ प्रमाणिक तथ्य।

एक विचारधारा का सामाजिक और ऐतिहासिक अस्तित्व होता है, परंतु अधिकतर विचारधाराएँ स्वयं को अंतिम सत्य के रूप में अभिव्यक्त करती हैं। ऐसी स्थिति में सामाजिक अनुभव अनुसंधान का विषय बन जाता है जिसमें उस ढंग को देखा जाता है जिससे निर्माण की विचारधाराओं में परिभाषित विषयों के सामने सामाजिक रचनाएँ प्रकट होती हैं। कुछ अर्थ में गीर्टज़ का उपागम विचारधारा की अवधारणा के निकट है क्योंकि इसमें भी प्रतीकों का संकलन है। चूँकि सब व्यवस्थाओं में अंतर विरोध और परिवर्तन होते हैं वे गलत दर्शाई जाती है तथा विचारधाराओं की रचनाओं के अनुसार उनका रूप बदल दिया जाता है। ऐसे कई संगठन तथा आयोजन हैं जैसे धार्मिक कृत्य अथवा उत्सव जहाँ इन विचारधाराओं को उत्पन्न करने का प्रयास मिलता है अन्यथा ये सभी सामाजिक क्रियाओं की पृष्ठभूमि में बनी रहती है। यद्यपि विचारधाराओं में विरोध होता है, वे एक दूसरे पर वरिष्ठता के लिए संघर्ष करती हैं तथा विषयों की चेतना में विचारधाराओं का संघर्ष सक्रिय रूप से बना रहता है। यही वह ढंग है जिसमें सामाजिक रचनाएँ स्वतः को बदल लेती हैं। फ्यूचैंग अपने कथन को समझाने के लिए बाद के साम्राज्यवादी चीन का उदाहरण देते हैं। वे बताते हैं कि किस प्रकार पुत्रीय समर्पण तथा संरक्षण की विस्तृत नातेदारी संबंधों में दबी हुई विचारधारा और कृषकों एवं भूस्वामियों में दबी हुई राजनीतिक निष्ठा तथा संरक्षण की संरचना और राज्य सत्ता की विचारधारा व्यवस्था को बनाए रखती हैं। भूत एवं राक्षस इन दोनों संरचनाओं के विरोध में तीसरी श्रेणी बनाते हैं और देवता इन राक्षसों से घरों की रक्षा करते हैं। ये स्वर्ग तथा देवताओं की वास्तविकता की उच्चतर श्रेणी की अवधारणा दी जाती है। अंत में आदर्शवादी संरचनाएँ साम्राज्यवादी तथा अन्य वर्गों के नियमों की सुरक्षा करती है। संघर्ष के बाद स्वाभाविक रूप से पूँजीवादी पर बुर्जुआवादियों ने आक्रमण किया तथा संघर्ष के बाद वर्तमान विचारधाराओं को बदल दिया।

मार्क्सवादी विश्लेषण प्रकृति में अत्यंत संरचनात्मक तथा वस्तुनिष्ठ है। वर्तमान समय की मानवशास्त्रीय पीढ़ी इस प्रकार की वस्तुनिष्ठता से दूर हटने लगी है, भावनिष्ठ से वस्तुनिष्ठ विश्लेषण और प्रतिबिम्बित से प्रयोगात्मक घटनाओं पर बल देने लगे हैं। असल में मानवशास्त्र में मार्क्सवाद बहुत ध्यान आकर्षित नहीं करता।

GULLYBABA PUBLISHING HOUSE (P) LTD.

Best Read "Enhance Your Child" Series for Every Parent

For release date, price, order details etc.
Visit:- www.EnhanceYourChild.com

अध्याय-3
ऐतिहासिक तथा तुलनात्मक उपागम
Historical and Comparative Approach

परिचय

धर्म की समुचित परिभाषा न होने के कारण यह बताना कठिन है कि धर्म की उत्पत्ति किस समय व किस युग में हुई। जब से मानव सभ्यता का विकास हुआ है, तब से धर्म की उत्पत्ति को माना जा सकता है। धर्म के संबंध में सबसे प्राचीन साक्ष्य इतिहास पूर्व के वे भित्तीचित्र हैं जो गुफाओं से मिले थे। धर्म के बारे में सामान्यतः यह माना जाता है कि यह सैद्धांतिक, अलौकिक एवं प्रकृति में अभौतिक है। यह प्रतीकों तथा आदर्श विचारों से संबंधित है। मानव में इस प्रकार के विचार आरंभ से ही हैं। फ्रेजर ने गुफाओं में मिले चित्रों को सहानुभूतिपूर्ण जादू कहा है और यह अधिकतर अनुमान है। इस इकाई में धर्म के प्राप्त आरंभिक साक्ष्य तथा स्वरूप पर चर्चा की गई है। ऐतिहासिक तथा तुलनात्मक उपागम की साम्यता व विषमता के आधार पर वैज्ञानिक तरीके से विवेचना की गई है। धर्म एक नितांत मनोवैज्ञानिक और सांस्कृतिक आस्था का प्रश्न है जो अनादिकाल से मानव समाजों में रचा–बसा मिलता है। धर्म की परिभाषा के विषय पर विद्वानों में मतभेद भी हैं और सर्वमान्य व्याख्या स्थापित नहीं हो पाई है। पूरे विश्लेषण को जानकर हम धर्म के दो पक्ष देखते हैं : पहले पक्ष में धर्म के इहलौकिक पक्ष हैं जैसे राजनीतिक और धार्मिक पक्ष तथा सामाजिक संस्था के रूपों में समाजों का आकार देने और रूपांतरण करने में धर्म की भूमिका। दूसरे पक्ष में, धर्म के दूसरे संसार से जुड़े अनुभव हैं जो मानव का रूपांतरण करते हैं और उन्हें कम समक्ष में आने वाली रहस्यमयी क्षेत्र से संबंधित करते हैं।

प्रश्न 1. धर्म के प्राप्त आरंभिक साक्ष्य एवं स्वरूपों का वर्णन कीजिए।

उत्तर – धर्म की कोई भी ऐसी परिभाषा अस्तित्व में नहीं है जिसके आधार पर धर्म की उत्पत्ति का समय ज्ञात किया जा सके। पुरातत्त्वविदों एवं इतिहासकारों द्वारा की गई खोजों के आधार पर कई धारणाएँ जन्म लेती हैं।

पुरातत्त्वविदों ने कुछ ऐसे साक्ष्यों की खोज की है, जिसमें गर्भवती महिला के उभरे यौनांग आदि प्रमुख हैं। मोहनजोदड़ो एवं हड़प्पा जैसी कुछ अति प्राचीन सभ्यताओं में कुछ सिद्धांत माँ को देवी के रूप में मानने से सहमत हैं क्योंकि माँ अपने शरीर से जीवन दे सकती है, इसलिए मानव स्त्री से आदर के साथ डरता भी होगा और स्त्री के शक्तिशाली होने के कारण उसे खतरनाक माना होगा। मैरी डगलस बताते हैं कि जो खतरनाक माना जाता था, वही अपवित्र भी माना जाता था इसलिए टैबू एवं खतरे की अवधारणा एक साथ चलती है। परलोक तथा आत्मा के कुछ साक्ष्य श्मशान से भी मिलते हैं। व्यक्ति को दफनाते समय उसके साथ कुछ सामान रखना उसके प्रति प्रेम व स्नेह के साथ–साथ यह भी दर्शाता है कि उसकी आत्मा का बाद के जीवन के साथ कुछ संबंध अवश्य विद्यमान है।

भौतिक पदार्थ एवं संस्कृति सही रूप से यह नहीं बता सकती है कि जो संस्कृति के वाहक थे, वे क्या सोचते थे? धर्म के बारे में प्राचीनतम तत्त्वों का पता केवल इन्हीं वस्तुओं से चल सकता है परंतु इनकी ठीक–ठीक जानकारी अभी प्राप्त नहीं है। भारत में दफनाने वाले स्थान पर जहाँ सामान मौजूद है, उससे मिले भित्तिचित्र पाषाण युग से कृषि युग के विषय में जानकारी देते हैं, जो धार्मिक विश्वास के संबंध में जानकारी देता है।

इनमें कुछ प्राचीन विश्वास, काल्पनिक कथाएँ, लोक कथाएँ तथा रिवाज मानव अस्तित्व की आरंभिक अवस्था की निरंतरता के रूप में माने जाते हैं और यह इनकी प्राचीनता का प्रमाण है कि विश्वासों के कुछ प्रकार, लोक कथाएँ एवं रिवाज लगभग सार्वभौमिक हैं। ये समस्त समानताएँ मेसोपोटामिया की प्रारंभिक सभ्यता में भी विद्यमान हैं।

प्रश्न 2. ब्रह्माण्ड और विश्व परिदृश्य का वर्णन कीजिए।

उत्तर – यह एक आम धारणा है कि प्रकृति और मानव में कोई खास अंतर नहीं है। इसका साक्ष्य कई मानवशास्त्रियों एवं दार्शनिकों ने अपने शोध द्वारा प्रस्तुत भी किया है, उदाहरण के लिए दुर्खीम (1915) ने टोटम संबंधी धार्मिक कृत्यों के द्वारा प्रकृति और मानव के बीच निरंतरता दर्शाई है क्योंकि टोटम संबंधी वंशज पशु, पौधे या प्रकृति के तूफान, बिजली, पानी आदि अंग हैं। जनजातियों में ही नहीं, पुरानी सभ्यताओं में भी उनके वंशज और भगवान ब्रह्माण्ड के अंग थे। ग्रीस की सबसे महत्त्वपूर्ण पित्राकृति यूनान की प्रथम देवता ज्यूस की थी, रोम वासियों के बृहस्पति तथा आर्यों के डायनस और ये सभी ब्रह्माण्ड के अंग थे। ये आर्य जब भारतीय उपमहाद्वीप में आए तब युद्ध व मौसम के भगवान इंद्र ने डायनस को हटा दिया, जो वर्षा और तूफान लाने के लिए उत्तरदायी था। इंद्र के साथ मारूत युद्ध में साथ देता

ऐतिहासिक तथा तुलनात्मक उपागम

था। इस प्रकार आर्यों के इंद्र, यूनान के ज्यूस तथा स्कैन्डीनेवियन के टोर सभी में समानता है, वे आकाश, तूफान और बिजली के रूप हैं।

पशु पालन अवस्था के आर्यों का संबंध सूर्य से अधिक था। सूर्य का आकाश में सात घोड़ों वाले रथ पर सवार होकर जाना ग्रीक के भगवान हैलिअस के समान है। आज भी पशुपालन करने वाले लोगों में सूर्य महत्त्वपूर्ण भूमिका निभाता है उदाहरण के लिए हिमालय के भोटिया जिनमें सूर्य माँ-सूर्य कहलाता है।

प्राचीन लोगों में सूर्य का रथ में सवार होकर जाने का विश्वास सार्वभौमिक था। फ्रेजर ने अपनी पुस्तक गोल्डन बो में बताया कि रोडियन भी सूर्य को अपना सर्वोच्च देवता मानते थे तथा वार्षिक धार्मिक अनुष्ठान में सूर्य के प्रयोग के लिए एक रथ तथा चार घोड़े देते थे। स्पार्त निवासी तथा फारसी भी इसी विश्वास के आधार पर सूर्य को घोड़े की बलि देते थे। प्राचीन मैक्सिको निवासी ऊष्मा, प्रकाश और गति की शक्ति बनाए रखने के लिए सूर्य की पूजा करते थे तथा मानव बलि चढ़ाते थे ताकि गर्मी, प्रकाश और गति की शक्तियाँ पुनः बनी रहें जिससे सूर्य लोगों को जीवित रखे, दिन-रात तथा मौसम लाए और सामान्य रूप से ब्रह्माण्ड को चलाता रहे। भारत के नागाओं में इसका विरोधाभास मिलता है। माथुर के अनुसार सूर्य चंद्रमा की डरी हुई सीधी सादी पत्नी है। उसके पति की प्रभुत्वता का प्रमाण इस तथ्य से है कि सूरज रात में निकलने का साहस नहीं करते जब चंद्रमा आकाश में होते हैं व जब चंद्रमा आकाश में जाता है तब सूर्य प्रकट नहीं होता। इस प्रकार वही सूर्य जो कुछ लोगों के लिए गर्व से भरा रथ पर सवार है वही दूसरों के लिए शर्मीली स्त्री है। इसलिए ब्रह्माण्ड के अंगों को जीवन, जीविका तथा निर्माण के देवताओं के रूप में समझकर खुश एवं संतुष्ट रखा जाता था। प्राचीन ग्रीक, रोम वासी, मिस्रवासी तथा भारतीय आर्य सभी के देवता प्रकृति की शक्ति मानवीय रूप से निर्मित थे। सूर्य, चंद्रमा, वर्षा, हवा, ज्वालामुखी तथा पर्वत, पेड़ और नदी सभी का देवों और देवियों के रूप में मानवीकरण किया गया।

पेड़ों और पशुओं की न केवल पूजा की गई बल्कि यह विश्वास भी किया गया कि उनमें आत्मा है और वे मानव के समान चेतन है। प्राचीन ग्रीस में पेड़ों तथा पवित्र बागों की पूजा करने का व्यापक रिवाज था। डोडोना में बहु विख्यात ओक के पेड़ में दैवीय शक्ति थी यह अपने बड़े आकार, आयु तथा अन्य लक्षणों के कारण पूजने की वस्तु था। भारत में पीपल के पेड़ को शिव का निवास स्थान माना जाता है। सदाबहार एवं बड़े पेड़ों की सामान्यतः पूजा की जाती है। अक्सर यह देखा गया है कि वे पेड़ पौधे तथा पशु पूजे जाते हैं जो मानव जीवन शक्ति से बड़े या वे किसी न किसी रूप में लाभदायक हैं। परंतु यह हमेशा सत्य नहीं होता जैसे नीम के पेड़ में अनेक चिकित्सकीय गुण है परंतु फिर भी वह पूजनीय नहीं होता।

इन कारणों से लोग भगवान से वर्षा पाने, आपदा तथा बाढ़ रोकने के लिए प्रार्थना करते होंगे। वे भूमि से उदार रहने, फसल, फल देने के लिए प्रार्थना करते होंगे। वे समुद्र से प्रार्थना करते होंगे कि वह शांत रहे, नाव और जहाजों को न डुबोये और उन्हें मछली पकड़ने व समुद्री

यात्रा पर जाने दे। इस प्रकार इन्हें मानविक लक्षण वाले देवताओं में बदल दिया गया तभी व्यक्ति समझ सके कि इनसे कैसे व्यवहार किया जाए।

जैसे टोटमवाद में होता है कि इन्हें नातेदार या वंशज में बदल दिया जाता था और इस तरह दूरी कम कर दी जाती थी। प्राचीन काल में देवता और मानव की समानता को देखकर फ्रेजर ने उस समय के समाज को "महान प्रजातंत्र का संसार" कहा था।

उच्च स्तर वाले समाज में जिनमें केंद्रीकृत शक्ति के विचार भली-भाँति विकसित हो गए थे उनमें राजा में देवत्व के गुणों ने भय पैदा किया तथा पूर्ण आज्ञा उत्पन्न की। कुछ राजाओं, जैसे चीन में, के अंतिम संस्कार के साथ सैकड़ों जीवन की बलि दी जाती थी जिनमें उनकी पत्नियाँ, सेवक और सलाहकार भी शामिल थे। वे अनेक नक्काशी करने वाले श्रमिकों को नियंत्रित करते थे, बिना नाजुक यांत्रिक तकनीकी के पिरामिड जैसे स्थापत्य कला के अजूबे बनाने में योग्य थे।

प्रकृति के पवित्र का एक दूसरा तरीका प्रकृति में विश्वास ने मानव समाजों में महत्त्वपूर्ण भूमिका निभाई। इस विश्वास में प्रकृति को उसके प्राकृतिक रूप में पूजा जाने लगा। ऐसे विश्वास ने बाग, पेड़, नदी और पहाड़ की अवधारणा दी। ये अवधारणाएँ प्रकृति के रक्षण और संरक्षण के साथ-साथ प्रकृति के मानवीय और गैर-मानवीय आयामों में संतुलन बनाने में सहायक हुईं। जंगलों का संरक्षण पूर्वजों के निवास के रूप में किया गया, नदी और जल स्रोतों को आदर दिया गया, पेड़ों को देवता मानकर काटा नहीं गया जैसे गढ़वाल के भोटिया जो देवदार के वृक्षों को देवता मानते हैं।

जूडियो-ईसाई धर्म की अक्सर आलोचना की गई जिसका कारण यह था कि उसमें प्रकृति के प्रति आदर भाव नहीं था। वास्तव में ईसाई के प्रसार को यह दोष दिया जाता है कि उसने प्रकृति को नष्ट किया है जैसे 19वीं शताब्दी के वैज्ञानिक विश्वास फैलाने के साथ-साथ उनके प्रसार ने प्रकृति को बिगाड़ा और जिसका परिणाम यह हुआ कि प्रकृति को एक वस्तु की तरह मान लिया गया। प्रकृति की पवित्रता में विश्वास को प्रतिघात के रूप में भी देखा जा सकता है जैसा कि ऐले ने समझाया। उन्होंने गंगा नदी के प्रदूषित होने में लोगों के उस विश्वास को उत्तरदायी माना कि गंगा कभी प्रदूषित नहीं हो सकती वरन् इसमें जो भी वस्तु डाली जाएगी वह पवित्र हो जाएगी। अतः हिन्दू उपासकों को यह समझाना कठिन है कि नदी में मृत शरीर, पत्ते, मालाएँ व अन्य समान न डालें, वे प्रत्यक्ष रूप में नदी को प्रदूषित करेंगे। परंतु उपासकों के विश्वास के अनुसार गंगाजल के संपर्क में आकर वस्तुएँ ही पवित्र हो जाएँगी। उन्होंने नदी के लिए शुद्धता और स्वच्छता शब्दों में अंतर किया क्योंकि उसका स्वच्छ होना महत्त्वहीन है क्योंकि वह सदा शुद्ध है।

प्रकृति की प्रघटनाओं को शकुन के चिह्न के रूप में भी देखा जा सकता है। बेथलहेम का सितारा ईश्वरीय राजा के आगमन का सूचक माना जाता था। एक विशिष्ट धूमकेतु का देखना आपदा या युद्ध का सूचक है यह एक सार्वभौमिक विश्वास है। चंद्रमा के चारों तरफ चक्र

तूफान का सूचक माना जाता है और नागा छोटे इंद्रधनुष को युद्ध जैसी आपदा का सूचक मानते हैं। उत्तर–पूर्व भारत में बाँस के पेड़ों पर फूल खिलना जो दुर्लभ है सार्वभौमिक अकाल का सूचक माना जाता है।

प्रश्न 3. आत्मा एवं बलि/समर्पण की अवधारणा समझाइए।

उत्तर – आत्मा एवं बलि में धर्म की उत्पत्ति स्रोत पूर्वजों की आत्माओं में विश्वास करना है, सामाजिक सिद्धांत में आत्मा की अवधारणा टेलर द्वारा दी गई जिन्होंने धर्म की उत्पत्ति आत्मा के विश्वास में देखी। आत्मा की प्राचीन अवधारणा आत्मा की पश्चिमी अवधारणा से थोड़ी अलग है। प्राचीन काल में आत्मा की अवधारणा विश्वास दोहरे शरीर में विश्वास की भाँति थी, एक भौतिक शरीर व दूसरा उसकी परछाई। टेलर के अनुसार यह विश्वास किया जाता था कि यह मानव शरीर जीवित करने का कारण है, इसीलिए धर्म के पहले स्वरूप का नाम जीववाद रखा गया। आत्मा में विश्वास ने कई अन्य विश्वासों को जन्म दिया जैसे बाद की दुनिया, स्वर्ग और नर्क, आत्मा का वृकोन्माद (मानव आत्मा का पशु शरीर में जाना) की तरह एक शरीर से दूसरे में जाना और कई जन्मों में आत्मा का पुनर्जन्म। आत्मा हमेशा अनश्वर मानी गई जो दूसरे संसार या शरीर में चली जाती थी। कभी–कभी आत्मा एक शक्ति के रूप में मानी जाती है, आत्मा का तत्त्व शरीर के किसी भाग में रहता था जैसे नाभि या सिर। खोपड़ी का शिकार खोपड़ी की इसी जादुई शक्ति के कारण होता था। यह विश्वास किया जाता था कि किसी व्यक्ति की खोपड़ी रखने से उसकी आत्मा की शक्ति ली जा सकती है। अतः एक शिकारी जितनी अधिक खोपड़ियों का शिकार करेगा उतना ही शक्तिशाली हो जाएगा।

बलि को एक विश्वास के रूप में सभी धर्मों में मान्य माना है। बलि ईश्वर को कुछ अर्पण करने के अर्थ में समझी जा सकती है या स्वयं को वंचित करने के लिए कुछ छोड़ने के अर्थ में। कभी–कभी ये दोनों एक साथ पाई जाती है जैसे बाईबिल में अब्राहम से अपने पुत्र को ईश्वर को अर्पण करने की अपेक्षा की गई। इस्लाम में बकरीद पर अभी भी पौराणिक गाथा के अनुसार घर में पाली गई बकरी या पशु की बलि खुदा को दी जाती है। आत्मा की अवधारणा का ध्यान रखते हुए रक्त की बलि नरहत्या नहीं मानी जाती वरन् शरीर से आत्मा का निष्कासन माना जाता है ताकि उस देव के पास जा सके जिसके लिए अर्पण किया जा रहा है। बलि कुछ प्रतिमानों से निर्देशित होती है। जब कभी रक्त की बलि दी जाती है तब हमेशा चुना गया पशु उत्तम और समूचा होता है। अनेक संस्कृतियों में यह देखने के लिए कि देव को पशु मान्य होगा या नहीं कोई चिह्न देखा जा सकता है। कई बार यह चिह्न न दिखे तो पशु छोड़ा जा सकता है। कई बार जब पशु की बलि चढ़ाई जाती है तो यह मानव बलि का प्रतीक होती है और जब फल या सब्जी की बलि चढ़ाई जाती है तो यह एक पशु का प्रतीक होती है। किसी कीमती वस्तु का अर्पण करने का विचार का अर्थ यह है कि वह देवता को प्रसन्न करने में उसका उतना ही मूल्य अधिक होगा क्योंकि बलि चढ़ाये गए पशु अथवा फल या सब्जी का

आयोजन करने वाले ही वास्तव में खाते हैं तथा ईश्वर केवल प्रतीकात्मक रूप से खाते हैं इसलिए बलि की एक दूसरी व्याख्या रोबर्टसन स्मिथ (1 8 9 4) के द्वारा दी गई जिसमें देवता और मानव एक साथ सम्मिलित होते हैं। यह भागीदारी मनुष्य और देवता में एक नातेदारी स्थापित करती है और मानवों में देवत्व की पुनः पुष्टि करती है। इस प्रकार के मूल्य ईसाई धर्म में मिलते हैं जहाँ शराब और कतरे का सेवन यह सोचकर किया जाता है कि वे ईशू का रक्त तथा शरीर को प्रतीकात्मक रूप से ले रहे हैं तथा ऐसा संपर्क मनुष्यों को पवित्र बना देता है। ऐसा ही उदाहरण दुर्खीम के द्वारा टोटम संबंधी रिवाज की व्याख्या में मिलता है जहाँ टोटम के माँस को प्रयोग करने वाला रिवाज मानवों में देवत्व और उनकी देवताओं के साथ नातेदारी के संबंध की पुनः पुष्टि करता है। बलि की एक अन्य व्याख्या हिन्दुओं के त्याग मत से संबंधित है जहाँ किसी वस्तु को त्याग के या पीछे हटने के रूप में देखा जाता है। सांसारिक सुखों को त्यागना अथवा कुछ समय के लिए कुछ छोड़ना जैसे वासना को त्यागना अथवा व्रत करना आदि भी बलि के रूप में देखे जाते हैं। यहाँ सिद्धांत एक ही है कि देवता को अर्पण करना अथवा स्वयं शुद्धि करण के द्वारा देवत्व प्राप्त करना जो कि बलि में निहित है। ऐसा ही त्याग तब दिखाई देता है जब लोग तीर्थ यात्रा पर जाते हैं जैसे मक्का की तीर्थ यात्रा अथवा केरल की जंगल की सबरी मलाई की समाधि।

हरबर्ट स्पेन्सर ने बताया कि इस प्रकार की छायाएँ बनाई जा सकती हैं और देवताओं के समान पूजी जाती हैं। यदि एक व्यक्ति जो शक्तिशाली अथवा सबके लिए उदाहरण है तो उससे यह अपेक्षा की जाती है कि वह मृत्यु के बाद भी उन गुणों को धारण किए रहे। इस प्रकार के कई उदाहरण मिलते हैं जहाँ मृत्यु के बाद देवता के समान समझा जाता है और पूजा की जाती है। बहुत से लोग यह विश्वास करते हैं कि असाधारण गुणों वाले व्यक्ति में शक्तिशाली आत्मा अथवा महान आत्मिक शक्ति होती है। कभी–कभी आत्मा मृत्यु के बाद भी पूजी जाती है लेकिन हमेशा नहीं। एक वास्तविक देवता रूपी मनुष्य ऐसा आदमी है जो दैवीय आत्माओं या उनके एक भाग को धारण करता है जैसे ईश्वर का पुत्र। ईसा मसीह ईश्वर के पुत्र के रूप में देखे गए, राम और कृष्ण विष्णु भगवान के अवतार में देखे गए। लघु स्तर के समाजों के वृहद् आकार एवं संस्कृति की जटिलता में भिन्न–भिन्न हो सकते हैं, लेकिन उन आवश्यक सिद्धांतों में नहीं, जिनके आधार पर इन सभी उदाहरणों में पूजे जाने वाले व्यक्ति में महान शक्ति समझी जाती है। यह शक्ति लौकिक न होकर दैवीय होती है चाहे इसे 'माना' कहें, दैवीय चिंगारी या देवता का अवतार कहें! अवतार की एक और श्रेणी बौद्धिसत्व है जो दैवीय अवतार नहीं हो सकते क्योंकि बौद्धवाद भगवान में विश्वास नहीं रखता। महायान बौद्धवाद में महान बुद्ध भगवान के अवतार माने तो गए परंतु देवत्व रखने के स्थान पर निर्माण का शून्य, असाधारण और मुक्ति का सार था। स्मार्त ने कहा है "शून्यता एक नाम का सार है और ये धुंधली 'शून्यता' पवित्र लोगों में पाई जाती है।" इस प्रकार पवित्र लोग भगवान में विश्वास किए बिना भी हो सकते हैं।

आत्मा की शरीर में स्थिति संस्कृति के साथ बदल जाती है। प्राचीन हैब्रू के विश्वास के अनुसार यह 'नेफैश' रक्त में रहती थी। रक्त के बारे में अनेक विश्वास पाए जाते हैं, इसका गिरना या दूसरे को चढ़ाने में एक संस्कृति से दूसरी संस्कृति में हस्तांतरित करना इस सिद्धांत पर आधारित होता है कि रक्त के अंदर आत्मा और जीवन ऊर्जा होती है। कुछ संस्कृतियों में इस आत्मिक शक्ति का ह्रास माना जाता है कि इससे भौतिक शरीर की दशा कमजोर हो जाएगी। कई बीमारियाँ विशेषत: जिनसे शरीर में कमजोरी आती है उनका कारण भी 'आत्मिकह्रास' कहा जाता है। ईसाई धर्म में परिवर्तित होने से पहले नागा जैसे लोग वृकोन्माद में विश्वास करते थे जिसमें मानव आत्मा पशु में स्थानांतरित हो जाती है। ये स्थानांतरण दो प्रकार के होते हैं, एक वह जिसमें पशु में मानव का आत्मिक तत्त्व होता है तथा दूसरे में मनुष्य पशु में स्थानांतरित होने की योग्यता रखता है। नागा पहले प्रकार में विश्वास करते थे और उनका यह विश्वास भी था कि यदि मानव से परिवर्तित पशु घायल हो जाता था तो वे लक्षण मानव में भी प्रकट होंगे और यदि पशु मरता है तो मानव भी मर जाएगा। नागा मानते हैं कि चीता और तेंदुए की उत्पत्ति मानव के साथ सामान्य स्रोत से ही हुई है। "एक शिकारी अपने मारे पशु को कभी नहीं खाता क्योंकि अपने हत्यारे के प्रति पशु में जो प्राकृतिक द्वेष–भाव होता है व शिकार पशु के माँस के द्वारा हत्यारे को हानि पहुँचा सकता है, ऐसा विश्वास किया जाता है। एक मछली पकड़ने के लिए जाने वाला व्यक्ति पूरे दिन बोलता नहीं है वरना मछलियाँ पानी में उसकी आवाज सुन लेंगी। हालाँकि नागा सभी पशुओं को खाते हैं क्योंकि उसकी मृत्यु आवश्यक है। स्वाभाविक रूप से नागा अकारण पशु को नहीं मारते।"

आत्मा में विश्वास से ही बाद के संसार या स्वर्ग का विश्वास जुड़ा है। यदि मृत्यु के बाद कुछ नहीं है तो बाद के संसार की आवश्यकता भी नहीं है। ऐसे विश्वास सार्वभौमिक है। यह भी लगभग सार्वभौमिक रूप से माना जाता है कि स्वर्ग 'ऊपर', आकाश में या पर्वत की चोटी पर स्थित है।

किसी संस्कृति में अंतिम संस्कार करने का रिवाज भी आत्मा के विश्वास पर निर्भर करता है। हिन्दुओं में विश्वास है कि शरीर पाँच मूल तत्त्व अग्नि, भूमि, जल, वायु और आकाश से बना है, जब अनश्वर आत्मा अपने मार्ग पर जाती है तब शरीर को वापस तत्त्वों में मिला देना चाहिए। शरीर के अंतिम संस्कार में यही विश्वास है और इसी कारण राख को पानी में बहा दिया जाता है जिससे नश्वर शरीर पंच भूत (पाँच तत्त्व) में फिर से विलीन हो जाए। कुछ पुराने मिस्रवासी यह विश्वास करते थे कि आत्मा शरीर से अलग नहीं हो सकती इसलिए वे सावधानीपूर्वक शरीर को संरक्षित कर देते थे ताकि वो ज्यों की त्यों बनी रह सके। ईसाईयों में भी यह विश्वास है कि मृत्यु नींद के समान है जिससे व्यक्ति न्याय के दिन जागेगा, वे भी आत्मा के शरीर से अलग होने को नहीं मानते और शरीर को सावधानी से दफनाते हैं।

हिन्दुत्व के दार्शनिक सिद्धांत में स्वर्ग या नर्क का विचार नहीं है, हालाँकि लोक विश्वासों में ये विचार मिल सकते हैं। हिन्दुत्व में दोहरे विचार दिखाई देते हैं जिसमें निर्गुण ब्रह्मा के जिसे

प्राचीन ग्रंथों ने नकारात्मक शब्दों में, 'नेति', 'नेति', 'नेति' (यह नहीं, यह नहीं, यह नहीं) कहकर वर्णन किया है के स्थान पर देवताओं के भौतिक विचार के विश्वास को बल देता है। इसके ठीक विपरीत पश्चिमी लोगों का विश्वास है कि आत्मा सावयवी है तथा इतिहास के अंत तक रहेगी और अंत में पुनर्जीवित करके इसे स्थायी निवास स्वर्ग या नर्क में भेज दिया जाएगा। देवता की पश्चिमी धारणा भी सीमित व बंद है। उनके अनुसार ईश्वर सीमित रूप में अस्तित्व रखता है जबकि हिन्दुत्व एवं बौद्ध में आत्मा सार्वभौमिक व अंततः शून्य है।

प्रश्न 4. धर्म के अध्ययन में ईश्वर एवं देवी-देवता तथा पौराणिक कथाओं का क्या महत्त्व है?

उत्तर – पूजा का सभी धर्मों में एक अलग महत्त्व है। सभी धर्मों को मानने वाले अलग-अलग प्रकार से पूजा करते हैं, किंतु कुछ प्रश्न जैसे कि : हम क्यों पूजा कर रहे हैं, पूजन से क्या मिलता है, के मूल में देवत्व की अवधारणा कार्य करती है। संसार में जितने भी धर्म हैं चाहे स्थानीय हों अथवा सार्वभौमिक, एक या अनेक, देवत्व की अवधारणा मिलती ही है। बोधिसत्व में भी इसी अवधारणा को माना जाता है। जो ईश्वर में विश्वास करता है उसे आस्तिक तथा जो ईश्वर में विश्वास नहीं करता उसे नास्तिक कहा जाता है। प्राचीनकाल में ईश्वर में विश्वास करने हेतु विशेष बल नहीं दिया जाता था। लोगों के ऊपर निर्भर करता था कि वे उन्हें अपनाना चाहते हैं अथवा नहीं। यह प्रक्रिया एक तरह से उदारवादी लोकतंत्र को दिग्दर्शित करती है। धर्म के प्रति दबावपूर्ण स्थिति की बजाय स्वेच्छापूर्ण स्थितियों को अपनाना निश्चित रूप से अत्यंत गरिमामयी निष्ठा को अभिव्यक्त करता है।

एकेश्वरवाद तथा बहु-ईश्वरवाद वाले धर्मों में एक प्रमुख अंतर देखा गया, जो एक में या अनेक भगवान में विश्वास करते हैं। जहाँ लोग अनेक अलौकिक वस्तुओं में विश्वास करते हैं वहाँ भी सर्वोच्च देवी-देवता या निर्माण करने वाला भगवान सामान्यतः एक ही है, जो सर्वोच्च है तथा मानव से बहुत दूर है। आवश्यकता तो उन्हें भी दैनिक क्रियाकलापों व रिवाजों में शामिल करने की है, लेकिन दुर्भाग्यवश ऐसा किया नहीं जाता है।

पौराणिक कथाएँ : मनगढ़त बातों पर आधारित होने पर भी पौराणिक कथाएँ अत्यंत रुचिकर होती हैं। स्थानीयता, लोक तत्त्व, रीति-रिवाज व मिथकीय चेतना से पौराणिक कथाओं में सुंदरता उत्पन्न होती है। **लेवी स्ट्रॉस** जैसे मानवशास्त्री का ध्यान इनकी ओर सार्वभौमिकता के कारण गया और उन्होंने इसे मानव मस्तिष्क की उपज माना। प्रमुख मनोवैज्ञानिक सिग्मंड फ्रायड ने इन कथाओं के द्वारा मानव प्रजाति के उद्विकास को जानने का प्रयास किया। जुंग की अवधारणा इनसे थोड़ी अलग थी। उसने उन्हें मानव प्रजाति की सामूहिक याद कहा। चाहे मानव मस्तिष्क से ही या सामूहिक अतीत से अलग-अलग स्थान व समय में मानव की व्यापक परिस्थिति से पौराणिक कथाएँ, उनकी आश्चर्यजनक सार्वभौमिक समानताओं के कारण जोड़कर देखी गईं। वृक्ष व सर्पों से जुड़ी कुछ सामान्य कथाएँ अधिकतर

संस्कृतियों में कुछ महत्त्वपूर्ण भूमिका निभाती हैं। ऐसा विश्वास किया जाता है कि इन दोनों को प्रजनन, यौन व उत्पत्ति का प्रतीक माना जाता है, जो मानव समाज की प्राथमिक आवश्यकता है। मनोवैज्ञानिकों ने पौराणिक कथाओं को उपचेतना के प्रतीकात्मक संबंध से जोड़ा है, जैसे—सर्प का संबंध उत्पत्ति से भी होता है। समाजशास्त्रियों और मानवशास्त्रियों ने पौराणिक कथाओं के प्रकार्यात्मक पक्ष को अधिक देखा। स्मार्त ने सही कहा है, "हमें यह ध्यान में रखना चाहिए कि सभी पौराणिक कथाएँ बस कहानियाँ होती हैं, परंतु सभी कहानियाँ पौराणिक कथा नहीं होतीं, पौराणिक कथा अधिकतर सामूहिक होती है।"

FOR GOOD MARKS, BEST READ GPH BOOK
GULLYBABA PUBLISHING HOUSE (P) LTD.
Project Reports, Synopsis, Assignments Guidance Available
9312235086, 9350849407, 27387998, 27384836

अध्याय–4
धर्मः मनोवैज्ञानिक उपागम
Religion: Psychological Approaches

परिचय

1 9वीं शताब्दी में यूरोप के वैचारिक वातावरण में तब उथल–पुथल मच गई जब उत्पत्ति के बाईबिल के सिद्धांत पर डार्विन द्वारा दिए गए उद्विकास के सिद्धांत ने प्रश्नचिह्न लगाया। 'टोटमवाद' के विश्वास में फ्रायड ने अपनी पूर्ण आस्था व्यक्त की थी, फ्रायड ने टैबू की अवधारणा का विश्लेषण करके टोटमवाद की उत्पत्ति की व्याख्या की। उनकी टैबू की उत्पत्ति की मनोवैज्ञानिक व्याख्या यह है कि वे "प्राचीन प्रतिबंध जो जनजाति की पीढ़ी पर किसी समय बाहर से लगाए गए थे।" फ्रायड ने टोटम संबंधी धार्मिक अनुष्ठानों में, राजा से संबंधित समारोह तथा मृत्यु से संबंधित अनुष्ठान में मनोरोग जैसी समानताएँ देखी। फ्रेजर द्वारा दिया गया गलत स्थान पर प्रयुक्त तार्किकता का सिद्धांत पूर्ति की मनोवैज्ञानिकता बन गया जिसमें इच्छा किसी दूसरी वस्तु में बदल सकती है। एक क्षेत्र जो मनोवैज्ञानिक तथा धार्मिक व्यवहार के अध्ययनकर्त्ताओं के लिए आकर्षण का विषय है वह चेतना के परिवर्तित स्थिति की घटना का अध्ययन करते हैं जो शामन भूत बाधा के धार्मिक अनुष्ठानों में अमेरिकन द्वारा खोज तथा जो पिशाच के प्रभाव में है, क्योंकि मनोविज्ञान बहुत हद तक चेतना की विषय संबंधी स्थिति को अनदेखा करता है। मनोवैज्ञानिक और मनोविश्लेषणों ने भी मनुष्य की मानसिकता में संस्कृति की भूमिका को प्रमुखता दी है। एरियन के अनुसार माँ की पालन–पोषण की निर्भरता से आत्मनिर्भर युवा के पहचान के भाव की प्राप्ति तथा मानव व्यक्तित्व के विकास तक को एरिक्सन ने खोजा है।

प्रश्न 1. फ्रायड के धर्म के उपागम का वर्णन कीजिए।

अथवा

धर्म के बारे में फ्रायड की धारणा (शोधकार्य) की चर्चा कीजिए।

[दिसम्बर 2010, प्रश्न 1.]

उत्तर – डार्विन ने जब मानव जीवन की उत्पत्ति व विकास का सिद्धांत प्रतिपादित किया तो इस घटना से बाईबल में वर्णित मानव उत्पत्ति के सिद्धांत पर कई सवाल खड़े कर दिए। ऐसे वातावरण में बेएना के एक चिकित्सक, जिन्हें मनोविश्लेषण का पिता भी माना जाता है, सिग्मंड फ्रायड ने टोटमवाद को दुनिया का सबसे पुराना धर्म माना। उसे समय के विद्वानों ने समाज और संस्कृति की तीन अवस्थाएँ दी थीं–जंगली, बर्बर तथा सभ्य। फ्रायड ने इन्हें दोबारा व्यवस्थित करके पहली अवस्था जीववाद, जिसकी पहचान आत्ममोह है, जिसमें प्रेम की वस्तु स्वयं ही है। दूसरी अवस्था धार्मिक है जिसमें माता–पिता प्रेम की वस्तु है तथा वैज्ञानिक अवस्था जहाँ मानव सुख के सिद्धांत को छोड़कर प्रेम की वस्तु की खोज में पूर्णतः बाहरी दुनिया को खोजने लगता है। इस प्रकार फिर से फ्रायड ने आदि मानव की तुलना अपरिपक्व वयस्क से की है जो अपनी काम वासना को संतुष्ट करना चाहता है। उसने जादू, धर्म और विज्ञान के उद्‌विकासीय क्रम को मनोविश्लेषण की अवधारणा से समझाया है जिसमें जादू स्वयं की खोई हुई शक्ति को आत्ममोह के प्रयास के द्वारा इच्छा पूर्ति का प्रयास माना है। जादू का अर्थ उस प्रयास से है जब व्यक्ति विचार की शक्ति मात्र से चीजों को घटित करता है। काल्पनिक सत्यता की बाहरी दुनिया अर्थात् अलौकिक के रूप में माता–पिता की अभिव्यक्ति से धर्म की व्याख्या की है तथा विज्ञान को परिपक्व कामुकता की अवस्था कहा है जिसमें प्रेम की वस्तु अपने से बाहर ढूँढ़ी जाती है।

धर्म के संदर्भ में फ्रायड ने कहा कि टोटमवाद केवल धार्मिक विश्वास का एक प्रकार नहीं है वरन् यह हर संस्कृति का अतीत है। टोटमवाद को एक विशिष्ट धर्म से प्राथमिक धर्म की प्रस्थिति तक उठाया गया। वर्तमान में टोटमवाद में कुछ परिवर्तन आ गए होंगे परंतु प्राचीन रूप में टोटमवाद में टोटम के रूप में सदा एक पशु होता था और उस पशु में आत्मा होने का विश्वास किया जाता था। टोटमवाद का दूसरा सार्वभौमिक पक्ष बहिर्विवाह का तथ्य है।

फ्रायड ने तब इन सिद्धांतों तथा अवलोकनों को मानव समाज की आरंभिक अवस्था पर लागू किया जो डार्विन के अनुसार आदिम यायावरों का झुंड था। इनमें सबसे बड़ा और शक्तिशाली नर झुंड के अन्य नरों की कामुकता पर नियंत्रण रखता था। फ्रायड ने एक पशु के रूप में पिता का रूपांतरण बताया जो उसने मनोरोगी बच्चों के अध्ययन में देखा था। एक अवस्था में लड़का अपने पिता से घृणा करता है तथा माँ के प्रति घनिष्ठता व यौन आकर्षण रखता है। पिता एक प्रतिद्वंद्वी दिखाई देता है और पिता के प्रति यह अचेतन दुश्मनी एक पशु में बदल जाती है और ये फिर विशिष्ट पशु के राक्षसी रूप से अत्यंत डर के रूप में प्रकट की जा सकती है।

अब यदि पिता का टोटम पशु में रूपांतर का तर्क मानते हैं तथा टोटम संबंधी पशु को न मारने व अपने समूह की महिला से यौन संबंध न रखने का टोटमवाद का नियम आदिम यायावरों के झुंड की परिस्थितियों में ऑडीपस की काल्पनिक कथा से मेल खाते हैं। इस काल्पनिक कथा के अनुसार जब ऑडीपस पैदा हुआ तब स्वर्ग से उसके पिता राजा को एक दैवीय संदेश ने सचेत किया कि वह लड़का बड़ा होकर उसे मारेगा और अपनी माँ रानी से विवाह करेगा। दैवीय आकाशवाणी से सचेत होकर राजा ने उस बच्चे को समुद्र में फेंकने की आज्ञा दे दी। परंतु उसे दूसरे राज्य की रानी ने समुद्र किनारे पाकर बचा लिया। उसे राजा व रानी ने गोद ले लिया और वह उनके पुत्र के रूप में बड़ा हो गया। जब वह व्यस्क हो गया तब उसके राज्य का उसके मूल राज्य से युद्ध हुआ जिसके शासक उसके माता–पिता थे। युद्ध की प्रक्रिया में उसने अपने पिता राजा को मार दिया और उन दिनों की परंपरा के अनुसार उसकी विधवा रानी से विवाह कर लिया। उसके जन्म चिन्ह से रानी ने पुत्र को पहचान लिया तथा वास्तविकता पता चलने पर आत्मग्लानि से लड़के ने आत्महत्या कर ली।

फ्रायड के अनुसार ऑडीपल की ये कथा और कुछ नहीं है, वरन् सभी छोटे लड़कों की उनकी माँ के प्रति आंतरिक यौन आकर्षण की अभिव्यक्ति है जिसमें माँ प्रेम की वस्तु है तथा फलस्वरूप पिता के प्रति दुश्मनी जो अचेतन रूप से उसकी मृत्यु की इच्छा। एक सामान्य व्यस्क में उचित समाजीकरण व परा अहम् के विकास के कारण यह ऑडीपस मनोदशा समाप्त हो जाती है। परंतु मनोरोगी व्यस्क में यह अशांत रहता है और चूँकि यह प्रत्यक्ष रूप से अभिव्यक्त नहीं किया जा सकता इसलिए ये या तो किसी दूसरी वस्तु में रूपांतरित हो जाता है या अहम् को विघटनकारी मनोरोगी परिस्थिति में बदल देता है।

फ्रायड के अनुसार टोटमवाद ऑडीपल मनोदशा का मूल रूपांतरण है। इन आदिम यायावरों के झुंड के युवा स्त्री की चाह के लिए बड़े पुरुष अर्थात् पिता की हत्या करने से निर्देशित होता है। वे पुराने जादुई विश्वास के अनुसार पिता के गुण पाने के लिए उसका माँस भी खाता है। यह भावना सभी छोटे लड़कों और मनोरोगी में सार्वभौमिक भावना है। परंतु उनमें केवल मनोरोग ही नहीं पाया जाता वरन् उसके साथ पिता के प्रति प्रेम व आदर का विरोधाभास भी पाया जाता है। मृत पिता की आकृति इस आत्मग्लानि और पश्चाताप से अत्यंत महत्त्वपूर्ण हो जाती है। वे इस क्षतिपूर्ति के लिए इन पशु आकृति पर टैबू (निषेध) लागू कर देते हैं और साथ ही अपने झुंड की स्त्रियों से विवाह करने पर भी टैबू लगाते हैं जिसके कारण आरंभ में हत्या की गई। इस प्रकार टोटमवाद टोटम की पूजा और बहिर्विवाह के साथ उदय हुआ।

वस्तुतः सभी धर्मों में पुत्र की पिता की बाह्य आकृति के प्रति आत्मग्लानि की अभिव्यक्ति है जिसे एक ही साथ पूजा और डर के साथ प्रेम किया जाता है। ऊँचे स्तर पर जाकर टोटम को मारने पर प्रतिबंध भाईयों तक पहुँच गया तथा उसके बाद सार्वभौमिक धर्म में मानव जाति तक। जैसा कि **फ्रायड** ने कहा है "व्यक्तियों का मनोविश्लेषणात्मक परीक्षण विशेष महत्त्व देते हुए बताते हैं कि सभी उदाहरणों में देवता पिता के प्रतिरूप में है और देवता से हमारे व्यक्तिगत संबंध हमारे भौतिक पिता से संबंध पर निर्भर करते हैं, उसी के साथ उतार–चढ़ाव

और परिवर्तन आते हैं और आधार रूप में देवता और कुछ नहीं वरन् प्रशंसित पिता ही है।" वास्तव में ईसा की आकृति की व्याख्या भी उस पुत्र के रूप में की जाती है जिसने अपने भाईयों को पाप से बचाने में अपने जीवन की बलि दी।

इस प्रकार अत्यंत प्राचीन से अत्याधिक आधुनिक (यूरोपीय दृष्टिकोण में) तक में फ्रायड के ऑडीपस मनोदशा के सिद्धांत ने धर्म के सभी प्रकारों की व्याख्या करने का प्रयास किया। अभिव्यक्ति और रूपांतरण की मनोवैज्ञानिक प्रक्रियाओं के द्वारा सभी प्रकार की धार्मिक क्रियाओं को समझाया जा सकता है जैसे अंतिम संस्कार, बलि और पशु पूजन। **फ्रायड** की पुस्तक *'फ्यूचर ऑफ एन इल्युसन'* में धर्म की और व्याख्या करते हुए पितृआकृति की अभिव्यक्ति ने देवकुल में बचपन को बनाया जिसका परिणाम यह हुआ कि ये प्रक्रिया फ्रायड के सिद्धांत गैर पश्चिमी देशों में भी लागू हो गया। ऐसा एब्राहम कार्डिनर जैसे मनोवैज्ञानिक तथा मानवशास्त्रियों द्वारा हुआ जिन्होंने अपने तथ्यों को फ्रायड के सिद्धांत का उदाहरण बताने के लिए किया।

इस सिद्धांत की सबसे अधिक आलोचना उन लोगों ने की जिन्होंने जनजातीय लोगों की मनोरोगियों तथा बच्चों से तुलना को यूरोप की केंद्रीय तथा जातिवादी कहा। हालाँकि वर्तमान समय तक धर्म तथा देवकुल और धार्मिक अनुष्ठानों की प्रकृति की व्याख्या के लिए व्यस्क व्यक्तित्व का आरंभ के बचपन में होना, अभिव्यक्ति की मनोवैज्ञानिक प्रक्रिया और रूपांतरण का प्रयोग स्वतंत्र रूप से होता है।

प्रश्न 2. फ्रायड के ऑडीपल सिद्धांत की आलोचना किस आधार पर की जाती है?

उत्तर – ऑडीपल सिद्धांत परिवार से संबंधित है जोकि परिवार के अनेक प्रकारों में से एक है। 19वीं शताब्दी में मध्यम वर्ग का सामान्य परिवार पितृसत्तात्मक था, जिसमें पिता, माता, सहोदरों से परिवार बनता था तथा परिवार का मुखिया पिता होता था, परंतु यह परिवार एक सार्वभौम सत्ता के रूप में स्थापित नहीं था। परिवार का स्वरूप लंबे समय तक बदलता रहा और समय के साथ–साथ इसने अपने आपको व्यवस्थित किया है।

सबसे महत्त्वपूर्ण बात यह है कि परिवार का स्वरूप सबसे पहले इस बात पर निर्भर करता है कि उसका मालिक कौन है? माता–पिता, भाई–बहन उनमें से आय का साधन किसके पास है? मुखिया की महत्ता आय के साधन से भी निर्धारित होती है। ऑडीपल मनोदशा केवल पितृसत्तात्मक परिवारों में ही मिल सकती है, मातृसत्तात्मक समाज में इसका अस्तित्व नहीं होता है। यही नहीं समूह विवाह तथा यायावरों के झुंड का अनुमान भी काल्पनिक है।

ऑडीपल मनोभाव के फ्रायड के सिद्धांत की सार्वभौमिकता पर मनोवैज्ञानिक अर्नेस्ट जोन्स ने वकालत की तथा मैलिनोव्सकी की आलोचना की। उसने बताया कि ट्रोब्रिएण्ड के एकाकी परिवारों में भी यह ऑडीपल मनोभाव है, जहाँ परिवार में माता–पिता और बच्चे ही हैं। पिता की जन्म संबंधी जानकारी न होने के कारण बेटे में आत्मग्लानि कम हो जाती है तथा

पिता की तरफ की घृणा मामा की तरफ स्थानांतरित हो जाती है, जिससे संबंध सुरक्षित रहता है। संस्कृति को मनोवैज्ञानिकता का उपफल माना गया है। अत: दोनों सिद्धांतों में वाद-विवाद कम रहता है।

प्रश्न 3. संस्कृति एवं मनोविश्लेषण का वर्णन कीजिए।

उत्तर – मनोवैज्ञानिक और मनो-विश्लेषकों ने मानव की मानसिकता को संस्कृति की भूमिका की मान्यता दी है। इस दिशा में मेयर फोर्टस और टैलकॉट पारसंस का काम उल्लेखनीय है। मेयर फोर्टस ने उन मानवशास्त्रियों तथा समाजवैज्ञानिकों का प्रतिनिधित्व किया है जो मनोविश्लेषणात्मक उपागम में विश्वास करते हैं और उसी के द्वारा संस्कृति के कुछ पक्षों की व्याख्या करते हैं। टैलकॉट पारसंस ने यह सुझाव दिया कि दुर्खीम ने जिसे सामूहिक प्रतिनिधित्व कहा वही फ्रायड के लिए परा अहम् है तथा बच्चे के द्वारा चेतना को आत्मसात करना माता-पिता की सत्ता से संबंधित है। इसी से वह मूल्य और प्रतिमान प्राप्त करता है जो मुख्यत: संस्कृति और समाज से आते हैं। इसी प्रकार जिसे मानवशास्त्री प्रतिमान और मूल्य के रूप में देखते हैं वही अचेतन मस्तिष्क में संस्कृति में व्यक्ति के विचार और व्यवहार के रूप में अभिव्यक्त होता है।

मनोविश्लेषणात्मक अवधारणा जादूगरी के अध्ययन से भी जुड़ी है जहाँ आदमी आर्थिक स्थिति अथवा सामाजिक जीवन के अन्य पक्षों पर नियंत्रण पाने के लिए अपनाता है तथा अचेतन रूप से उनमें यह डर रहता है कि कहीं उनकी पितृसत्तात्मक प्रभुत्वता पर स्त्रियों द्वारा विद्रोह करके अधिकार न जमा लिया जाए। ये वही डर व आत्मग्लानि है जो काले जादू के रूप में बाहर दिखाई देता है। इससे यह भी पता चलता है कि क्यों समाज में अधिकतर महिलाएँ एवं सीमांत व्यक्ति पर जादूगरी का आरोप लगाया जाता है, क्योंकि फ्रायड के अनुसार ये हमारी आत्मग्लानि है जो बाहर राक्षस के रूप में प्रकट होती है। वास्तव में जादूगरी का विरोधाभास से संबंध जोड़ा गया है जो परिवार तथा नातेदारी में होते हैं, विशेष रूप से ससुराल पक्ष के मध्य तथा कुछ उन संबंधों में जो मूलत: विरोधी है अथवा जिनमें आंतरिक रूप से यौन इच्छा है जो बाहरी रूप से प्रतिबंधित है।

मनोविश्लेषणात्मक अध्ययन मानवशास्त्रियों को प्रकार्यात्मक व्याख्या से आगे जाने के योग्य बनाती है जिसमें यह बताया जाता है कि कोई सांस्कृतिक रिवाज या सामाजिक संस्था समाज के लिए किस प्रकार योगदान देती है, जबकि मनोविश्लेषक व्याख्याओं में यह प्रश्न उठाया कि वे अस्तित्व में ही क्यों आती हैं। संस्थाओं की मनोवैज्ञानिक जड़ों को यदि जान लें तो कोई भी व्यक्ति किसी भी चीज की उसके प्रकार्यों की व्याख्या करने के उद्देश्य के जाल से बच सकता है।

कई मानवशास्त्रियों ने धर्म और धार्मिक कृत्यों संबंधी रिवाजों का अध्ययन मनोविश्लेषणात्मक व्याख्या द्वारा किया, उदाहरण के लिए ग्लूकमैन (1954) का स्वाज़ी के प्रथम फल के

समारोह की व्याख्या जहाँ समारोह राजा और उसकी प्रजा के बीच विरोधाभास को समाप्त करता है। हालाँकि ऊपरी तौर से यह राजा की समृद्धि को सुनिश्चित करता है। मैलफोर्ड स्पीरो ने बर्मा के समाज के अध्ययन में दर्शाया कि बर्मा के किसानों में जादूगरी सामान्य है जो मस्तिष्क की अचेतन गहराई से उत्पन्न होती है तथा जो समाज से कम अनुकूलन करने वाले आवेगों का प्रकट प्रभाव है तथा ये दोषारोपण बौद्ध जैसे समाजों में पाए जाते हैं जो अन्यथा मान्यता प्राप्त जादूगर नहीं है और जिनको दंड नहीं देता है।

फ्रीमैन (1968) ने अपने सीमैंग के थडंर गॉड के विश्लेषण में बताया कि तूफान से बहुत से विश्वास जुड़े हैं। भगवान और उनकी पत्नी की व्याख्या माता–पिता आकृति की अभिव्यक्ति है। जब कोई टैबू तोड़ा जाता है जैसे निकटाभिगमन निषेध तथा अन्य अस्वीकृत यौन संबंध तब देवता क्रोधित हो जाते हैं तथा विघटनकारी तूफान लाते हैं। इस प्रकार तूफान का आना सामूहिक आत्मग्लानि से संबंधित है तथा पितृआकृति परा अहम् की सामूहिक प्रतिनिधित्व है।

मनोविश्लेषणात्मक व्याख्या धार्मिक कृत्यों तथा उनसे जुड़े प्रतीकों के प्रतीकात्मक विश्लेषण से भी संबंधित है, जैसे विक्टर टर्नर (1969) का अध्ययन नैम्बू में बाँझ महिला व्यक्तित्व अपूर्ण होने की आत्मग्लानि रखती है, विशेषतः संतान उत्पन्न करने की अयोग्यता को किसी पूर्वज आत्मा का प्रभाव मानती हैं। वह अपने पूवर्जो और माता–पिता की अपेक्षाएँ पूर्ण न कर पाने की आत्मग्लानि से भरी रहती हैं जो दमनकारी पिशाचों के रूप में दर्शाई जाती है।

मेयर फोर्टस के अनुसार मानवशास्त्र में मनोविश्लेषणात्मक उपागम का महत्त्व इस तथ्य पर आधारित है कि मानवशास्त्री सामान्यतः परंपरात्मक व्यवहार का अध्ययन करते हैं तथा परा अहम् की प्रक्रिया द्वारा किसी भी संस्कृति में जीवित रखे जाते हैं। अतः एक सही जानकारी के लिए रिवाजों के मनोविश्लेषणात्मक ज्ञान तक पहुँचना चाहिए।

टालेंसी के लिए उसका स्वयं का मानव होना उसके पूर्वजों के साथ संबंध का प्रत्यक्षीकरण है तथा वह स्वयं भी पूर्वज हो जाएगा परंतु केवल पुत्र होने पर। एक पिता की मृत्यु के बाद पुत्र पिता की स्थिति को प्राप्त कर लेता है परंतु उसे अपने पिता को पूर्वज बनाने के लिए आवश्यक संस्कार करने चाहिए तथा नियमित अर्पण से उन्हें प्रसन्न रखना चाहिए। एक व्यक्ति और उसके पहले पुत्र के संबंध में विरोधाभास रहता है क्योंकि पिता पहले पुत्र को अपना उत्तराधिकारी मानता है। पुत्र को पूर्ण सामाजिक व्यक्ति बनने के लिए आवश्यक प्रस्थिति पाने के लिए पिता की मृत्यु की प्रतीक्षा करनी चाहिए। पिता का एक पुत्र होना चाहिए परंतु वह पुत्र को अपने स्वयं के विकल्प के रूप में देखता है। अंततः वह एक पूर्वज के रूप में उसकी मृत्यु का कारण बनता है।

अध्याय-5
मार्क्सवादी सिद्धान्त
Marxian Theory

परिचय

प्रस्तुत इकाई में मार्क्स ने धर्म पर कोई विशिष्ट पांडित्यपूर्ण लेख नहीं लिखा था, उनका धर्म का विश्लेषण बहुत महत्त्वपूर्ण है, उन्हें धर्म का प्रथम समाजशास्त्री भी कहा जा सकता है। धर्म के बारे में उनके विचार मुख्यतः कन्ट्रीब्यूशन टू दी क्रिटीक ऑफ हीगलंस फिलीसफी ऑफ राइट : इन्ट्रोडक्शन (1844) तथा जर्मन आइडियोलॉजी से लिए गए हैं। धर्म को उत्पादन प्रक्रिया से जोड़ते हुए मार्क्स ने धर्म को काल्पनिक चेतना माना है। धर्म अतार्किक है क्योंकि यह भ्रांति तथा दिखावे की पूजा है जो छिपी हुई वास्तविकता की पहचान को अनदेखा करती है। फ्यूरबैक के अपने शब्दों में, मानव अपनी मस्ती को वस्तुनिष्ठता में व्यक्त करता है तथा फिर अपनी बनाई हुई कल्पना के लिए स्वयं को एक वस्तु बनाता है, इस प्रकार एक विषय में बदल जाता है।

कार्ल मार्क्स यहूदी होते हुए भी यहूदीवाद के आलोचक थे। इस इकाई में धर्म की मार्क्सवादी व्याख्या पर ध्यान दिया जाएगा। यह विचार-विमर्श किया जाएगा कि मार्क्स ने धार्मिक विश्वासों और मूल्यों की अवधारणा किस प्रकार दी। वर्तमान सामाजिक व्यवस्था किस प्रकार कार्य करती है तथा सामाजिक व्यवस्था के औचित्य में धार्मिक तत्त्वों की क्या भूमिका है। इस इकाई में धर्म के मार्क्सवादी विचार तथा धर्म के अध्ययन में मार्क्सवादी उपागम की चर्चा की गई है।

प्रश्न 1. धर्म पर मार्क्सवादी विचारों की रूपरेखा बताइए।

[दिसम्बर 2008, प्रश्न 3.]

उत्तर – कार्ल मार्क्स ने धर्म पर कोई विशेष विचार प्रकट नहीं किए हैं, फिर भी उन्हें धर्म का आलोचक माना जाता है। मार्क्स धर्म तथा धार्मिक भावनाओं को समाज की ही उपज मानते हैं। उनके अनुसार धर्म अन्य सामाजिक संस्थाओं की तरह ही है जो किसी दिए हुए समाज की भौतिक तथा आर्थिक वास्तविकता पर निर्भर करता है। इसलिए धर्म को अन्य सामाजिक व्यवस्थाओं तथा समाज की आर्थिक संरचना के संबंध में ही समझा जा सकता है क्योंकि यही उत्पादन शक्ति का निर्माता है। उनके अनुसार धार्मिक संसार वास्तविक संसार का परावर्तन है। उनकी धर्म की व्याख्या प्रकार्यात्मक कही जा सकती है क्योंकि उनका उद्देश्य धर्म के सामाजिक लक्ष्य से था न कि धार्मिक सिद्धांत अथवा उसी रूप में धार्मिक विश्वास।

चित्र–5.1 : कार्ल मार्क्स

मार्क्स के अनुसार धर्म एक भ्रम है जो समाज को ज्यों का त्यों बने रहने का कारण तथा छूट प्रदान करता है। उसके लिए धर्म अतार्किक, विरोधी तथा पाखंडी है। धर्म अतार्किक है क्योंकि यह भ्रांति तथा दिखावे की पूजा है जो छिपी हुई वास्तविकता की पहचान को अनदेखा करती है। यह लोगों को उनके उच्च आदर्शों तथा इच्छाओं से विचलित करता है तथा उन्हें एक अजनबी, जिसे ईश्वर कहते हैं जिसे जाना नहीं जा सकता है, से जोड़ता है। एक मानव में जो भी सम्मानजनक है उसे अस्वीकार करने के लिए प्रस्तुत दशा को मानने के लिए उन्हें दासवत तथा प्रभाव्य बनाता है, एक दबी हुई प्रस्थिति दिलाता है। यह पाखंडी है हालाँकि यह मूल्यवान नियम देता है, परंतु शोषकों का पक्ष करता है। ईसा ने गरीबों की मदद के लिए कहा परंतु ईसाई गिरजाघर दमनकारी रोम के राज्य से मिल गए तथा कई शताब्दियों तक लोगों को दास बनाते रहे। मध्य युग में कैथोलिक गिरजाघर स्वर्ग के बारे में बताते थे, परंतु उन्होंने उतनी संपत्ति व शक्ति प्राप्त कर ली जितनी अधिकतम संभव थी।

मार्क्स यह विश्वास करते थे कि लोगों की वास्तविक खुशी के लिए भ्रमात्मक खुशी आवश्यक है तथा धर्म का उन्मूलन आवश्यक है। परिस्थितियों के बारे में भ्रम को छोड़ने की माँग परिस्थितियों को छोड़ने की माँग है जिसके लिए भ्रम आवश्यक है। धर्म किस प्रकार भ्रम का कार्य करता है तथा वे कौन सी सामाजिक परिस्थितियाँ हैं जिनके लिए भ्रम आवश्यक है?

मार्क्स कहते हैं कि धर्म गरीबों के लिए भ्रमित कल्पनाएँ बनाता है। गरीब पर शासकीय वर्ग द्वारा प्रभाव जमाया जाता है तथा शासन किया जाता है तथा शासकीय वर्ग ही उत्पादन की शक्ति पर स्वामित्व रखता है। आर्थिक वास्तविकताएँ जो उन्हें दबाए रखती हैं, उन्हें जीवन की वास्तविक खुशियों को खोजने से रोक देती है। धर्म उन्हें भ्रम देता है कि यह ठीक है और सत्य है क्योंकि वे अगले जीवन में वास्तविक खुशी पा लेंगे। वर्तमान सामाजिक व्यवस्था में लोग कष्ट में हैं तथा धर्म उन्हें ढांढस प्रदान करता है। इस प्रकार मार्क्स कहते हैं कि धर्म वास्तविक सामाजिक सच्चाई को मुखोटा पहना देता है, अस्थाई आराम देता है, उसी तरह जैसे भौतिक रूप से घायल व्यक्ति को अफीम युक्त दवा आराम देती है। यहाँ मार्क्स ने धर्म की तुलना अफीम–शामक औषधि से की है।

एक शामक कुछ समय के लिए दर्द भूलने में मदद करता है, वह भौतिक घाव को भरने में असफल है। दर्द पूरी तरह तभी ठीक हो पाएगा जब उसके कारण का निदान किया जाएगा। इसी प्रकार धर्म लोगों के दर्द और कष्ट के कारण को जान कर उपाय नहीं करता–वरन् वह उनकी मदद यह भूलने में करता है कि वे क्यों कष्ट में हैं तथा उन्हें काल्पनिक भविष्य की तरफ देखने के योग्य बनाता है तथा सामाजिक व्यवस्था को वर्तमान स्वरूप में मानने में मदद देता है। इस प्रकार यह परिस्थितियों को बदलने से रोक देता है। मार्क्स के अनुसार सबसे बुरा यह है कि यह "अफीम का द्रव्य" है अर्थात् धर्म शोषण करने वालों के द्वारा लागू किया जाता है जो दर्द तथा कष्ट के अथवा वास्तविक शोषण के उत्तरदायी हैं।

मार्क्स के अनुसार धर्म आधारभूत दुखों की अभिव्यक्ति है तथा आधारभूत एवं दबी हुई आर्थिक सच्चाईयों का लक्षण है। वह आशा करता है कि मानव एक समाज का निर्माण करेगा जिसमें इतना दर्द और कष्ट देने वाली आर्थिक परिस्थितियाँ उखाड़ फेंकी जाएँगी और इसलिए शामक दवाएँ जैसे धर्म की आवश्यकता समाप्त हो जाएगी। दूसरे शब्दों में मार्क्स की आशा है कि समाजवादी साम्यवादी अंतिम समाज में एक समूह का दूसरे पर दबाव नहीं होगा इसलिए किसी भ्रमित खुशी की आवश्यकता नहीं होगी तथा इसलिए किसी धार्मिक सिद्धांत की भी आवश्यकता नहीं रहेगी।

मार्क्स यह विश्वास करते हैं कि धार्मिक विश्वास किसी समाज में तभी तक बने रहते हैं जब तक लोग अपने हितों के प्रति जागरूक नहीं होते। लोग यह नहीं जानते कि धर्म शासकीय वर्ग के हितों को पूरा करता है। यह इसलिए है क्योंकि लोगों का समाजीकरण ही इस प्रकार किया जाता है कि वे जो जानते हैं उसी को सत्य मान लेते हैं। मार्क्स कहते हैं कि धर्म लोगों में विश्वासों के उस संकलन को भर देता है जो उनके हितों के विपरीत है तथा शासकीय वर्ग के हितों के अनुकूल है। कम्यूनिस्ट मेनीफेस्टो में मार्क्स ने सुझाया कि नैतिकता तथा दर्शन की तरह धर्म का भी उन्मूलन करना चाहिए यदि हमें नए राजनीतिक तथा आर्थिक अस्तित्व को प्राप्त करना है। उसने तथा **एन्जल** ने लिखा है "साम्यवाद सभी धर्मों तथा सभी नैतिकताओं के बजाय उन्हें नए आधार पर बनाने का अनुमोदन करता है।" इसका कारण वे ऐतिहासिक

साक्ष्य हैं जो उत्पादन व्यवस्था में पहले हुए परिवर्तन को देखे बिना सदा ही शोषण करने वाले और शोषित होने वाले व्यवस्था की वैधता बनाए रखने को धर्म सहमति देता है। अर्थात् यदि एक स्वतंत्र समाज की रचना करनी है तथा उसे कायम रखना है तो धर्म के बंधन को हटा देना ही उचित होगा।

प्रश्न 2. प्रभावशाली विचारधारा के रूप में धर्म को रेखांकित कीजिए।

उत्तर – जैसा कि मार्क्स ने अपनी कृति *जर्मन आइडियोलोजी* में कहा है विचारधारा एक पथभ्रष्ट अथवा अस्पष्ट विचारों वाली व्यवस्था है। वे विचारधारा को, जो अस्पष्ट व परिक्षणरहित है, विज्ञान से अलग करते हैं जो वास्तविक तथा परीक्षण योग्य है। उनके विचार से विचारधारा एक प्रक्रिया है जो व्यक्ति की झूठी चेतना से जान बूझकर बनाई जाती है। उन्होंने विचारधारा को नकारात्मक एवं सीमित अवधारणा बताया है। यह नकारात्मक इसलिए है क्योंकि इसमें विकृति तथा विरोधाभासों की गलत व्याख्या है। यह सीमित है क्योंकि इसमें सभी प्रकार की त्रुटियाँ व विकृतियाँ सम्मिलित नहीं है। धर्म को सामाजिक सत्यता के विचारों की गलत अभिव्यक्ति बताते समय मार्क्स फ्यूरबैक की धर्म की अवधारणा से प्रभावित थे।

(क) फ्यूरबैक का कार्ल मार्क्स पर प्रभाव : मार्क्स ने अपनी दार्शनिक जागरूकता फ्यूरबैक से पाई। एसेंस ऑफ क्रिसचिएनिटी के मुख्य विचार के अनुसार धर्म के अलौकिक देवी-देवता वास्तव में मानव प्रकृति की आवश्यक गुणों की अनैच्छिक अभिव्यक्ति है। फ्यूरबैक के अपने शब्दों में "मानव अपनी हस्ती को वस्तुनिष्ठता में व्यक्त करता है तथा फिर अपनी बनाई हुई कल्पना के लिए स्वयं को एक वस्तु बनाता है, इस प्रकार एक विषय में बदल जाता है।" तद्नुसार ईश्वर के रूप में धार्मिक मस्तिष्क की पूजा और कुछ नहीं है बस मानव प्रजाति की संपूर्ण व्यक्ति के रूप में कल्पना का विचार है। एक बार मुखौटा उतरने पर, वे वास्तव में क्या है दिखाई देने लगता है, धार्मिक विश्वास तथा ईश्वर का विचार मानव को स्वयं को समझने के लिए लाभदायक उपकरण है, जो हमें हमारी प्रकृति की आवश्यकता बताता है तथा आवश्यक है। परंतु यदि ऊपरी तौर से देखें, ये अलगाववादी हैं क्योंकि यह हमारी स्वयं की संभावनाओं को हमसे बाहर ईश्वर के गुणों में रखते हैं तथा मानवता में नहीं रखते तथा इस प्रकार हमें हमारी अपनी प्रकृति की आवश्यकताओं की कल्पना से बनी अभिव्यक्ति के लिए बेकार वस्तु के रूप में देखते हैं। फ्यूरबैक के अनुसार धर्मशास्त्र केवल अलगाव की स्थिति को बढ़ाता है तथा इसके लिए वास्तविक वस्तुओं का धर्म वस्तुकरण करता है तथा धर्म शास्त्री इस मत के साथ समाप्त करते हैं जो स्वयं विरोधी तथा असंगत है।

उनकी *दि एसेन्स ऑफ रिलीजन* में उन्होंने बताया कि धर्म का आत्मनिष्ठ स्रोत प्रकृति पर मानव की निर्भरता में स्थित है। प्रकृति की शक्तियाँ जिन पर हमारा अस्तित्व पूर्णतः निर्भर करता है वे हमारे द्वारा उन्हें स्वयं हमारे जैसे व्यक्ति के रूप में समझने से कम रहस्यात्मक

तथा अधिक लचीले बन जाते हैं। "प्रकृति वास्तव में, कोई व्यक्तिगत प्राणी नहीं है, इसके कोई हृदय नहीं होता, यह मानव की इच्छाओं और शिकायतों के लिए अंधी और बहरी है।"

संक्षेप में, धर्म अंधविश्वास है तथा विज्ञान को इसे हटा देना चाहिए।

मार्क्स फ्यूरबैक के कुछ कथनों से प्रभावित थे जैसे :

- मानव ने धर्म को स्वयं अपनी कल्पना में बनाया है,
- वे धर्म से तब तक चिपके रहते हैं जब तक स्वयं को ब्रह्माण्ड के सामने अभिव्यक्त करने की आवश्यकता महसूस करते हैं, जब तक कि वे जागरूक संसार की तुलना में अपने स्वप्नों की अस्पष्टता को अधिक प्रेम करते हैं,
- मानव परिपक्वता की एक पहचान यह है कि मानव के आत्म अलगाव को दूर करने के लिए वह स्वयं चेतन रूप से प्रयास करता है, उन प्रेरणाओं की अभिव्यक्ति के प्रति चेतन होता है जो धर्म को पैदा करता है तथा फिर धर्म को पीछे छोड़ देता है।

इस प्रकार फ्यूरबैक की आधारभूत धारणा यह है कि मानव धर्म बनाता है तथा यह विचार कि ईश्वर मानव बनाता है के यह विपरीत है। फ्यूरबैक से मार्क्स इस बात पर सहमत है कि धार्मिक तथा आध्यात्मिक विचार संसार के बारे में झूठा दृष्टिकोण देते हैं तथा ये झूठे दृष्टिकोण मानव के लक्ष्य तथा इच्छाओं से और सामाजिक संगठन से पैदा होते हैं, जो इन लक्ष्य तथा इच्छाओं को वास्तविक होने से रोक देते हैं। फ्यूरबैक का यह विचार था कि यदि इसकी एक बार स्पष्ट जानकारी हो जाए तब लोग दूसरे संसार के ग्रस्त ध्यान से स्वयं को स्वतंत्र कर पाएँगे तथा इस मानव संसार में और अधिक शक्ति के साथ प्रेम, न्याय, अच्छाई तथा विवेक के लिए प्रयास कर पाएँगे। मार्क्स के लिए भी धर्म की अवधारणा विपरीत है जो वास्तविकता को छिपाती है।

परंतु मार्क्स फ्यूरबैक से और आगे बढ़ गए और उन्होंने मानव के आत्म अलगाव तथा मानव के भ्रमित संसार से जुड़े रहने के कारणों का प्रथम स्थान पर विश्लेषण किया। उनके अनुसार मानव तथा उसके आत्म अलगाव को समझने के लिए उसे व्यवहारिक, सामाजिक तथा आर्थिक अर्थ में समझना होगा। मार्क्स के अनुसार ईश्वर द्वारा मानव को बनाने का विचार एक दर्शनवादी अलगाव से कुछ अधिक अथवा केवल एक भ्रम है। यह भ्रमित संसार के दुखों तथा विरोधाभासों को प्रकट करता है। उनके अनुसार राज्य तथा समाज धर्म उत्पन्न करते हैं, जो संसार की विपरीत चेतना है क्योंकि वे एक विपरीत संसार है। धार्मिक विपरीतता मानव के वास्तविकता से दूर होने की क्षति पूर्ति करती है, यह कल्पना में एक मेल खाता हुआ उपाय निर्मित करता है जो वास्तविक संसार से विरोधों को दूर करने से आगे है।

मार्क्स ने बाद में इन विपरीत विचारों को विचारधारा कहा, कुछ ऐसा जो भौतिक वास्तविकता के स्थान पर चेतना से आरंभ होता है। उनके अनुसार मानवता की वास्तविक समस्या गलत विचार नहीं है वरन् वास्तविक सामाजिक विरोध है तथा ये गलत विचार अथवा विचारधारा वास्तव में सामाजिक विरोधों का परिणाम है। मार्क्स ने कहा है कि कार्य के सीमित

भौतिक ढंग के कारण मानव व्यवहारिक रूप से सामाजिक विरोधों को सुलझाने में असमर्थ है और इसलिए वे चेतना के विचारात्मक रूप में अभिव्यक्त करने का प्रयास करते हैं, जो पूरी तरह मानसिक हैं तथा जो अस्तित्व एवं इन अंतर विरोधों की विशेषता की गलत प्रकार से व्याख्या करते हैं या छिपाते हैं। इस प्रकार धार्मिक विचारधारा सामाजिक विरोधों को छुपाती है, उन्हें बढ़ाने में सहयोग देती है तथा शासक वर्ग के हितों को पूरा करती है। धार्मिक विचारों में वैचारिक विकृतियाँ प्रकट होती है व आलोचना से दूर नहीं हो सकती, वे तभी दूर हो सकती है जब विरोध, जो उन्हें जन्म देते हैं, को वास्तव में समाप्त कर दिया जाए।

इस प्रकार मार्क्स धर्म का एक जबरदस्त आलोचक है, हालाँकि उनका मुख्य लक्ष्य धर्म को समस्या के कारण के रूप में देखना नहीं था, परंतु केवल लक्षण के रूप में देखना था, जो यदि एक बार अस्तित्व में आ जाए तो भ्रष्ट सामाजिक राजनीतिक व्यवस्था का एक अंग बन जाता है तथा समस्या को चिरस्थाई बना देता है तथा सुलझाने का ढोंग करता है। मार्क्स कहते हैं "लोगों की भ्रामक खुशियों के रूप में धर्म का उन्मूलन वास्तविक खुशी के लिए आवश्यक है। उसकी परिस्थितियों के संबंध में भ्रम को छोड़ने की माँग उन परिस्थितियों को छोड़ने की माँग है जिनके लिए भ्रम की आवश्यकता है इस प्रकार स्वर्ग की आलोचना पृथ्वी की आलोचना में बदल जाती है और धर्मशास्त्र की आलोचना राजनीति की आलोचना में।"

(ख) धार्मिक विचारधारा की उत्पत्ति जर्मन आइडियोलोजी में फ्यूरबैक (जिसके लिए धर्म केवल मरीचिका है) की आलोचना करते हुए धार्मिक विचारधारा की सामाजिक और राजनीतिक उत्पत्ति का वर्णन किया। मार्क्स के लिए मानवता या मानव सामाजिक विकास के सभी अवसरों पर एक समान नहीं है। अलग–अलग समय तथा स्थानों पर मानव के विभिन्न प्रकारों का अस्तित्व है। मनुष्य एक सामाजिक प्राणी है जिसकी प्रकृति जिस प्रकार का वे जीवन जीते हैं उसके साथ बदल जाती है। उनके जीवन का प्रकार जिसे वे जीते हैं वह उनके जीविका पाने के ढंग, उपकरण तथा भोजन और आश्रय पाने तथा अन्य आवश्यकताएँ पूरी करने के लिए श्रम के संगठन के साथ बदल जाती है। विकास के साथ–साथ मानव समाज में, मानव में तथा मानव और कार्य में श्रम विभाजन होता है। श्रम विभाजन का परिणाम वर्ग विभाजन है तथा विभिन्न समय में सर्व प्रमुख उत्पादन के ढंग के अनुसार मानव समाज में विभिन्न वर्ग प्रभावशाली हुए। उत्पादन के ढंग तथा श्रम विभाजन की प्रकृति के आधार पर प्रत्येक समाज में एक वर्ग प्रभावशाली रहा। जब प्रभावशाली वर्ग में विभाजन हुआ, तब उपवर्ग बने जो विचार उत्पन्न करने में दक्ष थे। चूँकि ये विचार प्रभावशाली वर्ग के अंदर से बने, वे पूरे समाज पर लाद दिए गए। ये प्रभावशाली वर्ग की आवश्यकताओं तथा इच्छाओं की वास्तव में अभिव्यक्ति है हालाँकि जिन्होंने उन्हें बनाया है तथा अनेक अन्य के द्वारा उन्हें सार्वभौमिक महत्त्वता वाले विचारों के रूप में देखा जाता है। धार्मिक विचार (संवैधानिक, राजनीतिक, कलात्मक, दार्शनिक आदि अन्य विचार भी) समाज में इस प्रकार दिए गए वर्ग अथवा दिए गए ऐतिहासिक युग के साँचे के आदेश पर विशेषज्ञों द्वारा समाज में उत्पन्न किए जाते हैं तथा ये विचार

मार्क्सवादी सिद्धान्त 43

वस्तुओं की भ्रमित चेतना को उत्पन्न करते हैं। इस प्रकार धर्म की उत्पत्ति किसी विशिष्ट ऐतिहासिक युग के विकृत दृष्टिकोण को वास्तविक बताने की प्रभावशाली विचारधारा के रूप में हुई।

प्रश्न 3. मार्क्स के यहूदीवाद के प्रश्न के विषयों पर चर्चा कीजिए तथा धर्म के अध्ययन के मार्क्सवादी उपागम की आलोचना कीजिए।

उत्तर – अपने जन्म से प्रोटेस्टैन्ट बनने की बीच की अवधि में मार्क्स एक यहूदी थे। वे ईसाई धर्म तथा यहूदीवाद के आलोचक थे परंतु यहूदीवाद की तुलना में ईसाई धर्म के प्रति उनका विरोध कम था। उनकी धर्म की व्याख्या ईसाई धर्म पर आधारित है। उन्होंने यहूदीवाद का भी अध्ययन किया जिससे उन्हें समाज में धर्म (ईसाई धर्म से अलग) की भूमिका समझने का अवसर मिला। यहूदी तथा यहूदीवाद के प्रति उनका विरोधी दृष्टिकोण 1843 में *"ऑन द जैविश क्वेश्चन"* के शीर्षक में अभिव्यक्त है। यह निबंध ब्रूनो बेयूर के जर्मनी के यहूदियों की मुक्ति के अध्ययन की आलोचना था। यह निबंध "पूर्व–मार्क्सवाद" लेख है क्योंकि यह उन्होंने साम्यवादी बनने से पहले लिखा था। बेयूर ने बताया कि परशिक्षा में यहूदी द्वारा मुक्ति प्राप्त करना तब तक नहीं हो सकता जब तक यहूदी एक अलग लोगों के रूप में अपनी पहचान त्याग नहीं देते। बेयूर ने यह भी कहा कि जब ईसाई स्वयं स्वतंत्र नहीं थे तब यहूदियों को मुक्ति देना भी संभव नहीं था।

मार्क्स ने बेयूर के विचारों की आलोचना की तथा अन्य बातों के साथ अमेरिका के अनुभव बताए जिसके अधिकारों के विधेयक तथा राज्य के कई विधानों के गिरजाघर तथा राज्य की धार्मिक आस्था के प्रति उदासीनता की स्थिति के बीच अंतर किया है। मार्क्स के अनुसार धर्म एक व्यक्तिगत मामला है तथा राज्य को व्यक्ति के नागरिक होने के संदर्भ के सिवा अन्य मुद्दों में हस्तक्षेप करने का कोई अधिकार नहीं है। मार्क्स कहते हैं कि पर्शिया के यहूदियों की राजनीतिक मुक्ति के लिए एक अलग समूह या लोगों के रूप में यहूदियों को अपनी पहचान त्यागने की आवश्यकता नहीं होगी। हालाँकि मार्क्स ने राजनीतिक मुक्ति तथा मानवीय मुक्ति में अंतर किया है। राजनीतिक मुक्ति से मार्क्स का अर्थ धनी वर्ग के राज्य में राजनीतिक अधिकार प्राप्त करना था।

मार्क्स के अनुसार राजनीतिक मुक्ति प्राप्त करने के लिए यह आवश्यक था कि यहूदियों को नास्तिकों के साथ समानता के नागरिक अधिकार दिए जाएँ, मानवीय मुक्ति के लिए आवश्यक था कि यहूदी तथा एक अलग सामाजिक खंड के रूप में नास्तिकों के अंतर को समाप्त किया जाए, जो वाणिज्यिक समाज में जड़ जमाए हुए था।

मार्क्स के अनुसार यह भौतिक आधार इस तथ्य में पाया जाता है कि यहूदी व्यापार तथा वाणिज्य से असंतुलित रूप से संबंधित थे, जिसने उन्हें उनकी वास्तविक संख्या के अनुपात से अधिक वास्तविक आर्थिक तथा राजनैतिक शक्ति प्रदान की। इसी आर्थिक शक्ति ने यहूदियों

को इस योग्य बनाया कि वे नागरिक समानता की माँग पर दबाव डालने लगे तथा नागरिक समाज में सामाजिक तथा वाणिज्य संबंधी मूल्यों को प्रविष्ट करने लगे। राज्य यहूदियों पर स्वयं अपने वित्तीय एकता के लिए निर्भर करते थे तथा इसके लिए यह आवश्यक था कि यहूदी वाणिज्य के संसार में अपने प्रकार्य करते रहें। इस प्रकार मार्क्स के दृष्टिकोण में नागरिक समाज यहूदियों के अस्तित्व के लिए भौतिक आधार प्रदान करता था तथा उन्हें एक अलग समूह या जाति के रूप में मानता था जिनकी आवश्यकता व्यापारी, धनलोलुप तथा धन उधार देने वाले के रूप में थी। इसलिए यहूदी तब तक समाप्त नहीं हो सकते जब तक या तो व्यापारी तथा धनलोलुप के रूप में अपनी भूमिका छोड़ दें या राज्य स्वयं व्यापारीकरण की आवश्यकता से स्वयं को दूर कर लें।

धर्म के अध्ययन में मार्क्सवादी उपागम की आलोचना : धर्म का मार्क्सवादी सिद्धांत आलोचना रहित नहीं है। उनमें से कुछ का वर्णन इस प्रकार किया जा सकता है :

मार्क्स की धार्मिक व्याख्या मुख्यतः ईसाई धर्म के अध्ययन पर आधारित है, ईसाई धर्म के बारे में उन्हें अधिक जानकारी थी। उन्होंने धर्म को सामान्य ढंग से नहीं देखा हालाँकि अन्य धर्मों के साथ उनके विचारों में एक शक्तिशाली ईश्वर तथा जीवन के बाद प्रसन्नता का वर्णन मिलता है, उन्होंने यह विचार आधारभूत विभिन्न धर्मों पर नहीं लगाए। यहाँ कहा जा सकता है कि इस संदर्भ में उनके विचार हीगल से प्रभावित थे जिन्होंने ईसाई धर्म को धर्म का सबसे उच्च स्वरूप माना था तथा जो उसके बारे में कहा गया वह "छोटे" धर्मों पर भी स्वतः लागू हो जाता था–परंतु यह सत्य नहीं है।

इस सिद्धांत की दूसरी कमी यह है कि उनका मानना है कि धर्म भौतिक तथा आर्थिक वास्तविकताओं से निर्धारित है। यही नहीं और कोई धर्म को प्रभावित नहीं करता। साथ ही यह प्रभाव दूसरी दिशा में नहीं हो सकता अर्थात् धर्म से भौतिक तथा आर्थिक वास्तविकता प्रभावित नहीं होती। 16वीं शताब्दी में जर्मनी में पुनर्निर्माण प्रारंभ हुआ जो कि प्रकृति में सामंतवादी था, वास्तविक पूँजीवाद 19वीं शताब्दी तक नहीं आया था। इसी कारण मैक्स वेबर ने सिद्धांत दिया कि धार्मिक संस्था नई आर्थिक वास्तविकताओं का निर्माण करती है।

कुछ लोगों ने साक्ष्यों सहित यह विचार दिया कि समाज में धर्म की भूमिका के बारे में मार्क्स के विचार उन्हें विशिष्ट समय और विशिष्ट स्थानों के धर्म पर लागू करने पर सीमित होने चाहिएँ। अतः इस विचार पर दृढ़ नहीं रहा जा सकता कि धर्म केवल आर्थिक स्थिति पर आधारित है अन्य किसी पर नहीं, अतः धर्म की यह वास्तविक विचारधारा अनावश्यक है। फिर भी हम यह समझ सकते हैं कि धर्म पर विभिन्न प्रकार के सामाजिक प्रभाव है जिनमें समाज की आर्थिक तथा भौतिक वास्तविकताएँ भी हैं। इसी प्रकार धर्म का बदले में समाज की अर्थव्यवस्था पर प्रभाव है।

वर्तमान समय में साम्यवादी समाज, जिसके बारे में मार्क्स ने कहा था, टूटता हुआ दिखाई देता है। मार्क्स के साम्यवादी आदर्श सामाजिक व आर्थिक स्थिति में धर्म पूर्णतया लुप्त

नहीं हुआ यह भी सत्य है। विचारधारा तथा व्यक्तित्व के साथ अनेक समस्याएँ होने के बाद भी धर्म तथा समाज के बारे में मार्क्स का सिद्धांत बहुत से विरोधाभासों के होते हुए भी समाज की क्रियाशैली को समझने के लिए महत्त्वपूर्ण योगदान देते हैं। मार्क्स के धर्म के बारे में विचारों की यथार्थता तथा विश्वसनीयता के बारे में कोई कुछ भी अंतिम निर्णय ले, हमें यह मानना होगा कि उसकी अमूल्य सेवाओं ने लोगों को सामाजिक जाल जिसमें धर्म हमेशा होता है, के बारे में सोचने पर विवश किया। उसके अध्ययन के कारण धर्म को उसके सामाजिक और आर्थिक बंधनों को जाने बिना अध्ययन करना असंभव हो गया। यहाँ तक कि समाज की अधोसंरचना तथा अधिसंरचना के बीच अंतः क्रियाओं पर आधारित मार्क्स के राजनीतिक विचार तथा सामाजिक सिद्धांत को नहीं मानने वाले भी निरंतर समाज तथा धर्म के अध्ययन के समाजशास्त्रीय उपागमों के लिए इसे एक महत्त्वपूर्ण विभेद करने वाले बिंदु के रूप में मानते हैं।

प्रश्न 4. धर्म का अधिसंरचना के रूप में परीक्षण कीजिए।

उत्तर – कार्ल मार्क्स की धर्म की अवधारणा को ऐतिहासिक भौतिकवाद तथा आर्थिक निर्धारणवाद के संपूर्ण सिद्धांत के संदर्भ में ही समझा जा सकता है, एक पृथक् रूप में नहीं। उनके अनुसार संपूर्ण सामाजिक–सांस्कृतिक व्यवस्था का आधार अर्थव्यवस्था है। साथ ही समाज में उत्पादन तथा वितरण एवं साधन संबंधी सभी के मूल में अर्थव्यवस्था सन्निहित है। मार्क्स ने जिस आर्थिक संरचना के आधार पर समाज की बुनियाद रखी है, उसी से राज्य, विधिक अवधारणा, सौंदर्यशास्त्र अथवा धर्म को भी विकसित माना है। अतः धर्म का आधार भी कार्ल मार्क्स ने आर्थिक ही माना है।

धर्म के संबंध में प्रत्यक्ष रूप से मार्क्स ने विचार तो नहीं किया, किंतु अपने विचारक्रम में उन्होंने जो मंतव्य दिए हैं वे धर्म की अधिसंरचना को स्पष्टतः प्रस्तुत करते हैं। मार्क्स ने धर्म को एक अवयव के रूप में स्वीकार किया है, जिसे अधिसंरचना कहा है जो संपूर्ण की अधोसंरचना पर आधारित होती है। अधोसंरचना में जब बदलाव आता है तो अधिसंरचना में भी परिवर्तन अथवा विकासात्मक परिवर्तन दृष्टिगोचर होता है। धर्म में प्राचीन काल से लेकर अभी तक विविधताएँ आई हैं तो अधिसंरचना के कारण ही। उदाहरण के रूप में देखा जा सकता है कि आदिकाल में अर्थात् पूँजीवाद के पहले धार्मिक आस्था मानव और प्रकृति के परस्पर संघर्ष एवं मजबूरी से उत्पन्न होती है जबकि आधुनिक पूँजीवादी युग में यह मनुष्य का मनुष्य से संघर्ष द्वारा उत्पन्न हुई है। श्रमिकों अथवा किसानों पर अत्याचारियों के प्रकोप ने एक ऐसी मजबूरी पैदा की कि इसमें इन मजबूर मजदूरों ने अगले जन्म में सुखी जीवन हेतु आस्था और विश्वास की ओर हृदय लगाया है।

अतः समय के साथ जब–जब अधोसंरचनात्मक परिवर्तन आवश्यक हुए हैं, अधिसंरचना स्वतः परिवर्तित हुई है। इसके अतिरिक्त यह देखा गया है कि धर्म, राज्य, राजनीतिक, संवैधानिक, दार्शनिक एवं कलात्मक आदि अधिसंरचना की फलिकाएँ एक–दूसरे को प्रभावित

करती हैं तथा साथ ही आर्थिक कारण भी प्रभाव डालता है। हालाँकि आर्थिक स्थिति ही केवल एक कारण नहीं है, किंतु मार्क्स ने अधिसंरचना को प्रभावित करने वाले कारकों में आर्थिक स्थिति को सशक्त कारण माना है।

अध्याय–6
दुर्खीम एवं प्रकार्यवाद
Durkheim and Functionalism

परिचय

दुर्खीम 19वीं शताब्दी के बाद के तथा 20वीं शताब्दी के आरंभ के समय के फ्रांस के एक प्रमुख समाजशास्त्री थे। समाज में एकता की स्थापना के पीछे धर्म को देखकर दुर्खीम ने धर्म का सामुदायिक विकास में महत्त्वपूर्ण स्थान मार्क्सवादी सिद्धान्तमाना। साथ ही दुर्खीम ने ध र्म को मानव और समाज के परिप्रेक्ष्य में देखा–समझा और इसे एक सामूहिक घटना करार दिया। उनके लिए धर्म एक सामूहिक घटना है तथा वह समूह ही है जो धर्म को उसका विशिष्ट लक्षण तथा एकता प्रदान करता है। दूसरी ओर धर्म समूह को एक करता है तथा लोगों को एक साथ जोड़ता है। इस प्रकार निष्कर्ष रूप में वे कहते हैं कि धार्मिक विचार समाज से बनते हैं तथा समाज के सदस्यों को आपस में जोड़ने का कार्य करते हैं। दुर्खीम ने संरचनात्मक प्रकार्यवाद को प्रोषित किया तथा अपने विश्लेषण का आधार बनाया, प्रकार्यवाद में सामाजिक संरचना के अंतर्गत वैयक्तिक अथवा जैविक आवश्यकता संबंधी अध्ययन को महत्त्व दिया जाता है, किंतु संरचनात्मक प्रकार्यवाद में सामाजिक एकता को बल दिया जाता है, दुर्खीम ने न्यूनवादी कथनों को नकार दिया तथा सामाजिक तथ्यों, संरचनाओं, प्रतिमानों तथा मूल्यों के अध्ययन पर ज्यादा ध्यान दिया। यह इकाई इसका वर्णन करेगी कि उन्होंने धर्म के समाजशास्त्रीय सिद्धांत का विकास कैसे किया। दुर्खीम ने धर्म के संबंध में उसके प्रकार्य के बारे में एकता संबंधी बात कही है, जिसे वे अनिवार्य व सकारात्मक प्रकार्य कहते हैं। अतः इस इकाई में दुर्खीम के प्रकार्यवाद, टोटमवाद एवं पवित्र–अपवित्र के बीच भेद की चर्चा की गई है।

प्रश्न 1. दुर्खीम एवं प्रकार्यवाद को सविस्तार समझाइए। दुर्खीम धर्म को कैसे स्पष्ट करते हैं?

अथवा

धर्म के संदर्भ में दुर्खाइम के प्रकार्यवादी उपागम की व्याख्या कीजिए।

[जून 2008, प्रश्न 2.]

उत्तर – प्रकार्यवाद एक सैद्धांतिक उपागम है जिसमें किसी सामाजिक घटना का विश्लेषण उसके द्वारा समाज की एकता को बनाए रखने के लिए किए गए योगदान के रूप में किया जाता है। यह इस विचार के साथ आरंभ होता है कि एक समाज में मानव व्यवहार संरचित होता है। समाज के सदस्यों के बीच संबंध नियमों के द्वारा संगठित होते हैं। इसलिए सामाजिक संबंध आदर्श स्वरूप तथा बहुधा घटित होने वाले होते हैं, जो सामाजिक संरचना का आधार बनाते हैं। समाज की संरचना सामाजिक संबंधों का कुल योग है जो प्रतिमानों से शासित होती है। समाज की विभिन्न संस्थाएँ जैसे परिवार, धर्म, अर्थव्यवस्था, शैक्षिक तथा राजनीतिक व्यवस्था आदि सामाजिक संरचना के विभिन्न पहलू हैं। इस प्रकार संस्था को एक संरचना के रूप में देख सकते हैं जो अंतःसंबंधित भूमिकाओं या अंतःसंबंधित प्रतिमानों से बनी है।

जीव–विज्ञानिकों के समान प्रकार्यवादी मूलतः सामाजिक संरचना के विभिन्न भागों की क्रियाशीलता देखते हैं। इसके लिए संरचना के विभिन्न भागों के बीच संबंध तथा संपूर्ण समाज से उनके संबंध का या संपूर्ण व्यवस्था को बनाए रखने में उस भाग के प्रकार्य का परीक्षण किया जाता है। इस प्रकार प्रकार्य का अर्थ उस योगदान से है जो एक संस्था पूर्ण व्यवस्था के रख–रखाव और उत्तरजीविता के लिए कार्य करती है। उदाहरण के लिए परिवार का प्रकार्य समाज के नए सदस्यों का समाजीकरण करना है।

समाज व सावयव के बीच समानता सामाजिक व्यवस्था की एक समान ठहरी हुई प्रकृति की तरफ ध्यान आकर्षित करती है : सामाजिक व्यवस्था संतुलन बनाए रखने का कार्य करती है तथा बाहरी आघात से सामाजिक व्यवस्थाओं के संतुलन में बाधा आने पर यही व्यवस्थाएँ वापस संतुलन लाती हैं। उनके अनुसार समाज की कुछ आधारभूत आवश्यकताएँ हैं जिन्हें प्रकार्यात्मक पूर्वापेक्षाएँ कहते हैं, जिन्हें सामाजिक व्यवस्था के संतुलन को बनाए रखने तथा जीवित रहने के लिए प्राप्त करना पड़ता है। प्रकार्यवादियों का एक प्राथमिक उद्देश्य सामाजिक व्यवस्था को जीवित रखना है और वे यह मानते हैं कि जीवित रहने के लिए उसके भागों में कुछ अंश तक एकीकरण तथा कुछ अंश तक व्यवस्था तथा स्थायित्व अनिवार्य है। इस प्रकार प्रकार्यवादियों का मुख्य उद्देश्य सामाजिक व्यवस्था की उत्पत्ति तथा स्थायित्व को बनाए रखने की व्याख्या करना है।

(क) दुर्खीमवादी प्रकार्यवाद : दुर्खीम ने प्रकार्यवाद की जिस धारा को विकसित किया था उसे संरचनात्मक प्रकार्यवाद कहते हैं। वह संरचनात्मक प्रकार्यवाद के संस्थापकों में से एक है। जहाँ प्रकार्यवाद में सामाजिक संरचना उसके द्वारा जैविक या व्यक्तिक आवश्यकताओं को पूरा

करने के प्रकार्यों के अर्थ में अध्ययन किया जाता है, वही संरचनात्मक प्रकार्यवाद में सामाजिक संरचना का प्रकार्य सामाजिक एकता को बनाए रखने के संदर्भ में अधिक देखा जाता है। दुर्खीम के अनुसार समाज अपने आप में एक हस्ती है, जिसके कई संगठक भाग हैं। दुर्खीम ने न्यूनवादी कथनों को अस्वीकार किया है। उनके अनुसार समाज की अपनी पहचान है जो उसके संगठक भागों से अलग होती है। उन्होंने सामाजिक तथ्यों, सामाजिक संरचनाओं, सांस्कृतिक प्रतिमानों तथा मूल्यों के प्रकार्यों के अध्ययन पर ध्यान दिया, जो उनके अनुसार व्यक्ति के बाहर है।

दुर्खीम सामाजिक एकता पर अधिक ध्यान देते थे तथा यह जानने का प्रयास करते थे कि सामाजिक इकाई किस प्रकार अपने सदस्यों को आपस में जोड़ती है। दुर्खीम ने सामाजिक घटनाओं के अध्ययन के महत्त्व को बताया क्योंकि वे सामाजिक एकता और सामाजिक संरचना बनाए रखने का प्रकार्य करती है। उन्होंने यह जानने के लिए सावयवी सुदृढ़ता तथा सामूहिक चेतना जैसी अवधारणा का प्रयोग किया। समाज का अध्ययन सामाजिक तथ्यों के अध्ययन से किया जाना चाहिए, जो समाज के सामूहिक जागरूकता का भाग है। उन्होंने समाज की स्पष्ट स्थायित्व तथा आंतरिक एकता का वर्णन करने का प्रयास किया, जो उसके लंबे समय तक अस्तित्व में बने रहने के लिए आवश्यक है। समाजों को संसजक, जुड़े हुए तथा आधारभूत संबंधों से जुड़े हुए रूप में देखा गया। ये समाज जो सावयव के समान अपने अनेक अंगों से मिलजुल कर अपने आपको बनाए रखने तथा प्रजनन के लिए एक साथ प्रकार्य करते हैं। समाज के विभिन्न अंगों के लिए यह माना गया कि वे संपूर्ण सामाजिक संतुलन को बनाए रखने के लिए अचेतन, प्रायः स्वचालित ढंग से कार्य करते हैं। सभी सामाजिक और सांस्कृतिक घटनाएँ इस प्रकार प्रकार्यात्मक होने के अर्थ में देखी जाती है जो इस स्थिति को पाने के लिए एक साथ कार्य करती हैं तथा ऐसा विश्वास किया जाता है कि उनका अपना "जीवन" है। वे प्राथमिक रूप से उनके द्वारा किए गए प्रकार्य के द्वारा विश्लेषित की जाती है।

बाद में दुर्खीम ने सामाजिक एकता की अलग व्याख्या दी : जो सामूहिक चेतना के इर्द–गिर्द केंद्रित है। इस कथन का अर्थ "सामूहिक जागरूकता" या "सामान्य समझ" कह सकते हैं। दुर्खीम के लिए मानवशास्त्री जिसे संस्कृति कहते हैं वही सामाजिक तथ्य है। इसका एक उदाहरण दुर्खीम की *दी एलीमेन्ट्री फार्मस ऑफ द रिलीजियस लाइफ* में मिलता है जहाँ दुर्खीम ने बताया कि टोटम जो पवित्र वस्तु है वह प्रतिनिधि है जिसके द्वारा समाज अपने आपको चिह्न द्वारा प्रदर्शित करता है। समाज में धर्म के द्वारा टोटम को तर्कपूर्ण बना दिया जाता है। इस विश्वास के अनुसार टोटम, अन्य प्रतीकों के समान, एक सामूहिक प्रतिनिधित्व है। स्वयं समाज के द्वारा इस प्रतिनिधित्व को यह मूल्य दिया गया है।

(ख) धर्म : एक प्रकार्यात्मक परिप्रेक्ष्य : धर्म प्रकार्यात्मक है तथा सामाजिक व्यवस्था के अस्तित्व को सुनिश्चित करता है। धर्म एक सामाजिक संस्था है। प्रकार्यवादियों ने धर्म का उन

प्रकार्य या योगदान के आधार पर विश्लेषण किया है जो धर्म समाज के प्रकार्यात्मक पूर्वापेक्षाओं को पूरा करते हैं तथा आधारभूत आवश्यकता जैसे सामाजिक एकता, सर्वसम्मत मूल्य, तालमेल तथा समाज के विभिन्न भागों में एकीकरण के लिए करता है।

प्रकार्यवादियों का कहना है कि धर्म समाज में एकीकरण लाने की शक्ति है, एक ऐसा साधन जो लोगों में यह भावना भरता है कि वे एक ही समाज से संबंधित है तथा समाज में दूसरों के साथ कुछ समानता रखते हैं। सामाजिक वचनबद्धता तथा सामाजिक एकता से जुड़े विश्वासों को दर्शाने का यह एक साधन है। ये व्यक्तियों के लिए समान मूल्य, विश्वास एवं आदर्श की पुष्टि के लिए एक ढंग देता है। यह सामूहिक चेतना है। यह केंद्रीय मूल्य व्यवस्था के रूप में कार्य करता है। सरल शब्दों में हर वह सामाजिक संस्था अथवा घटना को धर्म की संज्ञा दी जा सकती है जो इन प्रकार्यों को करेगी।

प्रश्न 2. दुर्खीम की पवित्र एवं अपवित्र की अवधारणा पर प्रकाश डालिए।
अथवा
दुर्खाइम धर्म को कैसे स्पष्ट करते हैं? 'पवित्र' एवं 'अपवित्र' के बीच के अंतर को स्पष्ट कीजिए। [दिसम्बर 2008, प्रश्न 5.]

उत्तर – इमाइल दुर्खीम ने धर्म को तीन तरह की क्रियाओं से संबंधित बताया है :
(1) पवित्र तथा अपवित्र के बीच विभाजन बनाए रखना,
(2) विश्वसनीय के लिए विश्वासों की एक व्यवस्था बनाना,
(3) नियमों की एक व्यवस्था तैयार करना जो क्रिया करने के कुछ तरीकों को रोकती है।

दुर्खीम ने कहा कि धार्मिक घटना किसी भी समाज में उभर सकती है जब अपवित्र तथा पवित्र के क्षेत्र में विभाजन कर दिया जाता है। अपवित्र दिन प्रतिदिन उपयोगिता संबंधी क्रियाओं का क्षेत्र है जबकि पवित्रता का क्षेत्र अलग सर्वश्रेष्ठ तथा असामान्य का क्षेत्र है। कोई वस्तु अपने में वस्तुतः न तो पवित्र न ही अपवित्र होती है। यह पहली अथवा दूसरी बनने के लिए इस बात पर निर्भर करती है कि मानव उसके उपयोगी मूल्य अथवा उसमें छुपे लक्षणों को किस प्रकार मानता है, इसका वस्तु के सहायक मूल्य से कोई लेना देना नहीं है। पवित्र तथा अपवित्र का यह विभाजन सभी धर्मों में समान है तथा दुर्खीम के अनुसार यह विभाजन धार्मिक जीवन का सबसे विशिष्ट तत्त्व है क्योंकि यह अनेक प्रकार से धार्मिक जीवन का आधार बनाता है। दुर्खीम कहते हैं, "मानव विचारों के संपूर्ण इतिहास में ऐसा कोई अन्य उदाहरण नहीं है जो वस्तुओं को ऐसी दो श्रेणियों में बाँटता हो जो इतनी अधिक भिन्न हैं तथा एक दूसरे के विरोध में है।"

धार्मिक जीवन के सामान्य अवलोकित लक्षण को खोजने के प्रयास में दुर्खीम ने यह पाया कि अलौकिक क्षेत्र में विश्वास सभी धर्मों में समान नहीं है (जैसे बौद्धवाद में कोई समान देवी–देवता नहीं हैं), परंतु जीवन के विभिन्न पक्षों, भौतिक वस्तुओं तथा कुछ व्यवहारों का

पवित्र तथा अपवित्र की दो श्रेणियों में विभाजन समान है। वस्तुएँ तथा व्यवहार जिन्हें पवित्र माना जाता है उन्हें आध्यात्मिक अथवा धार्मिक क्षेत्र का अंग माना जाता है। ये धार्मिक रीति–रिवाज के अंग हैं, आदर की वस्तुएँ हैं तथा धार्मिक विश्वासों के द्वारा व्यवहार विशिष्ट माने जाते हैं। संसार की अन्य सभी वस्तुएँ जिनका कोई धार्मिक प्रकार्य अथवा धार्मिक अर्थ नहीं होता वे सब अपवित्र मानी जाती है। सामान्य रूप से सामाजिक जीवन के वे पक्ष जिन्हें नैतिक श्रेष्ठता तथा आदर दिया गया है पवित्र माने जाते हैं तथा अन्य सभी पक्ष अपवित्र। उदाहरण के लिए, कैथोलिक गिरजाघर ईसा मसीह की मूर्ति से शोभित क्रास और 'विशाल सभा' में किए गए व्यवहारों और क्रियाओं को पवित्र मानते हैं, जबकि अन्य व्यवहारों तथा वस्तुओं को नहीं।

पवित्रता में सर्वश्रेष्ठ तथा देवी–देवता या प्राकृतिक वस्तुएँ तथा व्यवहार, रीति–रिवाज तथा अभ्यास या शब्द, शब्दों के मेल या अभिव्यक्ति अथवा वे सब सामाजिक वस्तुएँ जिनके लिए विशिष्ट धार्मिक उपचार की आवश्यकता है सम्मिलित की जा सकती हैं। पवित्र वस्तुएँ प्रतीक हैं जो किसी चीज का प्रतिनिधित्व करते हैं। दुर्खीम लिखते हैं कि "पवित्र वस्तुएँ सर्वश्रेष्ठता से भी परे हैं जिन्हें अपवित्र को छूना नहीं चाहिए तथा बिना कष्ट उठाए नहीं छू सकते।" पवित्रता का विशिष्ट लक्षण कुछ धार्मिक कृत्यों का निर्धारण तथा कुछ की मनाही के रूप में प्रकट है जो इसे अपवित्र से अलग करता है। दुर्खीम के अनुसार अपवित्र सम्मान में पवित्र से कम है और इसलिए पवित्र से मूलरूप में विपरीत है। जो पवित्र नहीं है वह अभिन्न है। अपवित्र वे सिद्धांत हैं जिसमें पवित्र को दूषित करने की क्षमता है और इस अर्थ में पवित्र को अपवित्र के संबंध में परिभाषित किया जाता है। वस्तुओं का दो अलग परंतु अंतःक्रिया करने वाले क्षेत्र में विभाजन सभी धर्मों में समान है।

प्रश्न 3. धार्मिक रीति–रिवाजों की श्रेणियों व उनके सामाजिक प्रकार्य का सविस्तार वर्णन कीजिए।

उत्तर – इमाइल दुर्खीम के अनुसार विश्वास तथा रीति–रिवाज सभी धर्मों में पाए जाते हैं तथा ये धर्म का एक आधारभूत पहलू है। दुर्खीम ने धार्मिक रीति–रिवाजों की चार श्रेणियाँ बताई हैं जो इस प्रकार हैं :

(1) स्मृति बनाए रखने योग्य अनुष्ठान उन अनुष्ठानों से संबंधित हैं जो बताते हैं कि समूह अपने समूह के समक्ष स्वयं का किस प्रकार प्रतिनिधित्व करते हैं। इन अनुष्ठानों के प्रकार्य समारोह में पूर्वजों की उत्पत्ति के काल, उनकी याद रखने योग्य क्रियाओं तथा उनके कार्यों के द्वारा पूर्वजों के पौराणिक इतिहास को दर्शाया जाना है। ये अनुष्ठान विश्वासों के औचित्य को बनाए रखते हैं तथा उन्हें विस्मरण से बचाते हैं। ये उन भावनाओं का नवीनीकरण करते हैं जो समाज में समाज की स्वयं की है, अपनी एकता समूह की सामाजिक प्रकृति को शक्तिशाली बनाने का ढंग है।

(2) बलिदान संबंधी रिवाज जो दीक्षा तथा बलि से संबंधित है यह रिवाजों का वह वर्ग है जिसमें समूह की वस्तुओं के प्रति व्यक्तियों के दायित्व बताए तथा नियमित किए जाते हैं, जो या तो गोत्र की टोटम के रूप में सेवा करते हैं या जीवन के आधार के रूप में माने जाते हैं। इसमें जीवित रहने से संबंधित वस्तुएँ सम्मिलित हैं जैसे आवश्यक भोजन तथा पुनर्उत्पाद से संबंधित शक्तियाँ। इन अनुष्ठानों में वे समारोह सम्मिलित हैं जिनमें प्राकृतिक संसार की उत्पादक शक्तियाँ मनाई जाती हैं। बलिदान से संबंधित रीति–रिवाजों की व्यवस्था दो महत्त्वपूर्ण भूमिका निभाती हैं। जो व्यक्ति उनमें भाग लेता है वे उसे पवित्र करती हैं तथा समूह के सामूहिक अभ्यासों तथा सामाजिक भावनाओं को पुनःस्थापित करती हैं तथा नया जीवन देती हैं।

(3) पाप नाशक अनुष्ठान जो हानि या दुख से बचने का प्रतिनिधित्व करते हैं। अनुष्ठानों की ये श्रेणी उन रिवाजों के लिए प्रयोग की जाती है जो प्रत्येक वस्तु को महत्त्व देती हैं जिनमें दुर्भाग्य, हानि तथा मृत्यु भी सम्मिलित हैं। जहाँ अन्य अनुष्ठान सामूहिक जीवन की सकारात्मक घटनाओं को मनाते हैं वहीं पाप नाशक अनुष्ठान दुर्भाग्य तथा आपदा को धार्मिक महत्त्वता तथा गंभीरता देते हैं। ये समारोह मृतक की अंतिम क्रिया के समय या जब बुरी फसल समूह के जीवन के लिए खतरा बनती है तब आयोजित किए जाते हैं। इन रिवाजों का प्रकार्य दुर्भाग्य घटने के बाद पहले वाली स्थिति की एकता फिर से लाना है जिसमें रोना, विलाप करना, चुम्बन लेना तथा शोक सम्मिलित हैं।

(4) अनुकरणशील अनुष्ठान जो प्रजनन के उद्देश्य के लिए टोटम पशु के अनुकरण की स्वीकृति देते हैं। इन अनुष्ठानों की क्रियाएँ उन समारोहों द्वारा होती है जिनमें व्यक्ति स्वयं को, पशु या कीड़े–मकोड़े की आकृति के रूप में तथा उनकी क्रियाओं की नकल करके रिवाजों के अनुसार सजाते हैं। नकल करने के इन समारोहों में जनजाति के सदस्य यह मानते हैं कि जिस वस्तु की नकल की जा रही है उसकी स्थिति तथा गुण समूह के सदस्यों में स्थानांतरित हो जाते हैं तथा इसके साथ कुछ नई चीज भी पैदा की जाती है। पशु की नकल करके वे यह विश्वास बनाते हैं कि पशु का प्रजनन होगा।

प्रश्न 4. इमाइल दुर्खीम ने टोटमवाद का वर्णन किस प्रकार किया है?

उत्तर – दुर्खीम ने ऑस्ट्रेलिया की मूल जनजातियों का अध्ययन धर्म को समझने तथा समाज को बनाए रखने के लिए इसका प्रकार्य जानने के लिए किया। खोज के दौरान दुर्खीम ने अपने सिद्धांत प्रस्तुत किए हैं। टोटमवाद को धर्म का आरंभिक स्वरूप और धर्म का केंद्रीय बिंदु मानते हुए दुर्खीम ने टोटम संबंधी विश्वासों तथा टोटमवाद की संरचना की समाजशास्त्रीय खोज की है।

दुर्खीम के अनुसार टोटमवाद की प्रमुख विशेषताएँ निम्नलिखित हैं :

(1) टोटमवाद का गहरा संबंध सांगठनिक गोत्र व्यवस्था से है।

(2) टोटम में सम्मिलित जन एक ही गोत्र के होते हैं जो आपसी रिश्तों को मजबूत बनाने में एवं संगठन की संकल्पना को मजबूत करने में महत्त्वपूर्ण भूमिका निभाते हैं।

(3) टोटम के माध्यम से निषिद्ध कार्य का प्रायश्चित किया जाता है, जिसके प्रति समूह जिम्मेवार होता है।

(4) टोटम पवित्र तथा अपवित्र के अंतर की प्राथमिक इकाई है।

(5) टोटम एक विश्वास है, जिसमें रीति–रिवाजों के साथ–साथ प्रतीक चिह्नों का प्रयोग किया जाता है, जो समूह को दर्शाता है।

(6) पेड़–पौधे, पशु–पक्षियों के साथ आत्मा के तादात्म्य को टोटम द्वारा फलीभूत करते हैं।

अतः टोटमवाद एक धर्म है जो वस्तुओं के तीन वर्गों पर संधान करता है :

(i) प्रतीक

(ii) टोटम (पशु–पक्षी)

(iii) गोत्र

ये पवित्र माने जाते हैं।

गोत्र, टोटम तथा सृष्टिशास्त्र : दुर्खीम समाज को व्यवस्थित तथा एकीकृत करने में विश्वास रखते थे। धर्म विचारों की एक व्यवस्थित इकाई है। ये सिद्धांत ऑस्ट्रेलिया की जनजातियों पर किए गए शोध के परिणाम हैं। धर्म में टोटम को निर्धारक मानते हुए दुर्खीम ने टोटम को वर्गीकरण की प्रारंभिक पद्धति माना है जो प्रकृति के विभाजन का भी मुख्य आधार है। गोत्र इसी टोटम की एक सामूहिक व्यवस्था है, जिसके अंतर्गत एक टोटम होता है। टोटमवाद की प्रकृति को भी वर्गों में विभाजित करने का श्रेय जाता है, यथा–सूर्य, चंद्रमा, तारे, पृथ्वी आदि को गोत्र में बाँटता है। एक गोत्र में समान टोटम एवं गुण होते हैं जो एक ही माँस से बने माने जाते हैं। यह साहचर्य वर्गभेद के साथ एकीकृत रूप में ज्यादा महत्त्वपूर्ण है।

दुर्खीम का धार्मिक संगठन सिद्धांत एक सामूहिक संगठन का आदर्श प्रस्तुत करता है जो सृष्टि को वर्गीकृत करने का भरसक प्रथम प्रयास है। चूँकि प्राकृतिक तथा सामाजिक जानकारियाँ हमें धार्मिक विचारों में ढूँढ़ने से मिल जाती हैं, जिनमें कुछ प्रक्षिप्त अंश भी हैं, किंतु इससे पता चलता है कि संगठन की संरचना और धर्म के बीच गहरा रिश्ता है।

टोटम तथा समाज : टोटम गोत्र का चिह्न है, प्रतीक है उस संगठन का जो एक माँस से बने हैं। अतः टोटम ही सामाजिक संगठन का आधार बनता है। इसमें भौतिक वस्तुओं को प्रतीक के रूप में इस्तेमाल किया जाता है। टोटम पवित्र शक्ति तथा गोत्र की पहचान है, अतः टोटम एक ही समय में गोत्र अथवा समुदाय अथवा समाज का प्रतिनिधित्व करता है तथा पवित्र शक्ति अथवा ईश्वर का भी। इस प्रकार ईश्वर और समाज एक ही हैं जिनकी पूजा आरंभ से ही होती आ रही है।

Don't be puzzled by problems, whatever they may be. Always face them as if they are examinations you have to pass.	Now Available by V.P.P Also
	9312235086
	9350849407
AN ISO 9001:2008 CERTIFIED CO.	**27387998, 27384836**

अध्याय–7
वैबर एवं प्रातीतिक अर्थ का प्रश्न
Weber and the Question of Meaning

परिचय

मैक्स वेबर (1864–1920) के प्रमुख उद्देश्यों में से एक सामाजिक जीवन के आर्थिक पक्ष के अध्ययन के विभिन्न तरीकों को ढूँढ़ना था। इस उद्देश्य की पूर्ति के लिए उन्होंने सामाजिक संस्थाओं को दृढ़ता के साथ आर्थिक, आर्थिक रूप से प्रासंगिक अथवा आर्थिक रूप से निर्धारित में भेद किया। वेबर ने धर्म के समाजशास्त्र को रेखांकित करने की विविध प्रक्रिया को विधिवत् समझा है। वेबर ने अपने दर्शन में यह दर्शाने का प्रयत्न किया है कि धार्मिक नैतिकता की आर्थिक प्रासंगिकता होती है। वेबर के अनुसार धर्म की कोई भी स्पष्ट आर्थिक विशेषता नहीं है, तब भी गहनतापूर्वक अध्ययन से स्पष्ट होता है कि उसमें आर्थिक व्यवहार तथा विकास के लिए निश्चित परिणाम की आवश्यकता होती है। मैक्स वेबर ने समाजशास्त्र को सामाजिक क्रिया के विस्तृत विज्ञान के रूप में माना है, उनके लिए समाजशास्त्र एक विज्ञान है, जो सामाजिक क्रिया को अर्थपूर्ण ढंग से समझने का प्रयास करता है। मार्क्स का कथन है "अर्थ की संरचना समाज की संरचना को निर्मित करती है।" वेबर भी कहीं–न–कहीं अर्थ व समाज के बीच अंतर्संबंध को बेहद सजगता से समझते हैं, अतः इनके परिवर्तन के आयाम की गहराई से दार्शनिक व्याख्या की गई है। वेबर ने कहा, "जो यहाँ समझाया गया है वह संसार में एक मार्ग बनाने के लिए एक सामान्य साधन नहीं है वरन् एक विशिष्ट आचार–विचार है। इस इकाई में वेबर के अनुसार विधि तथा प्रतीतिक अर्थ का वर्णन करने की विधि को समझाया गया है।

प्रश्न 1. वेबर ने विधि तथा प्रातीतिक अर्थ का वर्णन किस प्रकार किया है?

उत्तर – एक समाजशास्त्री के रूप में वेबर का प्रमुख उद्देश्य सामाजिक जीवन के आर्थिक पक्ष के अध्ययन के विभिन्न तरीकों को ढूँढ़ना था। वेबर का विधिशास्त्र उनके इस विचार पर निर्भर करता है कि सामाजिक वैज्ञानिक सामाजिक संबंधों के अर्थ को समझ सकता है। उसने इस उपागम के मुख्य सार को दर्शाने के लिए सहानुभूतिपूर्ण आत्म-निरीक्षण शब्द का प्रयोग किया। उनका तर्क था कि घटना के सत्यापित यथार्थ अर्थ को समझने के लिए, स्वयं को कर्त्ता के स्थान पर रखकर तथा उसके अनुभवों में सहानुभूतिपूर्वक भाग लेने से बहुत सहायता मिल सकती है। यदि समाजशास्त्री को मानव व्यवहार के अर्थ को समझने के साथ जानना है, तब उसे स्वयं क्रिया के पीछे की कारणात्मक प्रेरणा पर पकड़ बनानी चाहिए। उसी विधि एवं आदर्श प्रारूप के विश्लेषणात्मक उपकरण को प्रयोग करते हुए वेबर ने धार्मिक क्रियाओं का प्रयोग किस प्रकार आधुनिक पूँजीवाद के विकास में योगदान दे सकता है यह जानने का प्रयास किया।

चित्र–7.1 : वेबर

सहानुभूतिपूर्ण अंतर्दृष्टि के समान उन्होंने सामाजिक क्रिया के समाजशास्त्रीय परीक्षण के लिए जिस दूसरे विश्लेषणात्मक उपकरण का प्रयोग किया वह है प्रारूपवादी विश्लेषण जिसमें वैज्ञानिक के लिए एक आदर्श प्रारूप बनाया जाता है जिससे वास्तविक प्रारूप की तुलना की जाती है। सामाजिक क्रिया के दो प्रकार के अर्थ होते हैं :

(क) एक विशिष्ट कर्त्ता की दी गई वास्तविक स्थिति में उसका वास्तविक अर्थ अथवा दिए गए कर्त्ताओं की संख्या का औसत या अनुमानित अर्थ, तथा

(ख) दी गई क्रिया में काल्पनिक कर्त्ता या कर्त्ताओं द्वारा दिया गया भावनिष्ठ अर्थों की सैद्धांतिक रूप से बनाई गई वास्तविक प्रारूप (एक आदर्श प्रारूप की तरह)।

अर्थ को समझने का आधार या तो तर्कपूर्ण या भावनात्मक परानुभूति अथवा कलात्मक प्रशंसापूर्ण हो सकता है। समझ दो प्रकार की होती है :

- एक दी गई घटना के भावनिष्ठ अर्थ को प्रत्यक्ष अवलोकन से समझना (उदाहरण के लिए यदि मैं तुम पर चिल्लाने लगूँ, तब तुम मेरे चिल्लाने के गुण से मेरी अतार्किक भावनात्मक प्रतिक्रिया प्रत्यक्ष रूप से देख सकते हो)।

- व्याख्यात्मक समझ : हम प्रेरणा या एक विशिष्ट परिस्थिति में एक व्यक्ति एक विशिष्ट व्यवहार क्यों करता है, को समझते हैं। चूँकि हम क्रिया के अर्थ को समझना चाहते हैं, तब हमें उन जटिल अर्थों में जिनमें क्रिया घटी थी, में क्रिया को रखना होगा। अधिकतर उदाहरणों में वास्तविक क्रिया भावनिष्ठ अर्थों की अर्धचेतना या वास्तव में अचेतनता की स्थिति में घटती रहती है। अर्थ का आदर्श प्रारूप वह प्रारूप है जहाँ अर्थ पूर्ण चेतन तथा प्रत्यक्ष है : वास्तविकता में ऐसा बहुत कम होता है।

प्रश्न 2. वेबर की धर्म तथा अर्थव्यवस्था पर केंद्रीय धारणा को संक्षिप्त रूप में समझाइए। [जून 2008, प्रश्न 4.]

अथवा

धर्म और अर्थव्यवस्था के बारे में वेबर की मुख्य (केन्द्रीय) धारणा (शोधकार्य) की जानकारी दीजिए। [जून 2010, प्रश्न 4.]

उत्तर – वेबर के अनुसार धर्म की कोई भी स्पष्ट आर्थिक विशेषता नहीं होती। वे धर्म के अपने विश्लेषण में धर्म के प्रकार्य के स्थान पर धर्म द्वारा किए गए सामाजिक परिवर्तन को जानने में अधिक रुझान रखते थे। उन्होंने धर्म का अध्ययन सामाजिक कर्त्ता की धार्मिक क्रिया या अकर्मण्यता के भावनिष्ठ अर्थ के संदर्भ में किया है। वेबर ने इस पर आधारित एक नया सिद्धांत दिया जो उस समय के उन सिद्धांतों से हटकर था जो आधुनिक पश्चिमी समाज में समाज के आर्थिक व धार्मिक क्षेत्रों के संबंध में पूँजीवाद के उदय के संबंध में दिए गए थे।

अपने विख्यात अध्ययन, दी प्रोटेस्टैन्ट एथिक एण्ड स्पीरिट ऑफ कैपीटलिज्म में वेबर ने प्रोटेस्टैन्टवाद के कुछ स्वरूपों के उदय तथा पश्चिमी औद्योगिक पूँजीवाद के विकास के बीच संबंध का परीक्षण किया। उन्होंने यह निबंध 1902 तथा 1903 के बीच लिखा था तथा यह दो निबंधों के रूप में क्रमशः 1904 तथा 1905 में प्रकाशित हुआ। उनकी इस मुख्य कृति में धर्म तथा अर्थव्यवस्था के बारे में उनकी केंद्रीय धारणा मिलती है। यह अध्ययन वेबर के धर्म तथा धार्मिक विचारों के विषय के साथ–साथ पूँजीवाद तथा पूँजीवाद के उदय के संबंध में विचार दर्शाता है।

दी प्रोटेस्टैन्ट एथिक एण्ड स्पीरिट ऑफ कैपीटलिज्म में वेबर ने यह देखा कि क्या व्यक्ति के धार्मिक विश्वास उसकी क्रियाओं पर प्रभाव डालते हैं तथा विश्वासों के ढंग और सामाजिक क्रिया की व्यवस्था के बीच संबंध बताते हुए यह बताने का प्रयास किया कि विश्वास किस प्रकार व्यक्तिक व्यवहार को प्रभावित करते हैं। उन्होंने यह भी बताया कि धर्म तथा व्यापारिक गतिविधियों में संबंध है। इस निष्कर्ष पर वे अपने समय के आधुनिक पश्चिमी यूरोपियन समाज के कुछ अवलोकनों के आधार पर पहुँचे।

पश्चिमी यूरोपियन देशों की व्यापारिक गतिविधियाँ इन समाजों में प्रोटेस्टैन्टवाद की प्रसिद्धि के साथ धीरे–धीरे बढ़ गई। उस समय का पूँजीवाद दो परस्पर विरोधी क्रियाओं के

द्वारा पहचाना जाता था– व्यक्ति के पास व्यक्तिगत उपयोग से बहुत अधिक पूँजी तथा इस पूँजी को अपनी व्यक्तिगत इच्छाएँ पूरी करने व आनंद लेने के लिए प्रयोग न करना। इस प्रकार वेबर ने देखा कि पूँजीवाद केवल उत्पादन तथा विनिमय, धन उत्पन्न करना और व्यय करना ही नहीं है वरन् जीवन के प्रति एक सरल भाव है। इन दो विरोधी गुणों के कारण वेबर ने कहा कि यदि संयम ने अपना मार्ग व्यापारिक गतिविधियों में बना लिया है तो धार्मिक नैतिकता पूँजीवाद के अंदर भी होनी चाहिए। उनके अनुसार संयम संसार की खुशियों का एक चेतन त्याग है जिसका लक्ष्य मूल्य पर आधारित उद्देश्य प्राप्त करना है तथा उच्च नैतिक स्थिति है। उसने संयम शब्द का प्रयोग संसार की एक जीवन जीने की विधि को दर्शाने के लिए किया जिसमें व्यक्ति अपने मन से किसी बात को अस्वीकार करके भविष्य में पुरस्कार पाने के उद्देश्य से व्यस्त रहता है।

वेबर ने पूँजीवाद को एक आधुनिक घटना के रूप में परिभाषित किया। उसने पूँजीवाद की ये विशेषताएँ बताईं :

(1) जो संस्थाओं की अत्यंत जटिल व्यवस्था है,

(2) अत्यंत तर्कपूर्ण लक्षण वाली है, तथा

(3) पश्चिमी सभ्यता की विशिष्टता वाली अनेक विकासों का परिणाम है।

पूँजीवाद उनके लिए तर्कपूर्ण पूँजीवाद है जैसे तर्कपूर्ण स्थायी उद्यम, तर्कपूर्ण लेखा जोखा, तर्कपूर्ण तकनीकी तथा तर्कपूर्ण कानून। इसके अलावा तर्कपूर्ण स्वभाव, सामान्य रूप से जीवन के संचालन का तार्किकीकरण तथा तार्किक आर्थिक नैतिकता।

प्रश्न 3. प्रोटेस्टैन्टवाद तथा पूँजीवाद के बीच संबंध का विश्लेषण कीजिए।

अथवा

यति प्रोटेस्टैन्टवाद (Ascetic Protestantism) और पूँजीवाद की भावना की चर्चा कीजिए। [दिसम्बर 2008, प्रश्न 2.]

उत्तर – वेबर ने आधुनिक पश्चिमी पूँजीवादी समाजों में धार्मिक मनोभाव तथा पूँजीवादी मनोभाव में एक सहसंबंध का अस्तित्व उजागर कर एक विशिष्ट धार्मिक आचार–विचार को स्पष्ट किया जिसने पूँजीवाद के प्रोन्नत मनोभाव को प्रकट किया। उन्होंने प्रोटेस्टैन्टवादी नैतिकता तथा पूँजीवादी मनोभाव में एक बौद्धिक तथा आध्यात्मिक संबंध देखा। उन्होंने अन्य धार्मिक समूहों का परीक्षण यह सिद्ध करने के लिए किया कि पूँजीवाद के मनोभाव तथा धर्म में सहसंबंध है।

हालाँकि पूँजीवाद अन्य समाजों में भी था, परंतु जिस विशेष प्रकार के पूँजीवाद की बात वेबर करते हैं वह आधुनिक पश्चिमी औद्योगिक समाज में ही मिलता है जिसमें लाभ की असीमित चाह तथा तर्कपूर्ण अनुशासित कार्य का मिश्रण पाया जाता है। क्या और किस अंश तक कार्य के प्रति विशिष्ट व्यवहार धार्मिक विचार से निर्धारित होता है। क्या यही मनोभाव

विभेद लाने वाले कारक के रूप में पश्चिमी समाजों में उपस्थित या अनुपस्थित रहता है तथा जो पश्चिमी इतिहास की एक विशिष्ट व्याख्या करता है। उन्होंने देखा कि आर्थिक क्रियाओं के प्रति त्याग संबंधी प्रोटेस्टैन्टवाद किस प्रकार मेल खाता है तथा बदले में पूँजीवाद इसी मनोभाव से आर्थिक क्रिया की ओर झुकाव प्राप्त करता है। विश्व के प्रति एक विशेष दृष्टिकोण तथा आर्थिक क्रिया के विशेष ढंग के बीच आध्यात्मिक संबंध है।

वेबर ने सरल पूँजीवाद के चार मुख्य प्रकार बताए :

(1) काल्विनवाद (2) क्रिस्तानी (3) पवित्रतावादी (4) ईसाई संबंधी पंथ

वेबर ने धार्मिक सुधार आंदोलन में विचारों के एक भाग को पहचाना जिसे पूर्व निर्धारित भाग्य के सिद्धांत के नाम से जाना जाता था, जो कुछ अनिवार्य आदेशों पर आधारित था। वे निम्नलिखित थे :

(i) संसार आरंभ होने से पहले ईश्वर ने संपूर्ण मानवता को व्यक्तियों के दो वर्गों में बाँटा, संरक्षित तथा अभिशप्त। जिन्हें संरक्षित के रूप में चयन किया गया उन्हें ईश्वर ने सदा रहने वाला जीवन, मोक्ष तथा स्थायी शान दी। जो अभिशप्त थे उन्हें मोक्ष से दूर, अंत में मृत्यु तथा अपमान दिया।

(ii) कोई भी अनुयायी अपनी मृत्यु के बारे में न तो जान सकता और न जानना चाहिए जब तक कि उन्हें बताया न जाए। चयनित लोग अभिशप्त से किसी रूप में अंतर नहीं रखते और न ही कोई भौतिक चिह्न अथवा निशान चयनित व अभिशप्त में भेद करता।

(iii) आदेशों से छुटकारा, क्षमा या उल्टा करने के लिए कुछ भी नहीं किया जा सकता था, न कोई पुजारी, न कोई प्रार्थना, न कोई धार्मिक संस्कार और न ही दोष स्वीकृति या सह धर्मचारिता के द्वारा कोई सांसारिक क्षमा।

(iv) ईश्वर ने सबको बेसहारा छोड़ रखा है, केवल चयनित को छोड़कर जिन्हें ईसा ने दुख सहन करना बताया है।

वेबर ने अनुयायियों के लिए इस विचारधारा का महत्त्व देखा जो कि अद्भुत आंतरिक अकेलेपन के साथ उन्हें अपने भाग्य तक पहुँचने के लिए उसके मार्ग पर अकेले चलने के लिए दबाव डालता है, वह भाग्य जो ईश्वर के द्वारा उनके लिए आदेश किया गया है। वेबर के अनुसार मोक्ष की चर्च अथवा धार्मिक संस्कारों के द्वारा संभावना के विचार को समाप्त करना एक महत्त्वपूर्ण और विशिष्ट अंतर था जिसने कॉल्विनवाद को लूथरवाद तथा कैथोलिकवाद से अलग किया। वेबर ने तर्क दिया कि बेसहारा होने की भावना तथा धार्मिक सहारे के हट जाने ने प्रोटेस्टैन्ट में स्वआत्म परावर्तन का एक नया स्वरूप पैदा किया। वेबर ने इसका कारण बताया कि प्रोटेस्टैन्ट के पास चिंता तथा अकेलापन दूर करने के लिए कार्यों का केवल एक ही रास्ता बचा, अपने आपको सांसारिक कार्यों में धकेल देना। कॉल्विनवादियों ने इस संसार में चयन के चिह्न ढूँढ़े जो उन्हें सांसारिक सफलता के साथ आर्थिक सफलता से मिले। व्यक्ति को कार्य करना है ताकि वह अपनी चिंताओं को दूर कर सके जो उसके अनंत भाग्य की

अनिश्चितता से पैदा होती है। तर्कपूर्ण, नियमित तथा लगातार कार्य ईश्वर के पवित्र आदेशों के आज्ञा पालन के रूप में माने जाने लगे। यही नहीं कॉल्विनवाद की कुछ आवश्यकता तथा पूँजीवाद के तर्क में कुछ समानता भी थी। प्रोटेस्टैन्ट नैतिकता के अनुसार इस सांसारिक त्याग का होना आवश्यक है। कॉल्विनवादियों का यह विश्वास है कि धन की प्राप्ति सांसारिक गतिविधियों में सफलता का चिह्न है, इस विचार के साथ त्याग का व्यवहार अटूट संपत्ति की संभावना को बढ़ा देता है। वह लाभ के लिए तर्कपूर्ण कार्य पर बल देता है तथा लाभ को सांसारिक खुशियों पर व्यय करने से रोक देता है, परंतु उसे पुनः लागत के रूप में लगाने की माँग करता है। यहाँ पर प्रोटेस्टैन्टवाद का आध्यात्मिक जुड़ाव तथा पूँजीवाद निकट आ जाते हैं।

(क) बाह्य सांसारिक तथा अंतः सांसारिक त्याग : हालाँकि आत्म–इंकार तथा त्याग अन्य धार्मिक नैतिकता में भी पाया जाता था, परंतु प्रोटेस्टैन्ट में जो अपनाया जाता है वह विशिष्ट है। यह प्रतिदिन के जीवन को नियमित करने को कहता है, विशेष रूप से सांसारिक कार्यों को, यह व्यापारिक त्याग इसको अन्य मठ संबंधी दूसरे त्यागों से अलग करती है। मठ संबंधी त्याग की यह माँग है कि इसके अनुयायी बड़े पैमाने पर अपने आपको इस संसार से अलग कर लें तथा संसार को एक प्रलोभन के रूप में न अपनाएँ। वेबर ने दो प्रकार के त्याग के ऐतिहासिक प्रकार बताए, बाह्य सांसारिक तथा अंतः सांसारिक त्याग। दोनों ही प्रकार के त्याग संसार को अस्वीकार करते हैं परंतु अलग–अलग कारणों से। बाह्य सांसारिक त्याग में मोक्ष प्राप्त किया जाता है जिसके लिए धार्मिक समर्पण तथा आत्म–इंकार का बाह्य सांसारिक मार्ग अपनाया जाता है। वे संसार को इसलिए त्यागते हैं क्योंकि यह प्रलोभन देता है तथा इसके लिए संसार को औपचारिक रूप से छोड़ना पड़ता है। इसके विपरीत अंतः सांसारिक त्याग अपने अनुयायियों से इस संसार की क्रियाओं पर बने रहने की अपेक्षा की जाती है, वह भी इस समझ के साथ कि संसार व्यक्ति का दायित्व है तथा उनका कर्त्तव्य है कि संयमित आदर्शों के अनुसार उसका रूपांतरण करें।

(ख) व्यवसाय की अवधारणा को पूँजीवाद से संबंधित करना : व्यवसाय की अवधारणा को मध्य युग की कैथोलिक विचारधारा में देखा जा सकता है। जिसका अर्थ है 'जीवन कार्य'। किसी भी व्यवसाय के रूप में ईश्वर की सेवा का आह्वान किया जाता है, जिसमें समर्पण की नैतिकता संबंधी भावना साथ होनी चाहिए। वेबर ने देखा कि 'व्यवसाय' की अवधारणा ने प्रोटेस्टैन्ट ब्रह्मविद्या में अलग उपयोगी अर्थ दिए (कैथोलिक तथा अन्य कैथोलिक पंथ से अलग प्रकार का अर्थ)। प्रोटेस्टैन्ट ने 'व्यवसाय' को बाह्य सांसारिक सेवाओं के स्थान पर इस संसार की सेवाओं को अधिक महत्त्व दिया। हालाँकि आरंभिक दिनों में इस संसार की क्रियाओं को निम्न तथा लौकिक माना जाता था क्योंकि ये प्रतिदिन के जीवन के लिए आवश्यक है तथा गिरजाघर इन्हें नैतिक रूप से उदासीन मानते हैं।

प्रोटेस्टैन्टवाद ने 'व्यवसाय' की अवधारणा को एक पूर्ण सांसारिक लक्षण प्रदान किया। सांसारिक क्रियाओं से जोड़ते हुए प्रोटेस्टैन्ट त्याग ने श्रम तथा आत्म–अनुशासन के द्वारा संसार

को उच्च नैतिकता के द्वारा बदलने पर बल दिया। साथ ही इसने सांसारिक क्रियाओं, त्याग तथा क्रिया के धार्मिक औचित्य के संबंध को भी बनाए रखा। ऐसा करके प्रोटेस्टैन्टवादी यह स्पष्ट करते थे कि 'व्यवसाय' सांसारिक आर्थिक लाभ पाने के लिए है। इस प्रकार प्रोटेस्टैन्टवाद ने आध्यात्मिक संसार को प्रतिदिन के व्यवसायिक जीवन के संसार से जोड़ दिया, जो कि वेबर के अनुसार अन्य धर्मों में नहीं है तथा केवल प्रोटेस्टैन्टवाद में विशिष्ट है। अपने सांसारिक कर्त्तव्यों को पूरा करना प्रोटेस्टैन्टवादियों के लिए एक ही मार्ग है क्योंकि प्रोटेस्टैन्ट समझ सकें कि उसकी क्रियाएँ ईश्वर को मंजूर हैं। व्यक्ति का 'व्यवसाय' कठिन परिश्रम के नैतिक व्यवहार के द्वारा ईश्वर के प्रति उसके कर्त्तव्यों को पूरा करना है। इस क्रम में श्रम एक गुण के बराबर हो गया तथा इस प्रकार वैराग्य तथा सांसारिक व्यवसाय के रूप में आर्थिक क्रियाओं के बीच एक संबंध बना।

प्रश्न 4. विश्व के विभिन्न धर्मों पर वेबर के क्या विचार थे?

उत्तर – वेबर ने यह कल्पना की कि पूँजीवाद पश्चिमी सोच का उत्पाद है। वेबर ने संसार के धर्मों का तुलनात्मक अध्ययन किया और यह देखने का प्रयास किया कि संसार के धर्मों में क्या कमी है जो आधुनिक पूँजीवाद के विकास में सहायक नहीं हो सका था, ऐसा क्या कारण था कि यह केवल आधुनिक पश्चिमी समाज में ही विकसित हो पाया। इस संदर्भ में विभिन्न धर्मों का विकास हुआ है :

(क) चीन का धर्म : कन्फूसी : चीन का प्रमुख धर्म कन्फूसियसवाद के प्रति वेबर नवीन निष्कर्ष निकालते हैं। उनका यह मानना है कि इस धर्म में जादू–टोना, टोटका व अंधविश्वास इस तरह से विद्यमान है कि यह उसे आधुनिकता से वंचित कर रहा है, अतः यह आधुनिक पूँजीवाद के विकास में बाधक रहा था।

(ख) भारत का धर्म : हिन्दुत्व का समाजशास्त्र : जाति व्यवस्था ने भारत के धर्म को पूरी तरह से वर्गीकृत कर रखा था। वर्ग, वर्ण, नस्ल, धर्म और सम्प्रदाय के आधार पर विभाजन यहाँ व्याप्त रहा है, अतः इस जटिल व रूढ़िग्रस्त समाज के विकास में अत्यंत बाधाएँ हैं। पूँजीवादी शक्तियों का उदय अत्यंत कठिन है।

(ग) प्राचीन यहूदीवाद : यहूदियों की उत्पत्ति इस्लाम व ईसाई धर्मों के बीच से हुई है, अतः इसका एक अलग सामाजिक, राजनीतिक व सांस्कृतिक इतिहास रहा है। वेबर ने यहूदियों पर अध्ययन करने के पश्चात् यह निष्कर्ष निकाला कि यहूदियों ने एक तार्किक धार्मिक सत्ता का निर्माण किया, जिसने पश्चिमी संस्कृति को गहराई से प्रभावित किया, परंतु यह प्यूरीटनवाद के समान तार्किक–आर्थिक व्यवहार तक नहीं पहुँच पाया। यह उसकी अंतिम विसंगत परिणति थी।

GULLYBABA PUBLISHING HOUSE (P) LTD.

Best Books for IGNOU & other Indian Universities

BCA, BA, B.Com, B.Sc., BPP, B.Ed., BTS, MBA, MTM, M.Com., MA, MCA

website : www.GullyBaba.com, e-mail : info@gullybaba.com

**9312235086, 9350849407
27387998, 27384836**

अध्याय–8
एम. एन. श्रीनिवासः दी कुर्ग
M. N. Srinivas: The Coorgs

परिचय

कुर्ग दक्षिण भारत का एक छोटा प्रांत है। इसके उत्तर और पूर्व में मैसूर राज्य के कन्नड़ भाषी जिले हैं तथा दक्षिण और पश्चिम में तमिल भाषी राज्य हैं। कुर्ग के पास कावेरी नदी बहती है, इसके बावजूद नदी से सिंचाई की कोई व्यवस्था नहीं है, यह यहाँ की कमी है। कुर्ग के लोगों का जीवन जीने का ढंग तथा उनकी संस्कृति थोड़ी अलग है, क्योंकि उनका जीवन पहाड़ियों के बीच गुजरा है, अतः आम जनजीवन से उनका अलग होना स्वाभाविक–सा प्रतीत होता है। कुर्ग की उत्तर व पूर्व दिशा में मैसूर राज्य के कन्नड़ भाषी जिले तथा दक्षिण व पश्चिम में तमिल भाषी राज्य की सीमा स्पर्श करती है, प्रकृति प्रदत्त समस्त प्रकार की रमणीयता कुर्ग क्षेत्र में मौजूद है। यह पहाड़ियों से घिरा एक ऐसा क्षेत्र है, जहाँ पर्याप्त वर्षा, उफनती नदियाँ तथा सघन जंगल मौजूद है। पश्चिमी घाट की मुख्य रेंज में बृहमगिरि तथा पुष्पगिरि दो मुख्य स्थान है। बृहम्गिरि तथा कनाके से कावेरी नदी बहती है तथा उसकी उपधारा भागमंडल में जाकर मिलती है। कुर्ग पर लिखने वाली आरंभिक लेखकों में से एक रिचर कहते हैं : "देहात की सामान्य शोभा अलग–अलग जिले में अलग–अलग है। सोमवार पैठ के आस–पास जंगली, खुले मैदानों के ढलान हैं जिनके बीच–बीच में जंगली पेड़ों के झुंड उन्हें यूरोप के श्रेष्ठ उपवन जैसा बना देते हैं।" इस इकाई में कुर्ग का एक गाँव के रूप में वर्णन, कुर्गों की विरासत, ओवका का वर्णन व व्याख्या तथा हिंदुवाद के विविध पहलुओं का वर्णन किया गया है।

प्रश्न 1. एक कुर्ग गाँव का वर्णन कीजिए।

उत्तर – कुर्ग दक्षिण भारत का एक पहाड़ी प्रांत है। यहाँ तूफानी नदियाँ, अत्यधिक वर्षा तथा घने जंगल हैं। इसके एक ओर कन्नड़ भाषी तथा एक और तमिल भाषी जिले हैं। लंबे समय से कुर्ग अलग–थलग रहते थे। 9वीं शताब्दी ए.डी. में उन पर चाँगल्वा तथा कोंगल्वा राजवंशों के आक्रमणकारियों ने हमला किया व जीता। चाँगल्वाओं ने जीतकर उत्तरी कुर्ग के क्षेत्र में अपना राज्य स्थापित किया तथा बेदनूर में राजधानी बनाई। कोंगल्वा के अधिकार में पूर्व का कुछ भाग था। ये दोनों राजवंश मैसूर की शासक गंगास पर 11वीं शताब्दी तक जागीरदार हो गए। इन राजवंशों के शासक आस्था में जैन थे। 11वीं शताब्दी में ये चाँगल्वा की जागीर बन गए। इसी काल में चाँगल्वाओं ने अपना धर्म परिवर्तित कर लिया तथा लिंगायतवाद अथवा शैववाद अपना लिया।

गंगास के पतन के बाद ह्योसाला नामक एक नया राजवंश पश्चिमी मैसूर में सत्ता में आया। ह्मोसालाओं ने चोलाओं को मैसूर से बाहर कर दिया। चाँगल्वाओं ने गंगास तथा ह्मोसालाओं की सत्ता मानने से इंकार कर दिया तथा स्वतंत्र होने का दावा करने लगे। इन राजवंशों के बीच कई लड़ाईयाँ लड़ी गईं। श्रीनिवास बताते हैं कि ये लड़ाईयाँ महत्त्वपूर्ण थीं क्योंकि कुर्गों ने ये लड़ाईयाँ मैसूर के आक्रमणकारी चाँगल्वाओं के विरोध में लड़ी थीं। अंतिम लड़ाई में चाँगल्वा राजा मार दिए गए तथा उनके हाथी, घोड़े तथा स्वर्ण ह्मोसालाओं ने छीन लिए। इस हार के बाद चाँगल्वा कुर्ग चले गए। 1174 में ह्मोसालाओं ने बत्रासा नामक सेनापति को चाँगल्वाओं पर आक्रमण करने तथा उन्हें कुर्ग से बाहर खदेड़ने को भेजा। बत्रासा द्वारा लड़ी गई लड़ाई में बहुत हानि हुई, परंतु अंत में वो शत्रु को जीतने में सफल हुआ। उसने बालपोर में अपनी राजधानी बनाई।

कुर्ग के अल्लद एक साथ एकत्रित हुए तथा बत्रासा के खिलाफ लड़े और उसे काफी हानि पहुँचाई। ह्मोसालाओं का शासन हैदर अली और टीपू सुल्तान के आक्रमण तथा विजय तक चलता रहा। मुस्लिम शासकों ने उत्तराधिकार संबंधी झगड़ों का लाभ उठाया तथा कुर्ग पर हमला कर दिया। बेदनूर के राजकुमार को गोरूर स्थानांतरित कर दिया गया तथा उसे कारावास में डाल दिया। बेदनूर का राजकुमार गोरूर से भाग निकला तथा कुर्ग पहुँच गया। कुर्गों ने उस पर विश्वास किया तथा वीर राजा ने पूरे कुर्ग को 1834 में अधिकार में ले लिया।

बेदनूर के राजकुमार ने 1809 तक कुर्ग पर शासन किया। उसकी कोई संतान लड़का नहीं थी। इस कारण उत्तराधिकार की समस्या उत्पन्न हुई। मृत राजा का भाई 1811 में विजयी हुआ तथा 1820 में जब उसकी मृत्यु हुई, उसका 20 वर्षीय बेटा चक्क्वीर राज बेदनूर का शासक बना। वह अयोग्य शासक था। वह दुराचारी तथा क्रूर था। 1834 में अंग्रेजों ने कुर्ग को अपने में जोड़ लिया तथा इस प्रकार लिंगायत राजाओं के शासन का अंत हुआ।

एम. एन. श्रीनिवास: दी कुर्ग

(i) इस प्रकार हम देखते हैं कि कुर्ग मुखिया अथवा नायक की सत्ता जैन आक्रमणकारियों के द्वारा समाप्त कर दी गई।
(ii) प्रशासन केंद्रीकृत किया गया।
(iii) डाक सेवा स्थापित की गई।
(iv) भू-सर्वेक्षण किया गया, हुकुम नामे में स्वरूपों का विस्तार लिखा गया।
(v) व्याभिचार, हत्या तथा थियेशन जैसे गंभीर अपराध स्वयं राजा के द्वारा सुने जाते थे।

हैदर अली तथा टीपू सुल्तान के साथ संघर्ष ने कुर्ग के मूल निवासियों में राष्ट्रीय पहचान की भावना बढ़ा दी।

1799 में टीपू सुल्तान की मृत्यु हो गई। उस समय वीर राजा 4 सत्ता में था। उसने मैसूर के विरोध में अंग्रेजों की सहायता की। 1809 में वीर राजा की मृत्यु हो गई, उसने अपने पीछे संतान के रूप में केवल लड़कियाँ छोड़ी, जिस कारण यहाँ उत्तराधिकार का प्रश्न पैदा हो गया।

प्रश्न 2. कुर्ग में कितनी जाति व जनजातियाँ होती हैं उनके पेशों का वर्णन कीजिए।

उत्तर – कुर्ग का गाँव अपने आस-पास के गाँवों से (आंध्र प्रदेश, मैसूर, तमिलनाडु) बिल्कुल भिन्न है। यहाँ 40 से भी अधिक जनजातियाँ तथा जातियाँ थीं, परंतु कुर्गों का प्रत्यक्ष संबंध मुख्यत: जिनके साथ था वे हैं :

(1) ब्राह्मण पुजारी, (2) कनिया या ज्योतिषी, (3) बन्ना (4) लुहार, (5) बढ़ई, (6) सुनार, (7) धोबी, (8) नाई, (9) पोलया या खेतीहर श्रमिक, (10) मेदा।

"लिंगायत राजाओं के समय कुर्ग कुलीन तंत्र का निर्माण करते थे। वे उनके प्रभुत्व को स्वीकार करते थे तथा उनकी परंपराओं, ढंगों तथा भाषा को ऊँचा मानते थे।" कर्नाटक की कृषक जातियाँ तथा दक्षिण भारत के गंगास कुर्ग को धीरे-धीरे छोड़ने लगे।

चित्र–8.1 : प्रो. श्रीनिवास

अन्य जातियों की तुलना में कुर्ग एक अधिक गठी हुई इकाई थे। कुर्ग आर्थिक तथा राजनीतिक रूप से शक्तिशाली थे। वे स्वयं को प्रतियोगी खेलों तथा नृत्यों में व्यस्त रखते थे।

वे शिकार करने व सैनिक के रूप में दक्ष थे। ये वैदिक या शास्त्रीय जाति व्यवस्था के क्षत्रियों के गुण थे। **प्रो. श्रीनिवास** के अनुसार मूल्यों के संदर्भ में कुर्ग तथा वैदिक क्षत्रियों में गजब की समानता थी तथा "यह समझ में आने योग्य है कि कुर्ग स्वयं को क्षत्रिय मानते हैं।" उन्होंने यह भी कहा कि कुर्ग वैदिक रिवाज और वैदिक मंत्रों का प्रयोग नहीं करते। वे नामकरण संस्कार, विवाह या अंत्येष्टी पर वैदिक मंत्रों का उच्चारण नहीं करते। वे गोमाँस खाने से परहेज करते हैं। उनके भोजन में सूअर का माँस व मद्य (शराब) सम्मिलित है।

धार्मिक अनुष्ठानों के संबंध में ब्राह्मण, कनिया तथा बन्ना तीन महत्त्वपूर्ण जातियाँ हैं। ब्राह्मण ताल कावेरी, भागमंडल तथा इरपू के बड़े मंदिर तथा अन्य छोटे मंदिरों में पुजारी हैं। ताल कावेरी के मंदिर पर कुर्ग अपने पूर्वजों के लिए चावल के गोले अर्पण करते हैं। ये सब ब्राह्मण पुजारी के निर्देशन में होता है। पुजारी का भुगतान प्रतिवर्ष फसल कटाई के समय किया जाता है। गाँव के प्रत्येक कुर्ग परिवार कुछ मात्रा में धान उगाते हैं। ब्राह्मण अन्य सेवादार जातियों से किसी मामले में अलग नहीं है।

लुहार तथा बढ़ई : (1) कृषि उपकरण तथा घरेलू उपयोग के उपकरण बनाना।

(2) कुर्गों के लिए दीर्घकाय घरों को बनाना।

(3) वे रीति–रिवाजों के अवसरों पर प्रयोग किए जाने वाले अर्थी और पालकी बनाते हैं।

(4) पुल बाँधने के अवसर पर प्रयोग की जाने वाली दरारी बनाना।

सुनार : (1) सोने तथा चाँदी की आभूषण की वस्तुएँ बनाना।

(2) लड़कों तथा लड़कियों के कान छेदना।

(3) कान छेदना पूर्वकाल में दीक्षा का अनुष्ठान था।

धोबी : धोबी द्वारा धुले हुए कपड़े संस्कारिक रूप से पवित्र माने जाते हैं तथा धार्मिक कृत्यों के अवसर पर पहने जाते हैं। धार्मिक कृत्यों के अवसरों पर इनकी सेवाएँ आवश्यक मानी जाती हैं।

(1) विवाहित जोड़े के चलने के लिए स्वच्छ कपड़ा प्रदान करना।

(2) वधू के बैठने के स्थान पर छत को ढकने के लिए फैलाने के लिए कपड़ा प्रदान करना।

(3) गाँव के त्यौहार पर कपड़ा प्रदान करना।

(4) जन्म अथवा मृत्यु से हुए संस्कारिक प्रदूषण को शुद्ध करना।

नाई : नाई कुर्ग को अशुद्ध करते हैं। दाढ़ी बनवाने के बाद कुर्ग संस्कारिक स्नान करते हैं। ऐसे स्नान कुर्ग के सामान्य संस्कारिक प्रस्थिति को पुनः स्थापित करते हैं।

(1) जन्म तथा मृत्यु के समय नाई की सेवाएँ आवश्यक हैं।

(2) धार्मिक कृत्यों के अवसर पर दाढ़ी बनाना पहला आवश्यक कार्य है।

मेदा : मेदा एक शिल्पी है जो कलाकृतियाँ जैसे टोकरी, मछली पकड़ने का जाल तथा छड़ी, धुनकी तथा बाँस के पात्र देते हैं।

(1) नृत्य या शिकार के कुर्ग त्यौहार पर उसकी उपस्थिति अनिवार्य है।
(2) वह त्यौहार के लिए टोकरी तथा बाँस के बर्तन लाता है।
(3) वह अपना लंबा ढोल बजाता है।

पोलया : (1) पोलया कृषि श्रमिक है जो अपने कुर्ग स्वामी के लिए धर्म संबंधी शोक को मनाते हैं।
(2) शोक समाप्त होने पर उन्हें उपहार दिए जाते हैं।
(3) वे कुर्ग के विवाह के अवसर पर हाथ में मशाल पकड़ते हैं।
(4) कुर्ग के खेत पर अधिकतर कार्य यही करते हैं।

प्रश्न 3. कुर्ग की पट्टेदारी व्यवस्था का वर्णन कीजिए।

उत्तर – अपनी सैन्य परंपराओं को बनाए रखने तथा विकसित करने में कुर्ग की भूमि की पट्टेदारी व्यवस्था सहायक थी। लिंगायत राजाओं की आय मुख्य रूप से लगान व्यवस्था से ही आती थी। भूमि का कर निर्धारण सर्वेक्षणों के आधार पर तथा कुर्ग की कृषि योग्य भूमि एवं उसकी पैदावार के आधार पर किया जाता था। इन समस्त बातों को 'हुक्मनामा' नामक पुस्तक में लिपिबद्ध किया जाता था। इस सैन्य परंपरा में ज्यादातर भूमि कुर्गों के पास ही थी। 'जनमा' शब्द संस्कृत के जन्म शब्द का अपभ्रंश है, जिसका अर्थ है जन्म लेना। यह आनुवांशिक अधिकार था तथा संपत्ति पर अधिकार पिता से पुत्र का होता था।

1834 के बाद अंग्रेजों ने कुर्ग समाज में निम्नलिखित परिवर्तन लागू किए :

- दास प्रथा की समाप्ति, दास प्रथा समाप्त कर दी गई हालाँकि कुर्ग के भू-स्वामित्व पर इसका कोई प्रभाव नहीं पड़ा। दास अपना व्यवसाय चुनने के लिए स्वतंत्र थे।
- दूसरा महत्त्वपूर्ण परिवर्तन कॉफी पौधारोपण का प्रारंभ था। कॉफी पौधारोपण से श्रम की माँग बढ़ गई। दासों ने अपने स्वामियों को छोड़ दिया तथा पौधारोपण में शामिल हो गए।
- धान के बाद कॉफी महत्त्वपूर्ण हो गई।
- कॉफी पौधारोपण से स्वामी-दास संबंध भी बदल गए।

पट्टेदारी व्यवस्था के तहत समाज में एक नए बदलाव का आगमन हुआ और कुर्ग समुदाय की तस्वीर बदलती चली गई।

AN ISO 9001:2008 CERTIFIED CO.

HIGH QUALITY BOOKS FOR ALL SUBJECTS AVAILABLE

with Solved Papers & Study Material

Gullybaba Publishing House (P) Ltd.
www.GullyBaba.com

9312235086, 9350849407
27387998, 27384836

अध्याय–9
इवान्स प्रिचार्डः दी नुऐर
Evans Pritchard: The Nuer

परिचय

प्रिचार्ड के अनुसार नुऐर सूडान में रहते हैं तथा स्वयं को नाथ कहते हैं। वे करीब 20 लाख हैं। वे लंबे, लंबे हाथ–पैर वाले तथा पतले सिर वाले हैं। इवान्स प्रिचार्ड ने अपने अध्ययन के रूप में सूडान की नुऐर जनजाति को चुना व उनके रीति–रिवाजों एवं धर्म पर विस्तृत शोध प्रस्तुत किया। इनका धर्म बहुत जटिल तथा अन्य जनजातीय धर्मों से अलग प्रकार का है। नुऐर ईश्वर को "क्वौथ" अर्थात् आत्मा कहते हैं। सर्वव्यापक ईश्वर के द्वारा ही संपूर्ण सृष्टि संचालित है, जैसे वर्षा, आकाश, सूर्य, चंद्र आदि। नुऐर लोग ईश्वर को मानवीय रूप में कभी नहीं मानते। वे ईश्वर एवं देवी–देवताओं की आराधना में 'ग्वानडौंग' शब्द का इस्तेमाल करते हैं, जिसका अर्थ दादा या पूर्वज होता है। वे अपने आपको मूर्ख, कमजोर, अल्पज्ञानी मानते हैं, जिसके लिए 'दोआर' शब्द का प्रयोग करते हैं। नुऐर अनुभव करते हैं कि ईश्वर उनका संरक्षक है तथा मानव ईश्वर पर पूरी तरह निर्भर करता है तथा ईश्वर की सहायता के बिना मजबूर है। ईश्वर यद्यपि मित्र है और वर्तमान भी है तो भी वह मानव प्राणियों से दूर है। प्रिचार्ड ने नुऐर धर्म को वायु संबंधी तथा ईश्वरीय कहा है, इसे एकेश्वरवादी कहा जाए यह परिभाषा का विषय है। एक स्तर पर नुऐर धर्म एकेश्वरवादी है जबकि दूसरे स्तर पर बहुदैववादी। साथ ही साथ इसे टोटमवाद या मूर्तिपूजक भी कहा जा सकता है। अतः इवान्स ने इस जाति के माध्यम से धर्म पर विचार प्रकट किया है, जिसमें प्रेत की अवधारणा, बलि, पाप, पैगम्बर की भूमिका आदि पर इस इकाई में चर्चा की गई है।

प्रश्न 1. ईवान्स प्रिचार्ड द्वारा प्रतिपादित पाप व बलि की अवधारणा पर प्रकाश डालिए।

अथवा

पाप और बलिदान (त्याग) के बारे में न्यूअर की संकल्पनाओं की चर्चा कीजिए।

[दिसम्बर 2010, प्रश्न 4.]

उत्तर – ईवान्स प्रिचार्ड ने सूडान के नुऐर को अपने शोध का विषय बनाया, नुऐर सूडान में रहते थे तथा स्वयं–भू को नाम कहते हैं। प्रिचार्ड के अनुसार नुऐर धर्म के अध्ययन में पाप केंद्रीय अवधारणा है। नुऐर चाहते हैं कि ईश्वर उनसे निकट भी रहे और दूर भी रहे क्योंकि वह बहुत खतरनाक है। उनके धर्म को समझने के लिए 'थेक' की अवधारणा महत्त्वपूर्ण है। इस शब्द का प्रयोग एक आदमी से उसकी पत्नी के माता–पिता के प्रति आपेक्षित भाव तथा व्यवहार के लिए किया जाता है तथा पत्नी के अन्य नातेदारों के लिए कुछ कम मात्रा में प्रयोग किया जाता है। एक नव–विवाहित महिला अपने पति के लोगों का तथा विशेष रूप से उसके माता–पिता का आदर करती है। नव–विवाहित पति तथा पत्नी एक दूसरे का आदर करते हैं। वधू धन के रूप में दुधारु पशु के साथ परिहार के संबंधों का प्रयोग किया जाता है जो विवाह से संबंधित संबंधों में आदर पैदा करता है। एक वधू घोटलिप का आदर करती है जिसका अर्थ है सगाई के दुधारु पशु। ये वे दुधारु पशु हैं जिन्हें उसका भावी पति उससे विवाह करने की इच्छा के कारण देगा तथा यह वधू धन की पहली किश्त के रूप में गिना जाएगा। यह माना जाता है कि उनके मेल का संस्कारिक सिद्धांत होने तक वह उनका दूध नहीं पियेगी और कभी–कभी उसके बाद भी और यदि वह ऐसा करती है तो मवेशियों को हानि पहुँचा सकती है इसलिए ऐसे दुधारु पशु से परिहार माने जाते हैं। इसी प्रकार जब पति अपनी पत्नी के माता–पिता के घर में दूध पीता है तो वे उसके द्वारा दिए गए दुधारु पशु का दूध देना टालते हैं।

नुऐर कुछ निकटाभिगमन संबंधों के लिए रूअल शब्द का प्रयोग करते हैं। निकटाभिगमन संबंध भी उनके लिए एक प्रकार का पाप है। पाप की मात्रा इस तथ्य के साथ भिन्नता लेती है कि निकटाभिगमन करने वाले संबंधी कितने निकट और दूर के हैं। यदि घनिष्ठ संबंधियों में निकटाभिगमन किया जाता है तब कुछ ही दिनों में मृत्यु तक हो सकती है, लेकिन यदि उनमें दूर का संबंध है तब कुछ भी अवांछित नहीं होता। नुऐर विवाह से पहले के प्रेम संबंधों और प्रेम प्रकरणों का तब तक विरोध नहीं करते जब तक कि उनमें कारण संबंधी समझदारी न हो। इस प्रकार यह कहा जा सकता है कि व्याभिचार एक पाप है तथा जब कोई इसे करता है तो इससे उत्पन्न प्रदूषण तथा प्रभाव केवल इसे करने वाले को ही प्रभावित नहीं करते वरन् उससे भी अधिक दूर तक प्रभावशाली होते हैं। पाप करने वाले, पति–पत्नी सहित, किसी के भी जिसके संपर्क में आते हैं उसके लिए हानिकारक हो सकते हैं, यदि वे व्याभिचार के समूह में सम्मिलित हैं। उनके यहाँ एक उपाय भी है कि यदि व्यक्ति एक बार पाप की स्वीकृति कर ले तो उसका प्रभाव तथा परिणाम कम हो जाता है। न्यूस्र कुछ निषेधों को भंग करता है तथा इन्हें भंग करने

के बाद उग्र बीमारियाँ होती हैं। अलग–अलग बीमारियों के अलग–अलग नाम हैं परंतु यदि बीमारी पाप के कारण हुई हो तो उसे विशिष्ट पाप के नाम से ही जाना जाता है।

कुछ डुअर अथवा गलती कुछ दैवीय दंड लाती हैं। ऐसा या तो किसी शाप के द्वारा होता है या किसी प्रेत के बदला लेने से। नुऐर शायद ऐसा मानते हैं कि नैतिक रूप से की गई गलतियाँ जुड़ती चली जाती हैं तथा उसके बाद उस पर आपदा लाती हैं जो उस पर उसके द्वारा की गई क्रियाओं के करने और न करने के कारण आती हैं अन्यथा वे आपदा उस पर न पड़ती। उल्लंघन दो प्रकार के होते हैं, पहली वे गलतियाँ जिनमें नैतिकता या संहिता संबंधी तत्त्व है तथा दूसरी धार्मिक गलतियाँ। प्रिचार्ड के अनुसार क्वौथ का विचार सर्वव्यापी हवा के समान ही सर्वव्यापी है। क्वौथ को उचित तथा अनुचित के संदर्भ में देखा जाता है। अनुचित अथवा गलती दो प्रकार की है–अनैतिकता संबंधी तथा धर्म संबंधी। निकटाभिगमन का पाप या किसी कुलबैर रखने वाले व्यक्ति से भोजन ग्रहण करना अनैतिक गलती है। किसी बड़े व्यक्ति को कम सम्मान देना अथवा उधार चुकता करने से मना करना धार्मिक गलती है। जब नैतिक प्रकार की कोई पाप संबंधी क्रिया की जाती है तो इसे एक गंभीर पाप माना जाता है तथा कोई प्रभाव पड़ने से पहले बलि चढ़ाई जाती है। धार्मिक प्रकार की गलती में ऐसा नहीं होता। किसी दूसरी नातेदारी की स्त्री से निकटाभिगमन के संबंध को नुऐर बुरा नहीं कहते, उसे ईश्वर दंड देता है परंतु उनके अनुसार ईश्वर दुर्भाग्य देगा तथा उसके कारण व्यक्ति गलत रास्ता अपनाता है और इसलिए यह बुरा है। इस प्रकार वह अपने आप में बुरा नहीं है वरन् इसका परिणाम बुरा है। उनमें नरहत्या भी मना नहीं है तथा उनका कहना है कि एक उचित लड़ाई में एक आदमी को मारना गलत नहीं है। इसके विपरीत, यदि लड़ाई में एक आदमी दूसरे की हत्या कर देता है तो लोग उसकी हिम्मत और लड़ाई की योग्यता की प्रशंसा करते हैं। दूसरे शब्दों में पाप का नैतिक महत्त्व निषेधों के तोड़ने में है।

नुऐर धर्म में बलि का विशेष महत्त्व है, जो किसी अनुष्ठान के लिए आवश्यक हो जाती है। इवांस ने इनकी बलि प्रथा को दो भागों में बाँटा है–व्यक्तिगत बलि तथा सामूहिक बलि। बलि चढ़ाने के लिए खासतौर से बैलों का प्रयोग किया जाता है, किंतु अवसरानुकूल बाँझ अथवा अनुपयोगी गाय को भी बलि रूप में चढ़ाया जा सकता है। बलि अनेक प्रयोजनों के लिए चढ़ाई जाती है :

बीमारी से छुटकारा पाने के लिए,
पापों के प्रायश्चित के लिए,
बाँझपन दूर करने के लिए,
जन्म की खुशी में,
विवाह समारोह में आदि।

अधिकतर बलि व्यक्तिगत अथवा किसी व्यक्ति द्वारा चढ़ाई जाती है, किंतु सामाजिक कल्याण एवं सामूहिक दोष को दूर करने के लिए पूरे समुदाय के द्वारा भी बलि चढ़ाई जाती है।

यह बलि ईश्वर को अर्पित की जाती है, प्रेतों को नहीं। प्रेतों की भूमिका केवल इनकी गवाही के रूप में होती है।

बलि में मुख्य रूप से बैल चढ़ाए जाते हैं, किंतु यह बलि के प्रयोजन की गंभीरता पर निर्भर होता है, अन्यथा बकरी आदि पशु की भी बलि चढ़ाई जाती है। बलि प्रथा में स्त्रियाँ और बच्चे भाग तो लेते हैं, किंतु वे बलि चढ़ा नहीं सकते। साथ ही बलि का समय सायं या प्रातः होता है, विशिष्ट अवसरों को छोड़कर।

बलि को एक समारोह के रूप में मनाया जाता है, जिसमें प्रस्तुतीकरण, धर्मार्पण, आह्वान और अंत में बलि चढ़ाई जाती है। प्रस्तुतीकरण में बैल को खूँटे में बाँध उसके खूँटे पर दूध इत्यादि छिड़का जाता है। धर्मार्पण क्रिया में पशु की गोबर के राख दाहिने हाथ से मली जाती है। बलि देने वाले को 'खोट यांग' कहते हैं। आह्वान में पशु को चढ़ाने वाले हथियार को हाथ में पकड़कर ईश्वर से उनके कारणों की बात की जाती है और अंत में उसे मार दिया जाता है। व्यक्तिगत बलि को 'कमयांग' कहते हैं तथा सामूहिक बलि को 'नाक' कहते हैं।

बलि में चढ़ाए जाने वाले पशुओं का स्वस्थ होना, उसका दाहिने ओर गिरना अच्छा माना जाता है। बलि के संदर्भ में नुऐर लोग यह सोचते हैं कि बलि के उपरांत बैल में बुरी आत्मा का प्रवेश हो जाता है तथा उसके रक्त के माध्यम से वह पृथ्वी में समा जाती है।

बैल नुऐर में महत्त्वपूर्ण माना जाता है जो मनुष्य की बलि के विकल्प के रूप में होता है। इसी से इसकी महत्ता का पता चलता है कि ये लोग बैलों के नाम मनुष्यों की तरह रखा करते हैं। बलि चढ़ाते वक्त गोत्र आदि का नाम लिया जाता है तथा चौपालों की बलि वैधानिक होती है। 'ग्वान बूथनी' सामूहिक बलि को चढ़ाने वाला व्यक्ति होता है, जिसे इवांस ने धार्मिक कम व सामाजिक अधिक माना है।

प्रश्न 2. नुऐर धर्म में पुजारी तथा पैगम्बर की भूमिका रेखांकित कीजिए।

उत्तर – प्रिचार्ड के अनुसार सूडान के नुऐर धर्म में पुजारी तथा पैगम्बरों की भूमिका उतनी महत्त्वपूर्ण नहीं होती जितनी की अन्य समाजों में। जब नुऐर द्वारा कोई विशिष्ट पाप किए जाने पर कोई बलि चढ़ाई जाती है तब पुजारी की भूमिका की आवश्यकता पड़ती है। उनके लिए तेंदुए की खाल वाले पुजारी विशेष रूप से महत्त्वपूर्ण होते हैं। स्थानीय भाषा में तेंदुए की खाल वाले पुजारी को कुआर कहते हैं। इन समाजों में अन्य जनजातीय समाजों के समान पुजारी के पास राजनीतिक प्रशासनिक अधिकार नहीं होते। नुऐर खेती करने को सम्मान नहीं देते तथा प्राचीन समय में जब चौपायों की संख्या बहुत अधिक थी, तब कृषि में इतना भी व्यस्त नहीं थे। पुजारी पृथ्वी से संबंधित है। वह विचार उस विचार से मेल खाता है कि मानव पृथ्वी से संबंधित है तथा ईश्वर आकाश से। पुजारी वह व्यक्ति है जो मानव की ओर से नीचे बलि चढ़ाता है जो ऊपर ईश्वर के लिए है।

प्रिचार्ड ने मुख्यतः दो पुजारी वंश बताए हैं :

(1) गोटलीक

(2) जिमेम।

इन पुजारियों का कोई निश्चित क्षेत्र नहीं होता वरन् अन्य गोत्रों के अधिकार क्षेत्र में परिवार तथा वंशावली के समान रहते हैं। ये तेंदुए की खाल वाले पुजारी किसी भी गोत्र से संबंधित नहीं होते क्योंकि ये वे पुजारी हैं जिन्होंने नुऐर के विभिन्न समूहों में कभी खूनी लड़ाई में समझौता कराया था और इस प्रकार उन्होंने एक तटस्थ न्यायकर्त्ता की भूमिका निभाई थी। पुजारी का मुख्य कार्य नरहत्या से संबंधित है, यही कार्य करने के कारण उसके कार्यालय का महत्त्व है तथा केवल पुजारी ही इस कार्य को कर सकता है। जब भी कभी कोई व्यक्ति लड़ाई में दूसरे की हत्या कर देता है तब वह तुरंत ही निकटतम पुजारी से संपर्क करता है। तब पुजारी उसके पाप को कम करने के लिए गाय की बलि की व्यवस्था करता है। यदि कोई खूनी लड़ाई हो तो पुजारी मध्यस्थ का कार्य करता है। जब पुजारी किसी घटना में हस्तक्षेप करता है तो कोई उसकी भूमिका पर संदेह नहीं कर सकता। अर्थात् गोत्र के सभी सदस्यों का पुजारी में पूर्ण विश्वास होता है। तेंदुए की खाल वाला पुजारी शपथ ग्रहण समारोह का आयोजन भी करता है। यदि कोई आदमी हत्या करने से इंकार करता है जबकि उसने वास्तव में हत्या की है तब उसे एक विधान का सामना करना पड़ता है। इसमें मृतक के रिश्तेदार तथा नातेदारों की उपस्थिति में मृतक के सिर से पुजारी द्वारा दिया गया दूध पीना पड़ता है। यह माना जाता है कि यदि व्यक्ति झूठ बोलेगा तो इस प्रक्रिया में शीघ्र ही मर जाएगा। यदि कोई आदमी दूसरे को मारता है तथा उसे स्वीकार नहीं करता, तब नुऐर की दृष्टि में यह सबसे घृणित अपराध है तथा बड़ा अपराध है। इस प्रकार नुऐर समाज में गलती स्वीकार करना बहुत महत्त्वपूर्ण है तथा यदि उन्होंने पाप किया है तब उसे दूर करना भी आवश्यक है।

यदि निकट संबंधी कोई निकटाभिगमन करते हैं तो तेंदुए की खाल वाले पुजारी को किसी भी समय बुलाया जा सकता है। पाप को दूर करने के लिए बैल की बलि चढ़ाई जाती है। पुजारी बैल को खूँटे से बाँधता है, ईश्वर का आह्वान करता है कि ईश्वर व्यक्ति को पाप से मुक्त कर दे तथा अपराध शिकार के रक्त के साथ दूर हो जाता है। तब पशु को पृथ्वी पर लिटाया जाता है तथा पुजारी हंसिये को गले में घुसाता है और छाती को काटता है। जैसे ही पुजारी मुख्य काट लगाता है तब अपराध करने वाला दल शव को दोनों ओर से कसकर खींच कर अलग करते हैं। इन दो भागों में से एक भाग पुजारी ले जाता है तथा दूसरा भाग अपराधी के संबंधी ले जाते हैं। पुजारी एक कद्दू में पानी लेकर उसमें शिकार के पित्ताश्य से पित्त निचोड़ता है तथा निकटाभिगमन की दवा वाल रूआली मिलाता है तथा अपराधी और उसके संबंधी उस मिश्रण को पीते हैं।

नरहत्या, कठिन परीक्षा तथा गंभीर निकटाभिगमन से संबंधित बलि केवल तेंदुए की खाल वाले पुजारी के अधिकार क्षेत्र में आती है। प्रिचार्ड कहते हैं कि निर्णयक परिस्थिति के परीक्षण के बाद ही पुजारी को उसका कार्य करने के लिए बुलाया जाता है। इस प्रकार यह भी

माना जा सकता है कि यह धार्मिक विचारों तथा मूल्यों के अंतर्गत एक राजनीतिक संस्था का प्रकार्य है। परंतु इस धर्म के बारे में एक बात निश्चित है कि पुजारी की उपस्थिति से नुऐर धर्म के प्रमुख विचारों पर कोई प्रभाव नहीं पड़ता। वरन् ये विचार राजनीतिक भूमिका को उसके आवश्यक गुण देते हैं, प्रिचार्ड के अनुसार पुजारी कुछ राजनीतिक धार्मिक कार्य करते हैं, परंतु अन्य जनजातीय समाजों के समान इनमें धर्म पुजारियों का धर्म नहीं है।

नुऐर धर्म में पैगम्बर की भूमिका भी महत्त्वपूर्ण है तथा प्रिचार्ड के अनुसार पैगम्बर वह व्यक्ति है जिसमें हवा की आत्मा या कभी–कभी क्लोविक आत्मा आ जाती है। इस आत्मा का धारण करना उसे वे आत्मिक शक्ति प्रदान करता है जो तेंदुए की खाल वाले पुजारी समेत अन्य में नहीं है। उसने पैगम्बर की तुलना पुजारी से की है। एक पुजारी परंपरागत कार्यकर्त्ता है जबकि एक पैगम्बर हाल ही में विकसित हुआ है। एक पुजारी बलि संबंधी कार्य करता है जबकि एक पैगम्बर की भूमिका निश्चित नहीं होती। एक पुजारी की शक्तियाँ सामाजिक विरासत के रूप में पहले पुजारी के वंशज से हस्तांतरित होती है। एक पैगम्बर की शक्तियाँ चमत्कारिक होती हैं एक व्यक्तिक प्रेरणा के रूप में। एक पुजारी के गुण उसके कार्यालय से संबंधित हैं जबकि एक पैगम्बर के स्वयं उसके अपने आप में। पुजारी का अपना कोई धार्मिक मत नहीं होता, परंतु पैगम्बर का होता है। पुजारी पृथ्वी पर खड़ा होकर आकाश की ओर देखता है जबकि आकाशीय प्राणी आकाश से आकर पैगम्बर बनाते हैं। इस प्रकार पैगम्बर आत्माओं का वाचक है, उन्हें समझ पाता है तथा उनके नियंत्रण में ही बोलता है। प्रिचार्ड के अनुसार, नुऐर पुजारी और पैगम्बर दोनों को ही अलग प्रकार के व्यक्ति मानते हैं, वे उन्हें एक दूसरे के विरोधी नहीं मानते। एक पैगम्बर व्यक्ति पर हथेली रगड़कर या उन पर जल, दूध अथवा मक्खन छिड़क कर उन्हें ठीक कर सकता है और उसकी प्रेरणा व्यक्ति को पूर्वज्ञान दे सकती है। परंतु संकट के समय नुऐर बलि के लिए तेंदुए की खाल वाले पुजारी पर ही निर्भर करते हैं।

●●●

अध्याय–10

टी. एन. मदनः सन्यास हीनता

T. N. Madan: Non-Renunciation

परिचय

टी.एन. मदन का अध्ययन एक नृजातिलेखीय अध्ययन है जिसमें कश्मीरी पंडितों के धार्मिक प्रतिमानों का वर्णन है। इस नृजातीय अनुसंधानात्मक अध्ययन में इन्होंने हिन्दू धर्म और समाज पर विशिष्ट परिचर्चा की है। यह पुस्तक मुख्य रूप से ब्राह्माणों द्वारा धर्म की समझ पर आधारित है क्योंकि ब्राह्माण हिन्दू धर्म के संरक्षक हैं, परंतु यह पुस्तक संपूर्ण हिन्दू समाज के बारे में है। लेखक ने हिन्दू समाज के उपन्यासों की सहायता ली तथा उन्हें समाजशास्त्रीय दृष्टिकोण से समझा, लेखक ने इसे बखूबी समझा है कि हिन्दू समाज में गृहस्थ का जीवन सर्वोच्च मूल्य समझा जाता है। इनकी पुस्तक पाँच अध्यायों में विभाजित है, जिसमें हिन्दू धर्म एवं संस्कृति पर चर्चा है। मदन जी ने 'शुभ' के विचार को पवित्रता के विचार के संबंध में स्पष्ट करने का प्रयास किया है। उनके अनुसार शुभ का अर्थ समय तथा लौकिक घटनाओं से है जो व्यक्तियों की विशिष्ट श्रेणी के संबंध में प्रत्यक्ष जुड़ा है। वैराग्य और वासना के विचार को तीन उपन्यासों की सहायता से समझाया गया है, पहला भगवतीचरण वर्मा का 'चित्रलेखा' है, दूसरा यू.आर. अनन्थ मूर्थी का कर्नाटक उपन्यास संस्कार जिसे बाद में ए.के. रामानुजन ने अंग्रेजी में अनुवादित किया था तथा तीसरा विष्णु संग्राम खाण्डेकर का मराठी उपन्यास 'ययाति' जिसे मोरेस्वर तपस्वी ने हिंदी में अनुवाद किया था। इन तीनों कहानियों का वर्णन इस पुस्तक में किया गया है। इस अध्ययन में हिंदुवाद के परंपरागत आधार को इस प्रकार समझा गया है जिस प्रकार आदमी ने वैराग्य के जीवन के विपरीत संसार के जीवन को अच्छा जीवन माना है।

प्रश्न 1. गृहस्थ जीवन तथा वैराग्य का वर्णन कीजिए।

उत्तर — टी.एन. मदन ने अपने नृजातीय लेखीय अध्ययन में कश्मीरी पंडितों के धार्मिक प्रतिमानों का वर्णन किया है। उनके अनुसार हिन्दू समाज में गृहस्थ जीवन का महत्त्वपूर्ण स्थान है। गृहस्थ और वैराग्य जीवन का संघर्ष हिंदुत्व में सदा से चलता रहा है। पंडित समाज में गृहस्थ जीवन को केंद्रीय स्थिति में रखा गया है। हिन्दू के लिए कहा गया है कि उसे धर्म के अनुसार अपनी सामाजिक भूमिकाएँ निभानी चाहिए। कश्मीरी पंडितों को भट्ट कहा जाता है, जिसका अर्थ है—ज्ञानी व्यक्ति। वे धर्म के अनुसार समाज के संचालन पर बल देते हैं तथा अपने रहन-सहन में धार्मिक मान्यताओं का पालन करते हैं, यथा—यज्ञोपवीत धारण करना एवं बालों का गुच्छा बनाकर रखना।

पंडित भी कई उपजातियों में बँटे होते हैं, जो विभिन्न विधि-विधान संपन्न करते हैं। पंडितों की परंपरा अत्यंत संवेदनशील है, जिसकी उपेक्षा करने पर वह व्यक्ति जिसने पंडित जाति में जन्म लिया है, अपनी पहचान (पंडित) खो सकता है।

माता-पिता : जीव विज्ञान तथा नैतिकता : पंडितों के समाज में माता-पिता का श्रेष्ठ स्थान है। मातृत्व में कमी के रूप में जो शारीरिक कमी मानी जाती है अर्थात् बांझपन को पूर्वजन्म के कर्मों का फल माना जाता है। इसे शाप के रूप में देखा जाता है, जो अलौकिक शक्ति अथवा काला जादू के प्रभाववश होता है।

पंडित समाज में प्रजनन के रूप में वैज्ञानिक तर्क प्रचारित हैं अर्थात् पुरुष के वीर्य में एक पूर्ण मनुष्य निर्माण की शक्ति होती है—माँस, रक्त, बाल, नाखून, बुद्धि, ज्ञान आदि किंतु माँ का रक्त-बीज केवल एक आधार प्रदान करता है जो बच्चे को भोजन व एक थैला प्रदान करता है। इस प्रकार की अवधारणा एक वैज्ञानिक मान्यता है, जिसमें स्त्री की भूमिका को थोड़ा कम आँका गया है परंतु तर्क वैज्ञानिक ही दिया गया है।

यहीं से माता-पिता और शिशु के बीच का संबंध निर्धारित होता है। बच्चे और पिता के बीच नैतिक रिश्ता होता है जो भौतिक स्तर पर भी संपत्ति के हिस्से में पुत्र और पिता को लेकर सत्य है। बहरहाल बच्चे और माता-पिता के बीच रिश्ता धर्म से अनुप्राणित है।

भट्टिल की अवधारणा : कश्मीरी पंडितों की यह जीवनशैली गृहस्थ जीवन को केंद्र में रखती है। भट्टिल लोग इस जीवनशैली को सर्वश्रेष्ठ शैली मानते हैं। इनकी मान्यताएँ धर्म पर आधारित हैं अर्थात् वर्तमान जीवन के सुख-दुख को पूर्व जन्म के कर्मों से जोड़कर देखते हैं। इनकी सर्वाधिक चिंता अंतरात्मा के संदर्भ में रहती है, क्योंकि ये शरीर को नश्वर और क्षणिक मानते हैं। इनका जीवन शुभ और अशुभ दो प्रधान तत्त्वों के इर्द-गिर्द ही घूमता नजर आता है। अशुभ में मृत्यु, उल्लू की बोली, बिल्ली का रास्ता काटना आदि हैं, जिसे अनदेखा नहीं करना चाहिए।

कर्मों के बंधनों में ये लोग जीवन को पूरी तरह से जीने में विश्वास करते हैं और अपने सद्कर्मों से अगले जीवन को सुखद बनाना चाहते हैं। पंडितों में भट्टिल के रूप में कुछ

मानदंड निर्धारित किए गए हैं जिसमें सहनशीलता, संयम, नैतिकता, क्रियाशीलता, धर्मपरायण आदि पर बल दिया गया है।

भट्टिल जीवन में ईश्वर को समर्पण भी करना एक महत्त्वपूर्ण क्रिया है। ये लोग गृहस्थ जीवन की क्रियाओं को महत्त्व देते हुए गृहस्थ जीवन की तीन अग्नियों का उल्लेख करते हैं :

(i) चूल्हे की अग्नि,
(ii) संस्कार के रूप में प्रज्वलित अग्नि,
(iii) शरीर की अग्नि।

प्रश्न 2. चित्रलेखा, संस्कार और ययाति की कथा संक्षिप्त में बताइए।

उत्तर – टी.एन. मदन ने अपने हिन्दू धर्म के अध्ययन में तीन कथाओं का विशेष उल्लेख किया है, ये इस प्रकार हैं :

(1) चित्रलेखा की कथा : भगवतीचरण वर्मा का यह उपन्यास ऐतिहासिक परिप्रेक्ष्य में लिखा गया है, जिसमें पाप और पुण्य का विश्लेषण किया गया है। एक गुरु के दो शिष्यों की कथा है, जिसमें पाप और पुण्य की खोज में दोनों निकल पड़ते हैं और साथ में कथा भी प्रवाहित होती है। इसमें कुमारगिरि, चित्रलेखा और बीजगुप्त की कथा है, जिसमें कुमारगिरि योगी और ब्रह्मचारी रहता है। चित्रलेखा गणिका रहती है तथा बीजगुप्त विलासी सामंत रहता है।

कुमारगिरि स्त्री को बंधन, इच्छा, मोह, पतित करने वाली मानते थे तथा स्त्रियों से दूर रहते थे जबकि बीजगुप्त और चित्रलेखा रास–रंग और घोर–विलास में डूबे रहते थे। अंत में कुमारगिरि चित्रलेखा के प्रेम में बँध जाते हैं और वे वैराग्य से मुक्त होना चाहते हैं और चित्रलेखा को पाने के लिए झूठ भी बोलते हैं। कुल मिलाकर यहाँ कुमारगिरि में वासना का भाव जागता है और वह कामी हो जाता है, जिसका बाद में मोहभंग होता है। अतः अंत में लेखक ने कहा है कि मनुष्य न तो पाप करता है, न पुण्य। मनुष्य सामान्य रूप से कार्य करता है और परिस्थितियाँ उसे संचालित करती हैं।

(2) संस्कार की कथा : इसमें कर्नाटक के एक गाँव की कथा है, जिसमें दो ब्राह्मणों की कथा चलती रहती है। एक तपस्वी, त्यागी और लालसा मुक्त प्राणेश्चार्य तथा दूसरा भ्रष्ट, नीच ब्राह्मण नरनप्पा है। नरनप्पा की पत्नी वेश्या थी तब पति की मृत्यु के बाद लोगों ने उस पापी के अंतिम संस्कार के लिए प्राणेश्चार्य से सलाह की। इसी बीच नरनप्पा की स्त्री चन्द्री संतान की इच्छा से प्राणेश्चार्य के संपर्क में आई और उनके साथ समागम किया। यहाँ पवित्र आदमी से गर्भाधान की इच्छा थी। किंतु प्राणेश्चार्य के मन में इसके लिए अंतर्द्वंद्व था, वे घर–परिवार छोड़कर बाहर निकल पड़ते हैं। किंतु इसके लिए वह पश्चाताप नहीं करता है, बल्कि सोचता है कि वह कर्त्तव्य और ऋण से स्वतंत्र हो गया, अतः स्पष्ट होता है कि वैराग्य और वासना दोनों ही दो किनारे हैं, जिनके बीच विरोध तो है किंतु नैतिक इच्छाओं के रूप में,

वह इन दोनों के बीच भेद करता है तथा अंतिम रूप से व्यक्ति की आत्मा ही निर्णय करती है, जिसे वह स्वीकारता है।

(3) ययाति की कथा : इस कथा को महाभारत के एक प्रसंग से लिया गया है। इसमें एक राजा के दो पुत्र यति और ययाति, गुरु वृहस्पति का पुत्र कच, शुक्राचार्य की पुत्री देवयानी तथा राक्षसराज की पुत्री शर्मिष्ठा की कहानी है। यति वैरागी बन जाता है तथा कच आध्यात्मिकता में लीन सत्य की खोज में है, जिसे देवयानी प्रेम करती है, किंतु उसकी शादी शर्मिष्ठा से हो जाती है तथा देवयानी की शादी ययाति से। किंतु देवयानी के प्रेम का बीज अभी भी अंकुरित है और उसके दाम्पत्य जीवन में इसी कारण विवाद पैदा होता है। इधर शर्मिष्ठा और ययाति के बीच भी प्रेम उत्पन्न हो जाता है।

अंततः कहा जा सकता है कि प्रेम का कोई नैतिक आदर्श नहीं है। इसका केवल एक ही नैतिक आधार हो सकता है और वह है आत्मत्याग। अन्यथा प्रेम और वासना में कोई अंतर नहीं रह जाएगा। आधुनिक युग में जिस प्रकार पति–पत्नी के विवाहेत्तर प्रेम–संबंध अन्य से कायम हो रहे हैं, उसका कारण आत्मत्याग का न होना ही है।

अतः टी.एन. मदन ने अपने विश्लेषण में कहा है कि नैतिकता का प्रश्न केवल मानव के गुण से ही नहीं है, बल्कि यह एक मानसिक अवस्था है, जिससे हमारी सारी क्रियाएँ स्वतः संचालित होती हैं।

प्रश्न 3. शुभ तथा पवित्रता की अवधारणा पर प्रकाश डालिए।

उत्तर – हिन्दू धर्म में शुभ और पवित्रता की अवधारणा बहुत महत्त्वपूर्ण है। मदन जी ने 'शुभ' के विचार को पवित्रता के विचार के संबंध में स्पष्ट करने का प्रयास किया है। उनके अनुसार शुभ का अर्थ समय तथा लौकिक घटनाओं से है जो व्यक्तियों की विशिष्ट श्रेणी के संबंध में प्रत्यक्ष जुड़ा है। एक समय जो एक प्रकार की क्रिया के लिए शुभ माना जाता है वह दूसरे प्रकार की क्रिया के लिए शुभ होना आवश्यक नहीं है। इस शब्द का दूसरा प्रयोग कुछ विशेष समारोहों या उत्सवों में किया जाता है। कुछ माह तथा माह में कुछ दिन शुभ होते हैं। विवाह, पुत्र का जन्म जैसी सुखद घटनाओं के लिए भी शुभ का प्रयोग होता है तथा शुभ शब्द स्थानों तथा दिशाओं के लिए भी प्रयोग होता है। पवित्र नदी के किनारे स्थित पवित्र स्थान में पवित्र डुबकी लगाना भी शुभ माना जाता है। समाज पंडितों की कुछ वस्तुएँ जैसे धातु या मिट्टी से बना गंगा जैसी पवित्र नदी के जल से भरा कलश नामक बर्तन शुभ माना जाता है। कलश किसी धार्मिक तथा सामाजिक मूल्यों से संबंधित संस्कार आरंभ होने का सूचक है। ग्रहों को दो श्रेणियों में बाँटा जाता है शुभ तथा अशुभ। नौ ग्रहों में से केवल तीन ग्रह बृहस्पति, चंद्रमा तथा शुक्र शुभ ग्रह माने जाते हैं। बुध ग्रह नपंसुक तथा तटस्थ ग्रह माना जाता है।

बच्चे का जन्म और विशेष रूप से पुत्र का जन्म एक शुभ घटना है परंतु यह हमेशा शुभ घटना नहीं है, यह विशिष्ट ग्रहों की स्थिति तथा जन्म के समय उनकी स्थिति पर निर्भर है।

यदि बच्चे के जन्म के समय अशुभ ग्रह की स्थिति है तो अनेक संस्कारों के द्वारा उसे ठीक कराने की आवश्यकता है। वास्तव में ब्राह्मण अपने घर में अनिष्ट ग्रहों के लिए नियमित धार्मिक कृत्य करते रहते हैं। इन कृत्यों को सामान्यतः उपाय या ठीक करने के संस्कार कहा जाता है। इस प्रकार जन्म हमेशा एक शुभ घटना और मृत्यु एक अशुभ घटना मानी जाती है। परंतु मृत्यु की घटना में अशुभ अलग–अलग मात्रा में हो सकता है। यदि मृत्यु शुभ दिनों में हो तो अशुभता की मात्रा कम होती है जबकि सौभाग्यशाली दिनों में हुई मृत्यु में अशुभता की मात्रा अधिक होती है। मृत्यु दुर्भाग्यपूर्ण है परंतु ब्राह्मण स्त्रियों के लिए वैधव्य उससे भी अधिक दुर्भाग्यपूर्ण है। जिन स्त्रियों के पति की मृत्यु हो जाती है उनकी प्रस्थिति में कठोर परिवर्तन आता है। वह विवाह या जन्म उत्सव जैसे शुभ अवसरों से भाग नहीं ले सकतीं। शुभ एक आदर्श मूल्य है जो मानव के जीवन में घटनाओं की गुणात्मकता दर्शाता है तथा समय व स्थान का पहलू भी रखता है। सबसे पवित्र व शुद्ध वस्तु यज्ञोपवीत है, तीन सूत के धागे से बना गर्दन में पहनने वाला धागा जिसे धार्मिक दीक्षा के संस्कार के साथ पहना जाता है। यह इस बात का प्रतीक है कि वह द्विज जाति का है तथा अन्य जातियों से अलग तथा उनसे श्रेष्ठ है। यज्ञोपवीत समारोह के पूर्ण होने के बाद केवल ब्राह्मण अन्य संस्कारों में भाग ले सकते हैं। यह संस्कार उन्हें वह शक्ति प्रदान करता है जिससे वे अन्य दिन प्रतिदिन के संस्कारों में भाग ले सकते हैं। मदन लिखते हैं कि कश्मीरी ब्राह्मण का दैनिक जीवन शंकाओं से भरा है। किसी विशिष्ट कार्य को करें या न करें यह हिचक सदा बनी रहती है। उत्तर प्रदेश में महा ब्राह्मण के साथ मुकाबला अशुभ घटना मानी जाती है। मदन के अनुसार उत्तर प्रदेश तथा कश्मीर दोनों ही स्थानों पर दूध को सबसे शुद्ध पेय माना जाता है। इस प्रकार हम कह सकते हैं कि शुभ तथा अशुभ का विचार लोगों के दैनिक जीवन में बहुत महत्त्वपूर्ण है। मदन यह भी कहते हैं कि शुभ के विचार के विशिष्ट भाव तथा संबंध विभिन्न हो सकते हैं, परंतु ये विशेष रूप से उच्च जातियों के मूल्य के लिए आधारभूत महत्त्व रखते हैं।

प्रश्न 4. कश्मीरी पंडितों में जीवन तथा मरण की व्याख्या कीजिए।

अथवा

टी.एन. मदान के कश्मीरी पंडितों के नृजातीय अध्ययन में 'गैर–परित्याग' (non-renunciation) की संकल्पना का वर्णन कीजिए। [दिसम्बर 2008, प्रश्न 4.]

उत्तर – हिन्दू धर्म में जीवन और मृत्यु को दैवीय इच्छा माना जाता है। टी.एन. मदन के अनुसार जीवन तथा मरण के बारे में लोगों के भाव उसकी संपूर्णता में देखे जाने चाहिए, जिसमें विश्वासों, भावनाओं तथा व्यवहारों के अंतर्संबंधों को देखा जाता है। कश्मीर में मृत्यु एक पारिवारिक घटना मानी जाती है, परंतु यह जरूरी नहीं कि परिवार का प्रत्येक व्यक्ति उससे एक समान प्रभावित हो। पंडित सामान्य बातचीत में अधिकतर यह कहते हैं कि एक दिन सबको मरना है। कश्मीर के पंडित कहते हैं कि अच्छे जीवन की अंतिम तथा प्रमुख

पहचान उस ढंग से मिलती है जिसके द्वारा व्यक्ति मृत्यु प्राप्त करता है। दूसरे शब्दों में जब कोई व्यक्ति धार्मिक सिद्धांतों के अनुसार जीवन जीता है तब उसे अच्छी मृत्यु प्राप्त होती है। अच्छी मृत्यु से अर्थ है अच्छे स्थान पर, अच्छे तथा शुभ समय पर तथा मृत्यु के समय व्यक्ति की अच्छी शारीरिक अवस्था में मृत्यु होना। एक गृहस्थ के लिए उसकी मृत्यु के लिए सर्वश्रेष्ठ स्थान अपना घर है क्योंकि गृहस्थ के रूप में एक व्यक्ति ने केवल अपने घर में धर्म/कर्म किए हैं। अच्छी मृत्यु का यह अर्थ भी है कि व्यक्ति ऐसे समय मरे जिसे ज्योतिष अच्छा समय मानते हैं। व्यक्ति को मृत्यु की घटना के समय पूर्ण चेतन होना चाहिए तथा उसका मस्तिष्क सर्वोच्च ईश्वर अथवा दैवीय आत्माओं में लिप्त होना चाहिए। अच्छी मृत्यु प्राप्त करने वाले व्यक्ति के अंतिम शब्द उदाहरण के लिए वर्षों तक याद किए जाते हैं तथा चर्चा की जाती है।

एक बुरी मृत्यु व्यक्ति के पूर्व जन्म के दुष्कर्मों का परिणाम मानी जाती है। सामूहिक मृत्यु के विचार को प्रलय कहा जाता है परंतु पंडितों के जीवन में प्रलय दुर्लभ–घटना है। शापित आत्माएँ इस प्रकार की घटना की उत्तरदायी मानी जाती है। प्रलय समाज में धर्म की अवनति का भी लक्षण मानी जाती है। मृत्यु के बाद सामाजिक संबंधों की पुनर्व्यवस्था स्त्री तथा पुरुष के लिए अलग–अलग है। एक विधवा एक दुखी का जीवन बिताती है जबकि पुरुष पुनर्विवाह कर सकता है, विधुर किसी भी संस्कार तथा सामाजिक योग्यता से अलग नहीं किया जाता जबकि विधवाओं को किया जाता है। अपनी पत्नी की मृत्यु होने पर पुरुष को अपनी भावनात्मक संवेदना छुपानी पड़ती है और यदि वे अपने दुख को प्रत्यक्ष रूप में प्रकट करते हैं तब उनका उपहास किया जाता है, परंतु स्त्री को अपने हर प्रकार के दुःख तथा शोक को प्रकट करना है।

पंडितों के समाज में किसी भी प्रकार की हत्या पूर्णतः निषेध है। उनका यह कथन है कि कोई भी किसी का भी निर्माण नहीं कर सकता अथवा जन्म ईश्वर की देन है तथा वही उसे वापस ले सकता है। एक ब्राह्मण की हत्या सबसे बुरा अपराध है जिसे ब्रह्मा हत्या कहा जाता है तथा यह गाय की हत्या के समान माना जाता है।

मृत्यु के बाद अनेक संस्कार हैं। मृत्यु के समय भी कुछ संस्कार बताए गए हैं। पंडित के जीवन के अंतिम क्षणों में भागवत गीता का पाठ होता है जिसमें आत्मा के अमरत्व का वर्णन है। यदि गंगा नदी का जल उपलब्ध हो तब उसकी कुछ बूंदे मरणासन्न व्यक्ति के मुँह में डाली जाती हैं। जैसे ही मृत्यु होती है स्त्रियों और बच्चों के जोर–जोर से रोने और चिल्लाने के द्वारा घटना को सार्वजनिक किया जाता है। मृत्यु के समय रोना एक विशेष प्रकार का होता है, हालाँकि स्त्रियों द्वारा रोना कुछ अन्य अवसरों पर भी किया जाता है। मृत्यु के अवसर पर पड़ोसी तथा रिश्ते नातेदार मृतक व्यक्ति के घर में एकत्रित होते हैं। दर्शनार्थी शोक–कर्त्ताओं को नियंत्रित करने का प्रयास करते हैं तथा मृतक की अंत्येष्टि की व्यवस्था करते हैं। वे उस परिवार के भोजन की व्यवस्था भी करते हैं क्योंकि मृतक के परिवार में 20 से 30 दिन तक भोजन नहीं पकाया जाता।

रोने के बाद मृतक के शरीर को पुजारी के द्वारा मंत्रों के उच्चारण के साथ संस्कारिक स्नान कराया जाता है। तब मृत शरीर को जलाने की प्रक्रिया के लिए ले जाया जाता है। वास्तव में अंत्येष्टि पारगम्य होने के लिए मुक्ति का अवसर देती है। अंत्येष्टि के बाद मृतक को संक्रमण की अवस्था में जीवित मान लिया जाता है अर्थात् अगले 11 दिन तक वह प्रेत की अवस्था में रहता है। इस समय अनेक संस्कार किए जाते हैं तथा प्रेत को शांत करने के लिए भोजन अर्पित किया जाता है क्योंकि वह बहुत खतरनाक होता है। 11वें दिन के संस्कार में यह मान लिया जाता है कि प्रेत पितृ की श्रेणी में परिवर्तित हो गया है अतः मृतक की पुण्य तिथि पर भोजन अर्पित करने का द्विवार्षिक प्रकरण बन जाता है।

अंत्येष्टि के बाद किए जाने वाले संस्कार बहुत जटिल हैं क्योंकि सभी को माने की प्रस्थिति प्राप्त नहीं होती। यदि किसी व्यक्ति की मृत्यु बिना माता–पिता बने हो जाती है तब उसे पितृ की उपाधि नहीं दी जाती। इस प्रकार जीवित और मृतक के बीच संबंध, पितृ तथा पुनर्जन्म का विचार, मृत्यु के विचार को अंतिम घटना के रूप में नकारते हैं। एक अच्छा जीवन तथा अच्छी मृत्यु व्यक्ति को जीवन–मरण–पुनर्जीवन के बंधन से मुक्त कर देता है। इस प्रकार एक पंडित की संस्कृति में जीवन में मृत्यु को सहनीय बना दिया जाता है, क्योंकि मृत्यु को एक ऐसा अवसर मान लिया जाता है, जहाँ व्यक्तिगत आत्मा को उस मिलाप का स्मरण होता है जिससे वह अलग हुई थी अर्थात् कैवल्यम। इस प्रकार अनेक संस्कारों की सहायता से पंडित मृत्यु के तनाव से समायोजन करते हैं। उनकी धारणा है कि जीवन चक्र पूर्ण करने के लिए मृत्यु आवश्यक है। यही नहीं, पंडित समाज में मृत्यु एक धमकी या सामाजिक व्यवस्था के दूषित करने वाले कारक के रूप में नहीं मानी जाती।

'गुल्लीबाबा' नाम क्यों?

'गुल्लीबाबा' दो महत्त्वपूर्ण शब्दों के मेल से बना है – 'गुल्ली' तथा 'बाबा'। 'गुल्ली' शब्द प्राचीन भारतीय खेल गुल्ली-डंडा से आया है। यह खेल 'एकाग्रता' तथा 'फिटनेस' का एक अच्छा प्रतीक है। 'बाबा' शब्द 'आदर' और 'सम्मान' को बताता है।

'एकाग्रता', 'फिटनेस' और 'दूसरों के प्रति सम्मान' जीवन में सफलता की ऊँचाइयों को छूने के लिए आवश्यक हैं। अतः शिक्षा के क्षेत्र में अच्छी उपलब्धि प्राप्त कराने तथा सबको आदर और सम्मान देने के लिए ही 'गुल्लीबाबा' नाम रखा गया है।

और अधिक जानकारी के लिए देखें:

GullyBaba.com/why-name-gullybaba.html

अध्याय–11

सुधीर कक्कड़ः शामन, रहस्यमय तथा चिकित्सक

Sudhir Kakar: Shamans, Mystics and Doctors

परिचय

20वीं शताब्दी के मध्य में मानसिक स्वास्थ्य के अंतर सांस्कृतिक अध्ययन मानवशास्त्रियों द्वारा आरंभ किए गए। कक्कड़ की पुस्तक से छात्रगण अथवा अध्येता केवल समाजशास्त्रीय सामग्री ही प्राप्त नहीं करते हैं, बल्कि उनके सिद्धांतों एवं अध्ययन विधि द्वारा ज्ञान की सभी व्यवस्थाओं की जानकारी भी पा सकते हैं। सुधीर कक्कड़ की दृष्टि में पीर बाबा तथा चिकित्सक समानांतर है तथा दोनों ही उपचार का कार्य करते हैं। फ्रायडवादी विश्लेषण उचित रूप से तंत्रवाद के अनुरूप है क्योंकि इस प्रकार विश्लेषण द्विलैंगिता तथा सांस्कृतिक अंतरों के विकास संबंधी पहलू के प्रति संवेदनशील होते हैं। कक्कड़ ने विशेष रूप से ज्ञान पर अपने विचारों को बढ़ाया तथा कहा कि ज्ञान के चार स्तर हैं : सामान्य ज्ञान, विज्ञान का तार्किक ज्ञान, कलाकार का कल्पनात्मक ज्ञान तथा रहस्यों का आध्यात्मिक ज्ञान। चारों का ही अपना महत्त्व है तथा किसी को भी छोड़ा नहीं जा सकता। कक्कड़ के आर्युवेद के अध्ययन में व्यक्तिगत अध्ययन के रूप में लिए गए गुरु जी के अनुसार रोग के प्रति संघर्ष एक नैतिक संघर्ष है, जो केवल रोग के प्रति नहीं है वरन् उन कारणों के प्रति भी है जो इन्हें असंतुलन के द्वारा पैदा करते हैं। कक्कड़ ने औरॉव में उपचार के लिए 'शामन' की खोज की है जिसे स्थानीय भाषा में 'आयात' अथवा 'भगत' कहा जाता है। चूँकि कक्कड़ एक मनोविश्लेषक हैं, अतः इनके बीच उत्पन्न प्रेतबाधा अथवा आत्मा संबंधी विकार को मानसिक करार देते हैं। इस इकाई में जनजातीय और आधुनिक उपचार, तंत्र–मंत्र आदि के बारे में चर्चा की गई है।

प्रश्न 1. आरोग्य बनने की अवधारणा का वर्णन करते हुए पट्टेशाह दरगाह के पीर का वर्णन कीजिए।

उत्तर – सुधीर कक्कड़ ने भारत में घूम-घूम कर मनोविश्लेषणात्मक सिद्धांतों का परीक्षण किया। भारत में उपनिवेशीय समय में औषधियों की पश्चिमी व्यवस्था में विश्वास पनपा तथा उच्च वर्ग में इस विचार का गहरा प्रभाव पड़ा तथा जिसने उस परंपरात्मक मार्ग को जो कक्कड़ ने बताया, तहस-नहस कर दिया। कक्कड़ स्वास्थ्य तथा उपचार के संबंध में पुराने विचारों के ढंगों को पुनर्जीवित करना चाहते हैं। उन्होंने आधुनिक मनोविश्लेषणात्मक व्यवस्था एवं औषधि के दर्शन तथा परंपरात्मक व्यवस्थाओं की तकनीकी के बीच समानता बताते हुए व्याख्या का वैज्ञानिक ढंग दिया।

विचारों की हिन्दू व्यवस्था विचारों की पश्चिमी व्यवस्था के समान लोगों के बारे में दृष्टिकोण नहीं रखती, इस पश्चिमी व्यवस्था में व्यक्ति को वर्तमान में तथा सीमित रूप में देखा जाता है। हिन्दू दृष्टिकोण में आत्म को वर्तमान में स्थित नहीं देखा जाता वरन् कर्मों के चक्र से जोड़ते हुए, कई जन्मों तक इसके विस्तार को देखा जाता है तथा सामाजिक व्यवस्था को भी वर्तमान से बहुत आगे वंशजों तक तथा पूर्वजों तक देखा जाता है। दूसरे शब्दों में मानसिक तथा भौतिक स्वास्थ्य के संदर्भ में एक व्यक्ति कैसा है यह इस बात पर निर्भर करता है कि उसका पिछला जन्म, पूर्वजों के कर्म कैसे थे तथा व्यक्ति क्या करेगा जो आने वाली पीढ़ियों को प्रभावित करेगा, इसका भी प्रभाव पड़ता है। इस प्रकार व्यक्ति केवल व्यक्तिगत रूप में नहीं देखा जाता जैसा कि पश्चिमी समाजों में होता है, वरन् जैसा कि मैक किम मैरियट ने कहा है कि पुरुष अनेक अंगों से निर्मित के पृथक् समान है और जो पृथक् करने योग्य है क्योंकि ये सारे भाग भूतकाल तथा वर्तमान काल के अनेक स्रोतों से बने हैं, अतः उपचार पवित्र होना आवश्यक है, ताकि सभी पहलुओं पर ध्यान दिया जा सके, जिनमें से बहुत की उत्पत्ति परालौकिक तथा रहस्यमय मानी गई है। इस प्रकार स्वास्थ्य शरीर में कुछ घटना मात्र नहीं है वरन् व्यक्ति ने अपना अस्तित्व कहाँ से प्राप्त किया, उन्होंने अपना चरित्र कैसा रखा तथा पारिवारिक इतिहास, जन्म भूमि तथा सांस्कृतिक रिवाज जैसे अनेक कारकों आदि को सम्मिलित किया जाता है। उपचार एक ऐसा शब्द है जिसे चिकित्सीय अर्थ से आगे बढ़कर समझने की आवश्यकता है तथा स्वास्थ्य एक ऐसी अवधारणा है जो एक व्यक्ति के जीवन के सामाजिक, सांस्कृतिक तथा आध्यात्मिक पक्ष से संबंधित है जो मात्र शारीरिक से परे है।

कक्कड़ के विचार फूको (1965) के विचार से मेल खाते हैं जो मानसिक बीमारी को विशिष्ट समय तथा स्थान के संदर्भ में सांस्कृतिक परिभाषा के अनुसार स्थित मानते हैं। मानवशास्त्रियों ने भी लंबे समय से इस तथ्य की ओर ध्यान दिया है कि पागलपन एक सामाजिक रचना है तथा मनोविश्लेषणात्मक अवधारणा संस्कृति के साथ बदल जाती है तथा अपनी विश्वसनीयता अपनी ही प्रतीकात्मक संरचना से प्राप्त करती है। एक शामन जो अपने दृष्टिकोण के कारण जनजातीय समाज में उच्च सम्मान प्राप्त करता है उसे आधुनिक संस्कृति

में विभ्रम की अवस्था सहित खंडित मानसिकता की तरह माना जा सकता है। वस्तुतः आरंभिक अवस्था में फ्रायड और अनेक मानवशास्त्री तथा विद्वान यह मानते थे कि गैर पश्चिमी संस्कृति में शामन तथा रहस्यमयी लोग पश्चिमी संस्कृति के स्नायूरोगी तथा मनोरोगी के प्रतिरूप हैं। परंतु बाद में यह स्पष्ट हुआ कि यह लोग पूर्णतया सामान्य हैं, प्रतिदिन की क्रियाओं में तर्कपूर्ण हैं परंतु कुछ संस्कृति द्वारा निर्धारित लिपि के अनुसार कार्य करते हैं। यहाँ तक कि कष्ट को भूलना अथवा असामान्य शारीरिक कौशल करने की योग्यता जैसे कुछ रूपांतरण को प्राप्त करना भी गहन मनोवैज्ञानिक कारण का परिणाम है, जिनमें से कुछ को इस पुस्तक में कक्कड़ ने बताया है। उन्होंने संस्कृति तथा मनोविज्ञान के मेल को दर्शाने के लिए "सांस्कृतिक मनोविज्ञान" का शब्द दिया।

उन्होंने अपनी पुस्तक में परावर्तीय उपागम को बनाए रखने में एक विधिशास्त्रीय पक्षपात को स्वीकार किया है, वह यह कि एक भारतीय होने के नाते वह यह समझते थे कि भारतीय विचार करने के ढंग में कुछ तार्किकता होनी चाहिए। परंतु वह यह लिखने से नहीं चूके कि "अपनी संस्कृति से कुछ अलगाव, दूसरों के सांस्कृतिक दृष्टिकोण का ज्ञान तथा अस्थाई समय के लिए 'दूसरों के समान' रहना उस संस्कृति व समाज जिसमें वह जन्म लेता है, उसे समझने के लिए आवश्यक है।" इस प्रकार उसने समाजशास्त्र में लंबे समय से चल रही बहस पर विचारपूर्ण टिप्पणी दी और अपनी संस्कृति के अध्ययन के लाभ एवं हानि तथा विश्लेषण के दृष्टिकोण के रूप में आत्मनिष्ठता तथा वस्तुनिष्ठता के सकारात्मक व नकारात्मक बिंदुओं पर भी टिप्पणी की। हालाँकि वह यह भी समझते हैं कि अपने अध्ययन को सैद्धांतिक रूप से मान्यता दिलवाने के लिए वे मनोविश्लेषण के सैद्धांतिक उपागमों की मुख्यधारा से बहुत दूर तक नहीं हट सकते तथा वह जानते थे कि "साथ–साथ" प्रभाव डाल रही सांस्कृतिक सापेक्षता तथा मनोवैज्ञानिक सार्वभौमिकता में अंतर विरोध स्पष्ट है।"

पट्टेशाह दरगाह का पीर : पट्टेशाह दरगाह सूफी संत की याद में 18वीं शताब्दी में बनवाई गई दिल्ली में एक छोटी मस्जिद है। पीर, जो अध्ययन का विषय है, का लेखक के द्वारा साक्षात्कार किया गया। वह 87 वर्ष का था और एक गंदे कमरे में बैठा था तथा उसके पास नाम को भी कोई भौतिक सामान नहीं था। उसका यह आदर्श था कि उसके पास लोगों के उपचार की जो शक्ति है उसे स्वार्थरहित ही प्रयोग किया जा सकता है। वह कभी धन की माँग नहीं करता था और चूँकि उसके अधिकतर रोगी समाज के निर्धन वर्ग से थे, बदले में कोई भौतिक लाभ दुर्लभ ही होता था। उसका विशिष्ट होने का दावा था क्योंकि वह चमत्कारिक ढंग से पैदा हुआ माना जाता था। संसार की करीब–करीब सभी संस्कृतियों में चमत्कारिक जन्म की कहानियाँ विशेष शक्ति के दावे के रूप में मानी जाती हैं। पीर का जो वर्णन हमें मिला वह किसी असामान्य व्यक्तित्व या ऐसा अलग व्यवहार जो उसके व्यक्तिगत विशिष्ट गुणों से लोगों को प्रभावित कर सके जैसा कुछ नहीं दिखा। हमने जो देखा वह एक बिना रख–रखाव के गंदे कमरे में मैले कुचैले कपड़े पहन कर बैठा बिना दाँत का आदमी था। फिर भी उस पीर की चमत्कारिक उपचार के लिए ख्याती थी।

परंपरात्मक व्यवस्था में केवल एक ही प्रकार के उपचारक नहीं होते जैसे मस्जिद जहाँ पीर रहते हैं। वहाँ अन्य विशेषज्ञ भी हैं जैसे हकीम जो बाहर पेड़ की छाँव में बैठते हैं। हकीम तथा पीर के बीच का अंतर एक तकनीशियन तथा पुजारी का अंतर है। हकीम औषधियाँ देता है तथा सभी बलाओं और अलौकिक वस्तुओं को तर्कहीन कल्पनाएँ मानता है।

उपचार के परंपरात्मक स्वरूपों की मुख्य आवश्यकताएँ ये हैं कि उपचारक कोई सामान्य व्यक्ति नहीं है जो औषधियाँ देता है वरन् एक विशेष व्यक्ति है जो ज्ञान तथा निपुणता रखने के कारण ही अन्य से अलग नहीं है बल्कि अंदर से रूपांतरित है। वह श्रेष्ठ नैतिक तथा नीतियों वाला प्राणी है उसकी शक्तियाँ बाहर से ग्रहण नहीं की गई हैं वरन् अंदर से आती हैं। उसके पास इल्म–उल–रूहानी अथवा आत्मिक ज्ञान होता है। पीर स्यानो से ऊँचे हैं, स्यानो के पास निपुणता है परंतु पवित्र विशेषज्ञता का श्रेष्ठ आत्मिक बल नहीं है। पीर तथा बाबा अपने ज्ञान के द्वारा उपचार नहीं करते वरन् देवत्व के लिए नाली के रूप में काम करते हैं तथा वह दैवीय बल है जो वास्तविक उपचार करता है। इस प्रकार एक पीर बनने के लिए एक मनुष्य को अपने चरित्र में कुछ गुण विकसित करने पड़ते हैं, कुछ ऐसे आंतरिक रूपांतरण होते हैं जो उसे इस योग्य बना देते हैं कि उसका उपचारात्मक दैवीय स्पर्श बीमार को ठीक कर देता है। यही कारण है कि वह बीमार से कोई धन नहीं माँगता क्योंकि वह यह मानता है कि उपचार ईश्वर ने किया है। यदि बीमार कुछ देता भी है तो वह अल्लाह को अर्पण के रूप में है अथवा पीर की सांसारिक आवश्यकताओं को पूरा करने मात्र है।

वस्तुतः एक विश्लेषक के रूप में लेखक तथा पाठकों के लिए यह महत्त्वपूर्ण है कि वास्तव में इलाज कैसे हुआ। यदि उपचारक के पास बहुत से लोग आते जा रहे हैं तो निश्चित रूप से उसमें संतुष्ट बीमारों की भी संख्या काफी होगी। एक स्तर पर अधिकतर अचेतन रूप से मरीज उपचारक को उस हद तक मूल्यांकन करते हैं जहाँ तक मरीज के दिमाग में उपचारक के आदर्श गुण विद्यमान हैं या नहीं। अतः एक पीर के अव्यवस्थित, गंदे तथा गरीब होने के बाद भी वह अपने आपको इन गुणों से दैवीय व्यक्ति के रूप में दिखलाता है। मरीज उसका मूल्यांकन परालौकिक पवित्र तथा पवित्र शक्ति वाले व्यक्ति के रूप में करते हैं जो आंतरिक शक्ति रखता है और इसी कारण ऐसा मानते हैं कि उसके पास भौतिक सामग्री या खुशहाली का चिह्न नहीं होता। गरीब लोगों की निगाह में ये सब लक्षण उसे पवित्र तथा विश्वसनीय बना देते हैं। साथ ही अन्य ठीक हुए बीमारों की जानकारी तथा उस विशेष उपचारक के पक्ष में कथाओं और लोक गाथाओं से समर्थन प्राप्त उसकी चमत्कारिक प्रकृति आने वाले मरीजों में ठीक होने की उच्च आशाएँ बना देती हैं। जैसा कि कक्कड़ ने कहा है कि "संपूर्ण संस्कृति में पिशाच शास्त्रीय रूपरेखा में विश्वास इलाज की प्रक्रिया को वास्तव में अधिक प्रभावशाली बना देता है जहाँ मरीज, उसके संबंधी तथा मित्र सभी रोग के कारण जानने के अध्ययन पर तथा उसके इलाज के साधन पर एक मत हो जाते हैं।"

यही नहीं, तकनीकी रूप से उपचारक मनोवैज्ञानिक कष्टों को सकारात्मक तरीके से निपटाता है। इसी प्रकार पीर बाबा प्रत्येक मरीज से उसके सपनों के बारे में पूछते हैं और उसकी अचेतन भावनाओं तथा दबावों को प्रकट रूप में ले आते हैं। हिन्दुवाद तथा इस्लाम दोनों में ही स्वप्नों की प्रतीकात्मकता में विश्वास किया जाता है तथा पीर की व्याख्या अधिकतर से मेल खाती है। यहाँ तक कि 'अंतर' को पवित्र जल से स्वच्छ करने जैसे इलाज के प्रकार से मनोविश्लेषणात्मक व्याख्या सहमत है जो जल को प्रतीकात्मक स्वच्छता संबंधी अभिकर्त्ता के रूप में मानते हैं।

प्रश्न 2. राजस्थान के बालाजी मंदिर के विषय में वर्णन कीजिए।

उत्तर – राजस्थान में स्थित बालाजी (हनुमान का प्रसिद्ध प्राचीन मंदिर) के मंदिर की मान्यता इस प्रकार है कि यहाँ प्रेतबाधा, भूत, मिर्गी, पागलपन, बाँझपन आदि दूर हो जाता है। कथा है कि इसी स्थान पर बालक हनुमान अपनी माता अंजनि की गोद में बैठते थे, अतः यहाँ मातृत्व छवि मिलती है। बालाजी के मंदिर में हनुमान के अलावा प्रेतराज और भैरों बाबा भी रहते हैं जो अत्यंत शक्तिशाली हैं। कथा के अनुसार बालाजी के अतिरिक्त ये देवता भी भूत–प्रेत पर नियंत्रण रखते हैं तथा इस बाधा से छुटकारा दिलाते हैं।

चित्र–11.1 : राजस्थान में स्थित बालाजी मंदिर

लेखक ने देखा कि यहाँ आने वालों की संख्या में महिलाएँ अधिक होती हैं तथा वे ग्रामीण महिलाएँ उन्माद में अनाप–शनाप बकती रहती हैं। लेखक के अनुसार उनके अंदर दबी हुई इच्छाएँ होती हैं जो यहाँ प्रकट हो जाती हैं।

गाँव में कुछ उदाहरण देखने को मिलते हैं जहाँ महिलाओं को प्रेम और कर्त्तव्य के बीच पिसना पड़ता है। ऐसी स्थिति में उनमें उन्माद का संचार होता है और वे असामान्य व्यवहार करने लगती हैं। अतः फ्रायड का मनोविश्लेषणवाद यहाँ देखने को मिलता है।

चूँकि भारत में पिशाच, भूत, देवता आदि की अवधारणा के बीच इसे किसी भूत का प्रकोप मान लिया जाता है, अतः इसके इलाज के लिए जब पवित्र स्थान पर पूरे समूह के साथ

उपचार किया जाता है तो मरीज की अपेक्षाएँ उच्च हो जाती हैं और सार्वजनिक मान्य ढंग से मरीज को शांति मिलती है और वह ठीक हो जाता है।

पुरुष मरीज के अंदर उत्तरदायित्व लेने तथा अकेलेपन के कारण इस प्रकार की विकृति दिखाई पड़ती है। अतः कक्कड़ कहते हैं, "जहाँ शक्तिहीनता स्त्री उन्माद का सामाजिक सूचक है–स्वतंत्र रूप से कार्य करने पर बल तथा वैयक्तिकता की संभावना की चिंता पुरुष के उन्माद का सामाजिक सूचक लगता है।"

प्रश्न 3. औराँव में शामन को क्या कहते हैं?

उत्तर – पूर्वी भारत के छोटानागपुर पठार में स्थित एक जनजाति है, औरॉव। जंगल साफ करने की प्रक्रिया में उनके निवास स्थान छिन गए। इस जनजाति पर सुधीर कक्कड़ ने शोध किया तथा उपचार की प्रक्रिया की विस्तृत जानकारी प्राप्त की और इस अवधारणा को स्पष्ट किया।

औराँव के जनजाति के लोग प्राचीन तरीके से ही जीवनयापन करते हैं तथा कृषि अभी भी पुराने तरीके से की जाती है। बहरहाल यह जनजाति आज भी प्रकृति के साथ अर्थात् जंगल के साथ अपना तारतम्य बनाए हुए हैं। इन प्राकृतिक अवयवों के साथ इनका जीवन केवल भोजन और आवास तक ही नहीं जुड़ा है बल्कि इनमें प्रचलित विविध प्रकार के उपचारों में आत्माओं की परिकल्पना भी संबद्ध है।

सुधीर कक्कड़ ने औराँव में उपचार के लिए 'शामन' की खोज की है जिसे स्थानीय भाषा में 'आयत' अथवा 'भगत' कहा जाता है। चूँकि कक्कड़ एक मनोविश्लेषक हैं, अतः इनके बीच उत्पन्न प्रेतबाधा अथवा आत्मा संबंधी विकार को मानसिक करार देते हैं। शामन मानसिक बीमारियों के बीच दो भेद करते हैं :

(i) अपरोपी : अत्यधिक चिंता अथवा परेशानियों के कारण यह बीमारी होती है, जिसे कायिक रोग कह सकते हैं। इसका इलाज वैज्ञानिक तरीके से किया जाता है।

(ii) शैतानी अनियमितता : यह आत्माओं के प्रकोपजनित बीमारी है, जो वास्तव में मनोवैज्ञानिक बीमारी है, इसे भूतबाधा भी कहते हैं।

आयत लोग अथवा शामन उन बीमारियों के उपचार में भी रुचि रखते हैं, जिनका आधुनिक युग में दवाइयों से इलाज होता है। जैसे : पेट में कीड़े होना, शरीर में फोड़ा होना आदि। आयत इन बीमारियों के लिए चिकित्सक की सलाह लेने के लिए भी कहते हैं।

सुधीर कक्कड़ ने आयत को मनोविश्लेषक के समकक्ष माना है। मनोरोगों के इलाज के लिए उनकी उत्पत्ति के कारणों को जानना अति आवश्यक होता है। आयत ईर्ष्या की उत्पत्ति को बचपन से आरंभ मानते हैं। यह अवधारणा आधुनिक युग के मनोचिकित्सकों से मेल खाती प्रतीत होती है।

आयत लोग भूतबाधा को दूर करने में मनुष्य की अचेतन अवस्था में उस आत्मा से वार्तालाप करने की कोशिश करते हैं तथा जब उन्हें पता चल जाता है कि वह आत्मा क्या चाहती है तब उसका उपचार आरंभ करते हैं। कभी-कभी उस पिशाच को लालच देकर खुश करने की कोशिश की जाती है अर्थात् मुर्गी, कबूतर जैसे पक्षियों की बलि दी जाती है। इन पक्षियों को 6 महीने तक नियम के साथ खिला-पिलाकर पिशाच को अर्पित किया जाता है।

अतः आयत एक प्रकार से प्रेतबाधा दूर करने वाले पुजारी की भाँति है, जिसे सुधीर कक्कड़ मनोवैज्ञानिक के रूप में देखते हैं। रेमंड प्रिंस ने इस बात को स्पष्ट करते हुए भूतबाधा को मनोविश्लेषण का पक्ष स्वीकार करते हैं। उनका कहना है कि शामक स्वयं ही अनुभवकर्त्ता बन जाता है, तत्पश्चात् इलाज करता है।

इस प्रकार जनजातीय व्यवस्था में आयत को मनोचिकित्सक माना जा सकता है जो स्वयं भी नहीं जानते कि वे मनोरोग का उपचार कर रहे होते हैं। हालाँकि जनजाति की परेशानी जंगलों की कटाई और प्राकृतिक आवास के क्षति होने से भी है, जिससे उनकी जीवनशैली में व्यापक बदलाव आ गया है।

विद्यार्थीगण GPH की पुस्तकें क्यों चुनते हैं?

- विश्वविद्यालयों/परीक्षा बोर्डों/संस्थानों द्वारा निर्धारित पाठ्यक्रमों का पूर्ण समावेश।

- आसानी से समझी जा सकने वाली भाषा तथा प्रारूप (फॉर्मेट) जिससे विद्यार्थियों को थोड़े समय में परीक्षा की तैयारी करने में सहायता मिलती है।

- हमारी पुस्तकें परीक्षा को ध्यान में रखकर प्रश्न-उत्तर शैली में तैयार की जाती हैं जिससे विद्यार्थीगण सही उत्तर को तुरंत समझ पाते हैं।

- पिछले वर्षों के प्रश्न-पत्रों को हल करके शामिल किया जाता है ताकि विद्यार्थीगण को परीक्षा के उस खास ढाँचे को समझने में सहायता मिल सके और वे परीक्षा की तैयारी बेहतर ढंग से कर सकें।

- दोनों छमाहियों (जून-दिसम्बर) के प्रश्न-पत्रों को हल करके पुस्तक में शामिल किया जाता है।

- आँकड़ों में जब भी कोई परिवर्तन होता है तो उसे अपडेट कर दिया जाता है।

- पुनरावृत्त (रिसाइकल किए गए) कागज का प्रयोग।

- सुविधाजनक आकार तथा उचित मूल्य।

- अपने सामाजिक दायित्वों के अनुरूप हम बेची गई प्रत्येक पुस्तक से समाज/संस्थाओं/एन.जी.ओ./वंचितों को सहयोग देते हैं।

अध्याय–12
पीटर बर्जर : धर्म का घटनाशास्त्र
Peter Berger: Phenomenology of Religion

परिचय

प्रस्तुत इकाई में द्वितीय विश्व युद्ध के समय, धर्म के समाजशास्त्र पर जिन लेखकों का वर्णन किया गया है उनमें वेबर, इमाईल दुर्खीम और जार्ज सिमेल आदि हैं। यद्यपि वे अब भी प्रसिद्ध हैं और पढ़े जाते हैं। 20वीं शताब्दी के उत्तरार्ध में कुछ अन्य लेखक आगे आए और धर्म के समाजशास्त्र पर उनकी कृतियों ने एक नया स्वरूप बनाया। 1966 में बर्जर ने थॉमस लकमैन के साथ मिलकर 'द सोशल कन्सट्रक्शन ऑफ रिअॅलिटी' नामक पुस्तक लिखी, जिसमें धर्म के सैद्धांतिक ढाँचे के बारे में बताया गया है। इस पुस्तक में ज्ञान के समाजशास्त्र, दृढ़ विश्वास, वचनबद्धता और सामाजिक संबंधों के अंतर्संबंधों को बताया गया है। बर्जर का धर्म प्रकार्य विश्व निर्माण की प्रक्रिया में एक नवीन शुरुआत है। मानव चाहे जिस किसी विश्व का निर्माण करता है, यदि उसमें 'आपसी प्रेम' नहीं है तो वह अस्तित्वहीन है। बर्जर के अनुसार, 'समाज में व्यक्ति' और 'व्यक्ति में समाज का द्वंद्व तीन प्रक्रियाओं में निहित है, इसे वे 'निश्चित काल या चरण' कहते हैं। मार्क्स का प्रसिद्ध कथन है, "अर्थ की संरचना समाज की संरचना को परिवर्तित करती है।" यहाँ बर्जर भी मार्क्स के कथन से साम्यता स्थापित करते हैं। बर्जर धर्म की वास्तविक परिभाषा पवित्र ब्रह्माण्ड के विचारों द्वारा प्रस्तुत करते हैं। दूसरे शब्दों में धर्म पवित्र पद्धति में ब्रह्माणीकरण है। बर्जर कहते हैं रुडोल्फ ओट्टो और मिरसिया एलिड़ा के लेखों से व्युत्पन्न है। इस इकाई में बर्जर का धर्म के अध्ययन में विशेष योगदान है।

प्रश्न 1. पीटर बर्जर द्वारा प्रतिपादित सैद्धांतिक ढाँचे का वर्णन कीजिए।

अथवा

धर्म के बारे में पीटर बर्गर के विचारों का वर्णन कीजिए।

[दिसम्बर 2010, प्रश्न 6.]

उत्तर – पीटर बर्जर ने 1966 में थॉमस लकमैन के साथ लिखी पुस्तक 'द सोशल कन्स्ट्रक्शन ऑफ रिअॅलटी', में सैद्धांतिक ढाँचे की चर्चा की है। उनकी यह पुस्तक ज्ञान के समाजशास्त्र से संबंधित है तथा दृढ़विश्वास, वचनबद्धता और सामाजिक यथार्थ के बीच संबंधों का अन्वेषण किया गया है। कैसे और क्यों लोग कतिपय घटनाओं और विश्वासों को मान लेते हैं? वे क्यों तब भी उनमें अपनी वचनबद्धता बनाए रखते हैं जबकि लोगों का कतिपय समूह या व्यक्ति विशेष उनकी विश्वसनीयता और सच्चाई के विषय में संदेह व्यक्त कर सकता है और कैसे दृढ़विश्वास और वचनबद्धता उनके सामाजिक यथार्थ की दृष्टि में आकार पाती हैं? इस संयुक्त प्रकाशन से जो बहस शुरू हुई थी वो वस्तुतः किसी विशिष्ट संस्था के साथ सम्बद्ध होने की अपेक्षा सामान्य थी। ये उनके 'द सैक्रेड कैनोपी' (1967) पर लागू हुआ। धर्म के क्षेत्र में जो कि बाद में (1969 में) 'द सोशल रिअॅलटी' नामक शीर्षक से प्रकाशित हुई।

बर्जर ने इस सैद्धांतिक ढाँचे का प्रयोग अपने आगे के कार्यों में उदाहरण के लिए 'आधुनिक परिस्थिति' (अपनी पुस्तकों द होमलेस माइन्ड, 1973 और फेसिंग अप टू मॉडरनिटी 1979 में) परिवार की गतिशीलता (द वार ओवर द फेमिली 1983 में) और अर्थव्यवस्था तथा विकास के मुद्दों (पिरामिड्स ऑफ सैक्रीफाइस 1974 और द कैपिटलिस्टीक रिवोलूशन, 1987 में) को समझने में किया। लेकिन धर्म (और उसका आधुनिक स्वरूप) के प्रति बर्जर आजीवन समर्पित रहा है और धर्म पर विद्वतापूर्ण तथा लोकप्रिय लेखों के लिए उनकी अंतर्राष्ट्रीय पहचान है। उनका प्रारंभिक अध्ययन/ध्यान (1961 में प्रकाशित उनकी दोनों पुस्तकों – द प्रिकारियस विजन : ए सोशियोलॉजिस्ट लुक्स एट सोशल फिक्शनस एण्ड द क्रिश्चिय फेथ और द नोआयस ऑफ सोलेम्न असेम्बलीज : क्रिश्चिय कमिटमेंट एण्ड द रिलिजिअस इस्टेब्लीशमेंट) अमेरिका और यूरोप में धर्म (विशेषतः ईसाइयत) के भविष्य पर था। बाद में उन्होंने अपने अध्ययन क्षेत्र का विस्तार कर इस्लाम और करिश्माई ईसाइयत के फैलाव को भी जोड़ा। यह दिलचस्पपूर्ण है कि उनकी पुस्तकें विशेषतः 'ए र्‌यूरम ऑफ एंजेल्स' 1969, 'द हैरेटिकल इमपरेटिव' 1979 और 'रिडीमिंग लाफटर' 1997 का गिरिजाघरों में गंभीर प्रभाव पड़ा है और इनका अक्सर उदाहरण दिया जाता है।

प्रश्न 2. धर्म के वर्तमान दृष्टिकोण की रूपरेखा बताइए। धर्म का क्या भविष्य है?

उत्तर – बर्जर के दृष्टिकोण से ये साफ जाहिर होता है कि वह धर्म के यथार्थ को न तो स्वीकार करते हैं और न ही अस्वीकार। न ही वे ब्रह्मज्ञानियों के साथ 'संवाद' करने के लिए

समाजशास्त्रीय सिद्धांत की वास्तविक आवश्यकता महसूस करते हैं यद्यपि यह संभव है कि कतिपय समाजशास्त्रीय दृष्टिकोण उनके 'प्रासंगिक' हो सकता है। धर्म की प्रघटनाओं में दो जिज्ञाओं के बीच भिन्नता को सदैव मस्तिष्क में रखना चाहिए : धर्म संबंधी समाजशास्त्रीय दृष्टिकोण अनुभव सिद्ध रूप से स्थापित और परीक्षित है और वे धर्म की सत्यता या असत्यता से संबंध नहीं रखते। ईश्वरीय ज्ञान संबंधी जिज्ञासा अपने अभिविन्यास में गैर आनुभाविक और मानकीकृत है।

यह अंतर धर्म को परिभाषित करने में बर्जर का पथ–प्रदर्शन करता है। वह कहता है कि यह परिभाषाएँ न ही सत्य हैं और न ही असत्य। यह उपयोगी है या कुछ कम उपयोगी। यद्यपि त्रुटिपूर्ण कल्पना पर आधारित होते हुए भी धर्म की प्रत्येक परिभाषा महत्त्व रखती है, कुछ उपयोगिता भी। जैसे–एक उदाहरण बर्जर मैक्स मूलर की परिभाषा के संदर्भ में उद्धृत करते हैं जो कि "धर्म भाषा का एक रोग है।" इसे 'भाषा के अपर्याप्त विवेकी सिद्धांत' पर आधारित होने के कारण अस्वीकार किया जा सकता है, किंतु इससे एक प्रयोजन सिद्ध होता है, वह हमें बताती है कि भाषा बहुत महत्त्वपूर्ण घटक है जो विश्व निर्माण के मानवीय प्रयासों में प्रयुक्त होती है। बर्जर वेबर के दृष्टिकोण से असहमति प्रकट करते हैं कि धर्म की व्याख्या को अध्ययन के परिणाम तक स्थगित नहीं किया जा सकता है। एक अध्ययन में यह रवैया या पूर्णरूप से व्याख्या से बचे रहना पिछले शोध का क्षेत्र बना सकती है या एक सांकेतिक (अव्यक्त) कार्य हो सकता है किंतु स्पष्ट व्याख्या नहीं। निश्चित तौर पर वेबर धर्म की 'सांकेतिक' व्याख्या उसके घटकों के संदर्भ में करते हैं लेकिन वेबर के दृष्टिकोण के विपरीत बर्जर इस व्याख्या को समर्थन देते हैं कि किसी भी अध्ययन के अंतर्गत भले ही यह कितना भी जटिल क्यों न हो किसी भी प्रघटना की समुचित ढाँचे में और सुविचारित परिभाषा होनी चाहिए और धर्म इसका अपवाद नहीं है।

वेबर की तुलना में, बर्जर धर्म के दुर्खीम के दृष्टिकोणों को मूलतः समाजशास्त्रीय पाते हैं :

(1) धर्म को एक 'सामाजिक तथ्य' के रूप में समझना जो दूसरों के साथ पहले सामाजिक तथ्य के संदर्भ में व्याख्यायित है। बर्जर अवलोकन करते हैं कि वेबर के निश्चित धर्म की व्याख्या प्रकृति में वास्तविक है। दुर्खीम भी धार्मिक घटनाओं के द्विभाजन, पवित्र और अपवित्र के संदर्भ के साथ वास्तविक व्याख्या प्रारंभ करते हैं। लेकिन अंत में यह प्रकार्यात्मक व्याख्या में आ जाती है–धर्म वह है जो यह करता है और समाज के विभिन्न संस्थाओं को यह जो योगदान करता है।

(2) धर्म की सामाजिक प्रकार्यवादिता (धर्म लोगों को एक नैतिक समुदाय में बाँधता है) और

(3) पवित्र वस्तुओं के संदर्भ में धर्म की व्याख्या, अर्थात् वस्तुएँ, विशेष काम के लिए और सामान्यतः प्रयोग में न लाने वाली।

दुर्खीम की परंपराओं के समर्थक थामस लकमैन ने अपनी कृति 'द इनविजिबल रिलिजन' (1967) में धर्म की व्याख्या इनके अपने सामाजिक प्रकार्य की दृष्टि से की है।

इनके अनुसार धर्म मानव की जैविक प्रकृति के परे जाने की क्षमता का उल्लेख करता है जिससे वह वस्तुपरक सर्व स्वीकार्य और नैतिक रूप से अनिवार्य अर्थों वाले ब्रह्माण्ड की रचना करता है। परिणामस्वरूप धर्म केवल सामाजिक प्रघटना नहीं रह जाती है (दुर्खीम के भाव में) बल्कि यह 'नृशास्त्रीय प्रघटना' बन जाती है, क्योंकि संपूर्ण 'अजैविक मानवीय अस्तित्व' को स्वीकार करती है। इस प्रकार लकमैन के लिए मौलिक रूप से सभी मानव धार्मिक होते हैं और अधार्मिक घटनाएँ वे हैं जो मानव की 'पशु प्रकृति' में आधारित है।

इस विचार पर टिप्पणी करते हुए बर्जर वेबर के साथ अपनी असहमति व्यक्त करते हैं क्योंकि उन्होंने धर्म की सुस्पष्ट और सक्रियात्मक परिभाषा नहीं की। यद्यपि वेबर कहते हैं कि वह जिस अध्ययन में लगे थे उसके अंत में परिभाषा आएगी लेकिन वह कभी परिणाम तक नहीं पहुँच सके और इसलिए 'परिभाषाओं के बाहर आने' का पाठकगण इंतजार कर रहे हैं। दुर्खीम धर्म के प्रकार्यात्मक पहलू से ज्यादा जुड़े थे और इसलिए धर्म का वास्तविक पहलू बचा रहा बल्कि उतना विकसित नहीं हो सका। लकमैन के संबंध में बर्जर का प्रश्नात्मक दृष्टिकोण है कि धर्म सभी मानवीय क्रियाओं उन सभी चीजों जो मानवीय हैं के साथ समानुपातिक है। निःसंदेह धर्म 'प्रतीकात्मक स्व की सीमा से बाहर जाने की विधि' है लेकिन यहाँ दूसरी मानवीय क्रियाएँ जो समान विशेषता रखती है, वे अब तक व्यापक रूप से भिन्न है। उदाहरण के लिए आधुनिक विज्ञान में समान विशेषताएँ मिलती हैं, लेकिन इसकी धर्म के साथ तुलना करना अशुद्ध है।

धर्म का भविष्य : सन् 1974 के आरंभ से हम पाते हैं कि, बर्जर अपने आरंभिक शोध, आधुनिकता धर्म को कमजोर करती है पर संदेह के लिए कारणों को गिनाते हैं। वे दिखाते हैं कि धर्म मजबूत और प्रबल शक्ति के रूप में बना हुआ है। व्यक्तियों की और आधुनिकता, विज्ञान एवं प्रौद्योगिकी, पूँजीवाद तथा बौद्धिक विचारों के उद्भव के बावजूद भी मानव की कल्पना और जीवनशैली पर प्रभाव बनाए रखा है। अपने लौकिकीकरण शोध में विश्वास को दोहराते हुए बर्जर निम्नलिखित कारणों को प्रस्तुत करते हैं :

(i) दूसरे पश्चिमी समाजों (चर्च नहीं जाने वालों) में धर्म में रुचि बना रहना।

(ii) संयुक्त राज्य अमेरिका में रूढ़िवादी और ईसाई धर्मोपदेश देने वाले चर्चों का विकास।

(iii) विश्व के दूसरे भागों में धर्म के पनपने की शक्ति।

(iv) उदारवादी चर्चों का पतन।

यद्यपि बर्जर की विश्व में धर्म के पुनरुत्थान के दृष्टिकोण के लिए आलोचना हुई तथापि इन वर्षों में उन्होंने अपने शोध का सफलतापूर्वक प्रतिवाद भी किया। आधारभूत वाद-विवाद यह है कि कुछ लोग आधुनिकीकरण और लौकिकीकरण के मध्य आवश्यक संबंध देखते हैं, जैसे-आधुनिकता, समाज पर धर्म की पकड़ को कमजोर करती है जबकि दूसरे मधुमक्खी के छत्ते जैसे बँधे रहते हैं।

बर्जर एक निश्चित संदर्भ में धर्म की जाँच पर ध्यान केंद्रित करते हैं क्योंकि एक क्षेत्र में जो सत्य है वह दूसरे में भी सत्य हो जरूरी नहीं। उदाहरण के लिए, मध्य पूर्व के धर्म में जो कुछ हो रहा है दक्षिण एशियाई समाजों में लागू नहीं हो सकते। संयुक्त राज्य और यूरोप दोनों में 'धर्म का वैयक्तिकरण' देखने में आता है जिसका अर्थ है–'धर्म की युक्तिसंगतता' वैयक्तिक है, जो कि या तो ईश्वरवादी या निरीश्वरवादी में प्रकट होती है। धर्म ज्यादातर अपनी सामूहिक प्रकार्यों को खो चुका है।

यद्यपि संयुक्त राज्य अमेरिका और यूरोप के मध्य भेद हैं–अमेरिकी लोग चर्च जाना जारी रखे हैं और अनेक बार अपने परंपरागत विश्वास को प्रदर्शित करते हैं। उनमें से लगभग (40 मिलियन) लोग दुबारा ईसाइयत में जन्म पाने की इच्छा रखते हैं। यूरोप में ये चीजें सामने नहीं आती तथापि यहाँ के समाजों में चर्च निरंतर महत्त्वपूर्ण भूमिका निभाता है, बावजूद इसके कि यहाँ लोगों की चर्च में उपस्थिति घटी है तथा लोग अपनी आधिकारिक अभिरुचि प्रदर्शित नहीं करते।

इसके विपरीत बर्जर बताते हैं कि बाकी का संसार 'वृहद् धार्मिक विस्फोट' से पूर्ण हैं। उन्होंने यह भी उल्लेख किया है कि 'कुछ अतिमर्मस्पर्शी धार्मिक भावनाओं का उभार' तुलनात्मक रूप से आधुनिक सामाजिक वातावरण में घटित होता है। इसका यह अर्थ नहीं लगाना चाहिए कि लौकिकीकरण की घटना का अस्तित्व नहीं है। संयोगवश लौकिकीकरण जो यूरोप में है उसे यूरासकुलरिदी कहा जाता है। बर्जर जोर देकर कहते हैं कि हमें सत्य नहीं मान लेना चाहिए कि लौकिकीकरण जैसा भी है यह आधुनिकता का एक साधारण सहगामी अस्तित्व है। बर्जर का दृष्टिकोण है कि बहुलवाद ही है जो कि परंपरागत विश्वासों और प्रथाओं को कमजोर करता है और आने वाले समय में, धर्म समाज पर अपनी पकड़ निरंतर बनाए रखेगा लेकिन यह एक एकीकृत और अखंडित धर्म नहीं होगा। बल्कि यह 'बहुलवाद के साथ धर्म' होगा।

प्रश्न 3. पीटर बर्जर द्वारा धर्म के विषय में दिए गए मंतव्यों को स्पष्ट कीजिए।

उत्तर – पीटर बर्जर ने धर्म की सैद्धांतिक संकल्पना के माध्यम से समाजशास्त्र के साथ धर्म के अंतर्संबंधों को विश्लेषित किया है। इस संदर्भ में पीटर के सामने कुछ प्रश्न उपस्थित होते हैं जो उनके सैद्धांतिक विश्लेषण के आधार भी हैं :

(i) समाज के अंतर्गत मान्यता प्राप्त पुरातन घटनाएँ।
(ii) अंधविश्वास और रूढ़ियों का बोलबाला।
(iii) समाज में उपस्थित प्राचीनकाल से चली आ रही विद्रूपताओं का साहचर्य।

बर्जर ने अपनी पुस्तक 'द सैक्रेड कैनोपी' में इन समस्याओं को विश्लेषित किया है।

पीटर बर्जर का दृष्टिकोण धर्म के प्रति मानवतावादी था तथा अपनी पुस्तक 'द सोशल कंस्ट्रशन ऑफ रिऑलिटी' में धर्म की पौराणिक स्थिति को आधुनिक दृष्टिकोण से विश्लेषित

किया है। बर्जर ने जिस धर्म की बात की है, उसकी कुछ पुरातन समस्याएँ जरूर हैं किंतु उसकी विशेषताएँ भी महत्त्वपूर्ण हैं :

- धर्म का प्रसार आर्थिक गतिशीलता, पारिवारिक परिस्थिति और वैश्विक संरचना पर निर्भर है।
- धर्म मानवीय प्रक्रियात्मक विनिर्माण का साधन है जिसके माध्यम से समाज संचालित होता है।
- विश्व निर्माण की प्रक्रिया में यह नवीन आरंभ है।

बर्जर लिखते हैं कि "समाज मानव का उत्पाद है। यह मानव क्रियाकलाप और चेतना के लिए मानव का स्वयं पर उपकार है। यहाँ मानव से, सामाजिक वास्तविकता से अलग कुछ भी नहीं है।"

वास्तव में पीटर बर्जर की सोच धर्म के प्रति समाजशास्त्रीय है, न कि आध्यात्मिक। समाज में प्रचलित 'नोमोस' और 'ब्रह्माण्ड' में अंतर स्थापित करते हुए बर्जर ने नोमोस और ब्रह्माण्ड के बीच के अंतर्संबंधों का उद्घाटन किया है। बर्जर मैक्स वेबर के सिद्धांत से असहमति प्रकट करते हुए कहते हैं कि धर्म की व्याख्या जरूरी है।

पीटर बर्जर धर्म की वास्तविक परिभाषा तथा पवित्र ब्रह्माण्ड के विचारों को भी प्रस्तुत करते हैं। धर्म को वे मानव की आत्मशक्ति मानते हैं जिसके माध्यम से वह अपनी सभ्यता की सृष्टि करता है। धर्म को पवित्र मानते हुए पवित्रता को 'रहस्यमयी गुणों और भयानक शक्तियों' से संबोधित करते हैं। अंत में पीटर बर्जर ने धर्म को मजबूत और शक्ति संपन्न मानते हुए आधुनिकता के बावजूद उसकी उपस्थिति की सत्यता को परिपुष्ट किया है।

●●●

अध्याय–13
क्लिफोर्ड गीर्ट्ज : सांस्कृतिक विश्लेषण
Clifford Geertz: Cultural Analysis

परिचय

क्लिफोर्ड जेम्स गीर्टस प्रिंसटन (यू.एस.ए.) में इंस्टीट्यूट फोर एडवांसड् स्टडी में समाज विज्ञान के अमेरिटस प्रोफेसर हैं, जहाँ वह 1970 में प्रध्यापक रहे हैं। वह सामाजिक प्रघटनाओं के वैज्ञानिक अध्ययन से दूर हटने के लिए विख्यात रहे हैं, जिसकी शुरुआत इमाईल दुर्खीम तथा बाद में ए.आर. रेडक्लिफ ब्राउन ने की थी तथा उन्होंने मानव विज्ञान में अधिक तात्विक तथा साहित्यिक शैली प्रारंभ की। अपने एक निबंध 'एथास वर्ल्ड व्यू, एंड द अनालिसिस ऑफ सेक्रेड सिम्बाल्स' में गीर्ट्ज लिखते हैं यह एक प्रकार के व्यवस्थित समग्र में बने हुए, पवित्र प्रतीकों का समुच्चय है जिससे धर्म पद्धति निर्मित होता है। उनके लिए जो इसके प्रति कटिबद्ध होते हैं, इस प्रकार की धार्मिक व्यवस्था वास्तविक ज्ञान का माध्यम बनती है। गीर्ट्ज का मानना है कि तीन बिंदुओं जो मनुष्यों को दुर्व्यवस्था की ओर ले जाती है में से विस्मय के मुद्दे का सबसे कम अन्वेषण हुआ है। इसका एकमात्र अपवाद 'अजान्डे' पर आधारित ई.ई. इवान्स प्रिचार्ड की कृति है। इन समस्त प्रक्रियाओं में आत्मविश्लेषण की क्रियाविधि अत्यंत महत्त्वपूर्ण है। गीर्ट्ज ने धर्म को ब्रह्माण्डीय व्यवस्था एवं अलौकिक व्यवस्था से जोड़ा है। गीर्ट्ज का कथन है कि "धर्म समाजशास्त्रीय अध्ययनों में वह सैद्धांतिक ढाँचा है, जिससे ब्रह्माण्डीय व्यवस्था एवं मानव अनुभूतियों के संबंधों का विश्लेषणात्मक विवरण उपलब्ध कराया जाता है।" इस इकाई में गीर्ट्ज द्वारा धर्म के समाजशास्त्रीय अध्ययन में स्थापित सांस्कृतिक विश्लेषण की चर्चा की गई है।

प्रश्न 1. विवेचनात्मक अभिगम को रेखांकित करते हुए धर्म को परिभाषित कीजिए।

उत्तर – क्लिफोर्ड जेम्स गीर्ट्ज प्रिंसटन–यू.एस.ए. में प्रोफेसर हैं। वे अपने विवेचनात्मक अभिगम के लिए विख्यात रहे हैं। इसे लोग प्रतीकात्मक मानववाद भी कहते हैं। मानव विज्ञान का प्रमुख कार्य सांस्कृतिक व्यवस्थाओं का समुचित तरीके से अध्ययन करना है।

गीट्र्ज ने इस अभिगम का प्रयोग सामाजिक यथार्थ के विविध पक्षों, जैसे : नातेदारी, जीवनयापन की विधि, वैचारिकी, शक्ति का वितरण, सामाजिक परिवर्तन इत्यादि के अवबोधन पर किया है। किंतु गीट्र्ज सर्वाधिक रूप से धार्मिक प्रतीकों के अर्थ निरूपण तथा जटिल समाजों में धर्म की विस्तृत मानवजाति संबंधी अध्ययनों के लिए विख्यात रहे हैं।

'द रिलिजन ऑफ जावा' (1960), 'इस्लाम आल्जर्व्ड' (1968), 'टु इंटरप्रेटेशन ऑफ कल्चर्स' (1973) तथा 'लोकल नॉलेज' (1983) उनकी प्रमुख कृतियाँ धर्म पर आधारित हैं।

धर्म की परिभाषा : दुर्खीम द्वारा प्रस्तुत पवित्र की अवधारणा से प्रारंभ कर गीट्र्ज धर्म को परिभाषित करते हैं, जिसमें वे सभी संस्थाओं को अलग करते हैं, जो 'अपवित्र' से संबंधित होते हैं।

पवित्र की अवधारणा को भौतिक तथा अभौतिक प्रतीकों द्वारा निरूपित किया जाता है। धार्मिक प्रतीक का तात्पर्य होता है लोगों के विचार, उनके जीवन के आचार–विचार, रंग–ढंग तथा उनके नैतिक एवं सौंदर्य शैली को व्यवस्थित करना। धार्मिक प्रतीक कुछेक विशेष तत्त्वज्ञान तथा दर्शन से शक्ति ग्रहण करते हैं, लोगों को यह ब्रह्माण्डीय या अतिप्राकृतिक व्यवस्था से समंजित करने का प्रयास करता है। इससे ब्रह्माण्डीय व्यवस्था की छवियाँ, मानव अनुभूतियों के धरातल पर प्रक्षेपित हो जाती हैं।

आरंभिक सिद्धांतों ने ब्रह्माण्डीय व्यवस्था एवं मानव क्रियाओं में संबंध की अद्‌भुत व्याख्या की है। किंतु गीट्र्ज का कहना है कि यह वस्तुतः कैसे घटित होता है, इसका अन्वेषण नहीं किया गया है। जो हमें ज्ञात है वह है कि समुदायों में इसे वार्षिक, साप्ताहिक तथा दैनिक रूप से संपन्न किया जाता है। ब्रह्माण्डीय व्यवस्था को मानव जीवन तक लाया जाता है तथा मानव व्यवस्था अलौकिक हो जाती है।

लोग पवित्र मानवीय व्यवस्था की शक्ति संरचना का अनुभव करने लगते हैं। यह अनुभूति नई ऊर्जा तथा बल के साथ पुनः यौवन को अर्थात् जवानी को प्राप्त कर लेती है। जीवन की परिकल्पित सराहनीयता जो अन्यथा लोगों को मानसिक तनाव देती है, उस पर विजय प्राप्त कर ली जाती है–पवित्र प्रतीकों से निर्मित ब्रह्माण्डीय व्यवस्था जीवन को पूर्णतः सारयुक्त, आनंददायक तथा जीने योग्य बनाती है। गीट्र्ज का कथन है कि धर्म समाजशास्त्रीय अध्ययनों में वह सैद्धांतिक ढाँचा है, जिससे ब्रह्माण्डीय व्यवस्था एवं मानव अनुभूतियों के संबंधों को विश्लेषणात्मक विवरण उपलब्ध कराया जाता है, यह अभी विद्यमान नहीं है, जैसा कि अन्य अध्ययनों, जैसे–वंशावली परिच्छेदन, राजनीतिक, समाजीकरण व व्यक्ति के

क्लिफोर्ड गीर्ट्ज : सांस्कृतिक विश्लेषण

उत्तराधिकार आदि में उपलब्ध है। बहुत विश्लेषण करने के बाद गीर्ट्ज धर्म को मुख्यतः निम्नलिखित प्रकार से मानते हैं :

(1) इच्छा तथा प्रेरणा विचित्र रूप से यथार्थपरक दिखती है।
(2) प्रतीकों की एक व्यवस्था है।
(3) मनुष्यों में सशक्त, व्याप्त तथा चिर-स्थायी इच्छाएँ एवं प्रेरणाएँ स्थापित करने का कार्य करता है।
(4) अस्तित्व की सामान्य व्यवस्था की अवधारणाओं के निर्माण का कार्य करता है।

प्रश्न 2. गीर्ट्ज ने प्रतीकों की व्यवस्था के रूप में धर्म को किस प्रकार परिभाषित किया है?

अथवा

प्रतीकों से क्या अभिप्राय है? धर्म प्रतीकों की प्रणाली किस प्रकार है? स्पष्ट कीजिए।   [जून 2010, प्रश्न 6.]

उत्तर – गीर्ट्ज के विचारों के केंद्रीय बिंदु हैं कि धार्मिक विश्वास न केवल सामाजिक तथा मनोवैज्ञानिक प्रक्रियाओं की ब्रह्माण्डीय संदर्भों में व्याख्या करते हैं बल्कि वे उन्हें आकार भी प्रदान करते हैं। गीर्ट्ज के अनुसार धर्म सामाजिक अस्तित्व की रूपरेखा प्रस्तुत करता है। अनेक समाजों में धार्मिक प्रतीकों को बिना किसी आलोचना के स्वीकार किया जाता है, वे किसी संदेहपरक संपृच्छा के दायरे से बाहर होते हैं। यहाँ गीर्ट्ज कहता है कि वे व्यक्ति जो प्रतीकों द्वारा सृजित मानदंडों को स्वीकार नहीं करते 'मूर्ख' संवेदनशील तथा अनपढ़ समझे जाते हैं। जावा जहाँ उसने क्षेत्र कार्य किया था से एक उदाहरण देते हुए, उसका कहना है कि छोटे बच्चे, सरल लोगों, फूहड़ तथा अनैतिक लोगों को जावा-निवासी नहीं समझा जाता, जिसका वास्तव में यह तात्पर्य लिया जाता है कि वे अभी मनुष्य नहीं बन पाए हैं। उनके बीच 'विज्ञान' तथा 'धर्म' के लिए वस्तुतः एक ही शब्द का प्रयोग किया जाता है जो उन्हें उचित ढंग से मानदंडों एवं मूल्यों के सेट द्वारा निर्देशित अपना सामाजिक जीवन-यापन करने की सलाह देता है।

धार्मिक प्रतीक अत्यधिक प्रभावशाली होते हैं। मनुष्यों में वे ऐसी स्थिति प्रोत्साहित करते हैं जो उन्हें कालातीत बना देता है। गीर्ट्ज एक जावाई रहस्यमय व्यक्ति का उदाहरण देता है, जो लालटेन की लौ पर आँख गड़ाए हुए देखता है, क्योंकि इस प्रकार का व्यवहार उसमें स्व-अनुशासन तथा भावनात्मक अभिव्यक्तियों पर नियंत्रण करना सिखाता है, जो किसी रहस्यवादी का जीवनशैली अपनाने वाले व्यक्ति से अपेक्षित होता है अथवा दूसरा उदाहरण लीजिए, भावातिरेक की दशा में, हताश व्यक्ति अपने व्यक्तिगत इष्टदेवता की प्रतिमा के आगे जार-बेजार रोता है, उनका आशीर्वाद प्राप्त करना चाहता है, यह सोचकर कि किसी की मानसिक दशा की बेबाक अभिव्यक्ति ईश्वरीय (वरदान) हस्तक्षेप के लिए अनिवार्य है। इस

प्रकार की स्थिति आस्थावान या पुजारी में ऐसे भाव-पुंज का संचार कर देता है जो उसके अनुभवों के स्तर को स्वरूप प्रदान करता है। गीर्ट्ज के विचार में धर्म लोगों में दो प्रकार की व्यवस्था क्रमशः मनोदशा और प्रेरणा उत्पन्न करता है।

गीर्ट्ज इन दोनों ही अवधारणाओं की व्याख्या करता है। उसके शब्दों में प्रेरणा का अर्थ है, एक सतत् प्रवृत्ति, विशेष प्रकार की क्रिया सम्पादित करने का एक पुराना आकर्षण तथा विशेष प्रकार की स्थितियों में विशेष प्रकार का अनुभव प्राप्त करना। प्रेरणाएँ कार्य नहीं है अर्थात् इच्छित व्यवहार के भाग है। वे अनुभूतियाँ भी नहीं होती है। वे विशेष प्रकार के कार्य-प्रणालियों को सम्पादित करने या विशेष प्रकार की अनुभूतियों की प्राप्ति के लिए दायित्व होती है।

प्रेरणाएँ-मनोभावों से पृथक् होती है। गीर्ट्ज का कहना है कि प्रेरणाओं में वहन करने की विशेषताएँ होती हैं जबकि मनोदशाएँ प्रमापकीय होती है। प्रेरक एक निश्चित दिशा में गतिमान होता है जबकि मनोदशाएँ 'कहीं नहीं जाती' केवल उनकी तीव्रता में अंतर आता है। उदाहरणार्थ, पवित्र प्रतीकों द्वारा प्रवर्तित मनोदशाएँ विभिन्न स्थितियों में उल्लास से लेकर उदासी तक आनंदातिरेक की अभिव्यक्ति से लेकर क्लान्तता तथा आत्म-विश्वास से लेकर स्व-कातरता तक फैली होती हैं। मनोदशाएँ कुछ निश्चित परिस्थितियों में उत्पन्न होती हैं। किंतु वे किसी परिणति तक नहीं ले जाती। गीर्ट्ज लिखते हैं कोहरे की भाँति वे केवल छाँटी तथा छँट जाती हैं, सुगंध की तरह फैल जाती है तथा वाष्प की भाँति उड़ जाती है। इस प्रकार अभिप्रेरणा अपने निहित उद्देश्यों की प्राप्ति के संबंध में सार्थक होता है जबकि मनोदशाएँ जिन दशाओं से उत्पन्न होती है, उनके संबंध में सार्थक होती है।

प्रश्न 3. गीर्ट्ज ने धार्मिक प्रतीकों में विश्वास तथा श्रद्धा को कैसे स्पष्ट किया है?

उत्तर – गीर्ट्ज का मानना है कि धार्मिक प्रतीक जैसे टोटम में श्रद्धा तथा उनकी पूजा से समाज में एकता बनी रहती है। प्रारंभ से ही उन्हें कुछ विश्वासों की प्रभुता एवं नैतिक महत्त्व के बारे में बताया जाता है जो उनकी समस्याओं का समाधान करते हैं एवं उनके संदेहों को दूर करते हैं तथा समय के साथ उन्हें भावी पीढ़ी को पारेषित कर दिया जाता है। इन सबके तह में उस सत्ता का अस्तित्व होता है जो यह परिभाषित करता है कि कौन 'पूजनीय' है (श्रद्धा तथा पूजा के योग्य) और क्यों उसकी पूजा की जानी चाहिए। प्रत्येक धार्मिक प्रतीकवाद के तह में एक सत्ता व्यवस्था है जो इसे वैध ठहराता है तथा इसकी रक्षा करता है। उदाहरण के लिए जनजातीय धर्मों में सत्ता परंपरागत कल्पना, अलौकिक अनुभवों की रहस्यमय शक्ति में, एकता के अनुभव में तथा असाधारण व्यक्ति के चमत्कारी आकर्षक प्रभुत्व में निहित होती है। यहाँ तक की अभिव्यक्तियों का भी किसी व्यक्ति जिसके माध्यम से वे सम्प्रेषित की जाती हैं का प्राधिकार होता है। इसके अलावा निश्चित रूप से किसी अलौकिक व्यक्ति के चयन का प्राधिकार ईश्वर में होता है। जिसके माध्यम से सत्य उद्घाटित होता है। अपनी प्रकृति से पृथक् सत्ता अपने लोगों का धार्मिक परिप्रेक्ष्य प्रदान करता है। दूसरे शब्दों में जिसे ज्ञान प्राप्त होता है

उसे अनिवार्य रूप से ज्ञान में विश्वास करना होता है। धर्म विश्वास करने वालों के लिए 'धर्मयथार्थ होता है' विश्वास न करने वालों के लिए यह मात्र गल्प इस प्रकार से अबौद्धिक बातों का संकलन होता है।

परिप्रेक्ष्य शब्द को परिभाषित करते हुए गीर्ट्ज कहता है कि धार्मिक परिप्रेक्ष्य अनेक परिप्रेक्ष्यों में एक है जिसके माध्यम से मनुष्य अपने अंतर जगत तथा बाह्य जगत को देखता है तथा उनका विश्लेषण करता है। वह सामान्य ज्ञान, सौंदर्य बोध तथा वैज्ञानिक परिप्रेक्ष्य को धार्मिक परिप्रेक्ष्य से अलग करता है। धार्मिक परिप्रेक्ष्य सामान्य ज्ञान से भिन्न है क्योंकि यह दैनिक जीवन के यथार्थों से बाहर विस्तृत क्षेत्र में जाता है जो उन्हें सही एवं पूर्ण करता है। धर्म विस्तृत यथार्थों से संबंधित नहीं होता किंतु उसे स्वीकार करता है तथा उनमें श्रद्धा रखता है। वैज्ञानिक परिप्रेक्ष्य से संबंध में धार्मिक परिप्रेक्ष्य विस्तृत यथार्थों के विकलतापूर्ण विश्लेषण अध्यधीन होने की अपेक्षा विस्तृत यथार्थों के प्रति निष्ठावान होता है तथा यह कला से भी भिन्न होता है क्योंकि कला की तरह यह तथ्यों से विमुख नहीं होता बल्कि यह चीजों को विस्तृत रूप में देखता है जिससे यह यथार्थ तथा तथ्यपरक में संबंधित होता है।

धर्म का एक महत्त्वपूर्ण घटक कर्मकाण्ड है–जिसके माध्यम से यह विस्तृत यथार्थ से संबंध स्थापित करता है और जिसे गीर्ट्ज पवित्र व्यवहार के रूप में परिभाषित करता है। कर्मकाण्डीय कृत्यों के संपादन से धार्मिक अवधारणाओं की यथा तथ्यता तथा सच्चाई धर्म पुनर्बलित होती है। यहाँ दृष्टव्य है कि अन्य मानव–विज्ञानी तथा समाजशास्त्रियों की तरह गीर्ट्ज के लिए भी धार्मिक प्रतीक में विश्वास तथा कर्मकाण्ड दोनों ही पक्ष शामिल हैं।

व्यक्ति अपने से बाह्य स्थित शक्ति में विश्वास करते हैं। उनके पास इन शक्तियों की उत्पत्ति के बारे में मिथक, विश्वास कथाएँ तथा अलौकिक गाथाएँ हैं। वह यह भी जानते हैं कि यह शक्तियाँ किसी–न–किसी रूप में कर्मकाण्डों के द्वारा सम्प्रेषण स्थापित होने पर उनके जीवन को प्रभावित करेंगी। किंतु उसका यह अर्थ नहीं होगा कि लोग हमेशा अपने द्वारा निर्मित धार्मिक प्रतीकों की दुनिया में रहते हैं। वस्तुतः अधिकांश मनुष्य केवल क्षण–भर के लिए इसमें जीते हैं। मनुष्यों के लिए सामान्य ज्ञान की वस्तुएँ एवं व्यवहारिक कार्यों का दैनिक जगत् में सर्वोच्च यथार्थ के रूप में कार्य करते हैं। इस पृष्ठभूमि के विपरीत धार्मिक कर्मकाण्ड यथार्थ तथ्यों की स्थापित दुनिया में व्यक्ति की अवधारणा का रंग भरते हैं। दूसरे शब्दों में, धर्म विश्व की व्याख्या नहीं करता तथा यदि यह करता भी है तो चोरी–छिपे तथा अपूर्ण रूप में करता है। वस्तुतः यह मनुष्यों की दुनिया को आकार प्रदान करता है और इसे एक नया अर्थ प्रदान करता है।

मनुष्य एक अत्यंत सामान्य घटना का सामना करता है और वह यह है कि वह दैनिक जीवन से धार्मिक कृत्यों की दुनिया में लगातार हटते रहता है। जब मनुष्य कर्मकाण्ड करते हैं तो वह एक ऐसी दुनिया में चले जाते हैं जो उन्हें पूर्णतः आत्मसात कर लेता है। इसमें इनके विश्वास धूमिल हो जाते हैं इनके अनुभवों के स्मृत–परावर्तन हो जाते हैं। अतः विश्वास एवं

कर्मकाण्ड के बारे में बात करते समय दोनों में अंतर रखा जाना चाहिए क्योंकि लोगों पर उनके वैयक्तिक प्रभाव काफी अलग–अलग होते हैं। इस भेद के न मानने से दुविधा उत्पन्न होती हैं कुछ लोग इसे आदि मानसिकता मानकर तर्क करने लगते हैं तथा कुछ लोग यह कहने लगते हैं कि कुछ समाजों में जो काम विज्ञान करता है वही दूसरे समाज में धर्म करता है। वस्तुतः वे धर्म के विविध आयामों की बात कर रहे होते हैं जो यद्यपि संबंधित होते हैं पर लोगों के अनुभवों पर उनके प्रभाव अलग–अलग होते हैं।

मानवशास्त्र तथा समाजशास्त्र में धर्म को विचारों एवं व्यवहारों की ऐसी व्यवस्था के रूप में देखा जाता है जो मानव द्वारा जीए जा रहे विश्व की एक विशिष्ट अवधारणा प्रदान करती है। गीर्ट्ज के अनुसार धार्मिक अवधारणाओं का प्रसार उनके तत्त्व ज्ञानात्मक संदर्भों के परे होता है तथा सामान्य विचारों का एक ऐसा ढाँचा प्रस्तुत करती हैं जिसके परिप्रेक्ष्य में अनुभवों की बौद्धिक, भावनात्मक एवं नैतिक शृंखला को एक विस्तृत तथा अर्थपूर्ण स्वरूप दिया जा सके।

इस अवधारणा से उत्पन्न सांस्कृतिक रूप विश्व धर्म के सामाजिक तथा मनोवैज्ञानिक पक्ष का अनुसरण करता है। निस्संदेह ये विभिन्न पक्ष व्यवहार में अंतर्संबद्ध हैं किंतु विश्लेषण की दृष्टि से उन्हें पृथक् किया जा सकता है तथा विभिन्न विषयों के विद्वान अध्ययन हेतु धर्म के विभिन्न पक्षों का चयन कर सकते हैं।

अध्याय–14

लेवि-स्ट्रॉस का टोटमवाद

Levi-Strauss: Totemism

परिचय

लेवि–स्ट्रॉस फ्रांस के प्रसिद्ध मानवशास्त्री हैं जिनको संरचनात्मक मानवशास्त्र के विकास में योगदान के लिए जाना जाता है। संयोग से उनकी प्रसिद्ध पुस्तक (1969 में दो खंडों में प्रकाशित) का शीर्षक भी यही है। लेवि–स्ट्रॉस ने पेरिस के सॉरबोन में कानून तथा दर्शनशास्त्र का अध्ययन किया था। उन्होंने कानून का अध्ययन पीछे छोड़ दर्शन का अध्ययन जारी रखा और 1931 में, लोकसेवा की परीक्षा उत्तीर्ण की। 1935 में 'फ्रेंच–कल्चरल मिशन' में भाग लेने के प्रस्ताव को स्वीकार किया। जैकबसन, जो कि भाषा विज्ञान संबंधी संरचनावाद के प्रमुख प्रणेताओं में से एक थे, के साथ मित्रता ने उनके मानवशास्त्रीय संरचनावाद को आकार प्रदान करने में मदद की। यू.एस.ए. में भी वे फ्रेज बोआज के मानवशास्त्र तथा क्षेत्र संबंधी लेखों के संपर्क में रहे। लेवि स्ट्रॉस ने अपने सिद्धांत से मानव विज्ञान जगत में हलचल पैदा कर दी। लूई ड्यूमो, जिन्होंने भारत के सामाजिक अध्ययन को ठीक से समझा था, वे भी स्ट्रास से बेहद प्रभावित थे। लेवि स्ट्रॉस का टोटमवाद सन् 1962 में सर्वप्रथम फ्रेंच भाषा में प्रकाशित हुआ था। लेवि स्ट्रॉस ने टोटमवाद के वर्गीकरण को उपमान के रूप में माना है अतः टोटमवाद स्थिर प्रक्रिया न होकर एक गतिशील प्रक्रिया है, जो परिवर्तन को स्वीकार करती है। टोटमवाद तथा वर्गीकरण की एक पद्धति के अतिरिक्त और कुछ नहीं है। टोटमवाद का प्रकार्यवाद सिद्धांत इस बात पर ध्यान केंद्रित करता है कि टोटम के प्रति जुड़े विश्वास एवं व्यवहार किस प्रकार समाज को बनाए रखते हैं तथा समाज के कल्याण में सहायक होते हैं।

प्रश्न 1. टोटमवाद क्या है? लेवि–स्ट्रॉस के टोटमवाद तथा वर्गीकरण पर चर्चा कीजिए।

अथवा

टोटम क्या है? टोटमवाद एवं वर्गीकरण के बीच के संबंध को स्पष्ट कीजिए।
[दिसम्बर 2008, प्रश्न 8.]

अथवा

टोटमवाद धर्म का प्रारंभिक स्वरूप किस प्रकार है? स्पष्ट कीजिए।
[जून 2009, प्रश्न 3.]

अथवा

लेवि–स्ट्रॉस के टोटमवाद के विचार को सोदाहरण रेखांकित कीजिए।
[दिसम्बर 2009, प्रश्न 2.]

अथवा

टोटमवाद से क्या अभिप्राय है? लेवि–स्ट्रॉस ने इस परिघटना की संकल्पना किस प्रकार की है? [दिसम्बर 2010, प्रश्न 7.]

उत्तर – टोटमवाद एक संस्था है जो अधिकांशतः आदिवासी समुदायों में पाया जाता है, जिसके प्रत्येक गोत्र के सदस्य स्वयं को पौधा, पशु या किसी अन्य निर्जीव या सजीव वस्तु के वंशज मानते हैं तथा जिसके प्रति वे सदस्य अत्यधिक सम्मान की भावना रखते हैं। इसके कारण उस वस्तु के साथ उनका कर्मकाण्डीय संबंध बन जाता है। वह पौधा, पशु अथवा अन्य सजीव अथवा निर्जीव वस्तु टोटम कहलाती है।

'टोटम' शब्द लेवि–स्ट्रॉस के अनुसार उत्तरी अमेरिका की 'ग्रेट लेक्स' के उत्तरी क्षेत्र की एल्गोनक्विन भाषा 'ओजीबवा' से लिया गया है। एक ही टोटम को मानने वाले लोगों का एक 'टोटेमिक' समूह बन जाता है। लोग अपने टोटम के प्रति विशेष आदर और सम्मान की भावना रखते हैं, वे उसे मारने अथवा खाने से परहेज करते हैं अथवा अनुष्ठान के अवसर पर वे इसकी बलि देते हैं और खाते हैं। टोटम की मृत्यु पर धार्मिक रीति–रिवाज के अनुसार शोक मनाया जाता है। कुछ समाजों में टोटम की मात्रा में वृद्धि होने पर महान अनुष्ठान किए जाते हैं। लोगों में ऐसा विश्वास है कि स्वयं के कल्याण एवं आर्शीवाद प्राप्त करने के लिए टोटम को प्रसन्न करना आवश्यक है।

लेवि स्ट्रॉस ने टोटमवाद को समाजीय व्यवस्था में वर्गीकरण की एक पद्धति स्वीकार किया है। टोटम एक लचीली वर्गीकरण पद्धति है। टोटम की प्रासंगिकता अथवा इसका लक्ष्य तक पूरा हो जाता है, जब मनुष्यों का वर्गीकरण पूरा हो जाता है। टोटम एक 'सामान्य वर्गीकृत विचारधारा' है। इस संदर्भ में जेनकिन्स का कहना है, "विश्लेषणतः टोटमवाद का विलय हो गया और वर्गीकरण की सामान्य वैचारिक पद्धति के रूप में उभरकर सामने आया है।"

टोटमवाद एक गतिशील प्रक्रिया है जिसमें लेवि–स्ट्रॉस के अनुसार अनुकूलन और परिवर्तन की क्षमता है। इसके लिए एक रेखाचित्र के माध्यम से समझा जा सकता है :

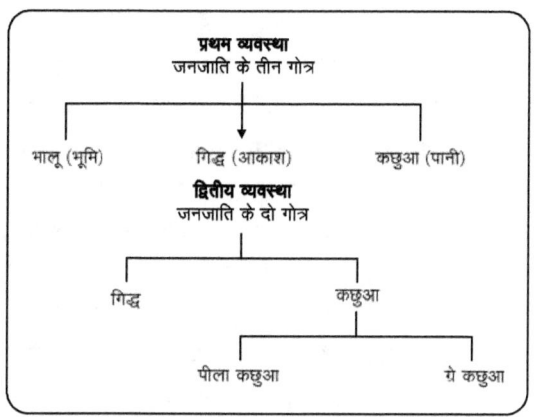

चित्र–14.1 : टोटमवाद

अतः देखा जाए तो टोटमवादी पद्धति केवल वर्गीकरण की एक पद्धति है। इसके द्वारा सामाजिक क्रियाएँ भी निर्देशित होती हैं। टोटम समाज में अनेक निषेधों एवं नातेदारी को निर्देशित करता है। लेवि–स्ट्रॉस का टोटमवाद मनुष्य और प्रकृति के बीच संबंध को स्थापित करता है। साथ ही यह जाति व्यवस्था को समझने की एक प्रक्रिया है। इसी कारण समाज वैज्ञानिक पूल ने कहा है कि लेवि स्ट्रॉस के साथ ही टोटमवाद की समस्या समाप्त हो गई। अर्थात् टोटमवाद धर्म को प्रतिपादित नहीं करता है बल्कि यह प्रकृति और मनुष्य के बीच समानता स्थापित करता है जो मनुष्यों में वर्गीकरण स्थापित करता है।

प्रश्न 2. लेवि स्ट्रॉस के टोटमवाद पर टिप्पणी कीजिए।

उत्तर – संरचनात्मक मानवशास्त्र के विकास में योगदान देने वाले मानवशास्त्रियों में लेवि स्ट्रॉस का नाम उल्लेखनीय है। लेवि स्ट्रॉस का टोटमवाद सन् 1962 में सर्वप्रथम फ्रेंच भाषा में प्रकाशित हुआ था। एक वर्ष के पश्चात् इसका अंग्रेजी अनुवाद ऑक्सफोर्ड के मानवशास्त्री रोडनी नीधम (Rodney Needham) द्वारा किया गया, इस अनुवाद की केवल प्रस्तावना ही 50 पृष्ठों से अधिक है जो कि रोजर सी. पूल द्वारा लिखित है। पूल ने इस अनुदित पुस्तक की प्रशंसा करते हुए (पृष्ठ 9) लिखा कि–टोटमवाद के अंतर्गत लेवि–स्ट्रॉस ने ऐसी प्राचीन मानवशास्त्रीय समस्याओं का अध्ययन किया जिससे उनका आमूल उपचार हुआ तथा साथ ही साथ इस पुस्तक के माध्यम से हमने विश्व को नए दृष्टिकोण से देखा।

टोटमवाद की वास्तविकता : लेवि–स्ट्रॉस टोटमवाद की वास्तविकता पर विश्वास नहीं करते थे। वे मानते थे कि टोटमवाद मनगढ़न्त है जो कि मानवशास्त्रियों के लिए अध्ययन का रोचक विषय रहा है जिसमें 19वीं सदी के उत्तरार्ध के विक्टोरियन विज्ञन टोटमवाद के उद्‌भव तथा उसके विभिन्न प्रकारों का अध्ययन करते रहे। इसके विपरीत, लेवि–स्ट्रॉस का अध्ययन

टोटमवाद पर न होकर टोटम संबंधी प्रघटना से संबंधित था। अन्य शब्दों में यह एक विशेषण–संबंधी अध्ययन है न कि 'तात्विक'। कहने का तात्पर्य यह है कि लेवि–स्ट्रॉस का अध्ययन बिंदु यह है कि वह कौन सी प्रघटनाएँ हैं जिनके परिणामस्वरूप टोटम का अस्तित्व है, उन्होंने टोटम के अर्थ तथा प्रकारों का अध्ययन नहीं किया। अपने अध्ययन हेतु लेवि–स्ट्रॉस के पास भी वही आँकड़े थे जो उनके पूर्ववर्तियों के पास थे किंतु उन्होंने बिल्कुल ही नया प्रश्न पूछा। उन्होंने अपने पूर्व के मानवशास्त्रियों की भाँति यह नहीं पूछा कि 'टोटमवाद क्या है? उनका प्रश्न था कि 'टोटम संबंधी प्रघटनाएँ किस प्रकार व्यवस्थित होते हैं?' इस तरह उस समय (1960 के दशक के दौरान) 'क्या' से 'किस प्रकार' की ओर प्रस्थान अत्यंत ही क्रांतिकारी था और टोटमवाद का लेवि–स्ट्रॉस की व्याख्या टोटमवाद के पूर्व विश्लेषणों (चाहे वे विकासवादी हों या विस्तृत या प्रकार्यात्मक) से भिन्न था। इसी भिन्नता के कारण पूल लिखता है कि लेवि–स्ट्रॉस के साथ ही टोटमवाद की समस्या सदा के लिए समाप्त हो गई।

लेवि–स्ट्रॉस ने उस समय में प्रचलित व्याख्या की आलोचना प्रस्तुत की। सर्वप्रथम उन्होंने अमेरिकन स्कूल (फ्रेन्ज बोआस, रौबर्ट लोवी, क्रोवर) के सदस्यों के शोध अभिलेख को अस्वीकार किया जिसके अनुसार टोटम संबंधी प्रघटना कोई स्वमूलक वास्तविकता नहीं है। अन्य शब्दों में टोटमवाद का अपना कोई अस्तित्व एवं नियम नहीं है बल्कि यह व्यक्तियों तथा सामाजिक समूहों की पशु और वनस्पति जगत के साथ एकता सिद्ध करने की आदिवासियों की एक सामान्य प्रवृत्ति का परिश्रम है। लेवि–स्ट्रॉस को यह व्याख्या अत्यधिक सरल लगी। उन्होंने टोटमवाद के प्रकार्यात्मक दृष्टिकोण की भी आलोचना की, उदाहरण के लिए दुर्खीम की यह विवेचना कि टोटमवाद व्यक्तियों को एक 'नैतिक समुदाय' जिसे चर्च कहते हैं में बाँधता है अथवा मैलिनोव्सकी की यह धारणा कि ट्रोब्रिएन्डरर्स उपयोगितावादी मूल्यों के कारण टोटम में विश्वास करते हैं क्योंकि वे लोगों को भोजन उपलब्ध कराते हैं। लेवि–स्ट्रॉस के अनुसार मैलिनोव्सकी के विश्लेषण में सार्वभौमिकता का अभाव है क्योंकि ऐसे बहुत से समाज हैं जहाँ टोटम का कोई उपयोगितावादी मूल्य नहीं है और टोटम से किसी आवश्यकता की पूर्ति नहीं होती। दुर्खीम का धर्म संबंधी शोध अभिलेख जो यह बताता है कि टोटम से सामाजिक एकता बढ़ती है, वह केवल उन समाजों पर लागू होता है जहाँ एक ही धर्म पाया जाता है, परंतु धार्मिक विविधता वाले समाजों में नहीं। इतना ही नहीं टोटमवाद का प्रकार्यवादी सिद्धांत का केवल इससे सरोकार है कि यह संस्था पूरे समाज को बनाए रखने में कितना योगदान करता है बनिस्पत इसके कि यह किस प्रकार व्यवस्थित है। दूसरे शब्दों में टोटमवाद का प्रकार्यवादी सिद्धांत इस बात पर ध्यान केंद्रित करता है कि टोटम के प्रति जुड़े विश्वास एवं व्यवहार किस प्रकार समाज को बनाए रखते हैं तथा समाज के कल्याण में सहायक होते हैं न कि इसमें कि टोटम की संरचना क्या है तथा यह किस प्रकार मनुष्य द्वारा उत्पन्न किया गया है के विषय में प्रकाश नहीं डाला जाता है।

अध्याय–15
सिक्ख धर्म
Sikhism

परिचय

सिक्ख धर्म भारत के महत्त्वपूर्ण धर्मों में से एक है। इसकी शुरुआत भारतीय भूमि पर प्रथम संत गुरु नानक देव जी के द्वारा हुई। प्रथम गुरु नानक देव जी से होकर 10वें गुरु, गुरु गोविंद सिंह जी तक इस धर्म को अनेकों कठिन परिस्थितियों से गुजरना पड़ा तथा इसमें महत्त्वपूर्ण परिवर्तन भी हुए। इस काल में सिक्ख धर्म संबंधी अनेकों धर्मों का विकास हुआ। हम लोग सिक्ख इतिहास के इन महत्त्वपूर्ण कालों का विस्तृत अध्ययन करेंगे। सिक्ख समुदाय ने बाद में अपने गुरुओं की शिक्षाओं और परंपराओं का समुचित विकास किया। यह जानना हमारे लिए बेहद आवश्यक है कि सिक्ख समुदाय ने सामयिक चुनौतियों का सामना किस प्रकार से किया। 'गुरु ग्रंथ साहिब' सिक्खों का पवित्र ग्रंथ है। गुरु नानक देव जी ने आदि ग्रंथ में 'नाम', 'दान' तथा 'इंसान' की महत्ता का वर्णन किया है। नाम का आशय 'दैवी' नाम से है, जिसका संबंध ईश्वर से होता है। काहन सिंह ने सिक्ख धर्म के प्रमुख तत्त्वों का उल्लेख 'गुरु सबद रत्नाकर 'नामक संग्रह में किया है। अन्य धर्मों से संबंधित इस प्रकार की समस्याओं का अध्ययन कुछ महत्त्वपूर्ण क्लासिकल व समकालीन समाजशास्त्रियों द्वारा धर्म के क्षेत्र में किया जा चुका है। आज के समय में महत्त्वपूर्ण प्रश्न है, वह यह है कि धार्मिक/जातीय पहचान क्या है और यह कैसे समकालीन समाज की चुनौतियों/प्रश्नों का सामना करती है? इस इकाई में सिक्ख समुदाय की रूपरेखा, गुरु नानक के उपदेश एवं शिक्षा, सिक्ख धर्म की परंपरा आदि की चर्चा की गई है।

प्रश्न 1. सिक्ख समुदाय के उपदेशों तथा सिक्ख परंपरा पर टिप्पणी कीजिए।

उत्तर – सिक्ख धर्म भारत के प्रमुख धर्मों में से एक है। इस समुदाय का विकास अर्थपूर्ण ढंग से हुआ है। **काहन सिंह** ने सिक्ख धर्म के प्रमुख तत्त्वों का उल्लेख गुरु सबद रत्नाकर महानकोश नामक संग्रह में किया है। इसमें दिए गए निर्देश व्यक्ति एवं समूह के लिए अलग-अलग हैं। यह निम्नलिखित है :

(1) व्यक्ति के लिए

(क) दैवी नाम पर ध्यान के द्वारा भगवान (वाहे गुरु) से अलौकिक मेल स्थापित करना।

(ख) पवित्र ग्रंथ गुरुबानी को प्रत्येक दिन पढ़ना और उसकी बातों को जीवन में उतारना।

(ग) प्रत्येक व्यक्ति को जाति या नस्ल का भेदभाव किए बिना भाई मानना, सबसे प्रेम करना और हर प्रकार के काम को बिना फल की इच्छा किए करना।

(घ) सामान्य मनुष्य की तरह जीवन-यापन करना तथा धर्म का पालन करना।

(ङ) केवल गुरु की शिक्षाओं को अपनाना, छुआछूत, जादू-टोना, मूर्ति पूजा और अंधविश्वास जैसी अज्ञानताओं से दूर रहना।

(2) समूह के लिए

(क) एकता एवं आपसी भाईचारे के लिए सिक्ख आचार संहिता (रहित) का पालन करना।

(ख) समुदाय (पंथ) को गुरु मानना तथा निष्ठापूर्वक इसकी सेवा करना।

(ग) गुरु की शिक्षा का दुनिया भर में प्रसार करना।

(घ) सारे नानक पंथियों को सिक्ख धर्म का अनुगामी स्वीकार करना, खुद को गौण रखते हुए दूसरों का सम्मान करना और उनके प्रति सहानुभूति रखना।

(ङ) गुरुओं द्वारा बताए गए अनुष्ठानों का, गुरुद्वारों का और अन्य पूजास्थलों पर पालन करना।

इसके अतिरिक्त 'नाम जपो', 'कीरत करो', 'वंड छको' अर्थात् भगवान के नाम का जाप करना, कड़ी मेहनत करना, अपनी कमाई में से दूसरों को हिस्सा देना भी गुरु नानक देव जी के साथ जुड़ा है।

सिक्ख परंपरा : गुरु नानक देव जी के जीवन और उनके कार्यों के बाद सिक्ख गुरुओं की परंपरा गुरु गोविन्द सिंह जी तक चली। यह जानना बहुत आवश्यक है कि कैसे यह परंपरा चली और किन गुरुओं ने इसे आगे बढ़ाया। सिक्ख गुरुओं और उनके काल खंड का संदर्भ निम्न तालिका से स्पष्ट हो जाता है, जो कि इस प्रकार है :

सिक्ख धर्म

1.	गुरु नानक देव जी	(1469–1539)
2.	गुरु अंगद देव जी	(1504–1552)
3.	गुरु अमर दास जी	(1479–1574)
4.	गुरु राम दास जी	(1534–1581)
5.	गुरु अर्जन देव जी	(1563–1606)
6.	गुरु हरगोविन्द जी	(1595–1644)
7.	गुरु हरिराय जी	(1630–1661)
8.	गुरु हरिकृष्ण जी	(1656–1664)
9.	गुरु तेग बहादुर जी	(1615–1621)
10.	गुरु गोविन्द सिंह जी	(1666–1708)

तालिका–15.1 : सिक्ख गुरु और उनका कालक्रम

सिक्ख गुरुओं की परंपरा गुरु नानक देव जी से प्रारंभ होती है। इस परंपरा का अध्ययन करने वालों ने उन्हें काफी महत्त्व दिया है। एक नया धार्मिक चिंतन और मार्गदर्शन की नई परंपरा की स्थापना करके गुरु नानक देव जी ने एक महत्त्वपूर्ण योगदान दिया है अतः सिक्ख धर्म को शुरुआत से तथा प्रथम गुरु के जीवन पर्यन्त योगदान को जानना बहुत आवश्यक है।

चित्र–15.1 : गुरु नानक देव जी

बाबा गुरु नानक देव जी ने अपना पूरा जीवन अपने आदर्शों, विचारों और अपने क्रियाकलापों जो कि सिक्ख धर्म के विकास में महत्त्वपूर्ण थे, के लिए लगा दिया। अपने धर्म के प्रचार-प्रसाद के दौरान गुरु नानक देव जी ने बहुत सारे महत्त्वपूर्ण स्थानों की यात्रा की, दूसरे धर्मों के बहुत विद्वानों से मिले और लोगों तथा घटनाओं के बोध की उत्कृष्ट क्षमता का

प्रदर्शन किया। इस बौद्धिक यात्रा में उनकी भेंट अनेक लोगों से हुई जिन्होंने बाद में गुरु नानक देव जी के जीवन और कार्यों के बारे में बताया। उनके बारे में जानने का यह परोक्ष तरीका है क्योंकि यह दूसरों के द्वारा बताया गया है।

यद्यपि उनके जीवन आकृत्यों को समझने के लिए ये कुछ विभिन्न रास्ते हैं परंतु कुछ विद्वानों का विचार है कि जनम साखियाँ सबसे महत्त्वपूर्ण है। उनके जीवन और कार्यों में महत्त्वपूर्ण पक्षों को जानने के लिए जनम साखियों का विश्लेषण महत्त्वपूर्ण है जनम साखियों में वर्णित व्याख्या के अनुसार गुरु नानक देव जी ने त्यौहार के अवसर पर कई महत्त्वपूर्ण धार्मिक स्थानों की यात्रा की। जैसे—माउन्ट सूमेरु, मक्का, मदीना तथा बगदाद। इन स्थानों पर उन्होंने धार्मिक शास्त्रार्थ किए, जिसमें उन्होंने अपनी बातों को सिद्ध करने में सफलता पाई।

ऐसा कहा जाता है कि उनका जन्म बैसाख के महीने में सम्वत् 1526 (1469 ई.) को रायभुई नामक गाँव जो तलवंडी जिले में, जो अब पाकिस्तान में है में कालू के पुत्र के रूप में हुआ। 5 वर्ष की उम्र में ही गुरु नानक देव जी ने रहस्यवादी चीजों तथा आध्यात्मिक प्रवृत्ति का प्रदर्शन शुरू कर दिया था। हिन्दू उनके बारे में मानते थे कि भगवान ने इंसान के रूप में जन्म लिया है और मुसलमान समझते थे कि यह खुदा के सच्चे अनुयायी हैं।

उनके माता–पिता ने उनका विवाह कर दिया लेकिन ऐसा लगता था कि वो सांसारिक क्रियाकलापों से दूर रहना चाहते थे। उन्हें सुल्तानपुर के नवाब दौलत खान ने बुलाया जो कि उनसे बहुत प्रभावित था। साखी द्वारा ऐसा पता चलता है कि गुरु नानक देव जी को भगवान के दूतों द्वारा ईश्वरीय सभा में ले जाया गया, जहाँ उन्हें 'नाम' से अमृत पीने को कहा गया। उन्होंने ऐसा किया और दैवीय नाम के प्रचार के लिए वापस धरती पर आए। उनके जन्म और कुछ महत्त्वपूर्ण घटनाओं की जानकारी मेहरबान जनम साखी में मिलती है जिसको पोथी सचखण्ड भी कहते हैं।

प्रश्न 2. सिक्ख धर्म के अन्य पंथों के साथ संबंध को स्पष्ट कीजिए।

उत्तर – सिक्ख धर्म की शुरुआत हिन्दू और मुस्लिम धर्म के पारस्परिक संबंध से हुई थी। अर्थात् सिक्ख धर्म की उत्पत्ति दो धर्मों के परस्पर संक्रमण के काल में हुई है। भारत में सिक्ख समुदाय की जनसंख्या लगभग 2% है। यह भारत के अलावा कनाडा, यू.एस.ए. में भी फैले हुए हैं।

चित्र–15.2 : सिक्ख धर्म

सिक्ख धर्म की शुरुआत गुरु नानक देव से आरंभ होती है इस धर्म के उद्भव के समय परिस्थितियाँ बड़ी ही प्रतिकूल थीं। मुसलमानों के साथ संघर्ष तथा हिन्दू धर्म में व्याप्त आडम्बरों के बीच यह धर्म सामने आता है। इस धर्म की विशेषताएँ मुस्लिम और हिन्दू धर्म से समानता रखती हैं :

एकेश्वरवाद, मूर्तिपूजा का विरोध

गुरु को महत्त्व

साखी वचन

समुदाय को महत्त्व

भेदभाव नहीं करना।

अतः सिक्ख धर्म में पगड़ी, कड़ा, सलवार–कुर्ता आदि आवरण भी संभवतः हिन्दू व मुस्लिम धर्म से प्रभावित हैं।

प्रश्न 3. सामरिक योद्धा (मार्शल) की पृष्ठभूमि पर प्रकाश डालिए।

उत्तर – सिक्ख समुदाय को अपनी शुरुआत से ही संघर्ष का सामना करना पड़ा। उनके पूरे इतिहास में उनका दूसरों से द्वंद्व बना रहा है। उन्होंने अनेकों क्रम परिवर्तन तथा गठ जोड़ों का उपयोग अफगान आक्रमणकारियों के साथ युद्ध में किया। एक अफगान आक्रमणकारी अहमद शाह अब्दाली ने कम से कम नौ बार आक्रमण किया तो सिक्खों ने मराठों तथा दिल्ली से मदद माँगी। सिक्ख समुदाय के लिए सबसे बड़ा खतरा अफगान शासकों से था। अफगान शासकों ने कई आक्रमण उन क्षेत्रों पर कब्जा करने के लिए किए जो सिक्ख शासकों के अधीन थे। महाराजा रणजीत सिंह के कुशल नेतृत्व ने ऐसे कई आक्रमणों को विफल कर दिया। इतिहास की चर्चित घटना जिसको पंजाब का गठन कहा जाता है महाराजा रणजीत सिंह के नेतृत्व को समर्पित किया जा सकता है। जहाँ एक ओर महाराजा रणजीत सिंह अफगानों से पंजाब की रक्षा करने में सक्षम थे वहीं दूसरी ओर गोरखाओं के प्रभाव को नेपाल तक सीमित रखने में सफलता पाई। सिक्ख समुदाय ने पंजाब के गठन में काफी सहयोग किया जो कि उनसे संबंधित एक महत्त्वपूर्ण घटना है। बाद में अंग्रेजी शासकों ने सिक्ख समुदाय के नेतृत्व को अफगान आक्रमण के विरुद्ध सहायता प्रदान की। 1813 में अट्टोक के युद्ध के बाद अफगानों पर पहला पंजाबी विजय संभव हुआ। इसके उपरांत अफगान उत्तर भारत में अपनी ताकत खो बैठे और उन्हें उनके क्षेत्र में वापस धकेल दिया गया। महाराजा रणजीत सिंह के नेतृत्व में पंजाबी ताकत का एकीकरण हुआ, उनका बढ़ते हुए अंग्रेजी ताकत से भी संबंध मधुर हुआ। परंतु पंजाबी नेतृत्व विशेषकर महाराजा रणजीत सिंह को अंग्रेजी ताकत का पूरा अनुमान था। जल्दी ही पंजाबी शासकों ने यह महसूस किया कि आज नहीं तो कल अंग्रेज उनसे पंजाब का शासन अपने हाथ में ले लेंगे। बाद में अंग्रेजी शासकों ने पंजाब को हस्तगत करने की नीति अपनाई। अंग्रेजों ने पंजाब में विधि का शासन का वादा किया तथा

विकास के कार्यों की शुरुआत की। 1857 के सिपाही विद्रोह के समय में सिक्खों ने अंग्रेजों का साथ दिया, इस कारण अधिक से अधिक सिक्खों को सेना में शामिल किया जाने लगा। प्रथम विश्व युद्ध (1914–1918) में सेना में सिक्खों की संख्या 1/5 थी। ब्रिटिश शासकों के समीप होने के कारण हालाँकि बहुत कम संख्या में सिक्खों को संयुक्त राज्य तथा कनाडा में बसने दिया गया।

अध्याय–16
बौद्ध और जैन धर्म
Jainism and Buddhism

परिचय

भारत में बुद्ध धर्म का विकास सामाजिक सांस्कृतिक संक्रमण की उस वृहद् प्रक्रिया का हिस्सा है जो ग्रीस से लेकर चीन तक ईसा पूर्व पहली शताब्दी में चल रही थी। भारतीय इतिहास में बौद्ध धर्म एक क्रांतिकारी और विस्तार पाने वाला धर्म रहा है, जो इतना अधिक प्रतिष्ठित रहा है कि विश्व पटल पर इसे चीन से ग्रीस तक देखा जा सकता है। संस्कृति के मुख्य केंद्रों पुरातन सामाजिक तथा धार्मिक संस्थाएँ अधिक जटिल राजनैतिक आर्थिक दबावों के चलते विखंडित हो रही थी, साथ ही नगरों का विकास और साम्राज्यवादी राज्यों का क्षेत्रीय विस्तार हो रहा था। सभी दशाओं में आर्थिक तथा राजनैतिक प्रगति गंभीर सामाजिक दुर्व्यवस्थाओं, कठिनाइयों तथा परंपरागत धार्मिक जड़ों से मिली–जुली थी। जैन धर्म के अनुयायी ऐसा मानते हैं कि इसका विकास पुरातन काल में हुआ है। भगवान महावीर 24वें इस दुनिया के इस युग (कल्प) के अंतिम तीर्थकर माने जाते हैं। तीर्थकर को 'जिन' भी कहते हैं जो जैन धार्मिक मार्ग के प्रदर्शक है। समाज में फैले वर्ग, वर्ण, नस्ल, धर्म और सम्प्रदाय के खिलाफ बौद्ध व जैन धर्म का उदय निचली जाति के लोगों के अंदर समानता की भावना का विकास करना था। बुद्ध का जन्म कपिलवस्तु (नेपाल) में 5वीं शताब्दी ई.पू. में हुआ था। कम्बोडिया में बौद्ध धर्म का विस्तार 5वीं शताब्दी में जयवरम् प्रथम तथा सूर्यवरन् सप्तम के काल तक माना जाता है। नियतिवाद पर यह बेहद अफसोस करता है और धर्म के महत्त्व को विशेष रूप से प्रत्येक व्यक्ति के लिए हितकर मानता है।

प्रश्न 1. जैन धर्म के इतिहास को रेखांकित कीजिए। इसके सिद्धांत क्या हैं?

उत्तर – जैन धर्म मुख्य रूप से भारत में सीमित रहा है, हालाँकि दूसरे देशों में भारतीयों के प्रवास से इसका प्रसार हुआ है। जैन धर्म के अनुयायी ऐसा मानते हैं कि इसका विकास पुरातन काल में हुआ है। भगवान महावीर 24वें एवं दुनिया के इस युग (कल्प) के अंतिम तीर्थकर माने जाते हैं। तीर्थकर को 'जिन' भी कहते हैं जो जैन धार्मिक मार्ग के प्रदर्शक हैं, जिन्होंने पुनर्जन्म पर विजय पा ली है और ऐसा दृष्टांत रखा है जिसका सभी जैनियों को अनुसरण करना चाहिए। एक क्षत्रिय राजा के यहाँ वर्धमान महावीर का जन्म हुआ जिन्होंने 30 वर्ष की अवस्था में सन्यासी जीवन अपनाने के लिए अपने राजकुमार की प्रस्थिति त्याग दी। 12 वर्ष तक उन्होंने बहुत ही कठिन परिस्थितियों का सामना किया जब तक उन्हें ज्ञान की प्राप्ति नहीं हुई और उन्होंने दूसरों को शिक्षा देना शुरू किया। जैन धर्म की शुरुआत के बारे में कोई भी लेख उपलब्ध नहीं है।

चित्र–16.1 : महावीर स्वामी

महावीर के 24वें तीर्थकर के रूप में मान्य प्रस्थिति का अर्थ यह है कि जैन उन्हें जैन धर्म में अंतिम मार्गदर्शक मानते हैं। महावीर के 11 शिष्य (जिन्हें गान्धार कहा जाता था) थे जो सभी ब्राह्मण से जैन धर्म में धर्मांतृत थे। उनमें से सभी ने मठ संबंधी परंपरा की स्थापना की किंतु केवल दो शिष्यों–इन्द्रभूति गौतम और सुधर्मन जो महावीर के अस्तित्व को बनाए रखने और जैन धर्म के ऐतिहासिक मठ समुदाय के जन्म केंद्र रहे।

ऐसा प्रतीत होता है कि उस समुदाय की संख्या में तेजी से वृद्धि हुई। यद्यपि इसमें अनेकों विभाजन हुए। सबसे प्रमुख विभाजन श्वेताम्बर और दिगम्बर के बीच हुआ जो आज तक विद्यमान है। इन दोनों में मुख्य अंतर मठ के परिधान और क्या आत्मा महिला के शरीर से स्वतंत्र हो सकता है से संबंधित है (दिगम्बर इसकी सम्भाव्यता को नकारते हैं। इन भेदों को महावीर के उपदेशों को बचाए रखने तथा संहिता बद्ध करने के लिए हुई कई मंत्रणाओं के बाद अंतिम रूप दिया गया। यह महसूस किया गया कि उनकी मृत्यु के बाद जो उपदेश मौखिक रूप से बचे थे, उनके लुप्त हो जाने का खतरा था। ईसा पूर्व चौथी शताब्दी से 5वीं सदी तक चार सभाएँ हुई। अंतिम सभा बललभी जो कि सौराष्ट्र (गुजरात) में है में हुई। यहीं पर

श्वेताम्बर नियमों को संहिताबद्ध किया गया जो आज तक व्यवहार में है। यद्यपि दिगम्बर इसकी वैधता को नकारते हैं और उसके बदले पूर्व के प्रबंध को मानते हैं।

'महावीर के बाद के काल में जैन धर्म का विस्तार मगध (बिहार) से पश्चिम और दक्षिण की ओर कारवां मार्ग के साथ-साथ हुआ।' उन लोगों का मानना है कि कई शासकों ने उन्हें प्रश्रय दिया जिसमें राजा बिम्बिसार (मगध) और मौर्य शासक चंद्रगुप्त मौर्य सम्मिलित हैं। 5वीं शताब्दी तक दिगम्बर देक्कन, मुख्यतः कर्नाटक में प्रभावशाली रहे। गंग, राष्ट्रकूल और अन्य राजवंशों में जैन संस्कृति निःसंदेह फलता-फूलता रहा। जहाँ तक श्वेताम्बरों का प्रश्न है वे मुख्यतः गुजरात में सफल रहे जहाँ उनका प्रसिद्ध धर्माध्यक्ष हेमचन्द्र ने राज्य मंत्री के रूप में कार्य किया। वहाँ भव्य मंदिर बनाए गए जैसे माउण्ट आबू में जो कि वर्तमान में राजस्थान में है। विभिन्न सम्प्रदायों के उदय श्वेताम्बर की ताकत को दर्शाते हैं जो मुगल शासक अकबर की भी जैन दर्शन में रुचि पैदा करने के रूप में प्रकट होता है।

यद्यपि जैन धर्म अपनी प्राचीन ख्याति को कभी प्राप्त नहीं कर सकता किंतु यह पूर्ण रूप से लुप्त भी नहीं हुआ। आजकल, दिगम्बर महाराष्ट्र और कर्नाटक में मजबूती से स्थापित है जबकि श्वेताम्बर पंजाब, राजस्थान और गुजरात में। आधुनिक समय में श्वेताम्बर दिगम्बरों की तुलना में ज्यादा प्रभावकारी रूप से संगठित है। दोनों सम्प्रदाय ज्यादा ऊर्जा मंदिर की व्यवस्था और धार्मिक पुस्तकों के प्रकाशन में लगा है।

जैन धर्म में परंपरागत रूप में व्यावसायिक और वाणिज्यिक लोग हैं। यह व्यवसाय उन्हें भारत के अतिरिक्त अन्य पर्यावरण एवं समाजों के लायक बनाता है। बहुत से जैन दूसरी जगह विदेशों में बस गए और यह जैनियों की बढ़ती अंतर्राष्ट्रीय जागरूकता का ही प्रतिफल है।

जैन अनुयायी का प्रधान लक्ष्य आत्म शुद्धिकरण एवं आत्मा की पूर्णता है। यह तभी संभव है जब आत्मा सांसारिक विषय-वासनाओं से मुक्त हो। आत्मा के शुद्धिकरण का तात्पर्य काम, क्रोध, लोभ, मोह से विरक्ति का भाव है।

जैन मान्यता के अनुसार समय शाश्वत एवं निराकार है। यह एक चक्र के समान है, जिसमें 12 तिल्ली जिसे अरस युग कहते हैं। इसमें से 6 मनुष्यों की उन्नति एवं 6 मनुष्यों की अवनति से संबंधित है। दोनों चक्र एक साथ मिलकर समय के पहिए का एक परिभ्रमण बनाते हैं जिसे एक कल्प कहा जाता है।

जैन ब्रह्माण्ड को 5 भागों में बाँटते हैं। नीचे की दुनिया (अंधलोक) 7 स्तरों में विभाजित है। इनमें सभी अपने ऊपर के स्तरों से अधिक अंधकारमय व दुखदायी हैं। बीच के मध्यलोक में असंख्य संकेंद्रित महादेश हैं। ये समुद्र द्वारा अलग हैं। बीच का महादेश जम्बूद्वीप कहा जाता है। जम्बूद्वीप में मानव जाति निवास करती है। दूसरा महाद्वीप तीसरे महाद्वीप का आधा है।

जैन धर्म के कार्यकलाप का केंद्र जम्बूद्वीप ही है। यह एकमात्र ऐसा द्वीप है, जहाँ आत्मा की मुक्ति संभव है। खगोलीय दुनिया दो प्रकार के स्वर्ग से बनी है। अर्जित ब्रह्माण्ड के शिखर पर सिद्धशिला है, जो कि अर्द्धचंद्राकार है एवं यहाँ मुक्त आत्माओं का वास है।

जैन धर्म का यथार्थ जीव तथा अजीव से निर्मित है। जीव का तात्पर्य चेतना, आनंद तथा शक्ति से है, जबकि अजीव भी इसके महत्त्वपूर्ण फलक हैं।

प्रश्न 2. बौद्ध धर्म की मुख्य परंपराओं व सिद्धांतों का वर्णन कीजिए।

उत्तर – बौद्ध धर्म का विस्तार एक क्रांतिकारी धर्म के रूप में हुआ। बौद्ध धर्म इतना अधिक प्रतिष्ठित है कि इसे ग्लोब में चीन से लेकर ग्रीस तक देखा जाता है। बौद्ध धर्म गौतम बुद्ध के उपदेशों पर केंद्रित है। बुद्ध का जन्म सिद्धार्थ गौतम के रूप में कपिलवस्तु (अब नेपाल) में 5वीं शताब्दी ई.पू. में हुआ था। बुद्ध के निर्वाण प्राप्त करने के पश्चात् 5 शताब्दियों में इसका विस्तार पूरे भारतीय उपमहाद्वीप में हो गया। अगले 2000 वर्षों में इसका विस्तार मध्य दक्षिण पूर्व तथा पूर्व एशिया में हो गया। इसमें नए मूल्यों को आत्मसात् करने तथा नियमात्मक एवं संस्थात्मक सिद्धांतों का काफी विस्तार हुआ। बौद्ध धर्म के प्रमुख ऐतिहासिक स्वरूपों के बीच परंपरागत भिन्नता तीन प्रकारों पर केंद्रित है। यह सैद्धांतिक तथा संस्थागत भिन्नताओं पर आधारित है जिससे प्रतीत होता है कि अपेक्षाकृत समरूप भौगोलिक क्षेत्रों में आते हैं। वे हैं :

(1) थेरवाद (बड़ों के उपदेश) यह दक्षिण पूर्व एशिया विशेषकर श्रीलंका, बर्मा, थाईलैण्ड, लाओस, वियतनाम तथा कम्बोडिया में पाया जाता है।

(2) महायान (प्रमुख यान) नेपाल, सिक्किम, चीन, कोरिया तथा जापान में।

(3) तंत्रयन (रहस्यमय यान) पहले के तिब्बत, मंगोलिया तथा साइबेरिया के भागों में पाया जाता है।

थेरवाद आज विभिन्न प्राचीन भारतीय सम्प्रदायों का एक मात्र प्रतिनिधि है। इसकी पौराणिक साहित्य स्वीकृत तथा संस्थात्मक रूप से संरचित है तथा मठ व्यवस्था और आयोजक वर्ग को पृथक् करता है। दूसरी ओर महयान विभिन्न सम्प्रदायों तथा धार्मिक उपवर्गों का संकुल समन्वय है। यह बड़े पैमाने पर विषमरूप साहित्य पर आधारित है। कतिपय धर्मग्रंथ उपलब्ध हैं जिनके बारे में यह माना जाता है कि वे थेरवाद शिक्षाओं की अपेक्षा महायान सिद्धांतों के अधिक सार्वभौमिक जोर का प्रतिनिधित्व करते हैं। थेरवादी उपदेश परंपरागत रूप से 'हीनयान' तथा 'महायान' में विभक्त है। तांत्रिक बौद्ध धर्म तिब्बती लामाओं की पहचान है तथा यह अस्पष्ट भी रहस्यमय तांत्रिक उपदेश जिनका उद्भव भारत में हुआ था, चीन तथा जापान में अनेक तथाकथित महायान सम्प्रदायों में विद्यमान रहा। तिब्बत में तांत्रिक बौद्ध धर्म स्थानीय आदिम संस्कृति से प्रभावित होते हुए भी काफी महत्त्वपूर्ण दृष्टि से विकसित हुआ।

इस विविधता में बौद्ध धर्म में कुछ केंद्रीय तत्त्व हैं जिन्हें इतिहास के व्यापक भाग में बौद्ध धर्म की सामान्य विशेषताएँ कहा जा सकता है। बौद्ध का प्रतीक एकता का सामान्य बिंदु है जो थेरवाद में मुख्य रूप से मानव शिक्षक के रूप में पूज्य हैं और महायान में कृतिपय स्वरूपों में सर्वोच्य देवता के रूप में पूज्य हैं। सामाजिक नस्लीय या भौगोलिक मूल को दरकिनार करते हुए उनकी शिक्षाओं के प्रभाव में व्यक्तिगत धर्मांरण स्वैच्छिक कार्य हैं।

बौद्ध धर्म के सिद्धांत : एक भारतीय राजकुमार सिद्धार्थ गौतम के बौद्धिक धार्मिक प्रबोध, जिसका अर्थ बुद्ध होता है, से बौद्ध धर्म प्रस्फुटित हुआ है जो छठी शताब्दी ईसा पूर्व में हुए। राजसुख का परित्याग कर इन्होंने आत्मिक सत्य की खोज की। दूसरी परिणति 'निर्वाण' में हुई जिसका अर्थ है 'ऐषणा रहित'। शीघ्र ही इनके शिष्यों को शाक्य मुनि सम्प्रदाय के रूप में पहचान मिली और उन्होंने अपने उपदेश दिए। फिर उन्होंने खुलकर सभी को मोक्ष का संदेश दिया, साथ ही अपनी शिक्षाओं का भी प्रचार–प्रसार किया। उन्होंने संघों का निर्माण किया तथा सभी जाति के लोग, स्त्रियाँ भी सदस्य बनीं।

बौद्ध धर्म का प्रमुख उपदेश व्यावहारिक योग है जो मध्यम मार्ग कहा जाता है। यह देहिक आसक्ति स्व तथा कल्पनाशील दर्शन के मध्य स्थित है। इसके अनुसार न तो बाह्य भौतिक स्वरूपों के कर्मकाण्डीय दुरुपयोग तथा न ही सूक्ष्म बौद्धिकतावाद वास्तविक मानव समस्याओं के अंतस्थल को छू सकता।

बुद्ध ने बताया कि जीवन में दुख है जिसका कारण इच्छा है और जिसका निदान आष्टांगिक मार्ग से किया जा सकता है। इसे चार आर्य सत्य कहा जाता है। यही चार आर्य सत्य बुद्ध के प्रथम उपदेश में निहित हैं। ये हैं :

(1) दुख सभी जीवों को दुख भोगना पड़ता है, एक यातनापूर्ण बंधन जो अर्थहीन पुनर्जन्म चक्र, जो अनित्य है तथा अनात्म भी।

(2) दुख का कारण है इच्छा जो पुनर्जन्म का कारण बनती है।

(3) दुख का निवारण इच्छा का अंत।

(4) दुख के अंत का मार्ग : अष्टांगिक मार्ग

आष्टांगिक मार्ग चार आर्य सत्यों के चौथे भाग दुख के निवारण का उपाय है।

बुद्ध ने आर्य सत्यों की सत्यता को समझने के लिए एक निश्चित मार्ग बताया जो है–सम्यक् दृष्टि : चार आर्य सत्यों को समझना, सम्यक् मूल्य–सम्यक् आचार के प्रतिनिष्ठा, सम्यक् वाणी : अप्रिय वाणी पर संयम, सत्य आचरण तथा सम्यक् क्रिया किसी को दुख न पहुँचाना, सम्यक् जीवन–यापन : किसी को प्रत्यक्ष या परोक्ष रूप से हानि पहुँचाए बिना अपना कार्य सम्पादन, सम्यक् प्रयास, सम्यक् मनोवृत्ति, मानसिक योग्यता पूर्वक वस्तुओं को देखना तथा सम्यक् ध्यान।

प्रारंभ में कुछ को चमत्कारिक शक्ति तथा उपदेश पर दूसरे अनुयायियों की एकता स्थित थी किंतु कालांतर में धर्म परिवर्तन करने वाले साधारण अनुयायियों की संख्या बढ़ने तथा अनेक समुदायों की स्थापना के कारण अनुशासन तथा उपदेशों को सारणीबद्ध किया गया।

प्रश्न 3. बौद्ध धर्म के प्रसार पर टिप्पणी कीजिए।

उत्तर – विश्व पटल पर बौद्ध धर्म का प्रचार–प्रसार व्यापक तौर पर देखने को मिलता है। भारत के पड़ोसी देशों में भी इस धर्म का जमकर प्रचार हुआ। अशोक ने अपने पुत्र–पुत्रियों

को बौद्ध धर्म के प्रचार के लिए अनेक जगहों पर भेजा। बौद्ध धर्म का भारत में बाहर प्रचार निम्नलिखित देशों में हुआ :

श्रीलंका : श्रीलंका मे64% आबादी बौद्धों की है। ये थेरवादी बौद्ध हैं। यहाँ की बौद्ध परंपरा सबसे पुरानी मानी जाती है। महेन्द्र द्वारा स्थापित थेरवाद यहाँ खूब चर्चित रहा। महेन्द्र अशोक के पुत्र थे। लंका में लगाया गया बोधि वृक्ष का पौधा महाबोधी कहलाया।

दक्षिण–पूर्व एशिया : 5वीं से 13वीं शताब्दी के बीच दक्षिण–पूर्व एशिया में अत्यंत ही शक्तिशाली वंशों की स्थापना हुई। यह परंपरा वंश की नहीं बल्कि साम्राज्य की थी। इसमें बौद्ध धर्म से संबंधित विविध स्थापत्य कलाओं का विकास हुआ।

कम्बोडिया में बौद्ध धर्म का विस्तार 5वीं शताब्दी में जयवरम् प्रथम तथा सूर्यवरम् सप्तम के काल तक माना जाता है। 13वीं शताब्दी तक कम्बोडिया महायान बौद्ध तथा शैववाद के प्रभाव में था। दरअसल 13वीं शताब्दी के कम्बोडिया का मुख्य धर्म थेरवादी बौद्ध धर्म हो गया था।

मध्य एशिया : मध्य एशिया लंबे समय तक चीन, भारत तथा फारस का मिलन स्थल रहा है। पूर्व तथा पश्चिम के आगंतुकों का स्वागत करने हेतु इस जगह पर यहाँ के लोगों में विशेष रूप से इस धर्म को अपनाया। वास्तुकला के अत्यंत भव्य नमूने इस जगह पर देखने को मिलते हैं।

कोरिया : 372 ई. के आसपास चीनी राजदूत के माध्यम से कोरिया में बौद्ध धर्म का प्रवेश हुआ। छठी तथा सातवीं सदी में अनेक कोरियाई भिक्षु अध्ययन करने चीन गए तथा वापस आने पर वहाँ से बौद्ध धर्म को चीनी रूप में ढालकर अपने देश में लेकर आए। यह धर्म उन्हें मानवता का संदेश देता था, जिसका परिणाम कोरिया वासियों के अंदर सामूहिक एकता के रूप में दिखाई देता है।

चीन : पहली शताब्दी ई.पू. के हान राजवंश ने मध्य एशिया में अपनी शक्ति का विस्तार किया, परिणामस्वरूप वे नवीन धार्मिक आंदोलनों से परिचित हो पाए। बौद्ध धर्म इसी प्रतीकात्मक आंदोलनों की अभिव्यक्ति थी। पहली शताब्दी के मध्य तक चीनी बौद्ध समुदाय अस्तित्व में आया। बौद्ध धर्म के प्रति रुचि बढ़ने के साथ बौद्ध धर्म के ग्रंथों का भारतीय भाषा से चीनी भाषा में रूपांतरण हुआ।

9वीं शताब्दी के मध्य में ताओ सम्राट ने बौद्ध धर्म के विरुद्ध आवाज उठाई, तत्पश्चात् बौद्ध मठों को ध्वस्त किया जाने लगा। भिक्षु एवं भिक्षुणियों को पंथ निरपेक्ष जीवनयापन के लिए विवश किया जाने लगा। धातु निर्मित बुद्ध की प्रतिमाओं को पिघलाया जाने लगा। इस प्रकार का अपमान बौद्ध भिक्षुक बर्दाश्त नहीं कर पा रहे थे। यद्यपि यह उत्पीड़न सीमित समय तक रहा, लेकिन इससे बौद्ध धर्म को अपने विस्तार में व्यापक अवरोध का सामना करना पड़ा। साधारण रूप से बौद्ध धर्म का चीनियों के धार्मिक जीवन पर प्रमुख प्रभाव रहा है। 20वीं शताब्दी के आरंभ में व्यापक समर्थन हासिल करने के लिए बौद्ध परंपरा के आधुनिकीकरण

और सुधार का प्रयत्न किया गया। तत्पश्चात् 1960 के बाद फिर से बौद्ध धर्म को दबाया गया, अनेक मठों को बंद कर दिया गया।

भिक्षुओं और भिक्षुणियों ने सामान्य जीवनचर्या को अपना लिया। हाल के वर्षों में धर्म के संबंध में अधिक उदारतापूर्ण नीतियों के कारण बौद्ध धर्म मानने वालों की संख्या दिन–प्रतिदिन बढ़ती ही जा रही है।

जापान : जापान में बौद्ध धर्म का प्रवेश कोरियाई बौद्ध भिक्षुओं के माध्यम से हुआ। छठी शताब्दी में यहाँ पर बौद्ध धर्म का प्रवेश माना जाता है। सबसे बड़ी बात यह है कि जब भारत से बौद्ध धर्म का लोप हो रहा था, चीन में इसे दबाया जा रहा था तब जापान एकमात्र ऐसा देश था, जहाँ इसे सुरक्षित रखा गया।

तिब्बत : तिब्बत में 7वीं सदी में राजा सॉगसेन गम्यो रे के काल में बौद्धमत राजधर्म के रूप में प्रविष्ट हुआ। राजा त्रिसांग डेटसेन ने पद्म संभव की सहायता से इसे सशक्त बनाया तथा 9वीं–10वीं सदी में इसे तिब्बत के प्रमुख धर्म की मान्यता मिली।

नेपाल : बुद्ध का जन्म मूलतः नेपाल में ही हुआ था। अपने जीवन में कई बार बुद्ध नेपाल गए। नेपाल की तराई तक मौर्य शासन के विस्तार से बौद्ध धर्म का विकास हुआ। वर्तमान समय में नेपाल में मुख्यतः तीन प्रमुख बौद्ध सम्प्रदाय विद्यमान हैं :

(1) तिब्बती बौद्धमत,

(2) नेवार बौद्धमत तथा

(3) थेरवादी बौद्धमत।

पश्चिम में बौद्धमत : अन्य जगहों की तुलना में पश्चिम में बौद्धमत अत्यंत मंद गति से अपना प्रभाव जमा पाया। पाश्चात्य दुनिया में आधुनिक काल के पहले तक बौद्ध धर्म की गंभीर उपस्थिति के साक्ष्य प्राप्त नहीं होते हैं। एशिया से पश्चिमी देशों की तरफ प्रसार 19वीं व 20वीं सदी में प्रारंभ हुआ। संयुक्त राज्य अमेरिका और अन्य पाश्चात्य देशों में बौद्ध धर्म का प्रवेश बड़ी संख्या में अप्रवासियों के साथ हुआ। ये लोग चीन व जापान से आए थे। बौद्ध धर्म ने बड़ी संख्या में पाश्चात्य बुद्धिजीवियों के बीच अपनी पैठ बना ली। विशेष रूप से पाश्चात्य संस्कृति के बीच भी उन युवकों के अंदर इन्होंने पैठ बनाई, जो अभी विश्व शक्ति के रूप में उभर रहे थे।

अध्याय-17
ईसाई धर्म
Christianity

परिचय

इस इकाई में ईसाई धर्म की उत्पत्ति की चर्चा की गई है। ऐतिहासिक साक्ष्यों के आधार पर यहूदी तथा इस्लाम धर्म से इसका संबंध तथा इन्हीं धर्मों के बीच से इसकी उत्पत्ति का विवेचन इस पाठ के अंतर्गत किया गया है। साक्ष्य बताते हैं कि ईसाइयत एक दैवीय उद्देश्य है, जोकि अपने अनुयायियों को निर्देशित करती है कि ईश्वर ही समाज और क्षणभंगुर विश्व में मुख्य नियंत्रणकर्त्ता है। उन्होंने भगवान को स्वर्ग एवं धरती का सृजनकर्त्ता तथा इतिहास का मालिक बताया है। एक पिता के रूप में ईश्वर की संकल्पना का मुख्य बिंदु है। यहाँ ईश्वर स्वयं सारी मानव जाति को एक त्रिमूर्ति के बारे में बताते हैं जिसमें पवित्रपिता, पवित्रपुत्र तथा पवित्र आत्मा के सृजनकर्त्ता है, ऐसा माना जाता है तथा ईसाइयत के विस्तार में इस्लाम के विरोध के बारे में बताता है। इस्लाम धर्म की शिक्षाएँ और इसका समाज पर उसका प्रभाव तथा उसके उपरांत उत्पन्न परिस्थितियों का स्पष्ट चित्रण इस इकाई में प्रस्तुत किया गया है। इस्लाम धर्म की अवधारणा और कानून, इस्लाम धर्म में तत्व–मीमांसा तथा अंत में भारत में इस्लाम धर्म का उदय, विश्व के महान विजेताओं से इसके संबंध को बेहद सार्थक तरीके से विश्लेषित किया गया है। इस्लाम धर्म में आस्था रखने वाले को मुस्लिम कहा जाता है। भारत में इस्लाम धर्म का प्रभाव एक हजार वर्ष से भी अधिक पुराना है। इसका प्रभाव 8वीं शताब्दी के आरंभ में अरब के सिंध विजय से आरंभ हुआ। जाति की असमानता जो हिन्दू धर्म में व्याप्त थी, उस पर इस्लाम एक प्रगतिशील भूमिका निभाता है।

प्रश्न 1. धर्म के रूप में ईसाई मत की उत्पत्ति पर चर्चा कीजिए।

उत्तर – ईसाई धर्म यहूदी धर्म से अस्तित्व में आया क्योंकि जीसस जन्म से यहूदी थे। यह धर्म विश्व के प्रमुख धर्मों में से एक है। ईसाई धर्म यहूदी एवं इस्लाम की तरह सभी धर्मों का एक मुख्य हिस्सा है। यह मानव इतिहास की एक घटना है जो कि मुक्ति तथा ईश्वरीय ज्ञान दोनों का वादा करता है। ईसाइयत अपने देवत्व के गूढ़ चरित्र पर बल देने के लिए अत्यंत ही विशेष शैली का प्रतिनिधित्व करता है। ईसाइयों ने जिस ईश्वर की अवधारणा यहूदी लोगों से ली है, वह मुख्य निर्माणकर्त्ता है और दुनिया को चलाने वाला है। इसमें मानव शामिल है, प्रत्येक मानव। ईसाई विचारधारा, स्तरीय आदर्श की बात करती है, जो कि मानवों के लिए गतिशील दैवीय उद्देश्य हैं। उत्पत्ति की पुस्तक (ओल्ड टेस्टामेन्ट) विशेष रूप से उद्धृत करता है कि ईश्वर ने अपनी तरह मानव को बनाया, क्योंकि वह चाहता था कि पृथ्वी पर उनके कार्यों को किया जाए जो कि महान सहयोग का कार्य था। इस धर्म ने खुद को दूसरे पुराने धर्मों से अलग किया, जिन्होंने सर्वव्यापी एवं गैर आनुभाविक ब्रह्माण्ड में समायोजन की ओर प्रेरित किया।

चित्र–17.1 : ईसाई धर्म

यह गूढ़ क्रियाशील बाह्यदृष्टि केवल ईसाइयत के वृहद् सामाजिक प्रभाव को ही नहीं दर्शाती। यह यहूदी तथा इस्लाम दोनों का चरित्र चित्रण करती है। परंतु उनमें से कोई आधुनिक समाज का निर्माण नहीं कर सकी अपितु यह धार्मिक उन्मुखता का विकास भी करती है। हालाँकि यह दूसरे सामी (सिमेटिक) धर्मों की अपेक्षा ज्यादा बौद्धिक और व्यवस्थित थी।

मानव की सीमाएँ अथवा अपूर्णता के परे कुछ अर्थों में ईश्वर की महत्ता यहूदी धर्म में भी है जो कि पाप के बारे में ईसाई मत का आधार है। ऐसी अपूर्णता, मानव जो कि अच्छाई का दैवीय निर्माण है, जो कि ईश्वर के प्रतिरूप के रूप में बनाया गया है यह ईसाइयत की विचारधारा का उच्चतम हिस्सा है।

यह इस दुनिया की चीज अथवा शरीर नहीं है जो कि अंतर्निहित बुराई है अपितु मुख्य रूप से मनुष्य का हठ दैवीय आदेशों को मानने में उसकी धृष्टता और इस विचार कि मनुष्य दैवीय मार्ग दर्शन के बिना कुछ नहीं कर सकता में बुराई हैं।

प्रश्न 2. पवित्र त्रिमूर्ति से आप क्या समझते हैं? ईसाइयत की अधिकारिक स्थापना कब हुई?

उत्तर – ईसाई धर्म में पवित्र त्रिमूर्ति की संकल्पना का प्रतिपादन किया गया है। इसके अनुसार ईश्वर तीन व्यक्ति के रूप में हैं, जो प्रकृति में बना रहता है। चर्च के द्वारा ईश्वर की त्रिमूर्ति की परिभाषा एक आस्था के रूप में की गई है। 'व्यक्ति' और 'प्रकृति' के रूप में प्रकृति की एकता के अंदर व्यक्तियों की त्रिमूर्ति की परिभाषा दी गई है। वास्तव में यह ग्रीक शब्दावली है, जो बाइबिल में विद्यमान नहीं है। त्रिमूर्ति व प्रकृति की एकता के परम अभिवचन की घोषणा चर्चा के द्वारा की गई है। इसे सही इस मायने में माना जा सकता है, क्योंकि इतनी सटीक शब्दावलियों का प्रयोग अन्यत्र असंभव है।

ईसाई धर्मावलम्बियों की पवित्र त्रिमूर्ति में विश्वास रखना एक प्रकार का मुक्तियुक्त एकेश्वरवाद का रहस्य है। इस सिद्धांत का परम आधार प्रारंभिक ईसाई समुदायों का विशिष्ट धार्मिक अनुभव है। अनुभव का यह आधार त्रिमूर्ति के सिद्धांत की रचना की अपेक्षा प्राचीनतम है। इससे यह पता चलता है कि ईश्वर अपनी प्रजा से तीन रूप में मिलने आता है :

(1) ईश्वर पिता के रूप में

(2) सृष्टिकृत्ता के रूप में और

(3) मोक्ष या न्याय के इतिहास प्रभु के रूप में।

इस त्रिमूर्ति का दूसरा रूप ईश्वर पुत्र के रूप में है–प्रभु की भाँति जो ईसा मसीह के रूप में, जो मनुष्यों के बीच रहने आया, जिसने अत्याचार व कष्ट सहे, क्रॉस पर मृत्यु को प्राप्त किया तथा मृत्यु के पश्चात् पुनर्जीवित हुआ और ईसा मसीह जीवित और मृत का फैसला करने इस दुनिया में पुनः आएँगे। ईश्वर और पवित्र आत्मा त्रिमूर्ति का तीसरा रूप है, जिसके प्रति नवजीवन के स्रोत, कल्याणकारी और ईश्वर के साम्राज्य की अद्‌भुत शक्ति के रूप में एकनिष्ठ अनुभव है। पवित्रता का त्रिमूर्ति सिद्धांत "एक पदार्थ–तीन व्यक्ति" के रूप में माना गया है।

ईसाइयत की आधिकारिक स्थापना : दो शताब्दियों से अधिक समय तक प्रारंभ में ईसाई धर्म अपनाने वाले व्यक्तियों को प्रताड़ित किया गया। तरह–तरह के कष्ट उन्हें सहन करने पड़े। सम्राट नीरो ने रोम को नष्ट करने के लिए इसमें आग लगा दी, ताकि वह अपनी रुचि के अनुसार नगर का पुनर्निर्माण कर सके। निरो ने ईसाइयों को बलि का बकरा बना दिया। रोमनों ने ईसाइयों को बार–बार अपना शिकार बनाया, इसके पीछे मूल कारण यह था कि रोम के ईश्वर को ईसाइयों ने स्वीकार करने से मना कर दिया था।

कान्स्टेन्टाइन ने एक युद्ध लड़ा और उसे जीत लिया। इस जीत को उन्होंने ईसाई ईश्वर की आस्था का प्रतिफल माना। 313 ई. में उसने और पूर्व के राजा लिसिनियस ने एक राजाज्ञा पर सहमति प्रदान की, जिसमें सार्वभौम धार्मिक सहिष्णुता की उद्‌घोषणा की गई थी। ऐसा माना जाता है कि कान्स्टेन्टाइन ने ईसाई धर्म को अपने साम्राज्य में संभावित एक्ट

स्थापित करने वाली शक्ति के रूप में देखा, किंतु स्वयं उसके व्यवहार में काफी उतार–चढ़ाव था। यद्यपि वह स्वयं को ईसाई कहता था, उसने यरूसलेम में भाग्यशाली पेन्टेकास्ट के दौरान देवदूतों पर पवित्र आत्मा के अवतीर्ण होने के बाद 337 ई. में जाकर ही दीक्षा ग्रहण की, कान्टेन्टाइन द्वारा ईसाई धर्म को स्वीकार करने और रोमन साम्राज्य के राजकीय धर्म के रूप में अंततः इसकी स्थापना को ईसाई धर्म के इतिहास में सबसे महत्त्वपूर्ण घटना के रूप में देखा गया है।

इस्लाम के साथ संघर्ष : 17वीं शताब्दी के आसपास ईसाई तथा इस्लाम में सांस्कृतिक संघर्ष की स्थिति पैदा हो गई। इसके अंतर्गत–पूर्वी और पश्चिमी दोनों ही ईसाई जगत अपनी स्थिति को सुदृढ़ करने का प्रयास कर रहे थे। चूँकि इस्लाम का प्रसार अपेक्षाकृत अधिक तीव्रगति से हो रहा था, साथ ही पूर्वी देशों के कई गिरजाघर मुस्लिम शासित सरकारों में अवस्थित थे। अतः ईसाइयों को इस धर्म को समझने और इसकी वास्तविकता के अध्ययन में रुचि हुई।

प्रश्न 3. भारत में ईसाई धर्म का वर्णन कीजिए। [दिसम्बर 2008, प्रश्न 6.]

उत्तर – यह एक आम धारणा है कि ईसाई धर्म पश्चिम की देन है परंतु आज भारत में ईसाइयों की संख्या 3 प्रतिशत से भी कम है किंतु भारतीय समाज में उनका योगदान बहुत ही अधिक है। ईसाइयों ने इस देश में निर्धन लोगों तथा जरूरतमंदों के लिए अनेक शैक्षणिक संस्थाएँ तथा चिकित्सा सुविधाओं से सुसज्जित अस्पताल खोला है।

चित्र–17.2 : पंडित जवाहरलाल नेहरू

भारत के प्रथम प्रधानमंत्री पंडित जवाहरलाल नेहरू जी ने एक बार कहा था कि यदि कोई यह कहता है कि भारत में ईसाई धर्म औपनिवेशिक शासन के साथ आया तो वह भारत का इतिहास नहीं जानता है। इससे पहले कि धर्मोपदेश यूरोप में फैल सका जीसस के 12 देवदूतों में से एक जिसका नाम थामस था, दक्षिण भारत आया था जिससे धर्मोपदेश का प्रचार–प्रसार किया जा सके। परंपराओं के अनुसार, थामस ने भारत में 7 गिरजाघरों की स्थापना की जहाँ वह शहीद हो गया। भारत के प्रारंभिक ईसाई समुदाय की संख्या कम थी और शेष विद्यमान, धार्मिक सम्प्रदायों पर इसका सीमित प्रभाव था।

1 6वीं शताब्दी में, औपनिवेशिक शासन के प्रादुर्भाव के साथ ईसाई मिशनरी कार्यकलाप का दूसरा चरण आरंभ हुआ। भारत के विभिन्न भागों (तटीय क्षेत्रों) जहाँ पुर्तगाली, डच और फ्रांसीसियों का औपनिवेशिक शासन था बड़े पैमाने पर धर्मान्तरण हुआ। कुछ स्थानों पर नव धर्मान्तरित ईसाइयों को स्थानीय समुदाय से अलग कर दिया गया और उन पर पाश्चात्य संस्कृति का पुट आरोपित किया गया। एक सदी से कुछ अधिक पहले ईसाई धर्म नेफा पहुँचा जहाँ अनेक जनजातियों ने इस नए धर्म को स्वीकार किया। आज पूर्वोत्तर के कुछ राज्यों में ईसाई धर्म एक प्रमुख धर्म है।

1 9वीं शताब्दी के आरंभ में ब्रिटिश भारत में जबर्दस्त सूखा पड़ा। बड़ी संख्या में दलित और जनजातीय लोग भूखमरी और महामारी के शिकार थे। इस परिस्थिति में मिशनरियों ने जरूरतमंदों तथा बीमार लोगों के लिए शरण स्थलों का निर्माण किया ताकि उन्हें चौबीसों घंटे चिकित्सीय सहायता उपलब्ध कराई जा सके और सामुदायिक रसोई खोलकर बड़ी संख्या में भूखे लोगों को प्रतिदिन दो जून का भोजन दिया गया इस दौरान अनेक जनजातीय लोगों और दलितों ने ईसाई धर्म को अपना लिया। हालाँकि निम्नजाति (शूद्र या अतिशूद्र) के अनेक लोग उच्चजातियों द्वारा अपने ऊपर हो रहे अत्याचारों के कारण ईसाई धर्म स्वीकार करने के लिए बाध्य होना पड़ा – उदाहरण के लिए, तमिलनाडु के नाडार समुदाय (शानास) का बड़ी संख्या में धर्मान्तरण।

ईसाई धर्म एक समतावादी धर्म है जो वैचारिक दृष्टि से असमानता की बात नहीं करता है। इस पर भी ईसाई धर्म का भारतीय मामला बिल्कुल ही अलग प्रतीत होता है क्योंकि भारतीय ईसाई विभिन्न हिन्दू जातियों से धर्मान्तरण के कारण प्रतीत होता है कि अपनी सामाजिक व्यवस्था में अपनी पीढ़ियों पुरानी जाति व्यवस्था को नहीं छोडा है। ईसाई धर्म के अंदर पिछड़े वर्ग का दर्जा पाने के लिए अनेक आंदोलन से इस तरह की स्वीकार्यता को स्पष्ट मूलक मिलती है। इस संबंध में मानवशास्त्रियों तथा समाजशास्त्रियों में सहमति प्रतीत होती है कि भारतीय ईसाइयों पर हिन्दू विचारधारा तथा हिन्दू मूल्यों का अत्यधिक प्रभाव है तथा विशेष रूप से जाति की सर्वव्यापी प्रभाव द्वारा कमजोर किया गया है। उदाहरण के लिए डूमाष्ट समतामूलक प्रवृत्तियों के साथ एकेश्वरवादी धर्म के अनुपालन मूल्यों को समझते हैं जो कि बुनियादी मूल्यों जिस पर जाति प्रथा अवलम्बित है से कमजोर है। अनेक अध्ययनों से यह साफ–साफ पता चलता है कि भारतीय ईसाइयों के जीवन की सामाजिक शैली पर जाति जैसी संरचना का अत्यधिक प्रभाव पड़ा है। यहाँ फुल्लर वर्जन करते हैं कि ईसाई धर्म के समतावाद का हिन्दू जीवनशैली पर काफी कम प्रभाव है।

Feedback is the breakfast of Champions.

Ken Blanchard

You can Help other students.
"Inform any error or mistake in this book."

We and Universe
will reward you for Your Kind act.

Email at : feedback@gullybaba.com
or
WhatsApp on 9350849407

अध्याय–18
इस्लाम धर्म
Islam

परिचय

इस इकाई में एक ऐतिहासिक प्रघटना के रूप में इस्लाम धर्म के उद्‌भव की चर्चा की गई है और ऐसा करते हुए सामाजिक तथा सांस्कृतिक विवेचना दी गई है जिससे कि समाजशास्त्रीय परिप्रेक्ष्य को समझा जा सके। इस्लाम में पंथों के विभाजन को स्पष्ट करने के लिए इस पर भी कुछ प्रकाश डाला गया है। इस्लाम के उपदेश राष्ट्रीय और नस्लीय सीमाओं के पार व्यक्तियों को एकसूत्र में बाँधकर समतामूलक समाज का निर्माण करते हैं। आगे पैगम्बर मुहम्मद का जन्म व उनकी प्रदेयता के विषय में विस्तार से वर्णन किया गया है। इस्लाम धर्म की शिक्षाएँ और उसका प्रभाव तथा उसके उपरांत उत्पन्न परिस्थितियों का स्पष्ट चित्रण इस इकाई में प्रस्तुत किया गया है। पैगम्बर मुहम्मद साहब इस्लाम धर्म के प्रणेता हैं। दरअसल 'इस्लाम' शब्द का ही प्रयोग व्यापक रूप से उन लोगों के लिए किया जाता है, जिन्हें कुरान व अल्लाह में पूर्णतः विश्वास होता है। 7वीं शताब्दी के प्रारंभिक चरण में वैश्विक पटल पर इस्लाम का उदय हुआ। इस्लाम की उत्पत्ति के संबंध में धार्मिक पृष्ठभूमि में दो केंद्रीय तत्त्वों जो विरुद्ध रूप में अरब पृष्ठभूमि तथा ईसाईयत तथा यहूदीवाद के परस्पर मिश्रित तत्त्व है। वे एक–दूसरे में मिलाएँ न जाएँ। कुरान में स्वर्ग और नरक का उल्लेख है जिसमें स्वर्ग वह स्थान है जिसमें पुरुषों को सभी प्रकार की स्त्रियों और अपने पसंद से खाद्य पदार्थों का पुरस्कार मिलता है। इस्लाम धर्म की अवधारणा और कानून, इस्लाम धर्म के तत्त्व–मीमांसा और अंत में भारत में इस्लाम धर्म का उदय, विश्व के महान विजेताओं से इसके संबंध को बेहद सार्थक तरीके से विश्लेषित किया गया है।

प्रश्न 1. इस्लाम धर्म की उत्पत्ति कब हुई और कैसे हुई? इस्लाम धर्म की शिक्षाओं पर प्रकाश डालिए।

उत्तर – इस्लाम धर्म की उत्पत्ति एक ऐतिहासिक घटना थी। इस्लाम की उत्पत्ति के संबंध में, धार्मिक पृष्ठभूमि में दो केंद्रीय तत्त्वों जो विशुद्ध रूप से अरब पृष्ठभूमि और ईसाइयत तथा यहूदीवाद के परस्पर मिश्रित तत्त्व हैं, को एक दूसरे से अलग रखा जाए। इस्लाम शब्द का प्रयोग व्यापक रूप से उन लोगों के लिए किया जाता है जिन्हें यह विश्वास है कि कुरान अल्लाह (ईश्वर) के शब्द हैं जो मानव मात्र तक उसके दूत पैगम्बर मोहम्मद साहब के माध्यम से ईश्वरीय ज्ञान के रूप में आया है। पहले इस शब्द का प्रयोग अल्प रूप से आत्मसमर्पण के लिए देखने को मिलता है जो आमतौर पर आस्था इमाम के साथ बँधा हुआ है। इस मत में आस्था रखने वाले को मुस्लिम कहा जाता है। तथापि, 'इस्लामिक' शब्द से इस धर्म की सामाजिक और सांस्कृतिक व्यवस्थाओं तथा मुस्लिम धर्मदर्शन तथा इस्लामिक कानून का पता चलता है।

चित्र–18.1 : इस्लाम धर्म

दक्षिण–पश्चिम अरब की समृद्ध अर्थव्यवस्था में एक सभ्यता विद्यमान थी (सेबियन युग) आरंभ में, त्रिरूपेश्वरवादी तारा सम्प्रदाय था जिसका चौथी शताब्दी में स्थान एकेश्वरवादी सम्प्रदाय अल रहमान जिसका अर्थ दयालुता होता है ने ले लिया। तथापि, समय के साथ छठी शताब्दी में अल रहमान द्वारा यहूदीवाद तथा ईसाइयत के तत्त्व स्वीकार किए गए। इस पर भी अनुकूलन की यह परंपरा दीर्घकाल तक नहीं चल सकी क्योंकि मक्कावासियों ने उनके साथ कभी भी यहूदी–ईसाई विचारों के कारण अच्छा व्यवहार नहीं किया।

कुरान के प्रकटीकरण के दौरान यह स्पष्ट कर दिया गया था कि इस्लाम की प्राथमिक पृष्ठभूमि यहूदी–ईसाई होने की अपेक्षा इस्लाम है। इस पर भी इनका इस्लाम पर सशक्त प्रभाव था।

पैगम्बर मोहम्मद साहब के निधन के पश्चात् उत्तराधिकार के आधार पर इस्लाम में सम्प्रदायवादी विभाजन देखा जा सकता है। वह सम्प्रदाय जो यह मानता है कि उत्तराधिकारी पैगम्बर का अपना कबीला कुरायाश है वह सुन्नी है। जो यह मानते हैं कि उत्तराधिकारी इमाम है वह शिया हैं। हालाँकि, सुन्नी खलीफा और शिया इमामों ने कभी भी एक दूसरे का

इस्लाम धर्म

एकाधिकार स्वीकार नहीं किया। सत्ता और विशेषाधिकार के इस विभाजन के अलावा इस्लाम में कोई केंद्रीय संगठित धार्मिक प्राधिकार नहीं है। उदाहरण के लिए अफ्रीका और सुदूर पूर्व के स्थानों में इस्लाम ने देवपूजा और भारत में जाति व्यवस्था के तत्त्वों को आत्मसात् कर लिया है जो कि क्लासिकल तथा स्थानीय तत्त्वों की मिश्रित विशेषता को निरूपित करता है।

इस्लाम धर्म की शिक्षाएँ : प्रारंभिक धार्मिक कर्त्तव्यों को 'इस्लाम का स्तंभ' कहा गया है। यह प्रत्येक इस्लाम मतावलम्बियों के लिए अनिवार्य है :

(1) शहादत का सबूत देना : इसका तात्पर्य यह होता है कि अल्लाह के अलावा कोई अन्य ईश्वर नहीं है। मोहम्मद साहब ईश्वर के दूत हैं, किसी व्यक्ति को पूर्ण रूप से मुस्लिम धर्म का अनुपालक होने के लिए इतना ही अनिवार्य है।

(2) आनुष्ठानिक प्रार्थना : इसे नमाज कहते हैं। मक्का की दिशा की ओर खड़े होकर एक निश्चित अंतराल पर एक दिन में पाँच वक्त नमाज पढ़ना सच्चे मुस्लिम की निशानी है। नमाज एक व्यक्तिगत कर्त्तव्य है, जिसे कहीं भी पढ़ा जा सकता है। इससे आस्था व मन की प्रसन्नता बनी रहती है। व्यक्ति के अंदर कलुषित भावना का शमन होता है। प्रत्येक शुक्रवार को मध्याह्न में मस्जिद में नमाज पढ़ना आवश्यक है, क्योंकि प्रत्येक मुसलमान का कर्त्तव्य है कि वह मस्जिद में सार्वजनिक सेवाओं में अपनी उपस्थिति दर्ज कराए।

(3) दान-पुण्य : जकात एक निश्चित रकम होती है, जो किसी व्यक्ति के पास मौजूद संपत्ति के अनुसार अलग-अलग तरीके से निर्धारित की जाती है।

(4) उपवास : रमजान के महीने में एक महीने का उपवास रखना पवित्र माना जाता है, जिसे रोजा कहते हैं।

(5) हजयात्रा : एक मुस्लिम द्वारा अपने जीवनकाल में मक्का जाकर हज करना महत्त्वपूर्ण माना जाता है। यह खासकर उन लोगों के लिए आवश्यक है जो आर्थिक व शारीरिक रूप से सक्षम हैं।

प्रश्न 2. पैगम्बर मोहम्मद की जीवनी पर प्रकाश डालिए।

उत्तर—इस्लाम धर्म में पैगम्बर मोहम्मद का स्थान सर्वोच्च है। 570 ई. में जब मक्का पर यमन ने हमला किया उसी वर्ष पैगम्बर मोहम्मद साहब का जन्म कुरैश नामक कबीले के एक छोटे से कुल में हुआ था। उनके पिता का नाम अब्दुल्ला था। अल्लाह मोहम्मद साहब के पिता द्वारा वास्तव में बहुदेववाद को अस्वीकार करने का कारण संभवतः ईश्वर था। तथापि, मोहम्मद साहब पर इसका प्रभाव ज्ञात नहीं है क्योंकि मोहम्मद साहब के जन्म से पहले ही उनकी मृत्यु हो चुकी थी। स्थिति तब और गंभीर हो गई जब वह मात्र 6 वर्ष के थे, उनकी माता का भी निधन हो गया और वह अनाथ हो गए। मोहम्मद साहब के चाचा एक सौदागर थे तथा कारवां का संचालन करते थे। उन्होंने मोहम्मद साहब का पालन-पोषण किया। पैगम्बर मोहम्मद साहब ने भी परिवार का परंपरागत व्यवसाय अपना लिया तथा एक सौदागर बन गए।

एक युवक के रूप में खदीजा नामक एक समृद्ध महिला ने उन्हें कारवां के माध्यम से अपने व्यापार के संचालन के लिए नौकरी पर रख लिया। हालाँकि 25 वर्ष की आयु में मोहम्मद साहब ने उससे विवाह कर लिया और सुखद पारिवारिक जीवन व्यतीत करने लगे। पैगम्बर के जीवन से पता चलता है कि एक सफल व्यापारी और एक सफल पारिवारिक व्यक्ति होते हुए वह पैगम्बर बने।

610 ई.स. में 40 वर्ष की आयु में वह मक्का के निकटवर्ती पहाड़ी में एक गुफा में बहुधा दिव्यदर्शन करने लगे। वहाँ वह घंटों अल्लाह से बातें करते थे। ईश्वरीय ज्ञान प्राप्त होने से पहले देवदूत गैबियल उनके सम्मुख उपस्थित हुआ और कहा "तुम जो अपने लिबास में ध्यानमग्न हो, उठो" और उन्हें यह भी चेतावनी दी, "अपने ईश्वर को व्यक्त करो, अपने परिधान को साफ करो और सभी प्रकार के प्रदूषण से दूर रहो"।

मोहम्मद साहब इस तरह की अनुभूति से दूर भाग कर स्वयं को छिपाने लगे। किंतु उनकी पत्नी खदीजा ने उन्हें ईश्वरीय ज्ञान, जो कि उनके पास बहुधा आता था, सुनने के लिए प्रोत्साहित किया। उनकी पत्नी की चचेरी/मौसेरी बहन वारागाह जो कि एक ईसाई थी, ने भी उन्हें काफी प्रोत्साहित किया। अंत में मोहम्मद साहब को यह अनुभव हुआ कि यह संदेश अल्लाह से प्राप्त हो रहे हैं। उन्होंने मक्कावासियों तक पहुँचाना शुरू कर दिया। इस संदेश में इन बातों पर बल दिया गया कि सिर्फ एक ही ईश्वर है और मोहम्मद साहब उनके दूत हैं, कि मूर्तिपूजा और कन्या की हत्या पूर्णतया निषिद्ध है और एक व्यक्ति को निर्णय 'कयामत' के लिए तैयार रहना चाहिए।

आरंभ में कुछ लोगों ने उनकी बातें सुनकर मोहम्मद साहब को पैगम्बर के रूप में स्वीकार कर लिया तथा इस्लाम को अपना कर मुसलमान बन गए। जब मोहम्मद साहब ने काबा में मूर्ति पूजा की पीढ़ियों पुरानी प्रथा के विरुद्ध उपदेश देना शुरू किया तो मक्का में अनेक लोगों ने इसका प्रतिरोध किया और इस प्रकार वे उसके विरोधी बन गए। यहाँ तक कि पैगम्बर ने आर्थिक विषमता की भी भर्त्सना की। तथापि, अगले 10 वर्षों की अवधि में इस्लाम का धीरे-धीरे विकास हुआ किंतु साथ ही साथ तनाव भी बढ़ा और यह इतना बढ़ गया कि मुस्लिमों को छिटपुट हिंसा की घटनाओं से बचने के लिए अपने कुल के सदस्यों के समर्थन के बिना जीवन रक्षा कर पाना कठिन हो गया। उस सामाजिक व्यवस्था में, कुल सदस्यों के समर्थन के बिना टिक पाना लगभग असंभव था क्योंकि राज्य में औपचारिक कानून और व्यवस्था जैसी कोई चीज नहीं थी। एक घटना है एक गैर मुस्लिम स्वामी ने बिलाल नाम के काले मुस्लिम गुलाम को सताने का प्रयास किया। बिलाल को बलात् जमीन पर लिटा दिया गया और उसकी छाती पर भारी पत्थरों का ढेर रख दिया गया। किंतु एक मुस्लिम ने उसे मुक्ति दिलाई जिसने उसे पुराने मालिक से खरीद लिया। इस तरह की अनेक घटनाओं के अलावा 615 ई.स. में इस्लाम का प्रसार आरंभ हुआ, जब इस्लाम के कुछ अनुयायियों को मोहम्मद साहब ने इस मत के प्रचार के लिए अबीसिनिया भेजा।

मोहम्मद साहब के चाचा जो उनका पालन–पोषण बाल्यकाल से ही कर रहे थे, ने 619 ई.स. में मृत्यु होने से पहले उन्हें एक हमले से बचाया। इतना ही नहीं, उसी वर्ष मोहम्मद साहब की पत्नी का भी निधन हो गया। इन घटनाओं का मोहम्मद साहब के जीवन पर अत्यधिक प्रभाव पड़ा और इस प्रकार वह उत्तर की दिशा में 375 कि.मी. दूर याथरिब नगर चले गए जहाँ उन्हें नगर के कबीलों के प्रधान का दर्जा दिया गया। हालाँकि, मक्का में स्थिति इतनी खराब हो गई कि मोहम्मद साहब 622 ई. में अपने 200 अनुयायियों के साथ मदीना नामक शहर की ओर पलायन कर गए। इस्लाम के इतिहास में इस घटना को 'हिजरत' कहते हैं और यह धर्म के रूप में इस्लाम के आरंभ का सूचक है। उसी समय से इस्लामी कैलेन्डर गणना शुरू हुई जिसे लोग इस्लामी शब्दावली में 'हिजरी' कहते हैं।

मदीना में मोहम्मद साहब का जोरदार स्वागत हुआ और उन्हें शहर का प्रधान बना दिया गया। यहाँ उन्होंने ईश्वरीय ज्ञान के माध्यम से जो प्राप्त किया था उसके अनुरूप सामाजिक परिवर्तन लाने का काम शुरू कर दिया। इसलिए मोहम्मद साहब का दर्जा पैगम्बर और राजनेता दोनों का था। मोहम्मद साहब और दूसरे पैगम्बरों के बीच यही अंतर है क्योंकि दूसरे सभी केवल पैगम्बर थे।

उन दिनों मदीना एक कृषि प्रधान शहर था जहाँ मूर्तिपूजक जिन्होंने इस्लाम अपना लिया था और यहूदी जिन्होंने इस्लाम नहीं अपनाया था, रहते थे। इससे इन दोनों के बीच अविश्वास और मतभेद बढ़ा। परिणामस्वरूप, यहूदियों को शहर से निकाल दिया गया।

व्यापार के कारण मदीना और मक्का के संबंध अच्छे नहीं थे। मक्कावासियों ने मदीना के विरुद्ध युद्ध छेड़ दिया। तब मोहम्मद साहब सेनापति भी बन गए। यह युद्ध छिटपुट रूप से 7 वर्षों तक चलता रहा और यह मुस्लिम विजय तथा पराजय से जुड़ा हुआ था। मक्कावासियों ने 2 सप्ताह तक मदीना को अपने कब्जे में रखा। उस समय तक अनेक कबीले इस्लाम को अंगीकार कर चुके थे। इसलिए मोहम्मद साहब अपने साथ अधिक मित्रों को जुटा सके जिससे कि 630 ई.स. में मक्कावासियों को आत्मसमर्पण करना पड़ा और उन्होंने भी इस्लाम धर्म को अपना लिया। इस प्रकार, मक्का को इस्लामी अरब के केंद्र का दर्जा प्राप्त हुआ। मोहम्मद साहब ने काबा से मूर्तियों को हटा दिया तथा इसे अल्लाह की पूजा का स्थान बना दिया और यह मुसलमानों का तीर्थस्थल भी बन गया। तथापि, 2 वर्षों के अल्पकाल में पूरे अरब ने पैगम्बर मोहम्मद साहब को अपना नेता स्वीकार कर लिया और इस्लाम अपना लिया। 8 जून, 633 ई.स. को 65 वर्ष की आयु में मोहम्मद साहब ने इस दुनिया से विदा ले ली।

इस्लाम का प्रसार : पैगम्बर मोहम्मद साहब की मृत्यु के एक शताब्दी के अंदर इस्लाम के प्रभाव का विस्तार अरब प्रायद्वीप से बहुत दूर तक हो गया। स्पेन के अटलांटिक तटों और उत्तरी अफ्रीका से पूर्व में ट्रांस ऑक्सियाना (अब उज्बेकिस्तान में) में फरगना और सिंधु नदी के उस पार सिंध (इस समय पाकिस्तान) तक फैल गया। इस समय, इस्लाम पूरे उत्तर अफ्रीका, मध्य पूर्व, सूडान, ईरान, कजाकिस्तान, उज्बेकिस्तान, तुर्की, ताझितान और

अफगानिस्तान में किर्गिज में, पाकिस्तान और चीन के सिंकियांग प्रांत में प्रभुत्वशाली है। जबकि दक्षिणपूर्व की दिशा में मलेशिया में सुमात्रा, जावा और बोर्नियो, मलय प्रायद्वीप इत्यादि तक फैला है। तथापि, अल्बानिया, भारत और दक्षिणी फिलीपीन्स, सोमालिया, मोजाम्बिक, मैडागास्कर, नाईजीरिया में बड़ी संख्या में मुस्लिम अल्पसंख्यक हैं और इस्लाम का प्रभाव तेजी से पूर्वी और पश्चिमी अफ्रीका में फैल रहा है।

प्रश्न 3. भारत में इस्लाम धर्म पर टिप्पणी कीजिए।

उत्तर – इतिहासकारों व शोधकर्त्ताओं के अनुसार भारत में इस्लाम धर्म की शुरुआत लगभग एक सहस्राब्दि पूर्व मानी जाती है, इसका प्रभाव तब शुरू हुआ जब 8वीं शताब्दी के आरंभ में अरब ने सिंध पर विजय प्राप्त की। इसलिए ऐतिहासिक दृष्टि से इस्लाम भारत में एक महत्त्वपूर्ण धर्म है और अत्यंत ही अर्थपूर्ण सांस्कृतिक परंपरा भी है। इस्लाम भारत में हिन्दू धर्म के साथ–साथ अस्तित्व में रहा है जिसने अपनी अलग परंपरागत विश्व दृष्टि निरूपित की है। इस्लाम के मूल्य सार सामान्य रूप से समग्र थे, वैचारिक रूप से जाति के रूप में असमानता का सिद्धांत स्वीकार नहीं किया गया और इसके अतिन्द्रियता के मूल्य की जड़ें एकेश्वरवाद के सिद्धांत में थीं।

इस्लाम सामाजिक असमानता के लिए कोई भी गुंजाइश नहीं रखता है। इस्लामी मत में सक्रिय प्रधान संकल्पना इस बात पर बल देती है कि सभी मनुष्य अल्लाह (सर्वशक्तिमान) के सम्मुख समान हैं। यह संकल्पना खालाकुला (सर्वशक्तिमान का जन) प्रचलित है। किंतु भारतीय मुसलमानों के मामले से पता चलता है कि हिन्दू सामाजिक संरचना असमानता के रूप में इस्लामी मूल्यों के साथ जारी है। विवाह और नातेदारी संबंधों की स्थापना में अशरफ सदैव उन लोगों से सामाजिक दूरी बनाए रखते हैं जो धर्मान्तरित हैं और उन्हें कभी भी अपना समतुल्य नहीं मानते हैं। धर्मान्तरित लोगों में अभी भी जाति असमानता विद्यमान हैं। वे अपना परंपरागत जाति अनुष्ठान संपन्न करते हैं तथा वे अपनी पीढ़ियों पुरानी परंपरागत व्यवसाय में ही संलग्न हैं।

तथापि, अरब से सिंध में इस्लामी समुदाय में स्पष्ट विषमजातीयता दृष्टिगोचर होती है वह है सामाजिक असमानता का मामला। भारत का मामला अत्यंत ही विशिष्ट जान पड़ता है क्योंकि भारतीय मुसलमानों में प्रतीत होता है कि जाति जैसी संरचना को अपनी सामाजिक व्यवस्था में स्वीकार कर लिया है। मुसलमानों में पिछड़े वर्ग की मान्यता के लिए विभिन्न आंदोलन इस तरह की स्वीकार्यता के स्पष्ट द्योतक हैं। अनेक समाजशास्त्रीय और मानवशास्त्रीय अध्ययनों से भारतीय मुस्लिमों में जाति जैसी संरचना की विद्यमानता का पता चलता है। दूसरी ओर, अन्य अनेक विद्वान जाति को संरचनात्मक अस्तित्व मानते हैं तथा तर्क देते हैं कि हिन्दू सामाजिक संरचना के तत्त्व भारत में मुस्लिम शासन के दौरान बड़े पैमाने पर धर्मान्तरण का परिणाम है।

इसलिए इस्लाम का भारतीय मामला समतामूलक और भ्रातृत्व के शाश्वत सार मूल्यों के विपरीत एक अत्यंत ही विशिष्ट स्थिति प्रस्तुत करता है। असमानता आरोपित हैं और इसलिए जन्म से ही सांस्थानिक हैं जो कि समाज के उच्चतम से निम्नतम स्तर तक है। ये संरचनात्मक विशेषताएँ इस्लाम अंगीकार करने के बाद भी बनी हुई हैं।

अध्याय–19
हिन्दू धर्म
Hinduism

परिचय

पूरे वैश्विक पटल पर भारत की अस्मिता विविध धर्मों के समागम के कारण है। उन विविध धर्मों में हिन्दू धर्म एक अत्यंत पवित्र व महत्त्वपूर्ण धर्म है जो यहाँ के बहुसंख्यक वर्गों का प्रतिनिधित्व करता है। इसका उद्भव निरंतर गतिमान आकृत्यात्मक उद्विकास की गत्यात्मकता से हुआ है। इस उद्विकास के नाटक का जन्म एवं प्रस्फुटन भारत जिसे हिंदुस्तान अथवा इंडिया भी कहा जाता है कि भूमि पर हुआ है। वह भारत जिससे अपनी राजनैतिक सीमाओं को अपने धार्मिक अथवा सांस्कृतिक सीमाओं से पृथक् रखा है। अस्तित्व की दृष्टि से हिन्दू धर्म काल तथा देश दोनों में महत्त्वपूर्ण लचीलापन तथा सातत्य बनाए रखा है, यद्यपि इसका विकास विविध नृजातीय समूहों एवं प्रजातियों तथा उनकी भाषाओं, संस्कृतियों तथा विचार–प्रक्रियाओं के मध्य आदान–प्रदान के द्वारा हुआ है अथवा डी.एन. मजुमदार की शब्दावली में इसका विकास 'संस्कृतियों के संघर्ष तथा प्रजातियों तथा धर्मों के संपर्क' की गत्यात्मकता से हुआ है जिससे एक उल्लेखनीय संश्लेषण का जन्म हुआ जिसमें संस्कृत भाषा ने महत्त्वपूर्ण भूमिका निभाई है। इस इकाई में हिन्दू धर्म की कार्यकारी परिभाषा, हिंदुत्व तथा धर्म की अवधारणा की चर्चा की गई है। हिन्दू धर्म का विकास एक ऐतिहासिक प्रक्रिया के तहत हुआ है, इसकी पृष्ठभूमि व स्वरूप का वैज्ञानिक तरीके से विश्लेषण इस इकाई में किया गया है। अंत में हिंदुत्व में विद्यमान धर्म–आचार संकुल को स्पष्ट कर, पुरुषार्थ व उसकी प्रदेयता को परिलक्षित किया गया है।

प्रश्न 1. हिन्दू शब्द से आप क्या समझते हैं? हिन्दुत्व पर एम.एन. श्रीनिवास के विचारों का वर्णन कीजिए।

उत्तर – सिंधु नदी के पूर्वी भाग में निवास करने वालों को हिन्दू माना जाता है, इस प्रकार हिन्दू शब्द की प्रारंभिक उत्पत्ति भी सिंधु नदी से जुड़ी है। भारत में इस्लाम के अनुयायियों अरब, तुर्क, मुगल और पारसी आगमन के बाद इस शब्द को विपरीतार्थक धार्मिक विशेषता मिली जैसे हिन्दू-मुसलमान। यद्यपि यह अभिगम अस्वीकृत कर दिया गया है किंतु फिर भी चला आ रहा है।

ब्रिटिश उपनिवेशवाद के सुदृढ़ होने तथा आक्रामक धर्म प्रचार पर बल देने वाला ईसाई धर्म के आगमन से अनेकश: विकास हुए। हिन्दू तथा मुसलमान दोनों ही अपने अतीत के दायरे में सिमटते गए तथा समानांतर रूप से विकसित हुए। राजा राममोहन राय, सर सैयद अहमद खां तथा बाद में रवीन्द्र नाथ टैगोर एवं इकबाल (दिनकर, रामधारी सिंह तदेव) की रचनाओं में इसका उल्लेख मिलता है।

लगभग एक हजार वर्ष तक विस्तृत मध्यकाल में चार प्रक्रियाओं का जन्म हुआ जिसमें धार्मिक पुट पाया जाता है। किंतु मूलत: हिन्दू तथा मुसलमानों के बीच में संस्कृति ग्रहण की प्रक्रिया काफी महत्त्वपूर्ण है। भारतीय मुसलमानों में अरबी इस्लाम की परंपराओं को अंगीकार करना स्पष्टत: दृष्टिगत प्रक्रिया है जोकि भारतीय मुसलमानों को इस्लाम की अरबी परंपरा से जोड़ता है। लगभग समस्त संगठित पैगम्बरी धर्मों में संस्कृति ग्रहण की प्रक्रिया पाई जाती है, जहाँ किसी पुराण पुरुष में अलौकिक धार्मिक अनुभूति अस्तित्व में रही है।

एम.एन. श्रीनिवास का विचार : एम.एन. श्रीनिवास ने संस्कृतीकरण को अनुभवात्मक दृष्टि से वैध तथा मूल्य निरपेक्ष अवधारणा के रूप में प्रस्तुत किया है। यद्यपि इसके द्वारा विवेच्य प्रघटना मूल्य निरपेक्ष नहीं है। श्रीनिवास के शब्दों में संस्कृतीकरण वह प्रक्रिया है जिसके द्वारा कोई 'निम्न' हिन्दू जाति या कोई जनजाति अथवा अन्य समूह किसी और प्राय: 'द्विज' जाति की दशा में अपने रीति-रिवाज, कर्मकाण्ड, विचारधारा और जीवन पद्धति को बदलता है। आमतौर पर ऐसी प्रघटना में जाति व्यवस्था टूटती है। यह समाज कल्याण के लिए आवश्यक भी होता है। अगर धर्म की दीवार मानव के मन में सदियों से जमी सामंती मानसिकता को तोड़ती है तो यह समाज हित के लिए सर्वाधिक महत्त्वपूर्ण होगी।

प्रश्न 2. हिन्दुत्व के चार साध्य कौन-कौन से हैं?

उत्तर – हिन्दू धर्म के मुख्य रूप से चार साध्य माने गए हैं :
(1) धर्म, (2) आश्रम संस्कार, (3) राजधर्म, (4) उत्तमपुरुष

(1) धर्म : धर्म मनुष्य जीवन का सर्वोच्च अत्यधिक प्रतिष्ठापूर्ण तथा अत्यंत वांछित साध्य है। हालाँकि यह सिर्फ एक नहीं है इसके अतिरिक्त तीन अन्य साध्य हैं: अर्थ, काम एवं मोक्ष। समाज में व्यक्ति के जैविक तथा सामाजिक उद्विकास को दृष्टिगत करते हुए उन्हें क्रम

से रखा गया है। इस क्रम में धर्म प्रथम है, इसके बाद अर्थ, काम एवं मोक्ष आते हैं। इस क्रमिक व्यवस्था के बावजूद धर्म की सर्वांगिक व्यवस्था के होते हुए इनमें से प्रत्येक समान रूप से महत्त्वपूर्ण है क्योंकि इनमें से किसी के अभाव में समाज में मानव जीवन अपूर्ण रहेगा तथा जीवन की आनंदपूर्ण उपलब्धि होने में बाधा होगी।

चित्र–19.1 : धर्म के अलग–अलग रूप

अवधारणा की दृष्टि से भारतीय चिंतन तथा साहित्य में धर्म का लंबा इतिहास है। इसका प्रयोग विविध संदर्भों तथा भाषायी प्रयोगों में हुआ है। इसे ब्रह्माण्डीय व्यवस्था कहा गया है। काल–क्रम में इसने वैदिक अवधारणा श्रृत का स्थान ग्रहण किया। ऋण ब्रह्माण्ड में व्यवस्था का समय है। मानव के सामाजिक अस्तित्व को नैतिक व्यवस्था के रूप में एक रहस्यमय शक्ति ब्रह्माण्ड को बाँधे हुए है।

वैदिक प्रयोग में धर्म का अर्थ है प्रथा, नैतिक नियमों, सामान्य नियम, कर्त्तव्य और सामान्य रूप से ठीक क्या है, धर्म के दो अभिप्रेताकार्य हैं। एक में यह प्रघटना की प्राकृतिक व्यवस्था का नियम है। दूसरे में इसका अर्थ वह दायित्व है जो मनुष्य अपने ऊपर दूसरों के प्रति जिसमें मनुष्य, पशु और ब्रह्माण्ड शामिल हैं लिए हुए है, धार्मिक प्रवयनों में प्रस्तुत दंत कथा से इसका चित्रण होता है।

अर्थ का आमतौर पर प्रयोग धन (संपत्ति) के अर्थ में होता है। इसका प्रयोग रुपये के अर्थ में भी होता है। किंतु धर्म के रूप में अर्थ अधिक समावेशकारी है। इसमें समृद्धि, संपत्ति, सांसारिक संपत्ति, लाभदायक स्थिति, लाभ शामिल है। व्यापक रूप से इसका प्रयोग समृद्धि के अर्थ में होता है। विशिष्ट भाव में अर्थ को ऐसे स्पर्शनीय पदार्थों के रूप में समझा जा सकता है जिन्हें धारण किया जा सकता है, उनका आनंद उठाया जा सकता है और उसे खोया जा

सकता है। मनुष्य को इसकी आवश्यकता परिवार के पालन पोषण तथा जीवन की जरूरतों को पूरी करने के लिए होती है।

हिन्दुत्व में निर्धनता गुण नहीं है। निर्धनता और भूख किसी भी आदमी को पाप करने के लिए प्रेरित करता है। मनुष्य के गुण संपत्ति होने पर ही प्रकट होते हैं। संपत्ति के बिना अच्छे कुल का होने से भी उच्च प्रस्थिति नहीं मिलती है। धर्म के अनुपालन के लिए धन की जरूरत होती है। अकेले धर्म प्रसन्नता का स्रोत नहीं हो सकता है। कौटिल्य मनुष्य के जीवन में धन के महत्त्व पर बल देता है तथा व्यापक परित्याग का विरोध करता है क्योंकि इसके उत्पादन पर दुष्प्रभाव पड़ता है।

सामान्य रूप से काम का अर्थ यौनेच्छा और इसकी संतुष्टि से लिया जाता है। इसलिए, इसे सबसे निचले पुरुषार्थ के रूप में देखा जाता है हालाँकि मनुष्य के जीवन में लक्ष्यों के कल्पनात्मक क्रम में इसे तीसरा स्थान प्राप्त है। यह मोक्ष जो जीवन का सर्वोच्च लक्ष्य है के पहले आता है। यह इस बात का द्योतक है कि धर्म विनियमित अर्थ और काम की उपलब्धि के बिना सर्वोच्च लक्ष्य की प्राप्ति संभव नहीं है।

मात्र यौनेच्छा और इसकी संतुष्टि की दृष्टि से काम कामवासन्य और इन्द्रियग्राह्य आनंद है। यह मनुष्य की आध्यात्मिक प्रगति में बाधक है। इसलिए यह मनुष्य का शत्रु है। दूसरे शत्रु हैं, क्रोध, लालच, लालसा, दम्भ और ईर्ष्या। किंतु दूसरी ओर काम सामाजिक रूप से विनियमित विवाह का आधार है। इस पर प्रजातियों का प्रसार निर्भर करता है। विवाह ग्रहस्थाश्रम का द्वार है जिसे मनुष्य के सामाजिक अस्तित्व में अत्यधिक महत्त्वपूर्ण माना जाता है। यह अत्यधिक प्रशंसनीय अवस्था है।

मनोवैज्ञानिक परिप्रेक्ष्य से प्रभु काम की परिभाषा कुछ और व्यापक रूप से करते हैं। वह जीवन में सभी इन्द्रिय सुखों और संतुष्टि के लिए मनुष्य की इच्छाओं को इसमें शामिल करता है। इसलिए काम का अर्थ है मनुष्य की सहज आवेग वृत्ति और इच्छाएँ तथा उसकी मानसिक प्रवृत्तियाँ। कुल मिलाकर काम का अर्थ है मनुष्य की सहज इच्छाएँ और वासनाएँ।

गोखले बी.जी. का विचार है कि अर्थ काम की इच्छा और आवश्यकताओं को पूरा करने का अच्छा स्रोत है क्योंकि अच्छा खाना और पीना, खुशनुमा और मोहक साथ, अच्छे कपड़े, इत्र, आभूषण तथा माला काम के विशिष्ट स्रोत हैं। तथापि, ग्रहस्थाश्रम में पत्नी के रूप में महिला का महत्त्व देखते हुए व्यापक परिप्रेक्ष्य में काम की अभिव्यक्ति में पुरुष महिला का स्थान और उस दृष्टि जिसमें काम मनुष्य का शत्रु है, यह निश्चित है कि मनुष्य का भला धर्म, अर्थ और काम के सामंजस्य पर निर्भर करता है। मानसिक और शारीरिक प्रसन्नता काम का तात्कालिक उद्देश्य है। अर्थ और काम की प्राप्ति में अनासक्ति के भोग की वकालत मध्यम मार्ग के रूप में की गई इसे निवृत्यात्मक प्रवृत्ति कहा गया है।

मोक्ष सर्वोच्य और सबसे अपेक्षित पुरुषार्थ माना गया है। धर्म की भाँति यह अत्यंत महत्त्वपूर्ण तथा अत्यधिक चर्चित है। इसका शाब्दिक अर्थ मुक्ति है। जैसा कि आमतौर पर

समझा जाता है, इसका अर्थ इस संसार से मुक्ति है। यह इस सिद्धांत पर आधारित है कि यह जगत मिथ्या है। यह तत्त्व रहित है। परमात्मा यथार्थ है। मनुष्य की आत्मा परमात्मा का अंश होने के कारण अनंत रूप से परमात्मा में मिल जाती है।

इस दृष्टिकोण से पुनर्जन्म और कर्म को महत्त्वपूर्ण स्थान प्राप्त है। आत्मा का जन्म जब तक मोक्ष प्राप्त नहीं हो जाता है बार–बार होता है। इस और पूर्व जन्म के कर्म के अनुसार यह चौरासी लाख योनियों में से किसी में पुनर्जन्म ले सकता है। इस जन्म और साथ ही पूर्वजन्म के कर्मों के आधार पर इसका योनियों के पदसोपान में उद्विकास निर्भर करता है। मनुष्य योनी में विकास आत्मा का सर्वोच्च उद्विकास है और मोक्ष प्राप्त करने का एक अवसर है। इसका चयन मनुष्य को करना है। उसकी सफलता या विफलता उसके कर्म पर निर्भर करती है।

(2) आश्रम संस्कार : आश्रम तथा संस्कार की वैचारिकी जीवन के साध्य चतुष्टय से जुड़ी होती है। चार पुरुषार्थों की भाँति चार आश्रम भी हैं : जीवन के चार चरण मनुष्य के जीवन को 100 वर्ष मानकर उसे चार चरणों में विभक्त किया गया है–प्रत्येक आश्रम पच्चीस–पच्चीस वर्षों को माना गया है। ये हैं–ब्रह्मचर्य, गृहस्थ, वानप्रस्थ तथा सन्यास।

चारों पुरुषार्थ इन चार अवस्थाओं–आश्रमों से जुड़े हैं। ब्रह्मचर्य आश्रम छात्र जीवन से संबंधित है जिसमें, धर्म संबंधी ज्ञानार्जन किया जाता है। गृहस्थाश्रम का संबंध अर्थ तथा काम से है। वानप्रस्थ अवकाश ग्रहण की तैयारी है–परिवार की बागडोर नई पीढ़ी को सौंपने की तैयारी। सन्यास का संबंध पूर्ण वैराग्य, त्याग से है। यह परिवार, ग्राम, जाति तथा जीवन साथी से अलग होने की अवस्था है।

किंतु हिन्दुत्व के वैराग्य संबंधी विचारों की चुनौती भी दी गई है। पूर्ण वैराग्य के प्रति संदेह व्यक्त किया गया है। गीता की दृष्टि में देही (देहधारी) 'अकर्म' (कर्म से रहित) नहीं हो सकता। आहार, निद्रा तथा आश्रय जैसी शरीर की आवश्यकताएँ 'अकर्म' को स्वीकार नहीं कर सकती। कोई सन्यासी सदा मठ, गुरुद्वारों तथा आश्रमों से अलग नहीं रह सकता। वे बहुधा गाँव की सीमा पर चले जाते हैं तथा वहाँ रहते हैं–अब वे अधिकतर नगर में रहते हैं।

संस्कृत किए जाने की पद्धति संस्कार है जिसकी संख्या 16 है। प्रभु (पी.एच. तदेव 1963) तथा अन्य ने इन आश्रमों तथा संस्कारों के संबंधों की विशद् व्याख्या की है।

यहाँ पुरुषार्थ तथा आश्रम के कतिपय पहलू उल्लेखनीय है। उनके संबंधों के दृष्टिगत जीवन आश्रमों के बिना और समाज से दूर अस्तित्व में नहीं रह सकता। सन्यास आश्रम मोक्ष के पुरुषार्थ से जुड़ा है। सामान्यतः पूरा जीवन ही मोक्ष के लिए तैयारी माना गया है। मनुष्य सन्यास आश्रम में मुमुक्षु हो जाता है, अर्थात् वह जो मोक्ष की ओर उन्मुख है। निर्मल कुमार बोस ने सन्यास को जाति–समाज के लिए सुरक्षा वाल्व कहा है। सन्यास आश्रम में प्रवेश करता व्यक्ति जाति से ऊपर है, वह व्यावसायिक एवं आर्थिक बंधन, इसकी विशेषता, विभिन्नता, निर्योग्यताएँ तथा सोपानक्रम सबसे ऊपर उठ जाता है। वह अपना सामाजिक नाम छोड़कर परिव्राजक बन जाता है।

(3) राजधर्म : धर्म हिन्दुत्व में सर्वसमावेशक माना गया है, अतः राजधर्म की अवधारणा भी विकसित हुई अर्थात् धर्म का राज। राज शब्द का अर्थ राजा नहीं बल्कि शासन है। राजधर्म राजा तथा प्रजा, शासक तथा शासित को एक धर्म में, कर्त्तव्य भाव में बाँधे रहता है जिसे राजधर्म कहा गया है। इसी प्रकार राजदेवता की अवधारणा विकसित हुई। यह मध्यकाल तथा ब्रिटिशकाल में भी विद्यमान थी जैसा कि ईस्ट इंडिया कंपनी के लिए कंपनी बहादुर की उपाधि से पता चलता है। रवीन्द्रनाथ टैगोर द्वारा रचित गान के भारत के राष्ट्रगान के रूप में स्वीकार किया गया है, ब्रिटिश राजा जार्ज पंचम को संबोधित 'जनगण मन अधिनायक' में राजनेताओं की विजय की कामना की गई है। इतिहासकारों ने राजधर्म की व्याख्या शासक, राज्य तथा समाज जैसे घटकों में की है।

(4) उत्तम पुरुष : हिन्दुत्व में उत्तम पुरुष की अवधारणा एक वैचारिकी के रूप में अति प्राचीन काल से ही पाई जाती है, उसका तात्पर्य है आदर्श पुरुष। **प्रो. राधा कमल मुखर्जी** ने इसे आदर्श पुरुष कहा है। इसे पूर्ण पुरुष कहना हिन्दू भावना के विपरीत है क्योंकि केवल ईश्वर ही पूर्ण है। उत्तम पुरुष युग द्रष्टा होता है। उपनिषद का ज्ञानी, योग मार्ग का योगी तथा गीता का स्थित प्रज्ञ कर्मयोगी बौद्धमत का बुद्ध तथा जैन मत का केवलिन प्राचीन भारत के उदाहरण हैं।

मध्यकाल का उत्तम पुरुष भक्त है। आर्य समाज ने आधुनिक काल में आर्य व्यक्तित्व को बढ़ाया। आर्य सांस्कृतिक परंपरा का समर्थन है और भारतीयों को भेदभाव मिटा कर आर्य बनने के लिए आमंत्रित करता है। गाँधी जी का 'सत्याग्रही' तथा विनोबा का सर्वोदयी इसके आधुनिक स्वरूप है जो पश्चिमीकरण, वाणिज्यीकरण तथा औद्योगीकरणवाद के विपरीत गाँव आधारित परंपरागत सामाजिक संरचना का विकास करना चाहती है। सवागदयी से तात्पर्य अपरिग्रही से है।

प्रश्न 3. हिन्दुत्व के धर्म आचार संकुल पर टिप्पणी कीजिए।

उत्तर – हिन्दू धर्म में जन्म से मृत्यु तक की यात्रा को लोक यात्रा कहा गया है। इसका परिहार संभव नहीं है। यह धर्म–कर्म की भावना पर आधारित है। मनुष्य इससे अलग रहकर अपना निर्माण नहीं कर सकता। कर्म तथा लोक यात्रा श्रम का ही परिणाम होता है। कर्म तथा धर्म का संबंध उन्हें आचार से जोड़ता है। आचार का अनुपालन धर्म का प्राथमिक चरण है, किंतु इसका तात्पर्य यह नहीं माना जा सकता कि धर्म एक आयामी है। धर्म तथा आचार का संबंध व्यक्ति को बहुआयामी बनाता है। कुल, वर्ण, जाति, गाँव तथा देश में धर्म अभिव्यक्त होता है, इसे समाजशास्त्री मानव के सामाजिक अस्तित्व का संरचनात्मक आधार मानते हैं।

कुलाचार का तात्पर्य कुल के आचार से है। इसमें विवाह, परिवार तथा कुल समाहित होते हैं तथा यह रिश्तेदारी और जाति व्यवस्था का विस्तृत रूप है। उदाहरणार्थ, माँ के भाई की पुत्री से विवाह उत्तर भारत में निषिद्ध है, जबकि दक्षिण तथा उत्तराखंड में यह आचार का उल्लंघन

नहीं, बल्कि अच्छा माना जाता है। अतः यह कहा जा सकता है कि परिवेश बहुत हद तक परिस्थितियाँ व जटिल संबंधों को निर्मित करने में सहायक सिद्ध होते हैं। कर्म से जुड़े आचार बहुआयामी तथा बहुविध होते हैं। कर्म अनेक प्रकार के होते हैं। गीता में वर्णित, सात्विक, राजसिक तथा तामसिक कर्म काफी प्रसिद्ध हैं। ये कर्म गुण पर आधारित होते हैं। इससे मनुष्य के सामाजिक अस्तित्व के अवबोधन में गुण की भूमिका सिद्ध होती है।

 # WE'D LOVE IT IF YOU'D LIKE US!

/gphbooks

We're now on Facebook!

Like our page to stay on top of the useful, greatest headlines & exciting rewards.

Our other awesome Social Handles:

gphbooks
For awesome &
informative videos
for IGNOU students

9350849407
Order now
through WhatsApp

gphbooks
We are
in pictures

gphbook
Words you get
empowered by

अध्याय–20

पंथ निरपेक्षवाद और पंथ निरपेक्षीकरण

Secularism and Secularization

परिचय

पंथ निरपेक्ष शब्द की व्युत्पत्ति लैटिन भाषा के शब्द सायकुलम से हुई है। इसका अर्थ होता है शताब्दी या युग। पवित्र काल के प्रतिकल सायकुलम का काल अपावन (धर्म निंदक) काल तथा सामान्य ऐतिहासिक राज्यारोपण का काल था। यह समय अपने से उच्चतर समय जिसका पारस्परिक नाम 'शाश्वतता' का समय था, विचारों का समय था, उत्पत्ति का समय या भगवान का समय से सम्मिश्रित था। जीसस क्राइस्ट के समय से ही जीवन का यह विभाजन विद्यमान आसन्न तीसरे दशक की किवदंती है कि एक बार ईसा मसीह से पूछा गया कि क्या रोम को कर देना चाहिए जीसस ने कहा 'सीजर को सीजर की संपत्ति दे दो और प्रभु को प्रभु की वस्तु अर्पित कर दो।' पंथनिरपेक्षता शब्द का प्रयोग सन् 1851 ई. में जॉर्ज जैकब होलियोक ने किया था। आज जैसे–जैसे दुनिया विकास के सोपान पर बढ़ती जा रही है, तरह–तरह के खतरे भी सामने आते जा रहे हैं, ऐसे समय में इसकी परिकल्पना और महत्त्वपूर्ण होती जा रही है। इस इकाई में पंथनिरपेक्ष और पंथनिरपेक्षीकरण के बारे में, तत्पश्चात् पंथनिरपेक्षीकरण क्या है इसकी रूपरेखा की विस्तारपूर्वक चर्चा की गई है। पंथनिरपेक्षवाद के सिद्धांतों की रूपरेखा तैयार करने में उत्पन्न संकट तथा विस्तारपूर्वक इसके विविध आयामों के बारे में जानकारी की गई है। इससे दिलचस्प बात इस इकाई में यह रखी गई है कि पंथ निरपेक्षीकरण की भारतीय तथा यूरोपीय अनुभवों के आधार पर विस्तारपूर्वक चर्चा की गई है।

प्रश्न 1. पंथ निरपेक्षवाद से आप क्या समझते है? पंथ निरपेक्षवाद के प्रमुख सिद्धांतों का वर्णन कीजिए। [दिसम्बर 2009, प्रश्न 1.]

उत्तर – मुख्य तौर पर पंथ–निरपेक्षवाद की तीन परिभाषाएँ प्रचलित हैं :

(1) पहली – जन केंद्रिक, (2) दूसरी – राज्य केंद्रिक, (3) तीसरी – भारत–विशेष।

पहली जन–केंद्रिक परिभाषा धर्म को राजनीति, अर्थव्यवस्था, शिक्षा, सामाजिक जीवन और संस्कृति से पृथक् रखने पर बल देती है। पृथक् रखने का उद्देश्य धर्म को जीवन से अलग करना नहीं है अपितु धर्म को व्यक्ति के व्यक्तिगत जीवन तक सीमित रखने के लिए है। पंथ निरपेक्ष राज्य धर्म पालन का विरोध नहीं करता परंतु उसकी राजनीति का आधार धर्म नहीं होता है। इसका परम उद्देश्य है धर्म को एक व्यक्तिगत मामला बनाना। धर्म के समाज पर प्रभाव को सीमित करने के लिए पहला कदम सन् 1648 में तीस वर्ष के युद्ध के अंत में तथा फ्रांसीसी क्रांति के समय में उठाया गया था। 1648 में तीस वर्ष के युद्ध के अंत में यूरोप में चर्च की संपत्तियों को राजकुमारों के एकाधिकार के लिए हस्तांतरित कर दिया गया था। पंथ निरपेक्षवाद के लिए एक और महत्त्वपूर्ण क्षण आया 2 नवम्बर 1789 को जब टेलेराँ ने फ्रांसीसी राष्ट्रीय सभा (नेशनल असेम्बली) में सभी 'चर्च संबंधी वस्तुओं' को अर्थात् धार्मिक संस्थानों को, जिसमें स्कूल प्रमुख थे, कहा कि वे सभी राष्ट्र–शासित हैं।

सभी समाजों में अलग–अलग मतों को मानने वाले लोग होते हैं और यह स्थिति राज्य को तटस्थ बने रहने का दायित्व देती है। राज्य–केंद्रिक परिभाषा राज्य को सभी धर्मों से तटस्थ बने रहने की अवधारणा पर बल देती है। धार्मिक प्रवृत्ति के लोग राज्य से अपेक्षा रखते हैं कि राज्य सभी मतों को आदर दे परंतु कुछ लोग नास्तिकता के लिए भी समान आदर की माँग करते हैं। सामान्यतया यह माँग होती है कि राज्य सभी से समान व्यवहार करे। अर्थात् राज्य किसी से भी उसके मत को आधार बनाकर न तो कृपा–दृष्टि डाले और न ही विभेद करे।

धर्म का जीवन से समावेश एवं राज्य का धर्म से विभक्तिकरण पंथ निरपेक्षता की सर्वाधिक स्वीकार्य परिभाषाएँ हैं, यद्यपि इन विचारों का जन्म यूरोप में हुआ है। पंथ निरपेक्षवाद की तीसरी परिभाषा–भारत विशेष है, जो उपनिवेशवाद एवं साम्प्रदायिकता के विरोध में सभी लोगों की एकता पर बल देता है। पंथ निरपेक्ष राज्य एवं समाज भारतीय राष्ट्रीय आंदोलन की सामाजिक दृष्टि के भाग थे, अतएव, 1947 में हुए भयंकर हिंसा और पाकिस्तान की साम्प्रदायिकता आधारित निर्माण के पश्चात् भी स्वतंत्र भारत ने 'साम्प्रदायिकता विरोध की अपनी नीति बनाई है।'

पंथ निरपेक्षवाद के सिद्धांतों का जन्म विभिन्न धार्मिक विचारों एवं इस विभिन्ना के लिए हुए व्यक्तियों के मध्य चल रहे तीक्ष्ण संघर्ष के प्रसंग में हुआ था। अपनी पुस्तक डायलॉग्स कन्सरनिंग नेचुरल रिलिजन (1776) में डेविड ह्यूम ने पूछा – 'यदि धर्म समाज के लिए स्वास्थ्यवर्धक है तो सार्वजनिक जीवन में इसके परिणाम इतने अनिष्टकारी क्यों होते हैं

पंथ निरपेक्षवाद और पंथ निरपेक्षीकरण

(जैसे—गुटबंदी, गृह युद्ध, अत्याचार, सरकार का विरोध, दमन और दास प्रथा)। यूरोप में आधुनिक पंथ निरपेक्षवाद का उद्भव धर्म युद्धों के कारण हुआ, न कि युद्धजनित थकान की विभीषिका को रोकने के लिए। धर्मयुद्ध आठ पवित्र युद्धों की शृंखला थी जो 1095 और 1464 के बीच हुए जो प्रकट रूप से फिलिस्तीन में पवित्र भूमि को पुनः मुसलमानों से अपने अधिकार में लेना था। विद्यार्थियों के साथ भी शांति के नियमों और जहाँ सम्प्रदायवादी है में वैध प्राधिकार के आज्ञापालन को कट्टरपंथ के या दूसरे संस्करण के नाम पर रोकना था। उन दिनों धार्मिक घृणा को रोकने के लिए दो तरीके चुने गए। पहला था शांतिपूर्ण सह अस्तित्व और राजनीतिक व्यवस्था के आचार की स्थापना के लिए समान आधार पर रणनीति प्राकृतिक नियम के अपने अलग-अलग विचार देने में एकिनास, प्यूफेनडार्फ तथा लॉक ने पंथनिरपेक्षता की इस रणनीति का समर्थन किया है। रणनीति ने पापस्वीकृति धर्म सिद्धांत को कम महत्त्व दिया तथा सामान्य आस्थाओं को रेखांकित किया और यह देववाद को प्रकट कर सकता था। इस रणनीति ने विभिन्न प्रतिबद्धताओं वाले लोगों से अपील की जिससे कि वे कतिपय बुनियादी चीजों पर एकमत हो सकें।

धार्मिक संघर्ष से निपटने के लिए दूसरी पद्धति एक स्वतंत्र राजनीतिक आचार के उद्भव के लिए विकसित की गई थी। यह रणनीति स्वीकारोक्ति पूर्ण हठवादिता को निरसित करते हैं तथा एक ऐसी विकास व्यवस्था उपलब्ध कराती है जो सह-जीवन के लिए समान आधार प्रदान करती है। ऐसी मान्यता है कि मानव एक तार्किक प्राणी है, सामाजिकेय है तथा शपथपूर्वक लिए वचनों का उल्लंघन नहीं करता। ग्रोशस इस रणनीति का प्रारंभिक प्रतिष्ठित अन्वेषक है। तदनुसार यदि ईश्वर अस्तित्व में नहीं है तो भी ये प्रतिमान हम पर बाध्यता मूलक होंगे।

एक वैचारिकी के रूप में पंथ निरपेक्षता में निम्नांकित पाँच विचार निहित हैं, जो कि इस प्रकार हैं :

(1) प्रथम, यह मानव स्वायत्तता की भूमिका पर बल देता है, अर्थात् यह मानव के अपने जीवन को सत्ता से स्वतंत्र व्यवस्थित करने के अधिकार को मान्यता देता है। द सेक्युलर ह्यूमनेस्ट डिक्लेयरेशन घोषित करता है। पंथ निरपेक्ष मानवतावाद ईश्वरीय निर्देशन की अपेक्षा मानव की बुद्धि में विश्वास रखता है, पंथ निरपेक्ष मानवता मानवीय विवेक में विश्वास करता है बनिस्पत कि देवीय मार्गदर्शन में। उद्धार तिरस्कार तथा पुनर्जन्म के सिद्धांतों का प्रतिरोधी पंथ निरपेक्ष मानवतावादी मानवीय स्थितियों को यथार्थवादी अर्थों में स्वीकारना है, मानव अपने भाग्य के निर्माण के लिए स्वयं उत्तरदायी है।

(2) द्वितीय, पंथ निरपेक्षता बलपूर्वक कहती है कि केवल राज्य तथा विधि ही नहीं बल्कि परिवार संबंध, शिक्षा, नैतिकता, ज्ञान तथा मूल्य भी धर्म के प्रभाव से पूर्णतः मुक्त हैं। मार्क गैलेन्टर के अनुसार भारत में विशिष्ट तथ्य यह है कि धर्म को राजनीति से ही नहीं बल्कि सामाजिक संबंधों से भी बाहर रखना है।

(3) तृतीय, पंथ निरपेक्षता केवल व्यक्ति की ही नहीं बल्कि तर्क को भी धर्म से स्वयत्त होने की बात करता है। तर्क को सत्यता का एक मात्र निर्धारक माना गया है जिससे धर्म में विश्वास तथा चर्च की स्वायत्तता कम हो जाती है।

(4) चतुर्थ, पंथ निरपेक्षता बहुलतावाद के मूल्यों तथा धार्मिक सहिष्णुता के स्थान प्रदान करता है क्योंकि इसकी दृष्टि में कोई भी धर्म अंतिम, अपतनशील तथा तार्किक परीक्षण के बाहर नहीं है। इसलिए बहुधार्मिक विश्व दृष्टि को पंथ निरपेक्षतावादियों द्वारा प्राकृतिक समझा जाता है तथा सहिष्णुता को एक मनोवृत्ति जो वे अन्य धर्मों तथा मूल्य व्यवस्था के प्रति बनाए रखते हैं।

(5) पंचम, पंथ निरपेक्षता धर्म विरोधी नहीं है, बल्कि इहलौकिक बातों से सरोकार रखती है तथा इसका विचार है कि पंथ निरपेक्ष जीवन तथा ज्ञान स्वायत्त है। चीनी जनवादी गणराज्य की राजनीति आधिकारिक रूप से धर्म–विपरीत है तथा पंथ निरपेक्षता को यत्नपूर्वक समर्थन करती है, यद्यपि यह एक पंथ निरपेक्ष राज्य नहीं है।

प्रश्न 2. पंथ–निरपेक्षीकरण की प्रक्रिया पर चर्चा कीजिए।

उत्तर – महत्त्वपूर्ण लक्षणों के संग भारत तथा यूरोप में पंथ निरपेक्षीकरण प्रक्रिया का जन्म विशेष परिस्थितियों में हुआ। इंग्लैंड तथा नीदरलैंड में सामंतवादी प्रभुओं तथा बुर्जुआ के बीच उत्पन्न संघर्ष ने धार्मिक आवरण का स्वरूप ग्रहण कर लिया, परंतु यह परिघटना फ्रांस में घटित नहीं हुई। पंथ निरपेक्षीकरण के वैज्ञानिक विकास पर बहस करना यहाँ अधिक तर्कसंगत रहेगा। इसे हम नवीन रूप में देख सकते हैं। सामंतवादी राज्य का धार्मिक संस्थाओं से बेहद गहरा संबंध था। राजा लगान मुक्त भूमि अनुदान धार्मिक संस्थाओं को देते थे तथा धार्मिक संस्थान उन्हें इसके बदले में ईश्वर की विभिन्न विपदाओं से संरक्षण प्रदान करता था। कुछ समय के लिए सामंतवादी राज्य के साथ इसके संघर्ष में बुर्जुआ वर्ग ने विज्ञान तथा तार्किकता का आलम्बन प्राप्त किया जो धार्मिक विरोध से ओत–प्रोत हो गया। पेरिसवासियों की माँगें सीमित कर दी गई थीं। इसका परिणाम यह हुआ कि अनेक धार्मिक संस्थाओं को समाप्त कर दिया गया। धार्मिक अधिकारियों की संख्या के अनुपात में कमी कर दी गई। उनके चयन की प्रक्रिया में चुनाव लागू कर दिया गया। फलतः चयन की प्रक्रिया में उत्पन्न धांधली पूर्णतः समाप्त हो गई भ्रष्टता पर नियंत्रण पाने का सफल प्रयास किया जाने लगा। वंशवाद पर आधारित सामंती प्रथा, आम जनता के ऊपर हो रहा अत्याचार, शासन की निरंकुशता पर नकेल कसी जाने लगी। इससे प्रभु वर्ग के अंदर खलबली मच गई। सत्ता वर्ग के ऊपर व्याप्त उनके वर्चस्व की दीवारें डगमगाने लगी। उदयीमान आधुनिक राष्ट्र–राज्यों में, लोकतंत्र की घोषणा तथा नागरिकों के अधिकारों की गारंटी इंग्लैंड में विकास के माध्यम से और फ्रांस में क्रांति के माध्यम से फैलने लगी। इन अधिकारों में से एक अंतरात्मा की आवाज की पहचान भी प्रमुख परिघटना थी। धर्म के विज्ञानी अंतरात्मा की स्वतंत्रता को मनुष्य के अंदर ईश्वर की

आवाज के रूप में पहचान ग्रहण करते थे। तर्कबुद्धिवादी यह मानते थे कि अंतरात्मा समाज के विकास का उत्पादक है। अंतरात्मा की स्वतंत्रता विकास के तीन चरणों से होकर गुजरती है। पहला चरण वह था जब लोगों ने पाप स्वीकृति प्रथा राज्य में धार्मिक स्वतंत्रता के लिए लोगों ने अपने हक के लिए संघर्ष किया। दूसरा चरण वह था जब अंतरात्मा की धार्मिक स्वतंत्रता की उदार लोकतांत्रिक राजव्यवस्था में माँग की गई। तीसरे चरण में अंतरात्मा की आवाज वास्तविक स्वतंत्रता पाकर पूरी हुई, क्योंकि अनीश्वरवाद इस मान्यता पर स्वतंत्रतापूर्वक स्वीकृत था कि अंतरात्मा धर्म का पैमाना है न कि धर्म अंतरात्मा का। वैश्वीकरण व निजीकरण के वर्तमान दौर के पहले से ही बाजार जैसी पूँजीवादी संस्थाओं ने विश्व के अनेक भागों तथा लोगों को इकट्ठा किया है। पंथनिरपेक्षीकरण ने पश्चिमी यूरोप में सामाजिक–राजनीतिक संस्थाओं तथा धर्म के बीच अंतर्संबंधों का व्यापक आधार प्रस्तुत किया है।

इस समय फ्रांस की सरकार किसी धार्मिक समूह को प्राथमिकता नहीं देती। मैक्सिको में जहाँ पर कैथोलिक ईसाई हैं, सन् 2000 बाइबिल विरोधी अधिनियम पारित किए गए हैं। तद्नुसार,

(1) चर्च की संपत्ति राज्य की संपत्ति है।

(2) चर्च से बाहर पूजा संबंधी सेवाएँ, कुछ वर्ष पहले तक निषिद्ध कर दी गई हैं।

(3) सरकार कोई भी पूजा स्थल खोल सकती है तथा उसमें स्वीकृत पूजा व्यवस्थापकों की संख्या निर्धारित कर सकती है।

(4) पादरी वोट नहीं दे सकते, राजनीति में भाग नहीं ले सकते, जनता के बीच अपना विशिष्ट परिधान नहीं पहन सकते तथा सरकारी अधिकारियों की आलोचना नहीं कर सकते।

(5) चर्च अपना रेडियो तथा टेलीविजन स्टेशन नहीं खोल सकते हैं।

चर्च–राज्य संबंधों के आधार पर पूँजीवादी समाज स्वतः दो भागों में विभक्त हो जाता है। प्रथम वे जिनके राज्य का धर्म घोषित है तथा 1980 के दशक में जिनकी संख्या लगभग चार दर्जन दुनिया के देशों का लगभग 1/4 भाग था। इन राज्यों में राष्ट्राध्यक्ष वही हो सकता है जो राजधर्म अपनाता है। वही व्यक्ति सरकारी प्रबंधन में भी भाग ले सकता है। दूसरी श्रेणी में वे राज्य हैं जिन्होंने सरकारी प्रबंधन से राजधर्म को अलग रखा है। किंतु व्यवहार में धर्म राज्य के सांस्कृतिक जीवन में विद्यमान रहता है। राज्य की खुफिया एजेंसियाँ सार्वजनिक व्यवस्था के हित में धार्मिक समारोहों में शामिल होती हैं, समान शैक्षणिक स्तर के हित में धार्मिक शिक्षा विनियमित की जाती है तथा जनहित में धार्मिक संस्थाओं की निगरानी की जाती है। भारत इन सभी से अलग दूसरी श्रेणी में आता है जहाँ औपचारिक रूप से धर्म से पार्थक्य है किंतु धार्मिक कार्यों में सरकार की संलग्नता पाई जाती है।

अध्याय–21
साम्प्रदायिकता तथा मौलिकतावाद
Communalism and Fundamentalism

परिचय

तत्कालीन समय में धार्मिक मौलिकतावाद को सांप्रदायिकता से जोड़ने तथा दोनों के पर्यायवाची मानने की गलत परंपरा चल पड़ी है, वास्तविकता यह है कि दोनों एक दूसरे से बिल्कुल पृथक् हैं, इसके बावजूद दोनों के बीच बहुत हद तक समानता के लक्षण देखे जा सकते हैं। दोनों के बीच अनेक वैचारिक, राजनैतिक व सामाजिक समानता देखी जा सकती है। सर्वप्रथम, मौलिकतावादी धर्म के मौलिक सिद्धांतों की ओर लौटने, धर्म की स्थापना के समय धर्म के पहले ग्रंथ में धर्म के दिए गए स्वरूप तथा अर्थ की ओर लौटने का तर्क देते हैं। इतना ही नहीं, इन ग्रंथों को शब्दशः समझना लागू करना और कार्यान्वित करना है, उनके अर्थों की कोई व्याख्या या उन पर वाद–विवाद नहीं किया जा सकता। 19वीं शताब्दी के अंतिम चरण में भारत में सांप्रदायिकता का विकास हुआ। जब यह विचार सामने रखा गया कि पूरे भारत में धर्म के अनुयायियों में समान रूप से न सिर्फ उनका धर्म और धार्मिक हित है, अपितु कुछ राजनीतिक, आर्थिक, सामाजिक व सांस्कृतिक हित भी हैं। इस विचार से यह भाव निकलकर आया है कि भारत में हिन्दू, मुस्लिम, सिक्ख और ईसाई अलग–अलग समुदाय है। मौलिकतावादी गंभीर धार्मिक होते हैं तथा अंधधार्मिक श्रद्धा का बोलबाला रहता है जबकि सांप्रदायिकता में नहीं। इस इकाई में हम मौलिकतावाद की परिभाषा देते हुए सांप्रदायिकता को समझेंगे। तत्पश्चात् मौलिकता व सांप्रदायिकता के बीच के संबंध को ठीक से समझाया गया है। अंत में मौलिकतावाद व सांप्रदायिकता के लक्ष्यों को चिह्नित कर उनके मापदंड को भी निर्धारित किया गया है।

प्रश्न 1. मौलिकतावाद को परिभाषित करते हुए धर्म, राजनीति और शिक्षा संबंधी मौलिकतावादी विचारों पर चर्चा कीजिए।

उत्तर — मौलिकतावाद एकरूपीय नहीं है। यह एक ऐसी अवधारणा है जो मूल तत्त्व को रेखांकित करती है। धर्म की स्थापना के समय जो उसका आरंभिक स्वरूप था वह नितांत मौलिक और विशुद्ध मानवीय रहा है जिसमें कालांतर में अनेक प्रक्षिप्त अंश जुड़ते चले गए और धर्म आडम्बरों और बाह्याचारों से घिर गया। ऐसी स्थिति में मौलिकतावाद धर्म के मौलिक सिद्धांतों की ओर लौटने, धर्म की स्थापना के समय के धार्मिक स्वरूप को ग्रहण करने पर बल देता है। इस प्रकार मौलिकतावाद के मूलभूत तथ्यों को समझना आवश्यक हो जाता है, जो निम्नलिखित हैं :

(1) धर्म के मूल स्वरूप पर कोई वाद-विवाद एवं व्याख्या नहीं अर्थात् भाष्य, टीका को अस्वीकार करना।

(2) धर्म के मौलिक और आरंभिक स्वरूप को स्वीकार करना।

(3) ईश्वर की वाणी अपरिवर्तनीय है इसलिए उसकी पुनर्स्थापना उदाहरणस्वरूप, ईसाई धर्म का मूल स्वरूप न्यूटेस्टामेंट में तथा इस्लाम धर्म का सुन्ना तथा कुरान में, हिन्दू धर्म का वेद में तथा सिक्ख धर्म का गुरुवाणी में है।

(4) प्रारंभिक धार्मिक ग्रंथों का अक्षरश: अनुपालन।

अत: वास्तव में मौलिकतावादी आधुनिक समाज व्यवस्था में सामाजिक अवस्था और मानवीय ज्ञान की स्थिति में मूल पाठ को छोड़कर उसकी सभी व्याख्याओं को ईश्वर की निंदा मानते हैं। किंतु मौलिकतावादी विचारधारा का अर्थ यह नहीं है कि ये धर्म विरोधी अथवा धर्म के शत्रु हैं। दरअसल मौलिकतावादी विचार में वास्तविक और मूल सिद्धांत को स्वीकार करते हैं।

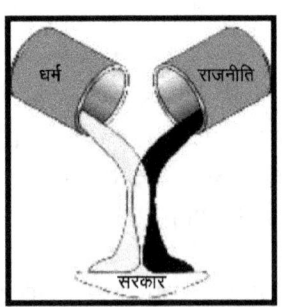

चित्र–21.1 : धर्म और राजनीति

मौलिकतावादियों का मत है कि जीवन के सभी क्षेत्रों में ईश्वर का सच्चा ज्ञान प्राप्त करना मानव का वास्तविक लक्ष्य होना चाहिए। वास्तव में ईश्वरीय वाणी और नियम समाज, अर्थव्यवस्था, संस्कृति, राजनीति, विधि आदि को प्रभावित करते हैं।

मौलिकतावाद का राजनीति, धर्म और शिक्षा के संदर्भ में मंतव्य : मौलिकतावादी विचारक धर्म को सर्वाधिक महत्त्व देते हुए, राजनीति, राज्य, शिक्षा को धर्म से संचलित मानते हैं। उनका कहना है कि "यदि ईश्वर सर्वोच्च है तो फिर राजनीतिक शासन भी उसके क्षेत्राधिकार में है तो फिर किस तरह से राज्य धर्म से अलग हो सकता है।"

शिक्षा पर विचार करते हुए मौलिकतावादी विचारक शैक्षिक संस्थाओं में सच्चा धर्म पढ़ाने पर जोर देते हैं। इसका उदाहरण, पोप के पत्र 'माडर्न एटर्स' का पाठ्यक्रम रूप में लागू करना है। इस प्रकार मौलिकतावादी आधुनिक स्कूलों तथा कॉलेजों का बहिष्कार कर उसके स्थान पर धार्मिक शिक्षा को बढ़ावा देने की बात करते हैं।

कानूनी अथवा विधिक कार्यवाहियाँ भी प्राचीन संस्थापक ग्रंथों के आधार पर ही निर्मित होती हैं। मुस्लिम मौलिकतावादियों की माँग रही है कि मुस्लिम कानून को कुरान और सुन्ना से निर्मित किया जाए तथा कठोर दंड संहिता को लागू किया जाए। इस संदर्भ में वे आँख के लिए आँख और कान के लिए कान जैसे कठोर दंड की बात करते हैं। विकसित राष्ट्र अमेरिका में भी कुछ अमेरिकी मौलिकतावादी 'ओल्ड टेस्टामेंट' के कानूनों के आधार पर कई अपराधों के लिए मृत्युदंड देने की बात करते हैं। जैसे–हत्या, कुमारी संभोग, व्यभिचार, समलैंगिकता, बलात्कार, अपहरण, धर्म त्याग, मूर्ति पूजा आदि।

अत: मौलिकतावादी विचारधारा को अतिवादी के रूप में कह सकते हैं कारण यह कि यह परिवर्तन को अस्वीकार करने वाली विचारधारा है जो विश्व को विचारधारा से सर्वाधिक भिन्न और विशिष्ट है।

प्रश्न 2. साम्प्रदायिकता को परिभाषित करते हुए साम्प्रदायिकता और मौलिकतावाद के बीच संबंध बताइए।

अथवा

साम्प्रदायिकता एवं मूलतत्त्ववाद के बीच के अंतर को स्पष्ट कीजिए।

[दिसम्बर 2008, प्रश्न 7.]

उत्तर – साम्प्रदायिकता का विकास तीन अवस्थाओं में हुआ, सर्वप्रथम 19वीं शताब्दी के अंतिम चतुर्थांश के दौरान साम्प्रदायिकता का विकास हुआ जब यह विचार सामने रखा गया है कि पूरे भारत में एक धर्म के अनुयायियों में समान रूप से न सिर्फ उनका धर्म और धार्मिक हित है अपितु कुछ राजनीतिक, आर्थिक, सामाजिक और सांस्कृतिक हित भी है। इस विचार से यह भाव निकल कर आया कि भारत में हिन्दू, मुस्लिम, सिक्ख और ईसाई अलग–अलग समुदाय हैं और भारत या भारतीय राष्ट्र की रचना इन भिन्न समुदायों से हुई है। इन समुदायों के अपने–अपने नेता हैं, उदाहरण के लिए हिन्दू नेता और मुस्लिम नेता, जो अपने समुदायों के हितों की रक्षा करते हैं तथा उसके लिए लड़ते हैं। दुर्भाग्यवश, अनेक राष्ट्रवादियों ने धर्म आधारित समुदायों की शब्दावलियों को स्वीकार तथा उनका प्रयोग तब भी किया जबकि

उन्होंने इसके बुनियादी साम्प्रदायिक सार को स्वीकार नहीं किया। इस प्रकार, उन्होंने हिन्दू समुदाय, मुस्लिम समुदाय इत्यादि की चर्चा की तथा उनके बारे में लिखा। साम्प्रदायिकता 20वीं शताब्दी के आरंभ में दूसरी अवस्था में पहुँच गया जब साम्प्रदायिकता उपयुक्त रूप में प्रकट हुआ।

साम्प्रदायिकतावादियों ने अब यह दलील दी कि धर्म के अनुयायियों का एक समुदाय के रूप में कुछ हित होता है जो कि दूसरे धर्मों के अनुयायियों के हितों से भिन्न होता है, अर्थात् विभिन्न धर्मों के अनुयायियों के आर्थिक और राजनीतिक हित अलग–अलग होते हैं तथा कभी–कभी विपरीत भी होते हैं क्योंकि वे अलग–अलग धर्मों के अनुयायी हैं। इसके साथ ही, साम्प्रदायिकतावादी सहमत थे कि भारतीयों, जो अलग–अलग धर्मों के मानने वाले थे, के कई समान आर्थिक और राजनीतिक हित भी थे विशेषकर उपनिवेशवादी शासकों के संदर्भ में। इस प्रकार इन साम्प्रदायवादियों जिन्हें उदारवादी साम्प्रदायवादी कहा जा सकता है, ने यह स्वीकार किया कि हिन्दुओं और मुसलमानों के समान हित थे, किंतु उन्होंने तर्क दिया कि समुदायों के रूप में उनके अपने–अपने अतिरिक्त और पृथक् हित भी हैं। वे सामान्यतया यह मानते थे कि भारतीय अपनी राजनीतिक स्वतंत्रता और आर्थिक विकास के लिए एक साथ मिलकर लड़ सकते हैं तथा ऐसा करना भी चाहिए बशर्ते कि एक बार उनके पृथक् सामुदायिक हितों को स्वीकार कर लिया जाए तथा परस्पर समझौता या लेन–देन के माध्यम से समायोजन या समाधान कर लिया जाए।

दो राष्ट्र सिद्धांत : तीसरी अवस्था के साम्प्रदायिकतावादियों ने यह दलील दी कि विभिन्न धर्मों के अनुयायियों के पंथनिरपेक्ष हित न सिर्फ अलग–अलग थे अपितु परस्पर विरोधी भी थे। हिन्दुओं के लिए जो अच्छा था वह मुस्लिमों के लिए बुरा था, मुस्लिमों के लिए जो कुछ अच्छा था वह हिन्दुओं के लिए बुरा था आदि–आदि। हिन्दू और मुस्लिम कभी भी एक राष्ट्र नहीं बना सके तथा समानतापूर्वक तथा सह–नागरिक के रूप में एक साथ नहीं रह सकते–जीवन में ऐसा कुछ नहीं है जो उनमें एकता स्थापित कर सके। इस प्रकार, अपने दो साम्प्रदायिक कथनों में द्विराष्ट्र सिद्धांत का जन्म हुआ। मुस्लिम लीग के और मोहम्मद अली जिन्ना के अनुसार भारत में हिन्दू और मुस्लिम दो अलग–अलग राष्ट्र थे क्योंकि वे दो भिन्न धर्मों के अनुयायी थे और दोनों को अलग हो जाना चाहिए तथा दो पृथक् राष्ट्र राज्य का निर्माण करना चाहिए क्योंकि उनके हित पूरी तरह से टकराते थे। द्विराष्ट्र सिद्धांत के हिन्दू साम्प्रदायिक कथन के अनुसार जिसे वी.डी. सावरकर तथा एम.एस. गोलवलकर ने प्रस्तुत किया, हिन्दू अकेले भारतीय राष्ट्र का हिस्सा नहीं थे और इसलिए उन्हें भारत में समान नागरिक के रूप में नहीं रहना चाहिए अपितु उन्हें हिन्दुओं की रजामंदी से तथा सत्त् विदेशी के रूप में रहना चाहिए। जैसा कि स्पष्ट है, हिन्दू और मुस्लिम साम्प्रदायिकतावादियों की राष्ट्र या नागरिक की संकल्पना के बीच कोई भिन्नता नहीं थी और उन दोनों ने वास्तव में द्विराष्ट्र सिद्धांत को स्वीकार किया। अब दोनों साम्प्रदायवादियों ने दूसरे धर्म के अनुयायियों के प्रति

शत्रुतापूर्ण भाषा का प्रयोग करने लगे। उन्होंने लोगों के बीच घृणा फैलाई तथा हिंसा की भावना पैदा की।

मौलिकतावाद और साम्प्रदायिकतावाद : मौलिकतावाद और साम्प्रदायिकतावाद में कतिपय समान वैचारिक तत्त्व मौजूद हैं। दूसरी ओर वे एक दूसरे से भिन्न भी हैं। दोनों राजनीति और राज्य से धर्म को अलग करने की संकल्पना पर आक्षेप करते हैं। दोनों सभी धर्मों में समान सत्य अथवा विभिन्न धर्मों में एकता की संकल्पना का विरोध करते हैं। दोनों ही प्रभुत्वशाली धर्म के अनुयायियों द्वारा शिक्षा पर नियंत्रण का पक्ष समर्थन करते हैं। दोनों ही अज्ञात की ओर प्रगति की अपेक्षा प्राचीन मूल्यों तथा महानता की पुनर्स्थापना में विश्वास करते हैं ताकि भविष्य में महानता और उन्नति प्राप्त की जा सके। दोनों के ये विचार समान हैं कि उन दोनों के समाजों ने आरंभिक शताब्दियों में जब उनके धर्मों की स्थापना हुई थी, लगभग पूर्णता प्राप्त कर ली थी तथा उन्होंने अपनी आदिकालीन विशुद्धता में उसका पालन किया था और बाद में उनका ह्रास तथा पतन हुआ। दोनों पंथनिरपेक्षता का विरोध करते हैं तथा उनका विश्वास है कि यह समाज को भ्रष्ट करता है। दोनों पंथनिरपेक्ष राष्ट्रवाद तथा उसके साम्राज्यवाद विरोधी और राष्ट्रवादी दृष्टिकोण का विरोध करते हैं।

दृष्टिकोण में भिन्नता : साम्प्रदायिकतावादी और मौलिकतावादी अनेक तरह से भिन्न है हालाँकि एक बहुधार्मिक समाज में एक मौलिकतावादी की प्रवृत्ति साम्प्रदायिक होती है जबकि साम्प्रदायिकतावादी बहुधा मौलिकतावादी नहीं होते हैं। उदाहरण के लिए भारत में हिन्दू महासभा, राष्ट्रीय स्वयंसेवक संघ, भारतीय जनता पार्टी, मुस्लिम लीग और अकाली दल साम्प्रदायिक पार्टियाँ थीं और हैं किंतु वे मौलिकतावादी पार्टियाँ नहीं थीं और नहीं हैं। इसी प्रकार पाकिस्तान और कुछ हद तक बांग्लादेश साम्प्रदायिक राज्य हैं किंतु वे मौलिकतावादी राज्य नहीं हैं। यदि हम साम्प्रदायिक पार्टियों के कार्यक्रम संबंधी नीति या विचारधारा संबंधी वक्तव्य और प्रचार देखते हैं तो यह भिन्नता स्पष्ट हो जाती है क्योंकि अनेक मौलिकतावादी सिद्धांत उनमें नहीं मिलेंगे।

मौलिकतावादी गंभीरतापूर्वक पूर्वकालीन विगत और इसके धार्मिक, सामाजिक, सांस्कृतिक, कानूनी तथा राजनीतिक आचरणों के वास्तविक पुनरुत्थान का आग्रह करता है। यह स्थिति साम्प्रदायवादियों के साथ नहीं है जो विगत को विचारधारा कह सकते हैं और जिनकी नजरें आधुनिक जगत पर टिकी हैं।

मौलिकतावादियों और साम्प्रदायवादियों को धर्म से संबंध केवल बाह्य रूप से सदृश है। मौलिकतावादी गहन धार्मिक होते हैं, उनकी पूरी विचारधारा धर्म से संबंधित है और वे राज्य, समाज तथा व्यक्ति के दैनिक जीवन को धर्म पर आधारित करना चाहते हैं। दूसरी ओर साम्प्रदायिकतावादी को शायद ही धर्म से कोई लेना–देना है, सिवाए इसके कि वे अपनी राजनीति का आधार धार्मिक पहचान को बनाते हैं और इस प्रकार राजनीतिक सत्ता के लिए संघर्ष के उद्देश्य से धर्म का प्रयोग करते हैं। इस प्रकार साम्प्रदायिक राज्य अनिवार्य रूप से

धर्मतंत्रीय नहीं है। उदाहरण के लिए इस्लामी राज्य घोषित होने के बाद भी पाकिस्तान और बांग्लादेश साम्प्रदायिक राज्य हैं और धर्मतंत्रीय राज्य नहीं है। यह रोचक है कि पाकिस्तान या बांग्लादेश में केवल कुछ लोग ही प्राचीन कानूनों को शब्दशः लागू करने की माँग करते हैं, शायद ही कोई हिन्दू या मुस्लिम साम्प्रदायवादी भारत में ऐसा करता है।

इसी प्रकार, मौलिकतावादी पूरी दुनिया को ईसाई, मुस्लिम या हिन्दू बनाना चाहता है। साम्प्रदायिकतावादी ऐसा नहीं चाहते, वे सिर्फ इतना ही चाहते हैं कि साम्प्रदायिकता फैलाई जाए और वे अपने समाज में साम्प्रदायिकता फैलाते हैं।

इसलिए यह दुर्घटनावश नहीं कि हमारे देश में साम्प्रदायिकतावादी बहुधा न सिर्फ मौलिकतावादी नहीं रहे हैं अपितु वे धार्मिक भी नहीं रहे हैं। इस प्रकार मोहम्मद अली जिन्ना या लियाकत अली खान या फिरोज खान नून बहुत धार्मिक नहीं थे और वी.डी. सावरकर आस्तिक नहीं थे और इस बात की कल्पना भी नहीं की जा सकती कि एल.के. आडवाणी, बाल ठाकरे या अटल बिहारी वाजपेयी को मौलिकतावादी माना जाए। स्वतंत्रता पूर्व भारत में मुस्लिम साम्प्रदायिकतावादियों में सिर्फ मौलाना मौदूदी के अनुयायी ही मौलिकतावादी थे और यह दिलचस्प है कि वे भारत के विभाजन की माँग के खिलाफ थे।

अध्याय–22

धर्म-परिवर्तन (धर्मान्तरण)

Religious Conversion

परिचय

यह इकाई धर्म परिवर्तन और इसके विभिन्न पक्षों तथा आयामों के बारे में है, इसलिए यह उपयुक्त होगा यदि हम धर्म परिवर्तन से अपने मस्तिष्क में उत्पन्न होने वाले भावार्थों पर विचार करें। धर्म परिवर्तन उस प्रक्रिया को कहा जाता है जिसमें धर्म, कर्मकाण्डों और विश्वासों के एक सेट को दूसरे धर्म, कर्मकाण्डों और विश्वासों के सेट में पूरी तरह बदल लिया जाता है। प्राचीन काल से ही धार्मिक रूपांतरण होता आया है, जैसे हिन्दू धर्म में जब पुरोहित धर्म का शोषण आज जनता के ऊपर आवश्यकता से अधिक होने लगा तो निम्न वर्ग के लोगों ने अपना धर्म परिवर्तन करना प्रारंभ कर दिया। इसी का परिणाम था कि समाज के दलित व पीड़ित वर्ग को साथ लेकर बौद्ध व जैन धर्म का उदय हुआ। तत्पश्चात् भारत में इस्लाम धर्म का प्रवेश हुआ। इस धर्म की सबसे बड़ी विशेषता यह है कि यह सब में समानता का भाव बनाए हुए था, धार्मिक मत परिवर्तन के संबंध में चिंतन का एक महत्त्वपूर्ण गुण यह है कि धर्मान्तरित व्यक्ति मस्तिष्क नियंत्रण अथवा बलात् मत प्रवर्तन के अध्यधीन होता है और उसके द्वारा एक बिल्कुल ही भिन्न मनोदशा स्वीकार कर लेता है। आगे चलकर जब भारत ब्रिटेन का उपनिवेश बन गया तो अत्याचार के नए–नए तरीकों का आविष्कार किया गया। इस इकाई में हम एक प्रमुख सम्प्रदाय विरोधी सिद्धांत प्रस्तुत करने जा रहे हैं तथा उसका विश्लेषण भी किया जाएगा। इसे जहाँ तक सम्प्रदायों का संबंध है, बलात् मत परिवर्तन सिद्धांत के रूप में भी जाना जाता है।

प्रश्न 1. धार्मिक परिवर्तन के विभिन्न पहलुओं का वर्णन कीजिए।

अथवा

धर्म परिवर्तन से क्या अभिप्राय है? अपना उत्तर उदाहरण देकर स्पष्ट कीजिए।

[जून 2008, प्रश्न 10.]

अथवा

धर्म–परिवर्तन (धर्मांतरण) के बारे में सोदाहरण लिखिए।

[दिसम्बर 2009, प्रश्न 5.]

उत्तर – धार्मिक परिवर्तन करने के पीछे अनेक पहलू कार्यरत हैं। प्रथमतः तो हमें यह देखना होगा कि यह एक मजबूरी है या शौक। दरअसल आजकल फैशन के तौर पर धार्मिक परिवर्तन करने का एक नया प्रचलन–सा बना दिया गया है। इसमें किसका हित ज्यादा महत्त्वपूर्ण है यह कहना बेहद मुश्किल है। धर्म का परिवर्तन किया जाना चाहिए यह आवश्यक है लेकिन अनिवार्य नहीं। **रूसो** का कथन है "मनुष्य पैदा तो स्वतंत्र हुआ है लेकिन आजीवन गुलामी की जकड़बंदियों में कैद रहता है। धर्म की जकड़बंदियाँ भी गुलामी का विभिन्न रूप हैं। यह अगर व्यक्ति को खुशी नहीं दे सकती तो इससे मुक्त होने का जनता को पूरा अधिकार है।" लेकिन सब कुछ इतना आसान है, नहीं। हमेशा से धर्म मनुष्य के पैदा होते ही उसकी अस्मिता से जुड़ जाता है। इतिहास गवाह रहा है कि जब–जब धर्म का रूपांतरण हुआ है धर्म के ठेकेदारों ने उसे आसानी से परिवर्तित होने नहीं दिया है। इसके पीछे उनका यह तर्क काम करता है कि धर्म का परिवर्तन नादानी की उपज है या मानसिक संरचना में परिवर्तन करके धर्म को बदलवाया गया है, अतः यह अपराध की श्रेणी में आता है। लेकिन वास्तविकता तो उनके संतुलन के समीकरण का डगमगाना है। जैसे ही लोगों की संख्या का किसी अन्य धर्म में स्थानांतरण हुआ, धर्म के आका वर्गों की सत्ता पर खतरे के बादल मँडराने लगते हैं।

दरअसल समाज की संरचना इतनी जटिल होती है कि इसमें धर्म परिवर्तन करना इतना आसान नहीं होता है। जैसे ही आज के समय में आप धर्म परिवर्तन करेंगे, पूरा समाज आपके पीछे हाथ धोकर पड़ जाएगा। आपने धर्म परिवर्तन क्यों किया? आपको अपने धर्म में क्या बुराई नजर आ रही थी? जिस नए धर्म में आप गए हैं उसकी क्या विशेषता है? इस तरह के प्रश्नों का जबाव देते–देते व्यक्ति थक जाता है, लेकिन प्रश्नों की बौछार बंद नहीं होती है। जब धर्म के परिवर्तन पर आप अपने परिवार में ही चर्चा करेंगे तो स्थिति साफ हो जाएगी। माँ–बाप अपने बच्चों के साथ कभी ऐसा नहीं चाहेंगे कि उनका बच्चा किसी अन्य धर्म में अपना समय बिताए या साधारण शब्दों में कहें तो समय नष्ट करे। जब बच्चा किसी प्रेम विवाह की चर्चा अपने परिवार में करता है तो उसे सख्त हिदायत दी जाती है कि वह अन्य धर्म के विषय में भूलकर भी अपने दाम्पत्य जीवन निर्वाह की बात न सोचे। इस प्रकार हम देखते हैं कि सबसे बड़ा अडंगा धर्म परिवर्तन में खुद का परिवार ही निभाता है। धर्म परिवर्तन में दो स्थितियाँ सामान्य रूप में सामने आती हैं। पहली तो बहुत दुखी होकर व्यथित मन से व्यक्ति धर्म परिवर्तन करता है। दूसरी, बहुत खुशी मन से।

धर्म परिवर्तन के प्रत्युत्तर : रैम्बो के अनुसार धर्मान्तरण एक प्रकार का व्यामोह है अर्थात् अपनी वर्तमान परिस्थिति की समस्याओं की मुक्ति हेतु व्यक्ति दूसरे धर्म को अपनाता है, लेकिन ऐसा होता नहीं है कि जिस धर्म में उसका रूपांतरण होता है वहाँ सब कुछ ठीक–ठाक ही हो। कुछ समय के पश्चात् ही वहाँ से भी उसका मोहभंग हो जाता है और वह फिर से किसी नवीन धर्म की तलाश में जुट जाता है। ऐसा भी देखा गया है कि कुछ व्यक्ति अपना सारा जीवन धर्म के परिवर्तन में ही गुजार देते हैं, फिर भी उनकी आत्मा को शांति नहीं मिलती है। इसके पीछे मूल कारण अगर खोजा जाए तो पता यह चलता है कि धर्म व्यक्ति के मन में निवास करता है। कर्म की प्रधानता से इसका सीधा संबंध होता है।

कोई व्यक्ति अगर आलसी प्रवृत्ति का है तो निश्चित रूप से उसके अंदर धर्म के प्रति आदर की भावना निहित नहीं होगी। धर्म के प्रति अनादर का भाव उसके ढोंगी स्वभाव को परिलक्षित करता है। कर्मकाण्ड, बाह्य दिखावा, अंधविश्वास और आडंबरपूर्ण व्यवहार धर्म के छलावे के प्रतीक हैं। अतः धर्म कभी व्यक्ति को बंधन में नहीं जकड़ता। इसमें तो वह शक्ति है, जिससे मनुष्य दिन–प्रतिदिन निखरता ही जाता है। अतः धर्म सर्वकल्याणकारी है, इसके अनेक पहलू हैं।

चरों के चार सेट : रैम्बो ने धर्मान्तरण के चार सेट निर्धारित किए हैं, जो निम्नलिखित हैं :

(1) धर्म परिवर्तन व्यक्तिगत संपर्कों का परिणाम है।

(2) धर्म परिवर्तन एक क्षणभंगुर प्रक्रिया है।

(3) नए धर्म के प्रति तीव्र विश्वास में आवेश।

(4) विश्व दृष्टि में परिवर्तन होता है।

प्रश्न 2. धर्म परिवर्तन पर समकालीन वाद–विवाद पर टिप्पणी कीजिए।

उत्तर – धर्म परिवर्तन प्रारंभ से ही वाद–विवाद का विषय रहा है तथा सदा ही विवादास्पद मुद्दा रहा है। इस मुद्दे पर वाद–विवाद को निम्न चरणों में पढ़ा जा सकता है :

धर्म परिवर्तन विरोधी कानून : दूसरी ओर जहाँ धर्म परिवर्तन विरोधी कानूनों के लिए दबाव है अनेक धार्मिक नेता किसी भी प्रस्तावित धर्म परिवर्तन कानून को समाप्त करने की बात कर रहे हैं। इस प्रकार अनेक ईसाई, हिन्दू और मुस्लिम धार्मिक नेताओं ने आधिकारिक रूप से यह कहा है कि यह मानवाधिकार का मामला है। उन्होंने भारत के राष्ट्रपति को एक ज्ञापन प्रस्तुत किया जिसमें यह कहा गया कि धर्म परिवर्तन विरोधी विधान पूरी तरह से आस्था की स्वतंत्रता के विरुद्ध है जिसकी गारंटी भारत के पंथनिरपेक्ष संविधान में की गई है और जो मानवाधिकार संबंधी संयुक्त राष्ट्र घोषणा के भी विरुद्ध है।

एक बार फिर श्रीलंका की ओर उन्मुख होते हुए हम पाते हैं कि यह संसद में धर्म परिवर्तन विरोधी विधेयक अधिनियमित करने के बारे में अत्यधिक गंभीर है। अंतर्राष्ट्रीय

वित्तपोषण एजेंसियों जैसे बेकेट कोष की इस कदम पर यह प्रक्रिया थी कि यदि इस प्रकार का विधान पारित हो जाता है और कानून बन जाता है तो वह देश को सुनामी से संबंधित सहायता में कटौती कर देगी। यह बोधगम्य रूप से इसलिए है कि यह विधेयक यह प्रस्ताव करता है कि यदि किसी व्यक्ति को उस धर्म जिसमें वह पहले से निष्ठा रखता हो, के अतिरिक्त दूसरे धर्म में मत परिवर्तन कराने का प्रयास करते हुए पाए जाने वाले किसी भी व्यक्ति को 7 वर्ष के कारावास का दंड दिया जाएगा। बेकेट कोष के अधिकारियों ने यह कहा कि इस तरह के विधानों से किसी भी आस्था आधारित सहायता और राहत को किसी समय विशेष पर जब इसकी अत्यधिक आवश्यकता हो, गंभीर खतरा उत्पन्न हो सकता है। श्रीलंका के मामले में संविधान धर्म प्रचार के किसी भी मूल अधिकार की गारंटी नहीं करता है और यदि इस प्रकार की गतिविधियाँ चलाई गई तो ईसाई धर्म में मत परिवर्तन से बौद्ध धर्म जो श्रीलंका में प्रभुत्वशाली धर्म है, को गंभीर खतरा हो जाएगा।

कुछ लेखकों जैसे परमेश्वरन ने जहाँ तक भारत का संबंध है धर्म परिवर्तन की नैतिकता पर ही प्रश्न उठाया है। उनका भय यह है कि हिन्दुओं, विशेषकर निरक्षर और निर्धन हिन्दुओं को ईसाई मिशनरियों द्वारा लक्ष्य बनाया जा रहा है और उन्हें ईसाई धर्म में मत परिवर्तन करने के लिए पेशकश की जा रही है। इससे भी अधिक मिशनरी धर्मान्तरितों को धन और नौकरी का भी प्रलोभन दे रहे हैं। इसे छिपाया भी नहीं जा रहा है और ईसाई मिशनरियों ने पहले ही उपमहाद्वीप में धर्मान्तरण की अपनी योजना स्पष्ट कर दी है। इस प्रकार परमेश्वरन कहते हैं कि जहाँ तक ईसाई गिरजाघरों का संबंध है, धर्म परिवर्तन की यह घोषणा उनकी मूल नीति है। ईसाई गिरजाघरों की जो एक बात समान है वह है पूर्व का ईसाइकरण। उनकी कार्यसूची है पूरे विश्व को ईसाई बनाना।

भारत में जनजातीय : कभी–कभी यह कहा जाता है कि भारत में अधिकतर जनजातीय न तो हिन्दू हैं और न ही ईसाई हैं और इसलिए उन्हें अपना धर्म चुनने का अधिकार है। यह भी विचार है कि जनजातीय आबादी व्यापक रूप से हिन्दू नहीं है, का इस तथ्य से प्रतिवाद किया गया कि जनजातीय हिन्दू देवताओं की आराधना करते रहे हैं। पूर्वोत्तर भारत पर मिशनरियों ने विशेष रूप से ध्यान दिया तथा वे इस मामले में अत्यधिक सफल भी रहे कि न सिर्फ आबादी ने ईसाई धर्म को नौसिखिया की तरह लिया अपितु स्वयं उनमें से कई मिशनरी बन गए। यह पूरी तरह उस प्रक्रिया के अनुरूप है जिसे सफल धर्मान्तरण कहते हैं अर्थात् न सिर्फ एक क्षेत्र ईसाई धर्म में परिवर्तित होता है अपितु वे इसे इतने उत्साह के साथ लेते हैं कि अब वे स्वयं दूसरों को अपने द्वारा अपनाए गए धर्म में धर्मान्तरित करना चाहते हैं।

अध्याय–23

अनुभवातीत चिंतन (टी.एम.)

Transcendental Meditation

परिचय

अनुभवातीत चिंतन को लोकप्रियता के कारण टी.एम. कहा जाता है। यह एक ध्यान का स्वरूप है जिसे महर्षि योगी ने ज्यादा प्रसिद्धि दिलाई है। अनुभवातीत ध्यान टी.एम. ने संकेत के रूप में अधिक प्रसिद्धि पाई है। टी.एम. आंदोलन 1957 में प्रारंभ हुआ था। जब शंकराचार्य, बह्मानंद सरस्वती की वर्षगाँठ मनाने के लिए आध्यात्मक्षेत्र के मनीषियों का उत्सव समाप्त हुआ, उनके प्रमुख शिष्यों महर्षि में से एक ने संसार में आध्यात्मिक गुणों और आध्यात्म के उत्थान एवं उसे पुर्नजीवित करने की घोषणा की और आंदोलन का प्रारंभ किया। इसे टी.एम. की औपचारिक शुरुआत माना जाता है। टी.एम. का प्रभाव परस्पर क्रियात्मक कुशलता में वृद्धि और विभिन्न समस्याओं से संबंधित तनाव पर वास्तव में विजय के रूप में प्रमाणित हो रहा था। 1970 के दशक के आरंभ में इस प्रस्ताव का अर्थ था कि लगभग 3600 टी.एम. केंद्र विश्वविद्यालय की जरूरत पूरी कर सकेंगे। इसे धर्म कहा जा सकता है क्योंकि इससे धर्म ध्यान करने वाले लोगों में आध्यात्मिक बदलाव और सुधार होता है।

प्रस्तुत इकाई में अनुभवातीत चिंतन और धर्म की व्याख्या अनुभवातीत चिंतन और वैज्ञानिक वैधता और अज्ञानता को दूर करने के साथ–साथ प्राकृतिक न्याय को परिभाषित किया गया है। अनुभवातीत चिंतन पर महर्षि के लेखों की सूची प्रस्तुत कर उसका विस्तारपूर्वक विश्लेषण किया गया है। अनुभवातीत चिंतन के नियमित अभ्यास से विभिन्न प्रकार के लाभ प्राप्त होते हैं, अत: यह हमारे लिए अत्यंत आवश्यक है। इस इकाई में अनुभवातीत चिंतन पर विश्व योजना की चर्चा की गई है।

प्रश्न 1. क्या टी.एम. धर्म है? टी.एम. की वैज्ञानिक वैधता पर प्रकाश डालिए।

अथवा

क्या टी.एम. (Transcendental Meditation) धर्म है? उपयुक्त उदाहरण देकर चर्चा कीजिए। [दिसम्बर 2008, प्रश्न 10.]

उत्तर – टी.एम. यानि अनुभवातीत चिंतन ध्यान का एक स्वरूप है जिसे महर्षि महेश योगी ने लोकप्रियता दिलाई। इसे धर्म कहा जा सकता है क्योंकि इससे ध्यान करने वाले लोगों में आध्यात्मिक बदलाव और सुधार होता है। दूसरी ओर इसमें बहुत थोड़े कर्मकाण्ड और मानकीकृत पूजा शामिल है। इसलिए मंत्र में विश्वास रखने और गुरु में विश्वास करने संबंधी कोई सवाल नहीं है और पुनः गुरु की पूजा का भी सवाल नहीं है। यद्यपि यहाँ यह लिखा जा सकता है कि जब एक व्यक्ति टी.एम. योग का अभ्यास कर रहा हो तो यह महर्षि के पूरे प्राधिकार से हो।

टी.एम. और धर्म पूर्ण रूप संगत हैं, वे दोनों जरूरी है। धर्म और योग के विस्तार के बारे में वह कहते हैं कि "एक के बिना दूसरे का अस्तित्व नहीं होगा।" यह दूसरे अन्य कथन द्वारा भी स्पष्ट हो जाता है।

टी.एम. का अभ्यास करने वाले को अपने स्वयं के धर्म को मानना चाहिए। यह स्पष्ट है कि टी.एम. एक धर्म तटस्ट है जो इसमें लाभकारी परिणाम से स्पष्ट होते हैं। किसी को टी.एम. अभ्यासी बनने के लिए धर्म परिवर्तन के बारे में नहीं कहा जाता है। इस प्रकार टी.एम. किसी भी धर्म के विश्वास और पालन में बाधा उत्पन्न नहीं करता है।

तर्क की इस धारा में तीसरा निषेध निराधार आस्था के रूप में है जो धर्म के प्रारंभ में होता है। इसमें विश्वास का अधिक से अधिक क्षेत्र है जिसे आसानी से प्रमाणित करना असंभव है। इस प्रकार यह टी.एम. के लिए एक महत्त्वपूर्ण आस्था है।

धर्मों को आज यह भी याद नहीं कि कभी टी.एम. उनका मूल था और इसलिए उन्हें ऐसा शरीर माना गया है जिससे आत्मा जा चुकी है। महर्षि का यह कथन इसे काफी हद तक स्पष्ट बनाता है कि यद्यपि टी.एम. एक धर्म नहीं है यह सभी धर्म के मूल में बसा है।

टी.एम. व्यक्तिगत स्तर पर तनाव मुक्त करने का दावा करता है और लोगों को जीवन स्थिति से निपटने में समर्थ बनाता है। यह कार्यक्रम सन्यासी नहीं बनाता है बल्कि कर्म योग या कर्म मार्ग को बताता है। टी.एम. अनुसंधान के प्रारंभिक स्तर में बहुत सारे दावे किए गए थे। इनमें से कुछ दावे चमत्कारपूर्ण दिखाई पड़ते हैं किंतु संभव भी है। संभवतः उदाहरण के लिए इसका दावा था कि यदि कम से कम विश्व की जनसंख्या का 1 प्रतिशत शहरी आबादी टी.एम. करेंगे तो इससे दुर्घटना और अपराध की दर में कमी होगी। इन पर संदेह किया गया। तथापि रक्तचाप को कम करना कॉलेस्ट्राल को कम करना और तनाव से निपटने के सही तरीकों के अधिक प्रमुख दावों को अस्वीकार नहीं किया जा सकता। इस प्रकार टी.एम. का लक्ष्य योग के अभ्यास के द्वारा अधिक से अधिक चेतना प्राप्त करना है। अनुभवातीत ध्यान

तनाव और नैराश्य को कम करने में अधिक प्रभावकारी है। टी.एम. आधुनिक वैज्ञानिक प्रयोगशालीय अनुसंधान के प्रभावपूर्ण तकनीक द्वारा तार्किक रूप से तथ्यों को प्रस्तुत करता है। इस प्रकार के वैज्ञानिक अनुसंधान ने प्रमाणित और तार्किक रूप से प्रस्तुत किया कि टी.एम. एक लाभकारी ध्यान तकनीक है। इसमें पाया गया कि कुण्ठा, नैराश्य और तनाव पर इसका प्रभाव संभव है और अन्य संगतपूर्ण ध्यान विधा के कारण उसी प्रकार के प्रभाव की अपेक्षा टी.एम. तीन चार गुना प्रभावकारी है। पहली बार वैज्ञानिक प्रमाण इस विषय में आश्चर्यजनक उपलब्धि के रूप में बताए गए। इसके अतिरिक्त टी.एम. अनुभव अनियमित है। यह भी सत्य है कि महर्षि अपने ध्यान तकनीक के वैज्ञानिक परीक्षण और मूल्यांकन से दूर नहीं भागते हैं। समकालीन गुरु के आध्यात्मिक एवं ध्यान के क्षेत्र में नए साहसिक उपलब्धियों की प्रशंसा की गई है। टी.एम. को छोड़कर किसी अन्य दूसरे प्रकार के ध्यान की प्रयोगशाला में कठिन परीक्षण नहीं किए गए और ध्यान के प्रसार में कोई सफल नहीं हुआ जैसा टी.एम. है। यह बहुत अधिक कर्त्ता के विश्वास को उत्साहित करता है जो आंतरिक चेतना के क्षेत्र के विज्ञान के एनोडस और कैथोडस के प्रभाव को सारगर्भित रूप से मापता है। यह आश्चर्यजनक तथ्य है कि टी.एम. समूह विभिन्न वैज्ञानिक परीक्षणों में सफल रहा है। विज्ञान और टी.एम. के बारे में अतिरिक्त उल्लेख हैं। हम लोगों ने पाया कि टी.एम. महर्षि और उनके द्वारा प्राधिकृत अध्यापक के द्वारा 1957 से सिखाया जाता रहा है। इस प्रकार टी.एम. ने वैज्ञानिक अनुसंधान द्वारा वैधता प्राप्त करने में एक दशक की अपेक्षा ज्यादा समय लिया।

टी.एम. की वैज्ञानिक वैधता : एक प्रमुख क्षेत्र जहाँ सचमुच महर्षि ने अपने ख्याति प्राप्त अर्जन के लिए खतरा उठाया कि शांति का प्रयोग अनुभव और अभ्यासी के सुख के लिए वैज्ञानिक वैधता उत्पन्न करना था। इस उपागम का पहला परिणाम सर्वप्रथम में 1970 में प्रकाशित हुआ जिसमें एक दशक बाद आंदोलन शुरू हुआ।

टी.एम. 1970 के वैज्ञानिक अनुसंधान के साथ आरंभ वैज्ञानिक रीति से अच्छी तरह जाँच किया हुआ ध्यान बन गया। यह किसी भी दूसरी तकनीक की अपेक्षा वैज्ञानिकों द्वारा पूरी तरह से जाँचा परखा तकनीक बन गया। संपूर्ण विश्व में 200 से अधिक देशों में आज तक इस तथ्य के विषय में 600 से अधिक अध्ययन पर अनुसंधान हो रहे हैं। 30 देशों में 30 अनुसंधान संस्थाओं ने कुल 100 शोध लेख ज्ञान से परिपूर्ण पत्रिकाओं में प्रकाशित हुई हैं। ये अध्ययन सकारात्मक टी.एम. संसार के बहुत भागों के नकारात्मक स्थिति और बीमारियों को दुरुस्त करने के लिए उपयुक्त पाया गया।

टी.एम. से संबंधित उपलब्धियों के बारे में बात करें जिसमें महर्षि के प्रभाव है। उन्होंने इसका प्रभाव बताया कि यदि समाज के 1 प्रतिशत लोग भी टी.एम. का अभ्यास करें तो समुदाय पर प्रबल सकारात्मक प्रभाव पड़ता है। यद्यपि महर्षि का विस्तार उसी प्रकार की

स्थिरता को उत्पन्न करता है जैसा कि 1 प्रतिशत जनसंख्या के वर्गमूल के द्वारा जो टी.एम. सिद्धि योगिक फलाइंग कार्यक्रम द्वारा अभ्यास करा रहा है। यह कार्यक्रम आकाश गमित और यौगिक उड़ान के लिए विशेष दावे के विरुद्ध टिप्पणी है।

कहा जाता है कि टी.एम. से अलग महर्षि ने विशेष रूप से प्राचीन वैदिक परंपरात्मक ज्ञान को पुनः बहुत अधिक क्रियाशील बनाया जो सुप्त अवस्था में था। वेदों में उल्लिखित 5000 वर्ष पहले की मौखिक परंपरा संस्कृत में लिखी है जिसमें पृथ्वी और उससे परे मनुष्य के जीवन के सभी पहलुओं का विवरण है। टी.एम. साहित्य कहता है कि वेद का मतलब प्राकृतिक नियम का पूर्ण ज्ञान है। हम तब कह सकते हैं कि महर्षि–वैदिक विज्ञान का लक्ष्य है 'चेतन की विज्ञान और तकनीक'। इस प्रकार ये कार्यक्रम 'चेतना आधारित' है और इसका पूर्ण लक्ष्य मानवता की चेतना में संभावित जागरूकता लाना है। यह संसार को अच्छा स्थान बनाने में मदद करेगा, निजी स्तर पर मनुष्य को गलती (संघर्ष, परित्याग, हिंसा, असमानता) से बचने में मदद करेगा और वैश्विक स्तर पर भी जिसमें आर्थिक शोषण और युद्ध है समाप्त करेगा।

इस प्रकार महर्षि ने प्रायोगिक वैदिक तकनीक को दिन प्रतिदिन के जीवन की समस्या का सामना करने, कम या दूर करने के रूप में माना है। इनमें से प्रमुख आधार इस प्रकार है :

(1) वैदिक स्वास्थ्य चेतना आधारित क्षेत्र है जिसमें अच्छा स्वास्थ्य बनाने के लिए शरीर और मस्तिष्क का अच्छा होना शामिल है, जिसमें व्यायाम के साथ योग और अच्छे प्रकार के संतुलित आहार के विभिन्न साधन शामिल हैं। इसे महर्षि ने स्वास्थ्य की देखभाल की चेतना का प्रयत्न कहा है।

(2) वैदिक शिक्षा को महर्षि ने चेतन आधारित शिक्षा कहा है जिसमें समग्र शिक्षा प्राप्त करना है। इसमें उत्कृष्ण जागृति और नैतिकता है।

प्रश्न 2. प्राकृतिक नियम को परिभाषित करते हुए ज्ञानोदय के संबंध में महर्षि के विचारों का उल्लेख कीजिए।

उत्तर – ज्ञानोदय का तात्पर्य है, कुंठा से मुक्ति। समाज में व्याप्त तमाम प्रकार की रूढ़ियों से मुक्ति ज्ञानोदय को दर्शाता है। अंधकार के स्थान पर प्रकाश का समावेश ज्ञानोदय की पहली शर्त है। सर्वप्रथम भू–पटल पर जब विश्व की संरचना निर्मित हुई थी तो चारों तरफ वातावरण व समाज में अंधकार का माहौल था। धीरे–धीरे प्रकृति व मनुष्य ने परिवर्तन लाना शुरू किया। दोनों की संरचना समय के अनुरूप परिवर्तित होती चली गई।

पहले मनुष्य खानाबदोश जीवन व्यतीत करता था। वह अपना आहार माँस भक्षण से प्राप्त करता था। जब उसके अंदर चेतना का विकास हुआ तो उसने आग का आविष्कार किया। आग में पके माँस का स्वाद उसे कच्चे माँस की तुलना में ज्यादा अच्छा लगा। अतः अब वह पहले से ज्यादा परिपक्व हो गया। धीरे–धीरे मनुष्य ने लोहे की खोज की। इससे उसके जीवन में व्यापक बदलाव आया। अब उसका जीवन स्थिर हो गया। दर–दर भटकने की बजाय वह अब

एक जगह शांत और स्थिर रहने लगा। प्राचीन काल से मनुष्य जीवन मध्यकाल में प्रवेश करता है। इस समय यूरोप में चर्च की प्रधानता कायम होती है। धर्म समाज में मुख्यधारा के रूप में सामने आता है। परिणाम यह होता है कि अंधविश्वास बढ़ जाता है।

धर्म के ठेकेदारों से मुक्ति के लिए जो आंदोलन उठ खड़ा होता है उसका सीधा संबंध ज्ञानोदय से है। एक तरफ यह सामाजिक प्रगति का द्योतक है तो दूसरी तरफ सामंती अवनति का उद्घोषक।

टी.एम. का संबंध अगर ज्ञानोदय से देखा जाए तो समाज में यह निश्चित रूप से नवीन क्रांति लाने में सक्षम रहा है। व्यक्ति के अंदर व्याप्त सुस्ती व आलस्य को यह दूर करता है। तरह-तरह के शरीर के लिए नुकसानदेह खान-पान से यह परहेज करने पर बल देता है। आपसी रिश्तों में मिठास व समाज में सौहार्द कायम करना इसका मूल लक्ष्य है। इस प्रकार हम देखते हैं कि तरह-तरह की व्याधियों से मुक्ति के रूप में टी.एम. का उदय समाज के अंदर एक नवजागरण का दौर पैदा करता है। सशक्त समाज के निर्माण में यह 'विजयिनी मानवता हो जाए' का संदेश देता है। इसमें समस्त प्रकार के अंधकार से मुक्त होकर मनुष्य अपनी कमियों पर काबू पाने का प्रयत्न करता है। दोष-भाव का इसमें रंचमात्र का भी समावेश नहीं है। अतः वैश्विक परिदृश्य पर टी.एम. सामंजस्यपूर्ण समाज के निर्माण में अपना महत्त्वपूर्ण सहयोग दे रहा है।

टी.एम. और प्राकृतिक नियम : टी.एम. मन में विश्राम की एक अच्छी दशा निर्मित करता है। टी.एम. मन को तुरंत शांति प्रदान करता है। इससे जो शांति मिलती है उससे मनुष्य सक्रिय बना रहता है। सक्रियता से शरीर का विकास होता है। विकास मानव की उच्चता का गुण है। उच्चता से मन सुंदर होता है। सुंदरता समाज के लिए लाभदायक है। लाभ व्यक्ति व समाज दोनों के लिए हितकर है।

टी.एम. उस ऊर्जा का भंडार है जो कि चेतना से प्राप्त किया जाता है। जिस प्रकार एक आम आदमी बैंक से पैसे निकालता है और उसे खर्च करने में चिंतित नहीं होता, उसी प्रकार टी.एम. के ऊर्जा क्षेत्र से शरीर ऊर्जावान होता है और टी.एम. सत्र के बाद ऊर्जा संगृहीत हो जाती है। यह संपूर्ण ज्ञान के क्षेत्र को विस्तारित करता है। टी.एम. का ज्ञान प्राकृतिक नियम की एक ऐसी विधि है जो मनुष्य को प्रकृति के करीब ले जाता है। इससे वातावरण की स्वच्छता से मनुष्य का सामना होता है।

कर्म की प्रधानता, वासनाओं पर नियंत्रण, मन की शांति, सुखमय जीवन, आलस्यपन से मुक्ति, रूढ़ियों का विरोध, जन्मजात गुण का समावेश और मानववाद की स्थापना टी.एम. आंदोलन का केंद्रीय स्वर है। उम्मीद की जाती है, जैसे-जैसे मानव सभ्यता का विकास होता जाएगा इसका प्रभाव भी सकारात्मक रूप से मानव जीवन के ऊपर प्रभावी होता जाएगा।

अध्याय–24

हरे कृष्ण आंदोलन

Hare Krishna Movement

परिचय

वैष्णव परंपरा में 'हरे कृष्ण' नाम–स्मरण पंथ अत्यंत ही महत्त्वपूर्ण और प्रसिद्ध है। इसके सदस्य सिर को मुँडवाकर रखते हैं। यहाँ वे तबला और तम्बूरा बजाते हैं तथा 'हरे कृष्ण' मंत्र का मंत्रोच्चारण करते हैं और साथ ही नाचते, गाते और घूमते हैं। हरे कृष्ण जो इस्कॉन के नाम से विख्यात है, एक अत्यंत ही परंपरागत आंदोलन है किंतु पश्चिम और पूर्व से इसे अतिरिक्त रूप रंग और व्यापकता दी गई है। उनका दैनिक मानदंड अत्यंत ही ऊँचा है। उन्हें ब्रह्मचारी का जीवन व्यतीत करना होता है और भगवान कृष्ण जो उनके लिए भक्ति के स्रोत हैं कि भक्ति सेवा में घंटों गुजारने पड़ते हैं। इसमें आधुनिक योग और मंत्रोच्चारण को स्पष्ट कर सकेंगे। रहस्यवादियों सिद्धों, भक्ति और भक्त के प्रकार का विस्तारपूर्ण वर्णन किया गया है। इस इकाई में इस्कॉन के उद्देश्य के विषय में बताया गया है, तत्पश्चात् इस्कॉन के इतिहास के विषय में चर्चा की गई है। हरे कृष्ण या इस्कॉन मतालम्बी भगवान कृष्ण को ईश्वर मानते हैं, इस्कॉन गुरुओं की दीर्घ परंपरा पर आधारित है, जिन्होंने दीर्घकाल के लिए गुरु से शिष्य को उत्तराधिकार सौंपा है। इस प्रकार उनकी गुरुओं की परंपरा है। इसमें चार 'शिष्य उत्तराधिकार' है जिन्हें सम्प्रदाय कहा जाता है। इस सम्प्रदाय में अनेक शाखाएँ तथा खंड है और इस्कॉन सोसायटी 16वीं शताब्दी में श्री चैतन्य महाप्रभु द्वारा स्थापित शाखा से उद्भूत है। इस्कॉन का लक्ष्य श्रीमद्भगवतगीता ज्ञान के आधार पर कृष्ण भक्ति के द्वारा समाज का कल्याण करना है।

प्रश्न 1. हरे कृष्ण आंदोलन से संबंधित इस्कॉन के उद्देश्य बताइए। इस्कॉन के इतिहास पर भी प्रकाश डालिए।

उत्तर – इंटरनेशनल सोसायटी फॉर कृष्ण कंसशनेस अर्थात् इस्कॉन एक परंपरागत आंदोलन है किंतु पश्चिम और पूर्व में इसे अतिरिक्त रूप रंग और व्यवक्ता दी गई है। इस्कॉन के 7 उद्देश्य निम्नलिखित हैं :

(1) सर्वप्रथम समाज में आध्यात्मिकता और आध्यात्मिक ज्ञान का प्रचार–प्रसार करना है। इसका उद्देश्य लोगों को आध्यात्मिक दृष्टि से शिक्षित करना है जिससे कि मूल्यों के क्षरण को संतुलित किया जा सके और हमेशा के लिए तथा सबके लिए विश्व शांति एवं एकता हासिल की जा सके।

(2) दूसरा लक्ष्य भगवद्गीता और श्रीमद् भागवतम् में जैसा कि व्यक्त है और बताया गया है कृष्ण चेतना का प्रचार–प्रसार और सृजन करना है। भगवद्गीता ही मूल ग्रंथ है जिसे इस्कॉन स्वीकार करता है तथा इसी से शिक्षा प्रदान करता है क्योंकि यह श्री कृष्ण से प्रत्यक्ष रूप से संबंधित है।

(3) तीसरा उद्देश्य कृष्ण की उपासना करने वाले सामुदायिक सदस्यों के बीच एकता कायम करना। यह जागरूकता पैदा करना कि समाज का प्रत्येक सदस्य कृष्ण ईश्वरत्व का हिस्सा है और इसलिए भाईयों एवं बहनों को कृष्ण की उपासना में एक साथ शांतिपूर्वक रहना चाहिए।

(4) इस्कॉन का चौथा उद्देश्य संकीर्तन आंदोलन, जो कि कृष्ण नाम का गायन करने वाला एक समूह है, के बारे में प्रोत्साहित तथा शिक्षित करना है। ये श्री कृष्ण के पश्चात् वंशानुक्रम में गुरु चैतन्य महाप्रभु के उपदेशों का अनुकरण करते हैं।

(5) इस्कॉन का एक उद्देश्य अत्यंत ही विशाल भवन तैयार करना भी है जहाँ कृष्ण लीला का मंचन किया जा सके।

(6) इस्कॉन सरल और नैसर्गिक जीवन की शिक्षा देता है।

(7) अंततः इन उद्देश्यों को प्राप्त करने के लिए इस्कॉन ने पुस्तकों, पत्रिकाओं और पर्चों आदि का प्रकाशन किया है।

इस्कॉन का इतिहास : दि इंटरनेशनल सोसायटी ऑफ कृष्ण कंसशनेस का प्रवर्तन श्रील प्रभुपाद ने 1966 में किया था। गौध्यिा वैष्णव परंपरा का दर्शन ही इस आंदोलन का दर्शन है। यह मूल रूप से भगवद् गीता और श्रीमद् भागवतम् के ज्ञान पर आधारित भक्ति की परंपरा है। इस्कॉन के सैद्धांतिक और वैचारिक रचना के संबंध में इन्हें 15वीं शताब्दी के दार्शनिक और संत श्री चैतन्य महाप्रभु ने वृंदावन के छः गोस्वामियों के साथ मिलकर प्रस्तुत और संहिताबद्ध किया था।

भक्त श्री चैतन्य को भगवान श्री कृष्ण का पूर्ण और नितांत अवतार मानते हैं। श्री चैतन्य ने भक्ति आंदोलन की विशाल इमारत खड़ी की और भक्ति आंदोलन पूरे भारत में फला–फूला।

वह पवित्र साहित्य के महान अनुपालनकर्ता थे और उनके व्यक्तिगत मार्गदर्शन में सैकड़ों पवित्र ग्रंथों तथा साहित्य का संकलन किया गया। ये कृष्ण के दर्शन से जुड़े थे। श्री चैतन्य और वृंदावन के छः स्वामियों का सिलसिला श्रील तक फैला हुआ है। 19वीं शताब्दी के धर्ममीमांसक भक्तिविनाद आधुनिक दुनिया में कृष्ण चेतना लेकर आए। उनका पुत्र भक्ति सिद्धार्थ सरस्वती गोस्वामी श्रील के गुरु बने और उन्होंने उन्हें कृष्ण चेतना के प्रचार–प्रसार का दायित्व सौंपा।

इस्कॉन मूल रूप से एक भारतीय दार्शनिक अनुकूलन है और इसे स्पष्ट करने के लिए इसमें निहित विशेष रूप से निर्दिष्ट विचार सुस्पष्ट रूप से हिन्दू हैं। तत्पश्चात् हम कुछ बार–बार पूछे जाने वाले प्रश्नों और इस्कॉन के दृष्टिकोण से उनके उत्तर को हम अपना प्रस्थान बिंदु मानते हैं। इससे हमें इस्कॉन के उद्देश्य क्या हैं, के बारे में तथा इसने किस तरह हिन्दुत्व के भक्ति तत्त्व जो इससे संबद्ध हैं, की व्याख्या की है और अधिक अन्वेषण करने के लिए आधार का निर्माण करने में सहायता मिलेगी।

हरे कृष्ण जिन प्रश्नों का उत्तर देता है उसमें निम्नलिखित सम्मिलित हैं :

(1) अच्छे लोगों के साथ नकारात्मक बातें क्यों होती हैं?

(2) कर्म क्या है?

(3) क्या चिंतन–मनन के द्वारा बुरे कर्म कम किए जा सकते हैं?

(4) यदि सब कुछ पूर्व नियत है तो मैं किस तरह अपने कर्त्तव्यों का निर्वहन करता हूँ?

(5) क्या प्रत्येक चीज पहले ही ईश्वर द्वारा निर्धारित है?

(6) क्या प्रत्येक चीज पूर्व निर्धारित है?

(7) क्यों ईश्वर हमारी अनुभूतियों को नियंत्रित नहीं करता है?

(8) क्या भक्ति हमें ईश्वरत्व की ओर वापस ले जाएगी?

(9) यदि ईश्वर दयालु है तो क्यों बुराई उत्पन्न करता है?

(10) यदि हम स्वर्ग जाएँगे तो क्या कभी लौटेंगे भी?

(11) क्या हमारा अपनी इच्छाओं और चिंतन पर नियंत्रण है?

(12) ईश्वर में हमारी आस्था किस तरह हो सकती है?

(13) ईसा मसीह की तुलना में इस्कॉन की स्थिति क्या है?

(14) क्या पशु बलि वैध है?

(15) यदि हम कृष्ण चेतना का अनुसरण नहीं करते हैं तो क्या हमारा जीवन बेकार है?

(16) आध्यात्मिक रूप से सिद्ध गुरु को कैसे पहचाना जाए?

(17) उस व्यक्ति जिसने सत्य देखा है उसकी पहचान हम कैसे कर सकते हैं?

(18) क्या सभी व्यक्ति जिन्होंने सिद्धि प्राप्त की है गुरु हो सकता है?

(19) क्या सिर्फ आचार्य ही ईश्वर के प्रतिरूप हैं?

(20) कब और कैसे एक भक्त किसी तेजस्वी आध्यात्मिक गुरु की आवश्यकता महसूस करता है?

(21) क्या शिष्य और गुरु के बीच संबंध शाश्वत है?

(22) क्या इस दुनिया में सच्चा प्रेम विद्यमान है?

ऐसे और इस प्रकार के अनेक सवाल बार–बार पूछे जाने वाले सवाल हैं।

प्रश्न 2. भगवान श्री कृष्ण के संबंध में श्रील के विचारों का उल्लेख कीजिए।

उत्तर – भगवान श्रीकृष्ण की आराधना में नृत्य और गीत की प्रधानता जयदेव के 'गीतगोविंद' और विद्यापति की पदावलियों में बृहत स्तर पर देखने को मिलती है। गीत की यह परंपरा इस्कॉन सम्प्रदाय में भी विद्यमान है। सार्वजनिक रूप से भक्तगण मंत्रोच्चारण करते हुए नृत्य–गीत में मग्न रहते हैं। श्रीकृष्ण की भक्ति रागानुगा भक्ति है जिसमें कृष्ण की मनोहर छवि का स्मरण कर उसे आत्मसात किया जाता है। इस्कॉन सम्प्रदाय इससे थोड़ा भिन्न है। श्रील प्रभुपाद इसके महत्त्वपूर्ण भक्त रहे हैं वे भगवान श्रीकृष्ण को सर्वोच्च और परम सत्य मानते हुए भक्ति और गायन में लीन हो जाते हैं।

श्रील कृष्ण की भक्ति के लिए भक्त के लिए भक्त के मन में उठने वाले प्रश्नों की चर्चा करते हुए कहते हैं कि जब तक ईश्वर के प्रति व्यक्ति की चेतना संशय मुक्त नहीं हो जाती तब तक वह पूर्णरूप से भक्ति में लीन नहीं हो सकता। सर्वप्रथम प्रश्न उठता है कि कृष्ण कौन हैं तथा उनका मूल स्वरूप क्या है? इन प्रश्नों के उत्तर पाने के बाद ही भक्त के अंदर भक्ति के प्रति इच्छा जाग्रत होगी और मस्तिष्क में दृढ़ भाव का समावेश होगा।

श्रील कृष्ण को माता–पिता तथा सर्वोच्च सत्ता के रूप में देखते हैं, किंतु वे कृष्ण के पुरुष ईश्वरत्व के लिए उसे पूर्णता प्रदान करने के लिए एक स्त्री ईश्वरत्व की आवश्यकता महसूस करते हैं। प्रकृति के साथ साहचर्य से उत्पन्न जिज्ञासा को शांत करते हुए प्रकृति को शक्ति मानते हैं जो मनुष्य का उद्‌गम स्थल है। साथ ही ब्रह्मा परम सत्य है और ब्रह्मा कृष्ण के शरीर की आभा हैं। कहने का तात्पर्य है कि श्रीकृष्ण ब्रह्मा से भी परे हैं ब्रह्मा तो श्रीकृष्ण का ही एक हिस्सा हैं, इसलिए श्रील कृष्ण को सर्वोच्च सत्ता मानते हैं। भगवान श्रीकृष्ण को अविभाज्य, अनंत, असीम, सत्य आदि के रूप में माना जाता है जोकि वैष्णव परंपरा के कृष्णोपासक कवियों से भिन्न है। श्रील कहते हैं कि भौतिक जगत के पंक में लिपटे मनुष्य कृष्ण की लीला को समझने में असमर्थ होते हैं। इसी कारण श्रीभागवतगीता में स्वयं कृष्ण ने अपने बारे में सत्य को उद्‌घाटित किया है।

फलतः श्रील ने श्रीकृष्ण की सर्वोच्चता को स्थापित किया है और इस संदर्भ में तर्क भी प्रस्तुत किया है। उन्होंने ब्रह्माण्ड और नक्षत्र की गति, पृथ्वी की वनस्पति, फूल, फल सबसे सबके नियामक विवेक को माना है तथा यह विवेक ही भगवान कृष्ण है।

अध्याय–25
राधास्वामी सत्संग
Radhasoami Satsang

परिचय

प्रस्तुत इकाई में धर्म घरेलू प्रार्थना अनुष्ठानों का अनुसरण करता है, इसके अपने उत्सव होते हैं, पुरोहित होते हैं और इसके अनुयायी या तो धर्मान्तरित होते हैं या जन्मजात होते हैं। संत मत आध्यात्मिकता पर आधारित है। धर्म घरेलू प्रार्थना अनुष्ठानों का अनुसरण करता है, इसके अपने उत्सव होते हैं, पुरोहित होते हैं और इसके अनुयायी या तो धर्मान्तरित होते हैं या जन्मजात होते हैं। संत मत आध्यात्मिकता पर आधारित है और आध्यात्मिकता के उत्कर्ष के लिए आध्यात्मिक कार्यप्रणालियाँ हैं। इन आध्यात्मिक आंदोलनों से संबद्ध दूसरी संस्थाएँ जैसे शैक्षणिक संस्थाएँ हैं और अस्पताल हैं। इसमें शिष्यों को हर संभव तरीके से अपने स्वामी और आंदोलन की सेवा करने और स्वामी के प्रति शरीर, मन और आत्मा के पूर्ण समर्पण के लिए प्रोत्साहित किया जाता है। इस प्रकार, यहाँ हम जिसकी चर्चा कर रहे हैं वह संपूर्ण जीवनशैली हैं। हम पंजाब के ब्यास में राधास्वामी मठ या सत्संग पर ध्यान केंद्रित करेंगे। इस इकाई में हम संत मत की मुख्य विशेषताओं के विषय में जानकारी ग्रहण कर सकेंगे। संरक्षक गुरु की जीवन शिक्षाओं का वर्णन करने के पश्चात् उसके महत्त्व को समझाया गया है। राधास्वामी सत्संग की शिक्षाओं और तकनीकों के बारे में विस्तृत विवरण दिया गया है। इस प्रकार यहाँ पर हम जिसकी चर्चा कर रहे हैं, वह एक संपूर्ण जीवनशैली है। हम पंजाब में ब्यास में राधास्वामी मठ या सत्संग पर विशेष रूप से ध्यान केंद्रित करेंगे।

प्रश्न 1. संत मत के पहलुओं पर प्रकाश डालिए।

उत्तर – संत मत आध्यात्मिकता के बारे में कोई नया दृष्टिकोण नहीं है। राधास्वामी (ब्यास) का वर्णन संत मत के रूप में किया गया है जिसका अनुवाद गुरुओं के मार्ग के रूप में किया जा सकता है। एक ऐसा मार्ग जिसका अनुसरण गुरु के शिष्यों को करना है और गुरु को एक जीवित व्यक्ति होना चाहिए। संत मत में जीवित गुरु पर बल सबसे महत्त्वपूर्ण है। महाराजा चरण सिंह के साथ राधास्वामी सत्संग ब्यास शरीर में रहते हुए ही ईश्वर को पाने का एक तरीका है जिसका आकांक्षी के नित्य जीवन पर अत्यंत ही रचनात्मक रीति से प्रभाव पड़ता है। राधास्वामी सत्संग अध्यात्म में व्यावहारिक प्रशिक्षण प्रदान करता है। चरण सिंह उल्लेख करते हैं कि सत्संग धर्म नहीं है क्योंकि इसका कोई नियत बाह्य प्रतीक और लक्षण नहीं है जैसा कि पुरोहितवाद, मंदिरों, अनुष्ठानों और सिद्धांतों में होता है। यह सिर्फ सीमित अर्थ में सच है क्योंकि आस्था के पैटर्न, ध्यान, दर्शन, दीक्षा आदि अनुष्ठानों और धार्मिक रीति–रिवाजों पर प्रतिबिंबित होते हैं। किंतु स्पष्ट रूप से यह उतना साकार नहीं है जितना कि विश्व के प्रमुख धर्मों में है। इस पद्धति में अंदर की ओर ध्यान लगाना है जबकि इसके साथ ही अन्य जिम्मेदारियाँ जिन्हें इस दुनिया में रहते हुए निभाना है जैसे परिवार, सगे–संबंधियों, मित्रों, समुदाय आदि का भी ध्यान रखना है। संत मत कहता है कि दुनिया में सभी कष्ट और सजीव के सभी शोक और दुखों का कारण यह है कि मन की प्रबुद्धता और सर्वोच्च स्व या ईश्वर का अलगाव है। राधास्वामी सत्संग उपदेशों में यह कहा गया है कि यह भौतिक दुनिया वास्तविक गृह या वास स्थान नहीं है अपितु यह एक यात्रा है जो पृथ्वी पर किया जाना है। इस आस्था में यह ठीक ही और तर्कसंगत रूप से माना जाता है कि जब तक सर्वोच्च अर्थात् ईश्वर से अलगाव को पूरी तरह से नहीं पाटा जाए तब तक दुख और कष्ट कम नहीं होंगे, उनके दूर होने की बात करना तो बेमानी ही है। स्वयं इस मानव शरीर से अलग कहीं भी इस आध्यात्मिक एकीकरण की खोज करना बिल्कुल ही आवश्यक नहीं है। फिर इस उपदेश में शरीर को स्वयं पवित्र तथा उपासना के लिए सच्चा स्थान माना जाता है। यह ईश्वर का उपासना स्थल है।

एक अन्य सिद्धांत यह है कि संतों की शिक्षाएँ पूरे संसार में एक समान हैं और इन शिक्षाओं में काल और देश का अंतर नहीं आता है। यह माना जाता है कि इन शिक्षाओं की प्रयोज्यता सार्वजनीन हैं और इनका अनंतकाल से प्रयोग किया गया है। सिर्फ यही नहीं इन शिक्षाओं को कालजयी माना जाता है।

संत मत पद्धतियाँ : सर्वप्रथम ईश्वर के नाम की पुनरावृत्ति है और इस अभ्यास को सिमरन कहा जाता है। सदैव की तरह विचार यह है कि प्रभु के नाम की पुनरावृत्ति से शरीर में स्पंदन होता है जो कि प्रभु के चरम स्पंदन से निकट सामंजस्य स्थापित करता है और इसलिए इससे भक्त को सर्वांगीण लाभ प्राप्त होता है।

अगली विधि जिसकी शिक्षा दी जाती है वह गुरु के स्वरूप, जो कि वास्तव में पृथ्वी पर प्रभु का अवतार और प्रतिनिधि है, पर ध्यान लगाना है। गुरु के स्वरूप पर ध्यान लगाने का अर्थ यह भी है कि जब गुरु के स्वरूप पर ध्यान लगाया जाता है तो गुरु की कांति से महान आध्यात्मिक प्रवाहों का सृजन होता है तथा ध्यान लगाने वाले के मन में धाराओं का उत्कर्ष होता है और इस प्रकार शिष्य के लिए आनंद तथा प्रसन्नता के अनुभव का सृजन करता है।

तीसरी विधि 'अनहद नाद' को या शब्द जो आध्यात्मिक रूप से व्यवस्थित करता है, को सुनना है क्योंकि आध्यात्मिक धारा हमेशा शरीर के माध्यम से प्रवाहित हो रही है। इस ध्वनि का संगीतमय पहलू है तथा यह मन और बुद्धि की अशुद्धियों को साफ कर देता है और इस धारा पर ध्यान की सहायता से उन्हें आध्यात्मिक बनाता है।

इन विधियों की सहायता से आत्मा स्वयं को बंधनों, दुखों और सांसारिक चीजों की आसक्ति से स्वयं को मुक्त कराने में सफल होती है तथा मनुष्य संसार में बिना कलुषता के और अनासक्ति से रहने में समर्थ है। यह वास्तव में एक लक्षण है कि ध्यान शिष्यों पर प्रभाव डालते हैं।

संत मत के बारे में एक और महत्त्वपूर्ण तथ्य यह है कि गुरु और उसका सत्संगियों का समूह किसी भी संत मत कार्यकलाप के लिए धन स्वीकार करने के विरुद्ध है। संत मत परिकल्पना के अनुसार एक सच्चा संत किसी से भी यहाँ तक कि अपने शिष्य से भी कभी भी धन नहीं स्वीकार करता है। यह एक उपयुक्त सिद्धांत है क्योंकि शिष्य या किसी भी दूसरे से धन स्वीकार करने का अर्थ है व्यक्तिगत सौदेबाजी में उद्देश्यपरकता का भटक जाना।

प्रश्न 2. राधास्वामी सम्प्रदाय की शिक्षाओं पर प्रकाश डालो।

उत्तर – राधास्वामी सत्संग ब्यास ने योग की व्याख्या की है कि इससे आध्यात्मिकता की धारा त्रिकुटी केंद्र से आगे बढ़कर राधास्वामी केंद्र तक पहुँचती है जो सूरत शब्द योग के माध्यम से होता है। यह योग योगी की आत्मा प्रवाह का योग है जो ध्यान में अनंत के अनहद नाद से जोड़ देता है और इस प्रकार लाभ होता है। जिसने नई-नई दीक्षा ली हो उसके लिए यह दुष्कर हो सकता है किंतु योग अभ्यास से यह आसान हो जाएगा और अनंत के ध्वनिरहित ध्वनि के आंतरिक प्रस्फुटन पर ध्यान केंद्रित करने की क्षमता उत्पन्न होगी या राधास्वामी से लाभप्रद ढंग से संपर्क किया जा सकेगा।

सूरत शब्द योग : संत मत का सूरत शब्द योग में इसके लक्ष्य की भाँति व्यक्तिगत चेतना अथवा आत्मा की जीवन-संगीत के माध्यम से उच्चतर आध्यात्मिक क्षेत्रों से संपर्क स्थापित करने की सामर्थ्य है। राधास्वामी बताते हैं कि इस जीवन प्रवाह को धर्मग्रंथों में अनेक नामों से जाना जाता है जिसमें शब्द, लोगोस, नाम, वाणी या श्रव्य जीवनधारा है। आत्मा को नाम के साथ एकीकार होना है और इसलिए इस योग को सूरत शब्द योग कहते हैं। सूरत का

अर्थ है आत्मा और शब्द का अर्थ है पवित्र शब्द या नाम। जब योग अभ्यास से दोनों मिलते हैं तो हमारा सूरत शब्द योग का अभ्यास है।

इस प्रकार सूरत शब्द योग का अर्थ है कि व्यक्ति की आत्मा का दैव आत्मा से दैवध्वनि पर केंद्रीकरण के माध्यम से एकाकार हो रहा है। अब उन व्यक्तियों जिन्हें इस योग का पूरा अभ्यास था और जो इस धारा में यात्रा करते हुए सर्वोच्च क्षेत्र तक अर्थात् राधास्वामी धाम तक पहुँचने में समर्थ थे को पुराण संत, सद्गुरु इत्यादि की उपाधि दी जाती थी। इस तरह के शब्द से उन व्यक्तियों के बारे में पता चलता है जिन्होंने आत्मा को बंधनों से मुक्त कर लिया है और वे वास्तव में स्वतंत्र लोग हैं। वे का अर्थ है कि व्यक्ति ध्यान में आध्यात्मिक निपुण हैं और इसलिए वे व्यक्तिगत आत्माओं को विभिन्न जागरूकता और चेतना के विभिन्न अस्तित्वपरक धरातलों के माध्यम से सर्वोच्च क्षेत्र में जिसे अनामी लोक कहते हैं, में ले जाता है जो कि सभी संभव प्रकार के अस्तित्व बोधगम्य या अबोधगम्य का स्रोत है। यह मनुष्य की आत्मा के लिए अंतिम गंतव्य है और सूरत शब्द योग इस लक्ष्य की प्राप्ति के लिए जो कि आध्यात्मिक है, पद्धति और अभ्यास है। इस प्रकार राधास्वामी मठ में शब्द वह शक्ति है जिसने ब्रह्माण्ड को पकड़ रखा है और सभी आध्यात्मिक शक्तियों के सृजन तथा अधिष्ठापन के लिए उत्तरदायी है।

शब्द को क्षेत्र का अनाक्रांत संगीत भी कहा जाता है क्योंकि आध्यात्मिक उत्कर्ष की प्रत्येक अवस्था में हम अलग–अलग प्रकार की ध्वनि और संगीत पाते हैं। ध्वनि प्रवाह को उपयोगी और लाभप्रद ढंग से संपर्क करने के लिए ऐसा सिद्ध गुरु के माध्यम से करना होगा। यह शक्ति है जो गुरु शिष्य को देता है, जो दीक्षा प्राप्त करने वाले को किसी भी उपयुक्त समय तक ध्वनि प्रवाह पर ध्यान केंद्रित करने की अनुमति प्रदान करता है। यह गुरु की ही शक्ति है जो शिष्य को आध्यात्मिक दृष्टि से आगे बढ़ने में तथा हताशापूर्ण मतिभ्रम तथा अवसादपूर्ण विचारों या उत्तेजनापूर्ण विचारों जो कि ध्यान से विचलित करते हैं से बचने में सहायता करते हैं। पद्धति तो है किंतु यह तब तक निष्प्रभावी है जब तक कि गुरु आंतरिक क्षेत्र में शिष्य का मार्गदर्शन नहीं करता है तथा उसे नकारात्मक शक्तियों या विचारों, जो सूरत शब्द योग में बाधा डालते हैं, से बचाता है। इस प्रकार सूरत शब्द योग एक निपुण गुरु जो पहले ही आत्मा को विसारित कर दिया है तथा एक उपयोगी और आदरणीय गुरु बन गया है की सहायता से सृजन के स्रोत की ओर वापसी यात्रा है। यह शिक्षा अपने आपको फिर दोहराता है : सिद्ध गुरु के आर्शीवाद के बिना कुछ भी संभव नहीं है। इसका कारण यह है कि गुरु हमें जीवन धारा के साथ स्पर्श में रखता है जो शरीर के अंदर जन्म से शरीर के अंत तक श्रव्य है।

इस प्रकार, सूरत शब्द योग एक ध्यान पद्धति है जिसका अनुकरण संत मत और अनेक संबंधित परंपराओं के द्वारा किया जाता है। संस्कृत में सूरत का अर्थ आत्मा है। इस प्रकार सूरत शब्द योग का अभिप्राय है आत्मा को जुआ से बाँधने का प्रयास करना और फिर ध्वनि धारा के बवंडर में ऊपर उठना। इसलिए इसका उद्देश्य है व्यवहार में स्वयं को सिद्ध करना।

राधास्वामी हमें ब्रह्माण्ड के पवित्र केंद्र तथा यात्रा की दूरी तथा समय के बारे में कुछ नहीं कहते हैं किंतु यह स्पष्ट है कि बहुत ही कम व्यक्ति अल्प अवधि में अंतिम क्षेत्र में उत्कर्ष पर पहुँचने में सक्षम होंगे। इस प्रकार, इस उत्कर्ष में कोई स्पष्ट समय-सीमा नहीं है। कर्म और पुनर्जन्म में संत मत की आस्था से यह स्पष्ट है कि सूरत शब्द योग व्यक्ति के कर्मों में सुधार लाएगा और समय बीतने के साथ उन्हें अंतिम आध्यात्मिक विजय की ओर ले जाएगा। इस प्रकार समय अंतिम पिता के साथ एकाकार होने का अनिवार्य कारक है।

जीवित गुरु द्वारा दीक्षा : इस प्रकार, प्रत्येक व्यक्ति के जीवन में आध्यात्मिक यात्रा आरंभ करने में जीवित गुरु द्वारा दीक्षा महत्त्वपूर्ण है। इसमें नाम का पुनरुद्भवन शामिल है और जीवित गुरु शिष्य के तीसरे तिल चक्र में प्रवेश करता है। ध्वनि धारा ध्यान के अतिरिक्त इसमें अन्य आध्यात्मिक अभ्यास भी सम्मिलित हैं जिसमें सुमिरन या मंत्रों जो शिष्य की दीक्षा के समय दिया जाता है, को दोहराना है। इसमें ध्यान भी सम्मिलित हैं जो कि चिंतन या आंतरिक गुरु का दर्शन हो सकता है और भजन या आंतरिक आवाज को सुनना हो सकता है।

राधास्वामी ब्रह्माण्ड कहता है कि मनुष्य या दीक्षाग्रहण करने वाला सृजन की प्रतिमूर्ति है। परिणामस्वरूप सूक्ष्म जगत में अनेक निकाय शामिल होते हैं, इनमें से प्रत्येक इस तरह से बना होता है कि यह ब्रह्माण्ड में कुछ स्पष्ट धरातल के अनुरूप होता है। दीक्षा प्राप्त करने वाले का शरीर समय के चक्र के साथ विकास करता है जो उच्चतर धरातल से निचले धरातल की ओर जाता है और इसके विपर्यय जो नीचे है वह ऊपर की ओर जाता है। यह क्रमशः अंतर्ग्रस्तता और उद्भव की प्रक्रियाएँ हैं। इन प्रक्रियाओं में कर्म और पुनर्जन्म का चक्र शामिल है जिसमें चेतना की अलग-अलग अवस्थाएँ होती हैं, इसलिए सूरत शब्द योग का अर्थ है कि दीक्षा ग्रहण करने वाला सूक्ष्म जगत में यात्रा करता है और जीवित सद्गुरु के मार्गदर्शन और सहायता से यह कभी-कभी ब्रह्माण्ड में जाता है। इस प्रकार, आध्यात्मिक प्रक्रिया चलती रहती है जब तक कि पूर्ण ईश्वर की सिद्धि नहीं हो जाती या आत्मा मनुष्य की आत्मा के अंतिम नियति के रूप में राधास्वामी धाम नहीं पहुँच जाता है।

प्रश्न 3. रूहानी सत्संग पर टिप्पणी लिखिए।

उत्तर – संत मत आंदोलन और सूरत शब्द योग के लिए जीवित गुरु की आवश्यकता होती है। रूहानी सत्संग राधास्वामी सत्संग से अत्यंत प्रभावित है। संत किरपाल सिंह जी रूहानी सत्संग के पहले गुरु थे, वे कहते हैं कि 'नाम' धर्मों के साहित्य में सर्वत्र विद्यमान रहा है। रूहानी सत्संग के अनुसार नाम को गुरु ग्रंथ साहिब के अखंड कीर्तन के रूप में देखा जाना चाहिए।

पाइथोगोरस द्वारा ब्रह्माण्ड का संगीत :
(1) आकाशवाणी/वेदों में श्रुति
(2) उपनिषदों में नाद

(3) लोगोस/न्यू टेस्टामेंट में शब्द

(4) लाओत्से के दर्शन में ताओइन

(5) जूआओस्टर द्वारा स्राओशा

सूरत शब्द योग और गुरु चिंग हाई द्वारा प्रवर्तित कुआन चिन प्रणाली के बीच सादृश्य है।

संत गुरु आंदोलन 'मास्टर पाथ' के अनुसार निम्नलिखित लोगों के शामिल होने की बात करता है :

(1) तोओ त्जू,

(2) पाइथोगोरस,

(3) सुकरात,

(4) कबीर,

(5) सूफी संत हफीज और रूमी,

(6) सिक्खों के दस गुरु,

(7) तुलसी साहिब,

(8) राधास्वामी गुरु,

(9) राधास्वामी गुरुओं की शाखा, जैसे–संत किरपाल सिंह।

रूहानी सत्संग राधास्वामी सत्संग की एक शाखा है। संत किरपाल सिंह इसके संस्थापक हैं। 1974 में उनकी मृत्यु के उपरांत उनका पुत्र दर्शन सिंह उनका उत्तराधिकार बना। राधास्वामी पद और रुहानी सत्संग की शिक्षाएँ एकसमान हैं। राधास्वामी सत्संग आध्यात्मिक डायरी रखने की सलाह नहीं देता, जबकि रूहानी सम्प्रदाय दीक्षा प्राप्त करने के पश्चात् आध्यात्मिक व्यवहारों और अनुभवों का रिकॉर्ड रखने पर बल देता है।

किरपाल सिंह के लिए रूहानी सत्संग बौद्धिक या दार्शनिक पद्धति नहीं है और न ही आचार संबंधी प्रणाली है। अपितु यह ऐसी पद्धति है जिसके माध्यम से शरीर में कैद आत्मा को मुक्त किया जा सकता है। राधास्वामी सम्प्रदाय में तीन कारकों पर अत्यधिक बल दिया गया है :

(1) सद्‌गुरु,

(2) शब्द,

(3) सत्संग।

इनमें से प्रत्येक की व्याख्या शब्द से ही स्पष्ट है। इसके शब्द स्वतः ही इसके अर्थ के द्योतक हैं।

अध्याय-26
शिर्डी के साईं बाबा
Sai Baba of Shirdi

परिचय

शिर्डी के साईं बाबा भारत के पवित्र लोगों में से माने जाते हैं। शिर्डी के बाबा के नाम से जिस ट्रस्ट की स्थापना की गई है, उसका नाम 'साईं बाबा संस्थान' है। उनका उद्देश्य शिक्षाओं का प्रचार-प्रसार भी करना था। 1922 के बाद से संस्थान ने साईं बाबा के भक्तों की सहायता करने के लिए विभिन्न तरीकों से काम किया है। साईं बाबा की चमत्कारी आरोग्यकारी शक्तियों की स्मृति में संस्थान ने आधुनिक उपकरणों से सुसज्जित एक अस्पताल का उद्घाटन किया है जिससे कि रोगों का निदान हो सके। संस्थान ने विभिन्न भाषाओं में साईं बाबा पर अनेक फोटो और पुस्तकों का प्रकाशन किया है। इस प्रकार साईं बाबा संस्थान अत्यंत ही सक्रियता और दक्षतापूर्वक उनकी शिक्षाओं को व्यक्त कर रहा है और प्रचार-प्रसार कर रहा है। इस इकाई में हम साईं बाबा के जीवन के बारे में पढ़ेंगे व साईं बाबा की प्रारंभिक शिक्षाओं की रूपरेखा को जानने के बाद विस्तारपूर्वक उनका अध्ययन करेंगे। शिर्डी में एक अन्य महत्त्वपूर्ण स्थान लैण्डी गार्डेन्स है, जिसे स्वयं साईं बाबा ने बनवाया था। साईं बाबा पर्यावरणविद् की तरह प्रकृति के प्रदूषण से भिन्न थे, अत: वे नियमित रूप से पौधों में जल दिया करते थे। 1854 के आस-पास शिर्डी में साईं बाबा का आगमन हुआ। साईं बाबा के मुक्ति निश्चयों को मोहनीराज पंडित द्वारा मराठी में लिखा गया। साईं बाबा युवावस्था में एक सन्यासी के रूप में आए और नीम के वृक्ष के नीचे बैठे, जहाँ उन्हें पहली बार देखा गया, इस स्थान को अब गुरु स्थान के रूप में जाना जाता है।

प्रश्न 1. शिर्डी के साईं बाबा की जीवनी पर प्रकाश डालिए।

उत्तर – शिर्डी के साईं बाबा एक असाधारण संत थे। यदि ऐसा नहीं होता तो वह पूरी दुनिया में लोगों को आध्यात्मिक जीवन व्यतीत करने के लिए प्रेरित नहीं कर पाते। वास्तव में उन्हें उनके भक्त आदर्श संत मानते हैं जिसने अपने भक्तों के लिए अपना जीवन व्यतीत किया तथा अपनी आध्यात्मिक आरोग्य शक्तियों से सैंकड़ों रोगों को दूर किया। साईं बाबा पहली बार बाल्यावस्था में 1854 में शिर्डी आए थे। उसके बाद वे शिर्डी से चले गए और फिर 1858 में एक बारात में शिर्डी आए तथा उसके बाद संपूर्ण जीवन वहीं व्यतीत किया। शिर्डी आने से पहले उन्होंने क्या किया, उनका जन्म कहाँ हुआ था, उनके माता–पिता कौन थे और उनके परिवार की प्रवृत्ति कैसी थी, के बारे में कोई समुचित वृतांत नहीं मिलता है। हाँ, जो भी उनके संपर्क में आए उनके लिए यह बिल्कुल साफ था कि वह असाधारण आध्यात्मिक शक्तियों और करूणा की मूर्ति थे। यही उनकी आरोग्यकारी शक्तियों का आधार था।

साईं बाबा एक बारात में एक साधारण व्यक्ति के रूप में शिर्डी आए। उन्हें कोई जानता नहीं था। फिर भी शिर्डी में लोग उन्हें साईं अर्थात् संत कहने लगे। 'बाबा' एक अभिव्यक्ति है जिसका प्रयोग आध्यात्मिक रूप से विकसित व्यक्ति के लिए किया जाता है। शिर्डी में आने के बाद शीघ्र ही उन्हें साईं बाबा कहा जाने लगा।

चित्र–26.1 : साईं बाबा

शिर्डी में अपने निवास के आरंभिक दिनों में साईं बाबा अनासक्त और आत्मलीन थे जो गाँव की सीमाओं पर भ्रमण करते थे अथवा नीम के पेड़ के नीचे ध्यान लगाते थे। धीरे–धीरे शिर्डी गाँव के कुछ निवासियों ने उन्हें संत मानना शुरू कर दिया तथा उनका बहुत अधिक

आदर करने लगे। उनकी एक असाधारण भक्त बय्याजी बाई थी जो गाँव के समीप जंगल में साईं बाबा का अनुसरण करती थी और वह अपने साथ लाए भोजन को ग्रहण करने के लिए उनसे आग्रह और हठ करती थी। वह मातृस्नेह के साथ साईं बाबा को भोजन कराती थी और फिर अपने घर वापस लौट जाती थी। यह कुछ समय तक चलता रहा जब साईं बाबा अपनी करूणा के कारण जंगल से आकर गाँव की सीमा पर बने एक प्राचीन और जीर्ण–शीर्ण मस्जिद में रहने लगे। वहाँ वह मृत्युपर्यन्त रहे। ऐसा करके साईं बाबा ने मस्जिद को पवित्र कर दिया और आज यह शिर्डी में सबसे लोकप्रिय पूजा स्थल है। यह मस्जिद 'द्वारकामई' अथवा भगवान कृष्ण का वासस्थान कहलाता है।

आशा के विपरीत साईं बाबा केवल तपस्वी संत नहीं थे अपितु वास्तव में उन्हें युवावस्था में कुश्ती भी बहुत अधिक प्रिय था। दूसरे समय में वह अपने पाँव में नुपूर बाँधकर आनंदातिरेक में नृत्य किया करते थे। अपने भक्तों के साथ साईं बाबा आनंदातिरेक में जाया करते थे और दैवी हर्षोल्लास की अपनी गहन अवस्था में नृत्य करते थे तथा गाते थे। वह फारसी और अरबी में गाते थे और बहुधा कबीर एवं दूसरे विख्यात संतों के गीत गाते थे।

साईं बाबा की वेशभूषा अत्यंत ही विशिष्ट थी, वह एक लंबा कुर्ता जिसे 'काफनी' कहते थे पहना करते थे और एक लंबा कपड़ा अपने सिर पर बाँधते थे ताकि यह बाएँ कान के पीछे लटका हो। साईं बाबा की आदतें अत्यंत ही सरल थीं और वह बैठने या सोने के लिए साधारण बोरा का प्रयोग करते थे और अपने सिर के नीचे ईंट रखकर सोया करते थे। इस प्रकार साईं बाबा साधारण रूप से पूरी तरह से परे थे जबकि साधारण मनुष्य इनके मनोग्रस्त होते हैं।

जहाँ तक उनकी व्यक्तिगत आदतों का संबंध है वह एक तपस्वी और फकीर थे। जब उनसे पूछा गया कि वह तपस्वी का जीवन क्यों व्यतीत करते हैं तो उन्होंने उत्तर दिया कि ऐश्वर्यपूर्ण विलासिता से अच्छी सरल आदतें हैं। बाहर बाबा का मुखड़ा अत्यंत सुंदर था, उनका व्यक्तित्व सम्मोहक था। कोई भी व्यक्ति जिसने उनका एक बार दर्शन कर लिया उन्हें कभी नहीं भूला और तत्काल उनका भक्त बन गया। उनके व्यवहार के संबंध में यह सामान्यतया करूणामय था किंतु कभी–कभी यह करूणा क्रोध में प्रस्फुटित होती थी जो कि ईश्वरीय प्रेरणा से होता था और इसके प्रस्फुटित होने के शीघ्र बाद लहरों की तरह समाप्त हो जाता था। इस प्रकार, यह क्रोध दैवी प्रस्फुटन था जो कि आम आदमी का क्रोध नहीं था जो कि बस अपना आपा खो देता है। संभवतः उनकी मनोदशा अपने भक्तों की रक्षा करने के लिए एकाग्रचित्त होती थी और क्रोध का प्रदर्शन भी एक ऐसी पद्धति थी जिसका प्रयोग संत अपने भक्तों की भक्ति की परीक्षा के लिए करते थे। इस तरह के असाधारण संत जैसा कि साईं बाबा थे के जीवन में इस प्रकार के व्यवहार का नकारात्मक आरोप नहीं लगाया जा सकता।

साईं बाबा शिर्डी में अलग–अलग घरों में जाया करते थे तथा भिक्षा माँगते थे। यह उनकी उदारता और संतवत् स्वभाव था कि जो कुछ भी उन्हें मिलता था उसे वह अपने भक्तों के साथ

बाँटते थे। एक अन्य विशेषता यह थी कि सर्वशक्तिमान में अटूट आस्था होने के कारण उन्होंने कभी भी खाद्य संग्रह नहीं किया।

साईं बाबा को आम आदमी का भगवान भी कहा जाता है क्योंकि वह स्वयं पूरी तरह से तपस्वी थे और वे अपने भक्तों के साथ रहे, उनके साथ अपना जीवन व्यतीत किया और भिक्षा में मिले खाद्य को भक्तों में बाँटकर ग्रहण करते हैं। इतना ही नहीं साईं बाबा को किसी जाति या वर्ग के साथ कोई भेदभाव नहीं है और जाति नियमों के प्रति परंपरानिष्ठता के बिना एक ही चिलम का प्रयोग करते थे। इससे यह पता चलता है कि सामान्य रूप से आम लोगों के प्रति और विशेषकर भक्तों के प्रति वह कितना विनीत थे। वह बहुधा अपने फकीर आगंतुकों के लिए भोजन तक पकाते थे।

साईं बाबा की पूर्णतया संतवत् मनोवृत्ति और व्यवहार ने उन्हें शिर्डी गाँव के लोगों में प्रिय बना दिया जो धीरे–धीरे उनकी पूजा करने लगे। शुरू में साईं बाबा इसके बारे में बहुत अधिक उत्साही नहीं थे किंतु धीरे–धीरे उन्होंने इस उपासना की अनुमति प्रदान कर दी क्योंकि इससे भक्तों को अपार मन की शांति मिलती थी और एक बार उन्होंने जनसाधारण को अपना आर्शीवाद दिया। साईं बाबा का आवास द्वारकामई मस्जिद सभी भक्तों के लिए हर समय खुला रहता है जिससे कि वे बाबा के प्रति अपने प्रेम और स्नेह को व्यक्त कर सकें। उनके भक्त सभी वर्ग, जाति, धनी और गरीब थे। एक भगवान की रचना के रूप में सबका स्वागत था।

एक बार साईं बाबा के प्रबुद्ध स्वभाव के बारे में सामान्य रूप से द्वारकामई और शिर्डी में सब लोगों को पता चलने के बाद बड़ी संख्या में भक्त और लोग साईं बाबा के दर्शन अथवा आध्यात्मिक बोध और चिंतन के लिए शिर्डी आने लगे। स्वयं शिर्डी जो एक समय में एकदम शांत गाँव था अब बड़े पैमाने पर आध्यात्मिक क्रियाकलाप की धुरी बन गया है। वास्तव में कुछ लोगों ने अत्यंत ही खर्चीले अनुष्ठानों और कर्मकाण्डों के साथ शिर्डी में साईं बाबा की पूजा अर्चना शुरू कर दी है। तथापि, बाबा उपासना के इन सभी प्रस्फुटनों से अनासक्त थे और शांत प्रकृतिस्थ रहे। उनके भक्तों की संख्या तेजी से बढ़ी और बाबा के समाधि लेने तक साईं बाबा के अनेक भक्त थे।

आज जब हमारे साथ अस्थि, मज्जा के साईं बाबा नहीं रहे तो अनेक भक्त यह मानते हैं कि उनके चित्र पर ध्यान केंद्रित करके देखना उन्हें साक्षात् देखने के बराबर है। कहने का अर्थ यह है कि साईं बाबा का चित्र देखना ही अब दर्शन है और इसके सामने भक्त घुटने टेकते हैं तथा इसकी आरती करते हैं।

बाबा ने अपने जीवनकाल में अनेक चमत्कार किए और अनेक लोगों को रोगमुक्त किया तथा सदा अपने भक्तों को धुनी जिसे वे हमेशा प्रज्ज्वलित रखते थे, की राख से आशीष देते थे। इस राख को उड़ी अथवा पवित्र राख कहते थे और इसमें आरोग्यकारी क्षमता थी तथा इसका प्रयोग भक्तों द्वारा सभी प्रकार की रूग्णता पर अच्छे प्रभाव के लिए किया गया।

प्रश्न 2. शिर्डी के साईं बाबा की प्रारंभिक शिक्षाओं का वर्णन कीजिए।

उत्तर – साईं बाबा ने अपने जीवन काल में अपने भक्तों को विशुद्ध तथा सहज मुक्ति निश्चय दिया जो कि उनके मन की शांति के लिए बहुत ही अधिक लाभप्रद था और इससे उन्हें अत्यधिक प्रशांति मिली। इस प्रकार बाबा ने अपने भक्तों को आश्वासन दिया कि घरेलू जीवन में उनके घरों पर कोई आपदा नहीं आएगी यदि उसमें उनका दृढ़ और अटूट विश्वास है। उन्होंने बताया कि आश्वासन गीता में श्रीकृष्ण ने दिया है। बाबा ने आगे इस बात पर भी बल दिया कि वह भक्तों के अंतरंग विचारों के संपर्क में भी थे क्योंकि वह उनके हृदय में बसते थे और वास्तव में प्रत्येक चीज यहाँ तक कि पशुओं और कीटों के हृदय में भी थे। वास्तव में साईं बाबा ने कहा था कि वह ब्रह्माण्ड की सभी संभव रचना की जननी, संरक्षक और संहारक देवता का ही अवतार हैं।

इसी शैली में आगे बढ़ते हुए बाबा ने घोषणा की कि उनकी खोज सिर्फ बाह्य उपासना नहीं होनी चाहिए अपितु एक व्यक्ति के अंदर अन्वेषण और खोज होनी चाहिए। उन्होंने इसे तब स्पष्ट कर दिया जब उन्होंने कहा कि उनकी चेतना जो सर्वव्यापी चेतना है सभी जीवों में विद्यमान है इस प्रकार उस चेतना के साथ एकाकार होने का अर्थ था कि जिज्ञासु ने सभी जीवों के साथ एकत्व प्राप्त कर लिया है और इसलिए साईं बाबा जो सर्वव्यापी हैं के साथ भी एकत्व प्राप्त कर लिया है। इस तरह के आंतरिक अन्वेषण से भक्त के सभी तरह के संशय दूर हो जाएँगे क्योंकि वे अपनी उपासना, कर्मकाण्ड और धर्म में उसके साथ एकत्व प्राप्त करते हैं।

साईं बाबा ने 1918 में अपना शरीर त्याग दिया किंतु उनका आध्यात्मिक स्व अभी भी भक्तों की सहायता तथा मार्गदर्शन कर रहा है। उनके भक्तों की इस आस्था के संबंध में एक कहानी से कुछ पता चलता है। कहानी यह है कि बाबा जब जीवित थे तब नारायण राव नामक उनका एक भक्त दिन में दो बार उनके दर्शन करता था। 1918 में जब बाबा ने अपना शरीर त्याग दिया उसके बाद 3 वर्ष बीत चुके थे और यह भक्त बीमार हो गया और मृतप्राय हो गया। किसी भी औषधि या उपचार से उसे कोई राहत नहीं मिली। अंतिम प्रयास के रूप में नारायण राव ने साईं बाबा की प्रार्थना की तथा सतत् रूप से उन पर ध्यान लगाना शुरू कर दिया। फिर एक रात नारायण राव ने एक स्वप्न देखा जिसमें बाबा ने उसे दर्शन दिए और यह आश्वासन दिया कि वह निरोग हो जाएगा और अब शय्या पर लेटा नहीं रहेगा तथा 1 सप्ताह के भीतर चलने-फिरने लगेगा।

तत्पश्चात् नारायण राव रोगमुक्त होने लगा और शीघ्र ही फिर से चलने-फिरने लगा। इससे यह पता चलता है कि असाधारण संतों के कार्य और प्रभाव उनके शरीर त्याग के बाद भी चलते रहते हैं। यह साईं बाबा के लिए नितांत सही है जिनका मिशन चल रहा है और अपने भक्तों के लिए वह अभी भी आध्यात्मिक रूप से जीवित हैं। बाबा के वचन उनकी शिक्षाओं के मुख्य अंश हैं तथा उनमें प्रवेश करने से पता चलता है कि बाबा उनके लिए जो किसी प्रकार की पीड़ा से ग्रस्त हैं, उनके लिए चमत्कार कर सकते हैं। फिर भी प्रत्येक

चमत्कारी आरोग्य में एक कहानी से कुछ अधिक है—उनमें एक शिक्षा छिपी हुई है। इतना ही नहीं, बाबा ने अपने दैवीय स्थिति के बारे में जो भी कहा वे ऐसे है जिनसे बाबा के लिए अत्यधिक कौतुहल और आदर उत्पन्न होता है। इस प्रकार बाबा ने व्यवहार के संबंध में यह स्पष्ट कर दिया है कि किसी भी चीज के होने के लिए या किसी भी संबंध के लिए परस्पर अंतर्क्रिया की आवश्यकता पड़ती है। उन्होंने सलाह दी कि यदि कोई उनके भक्त के पास मदद माँगने पहुँचता है तो उसके साथ दया और विनम्रता के साथ बर्ताव करना चाहिए चाहे वह कोई भी व्यक्ति हो। सभी जिज्ञासुओं के साथ अत्यधिक सम्मान से व्यवहार करना चाहिए। उन्होंने यह दलील दी कि जरूरतमंद व्यक्ति को चाहे उसे सलाह, कपड़े, भोजन और पानी किसी भी चीज की आवश्यकता हो, देना चाहिए। उन्होंने यहाँ तक कहा कि यदि कोई धन भी माँगता है और आपके पास धन नहीं है तो भी उसे विनम्रतापूर्वक मना करना चाहिए और उसके साथ कर्कश व्यवहार नहीं करना चाहिए।

इसी शैली में बाबा ने अपने दैवीय स्वभाव को यह कहकर प्रकट किया कि यदि सभी दैवीय कार्यकलाप लिखे जाएँ और बात की जाए तो श्रोता के मन–मस्तिष्क से पूरी अज्ञानता दूर हो जाएगी। भौतिक पदार्थों और भौतिक स्वामित्व की चेतना में काफी कमी आएगी और अंततः समाप्त हो जाएगी। उसके स्थान में आध्यात्मिक चेतना का उदय होगा और भक्ति अत्यंत ही गहन होगी।

व्यक्तिगत प्रार्थनाओं और बाबा पर ध्यान लगाने के अलावा उनके भक्त बाबा की लीलाओं और चमत्कारों के बारे में ज्ञान के प्रचार–प्रसार में व्यस्त रहते हैं जिससे कि अज्ञानता दूर की जा सके और उनमें ज्ञानोदय हो। बाबा के लिए भक्त को सांसारिक क्रियाकलापों में लिप्त नहीं होना चाहिए अपितु संसार के प्रवाह को देखना चाहिए जिससे कि संसार से अनासक्ति उत्पन्न हो और भक्तों को साईं बाबा के समीप लाए और उनमें भक्ति भाव पैदा करे। साईं बाबा ने अपने भक्तों से भक्ति की सभी बाधाओं को तोड़ डालने का आग्रह किया।

प्रश्न 3. साईं बाबा के चमत्कारों एवं नीति कथाओं का संक्षिप्त विवरण देते हुए उसके महत्त्व को उद्घाटित कीजिए।

उत्तर – साईं बाबा का व्यक्तित्व जनमानस के प्रति एक ऐसा आदर्श उपस्थित करता है जो अन्य किसी सम्प्रदाय में जीवित व्यक्ति के प्रति नहीं मिलता। साईं बाबा एक ऐसे आध्यात्मिक गुरु अथवा ईश्वर के रूप में स्थापित हो गए जो स्थान ईश्वर को अगम्य और अनंत बताकर पाया जाता है। मानव के रूप में ईश्वर साईं बाबा ने समाज सेवा में ही अपना सर्वस्व अर्पित कर दिया। अतः उनके द्वारा जो भी चमत्कार किए गए, वह उनके सच्चे व्यक्तित्व और सेवाभाव का प्रतिफलन है।

साईं बाबा के चमत्कारों की कहानियाँ साईं चरित से उद्धृत हैं, जो बृहत से बृहतर हो रही हैं। 'साईं बाबा चरित' उनके समकालीन हेमदपंत ने लिखी। हेमदपंत 1910 में साईं बाबा

के दर्शन करने शिर्डी में मस्जिद में गए और देखा कि साईं गेहूँ पीस रहे हैं। यह आश्चर्यचकित कर देने वाली घटना को देखने जब गाँव के लोग पहुँचे तो कुछ स्त्रियाँ बाबा को हटाकर स्वयं गेहूँ पीसने लगीं। तत्पश्चात् सारा आटा गाँव वालों में बाँट दिया गया। दरअसल में उस समय गाँव में हैजा महामारी फैली हुई थी, जिसे रोकने के लिए स्वच्छ अन्न का सेवन जरूरी था। बाबा का यह प्रयास अवश्य ही चमत्कृत है। वैसे इस घटना को ऐसे भी समझा जा सकता है कि भीड़ इकट्ठी होने से जनता में हैजा जैसी महामारी से लड़ने की ताकत आ जाती है और लोग अपने आपको अकेला महसूस नहीं करते। बाबा के कार्यों में आस्था और विश्वास ने लोगों के हृदय को मोह लिया और बाबा को मानवता के दूत के रूप में जाना जाने लगा।

इसी प्रकार एक चमत्कार ऐसा है कि साईं बाबा किसी भाँति कठिनता से तेल माँग कर मस्जिद में दीपक जलाया करते थे। एक समय दुकानदारों ने तेल देने से मना कर दिया। बाबा मस्जिद में लौट आए और सूखी बातियाँ दीपक में लगा दी। दुकानदार कुतूहलवश बाबा को देख रहे थे कि वे क्या कर रहे हैं? साईं बाबा ने टीन के दीपक के पात्र से थोड़ा तेल निकालकर उसमें पानी मिलाकर गरारे किया और सभी दीपकों में डाल दिया और दीपक जला दिए, जो पूरी रात जले। इससे दुकानदारों की तंद्रा टूटी और उन्होंने बाबा पर भरोसा करना शुरू किया।

इसी प्रकार साईं बाबा और जवाहर फकीर की कथा भी अत्यंत रोचक है। जवाहर अली एक विद्वान फकीर था जो अपने शिष्यों के साथ वीरभद्र मंदिर में ठहरा। उसने वीरभद्र मंदिर के सामने ईदगाह का निर्माण कार्य आरंभ किया। इससे विवाद हो गया और वह शिर्डी में बाबा के साथ रहने लगा और अपनी विद्वत्तापूर्ण बातों से लोगों को आकर्षित करने लगा तथा बाबा को अपना शिष्य बताने लगा। बाबा तो सर्वव्यापक और विनम्र थे, अतः उन्होंने जवाहर अली की बात का बुरा नहीं माना। फिर भी साईं बाबा रहाता में रहने लगे और उनके भक्तों ने उन्हें शिर्डी लाने के लिए प्रयास आरंभ कर दिया। अंत में फकीर और बाबा दोनों शिर्डी आ गए। तत्पश्चात् जवाहर अली का देवीदास के साथ वाद–विवाद हुआ और जवाहर अली हार गए, ऐसी स्थिति में जवाहर अली को भान हुआ कि साईं कितने विनम्र हैं कि उनकी सभी गलतियों और अहंकारी स्वभाव को क्षमा करते रहते थे। अंततः वे साईं के सामने साष्टांग हो गए।

ध्यान देने से पता चलता है कि साईं के अंदर एक सरल हृदय था जो प्रत्येक व्यक्ति के दुख से दुखी होता था। साईं का यह निर्मल स्वच्छ हृदय ही लोगों का उपचार करता था। साईं बाबा एक आध्यात्मिक गुरु के रूप में प्रतिष्ठित हैं, जिन्होंने अपना सारा जीवन मानव सेवा में लगा दिया। ऐसा त्यागी व्यक्तित्व संसार में विरले ही जन्म लेता है। साईं बाबा ने केवल मानवता का संदेश दिया है और यही उनकी भक्ति का मूलमंत्र भी है, तभी उनके द्वारा किया गया कोई भी उपचार आस्था और विश्वास पर आधारित होता है जो कारगर और ईश्वरीय होता है।

ATTENTION IGNOU STUDENTS

Email at info@gullybaba.com
to Claim your FREE book

"How to pass IGNOU exams on time with Good Marks"

प्रश्न पत्र

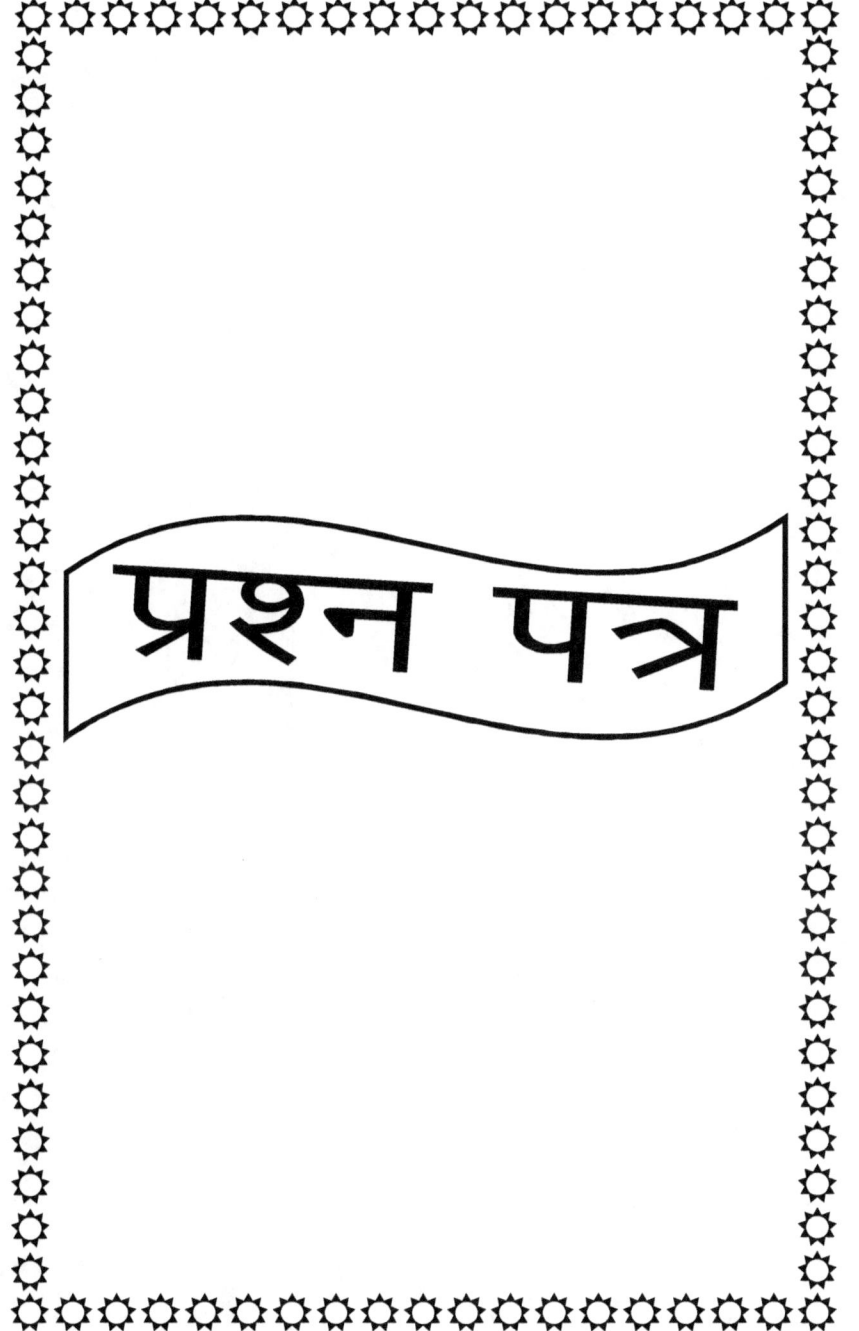

धर्म का समाजशास्त्र : एम.एस.ओ.ई.–003
जून, 2008

नोट : किन्हीं पाँच प्रश्नों के उत्तर दीजिए। प्रत्येक प्रश्न का उत्तर लगभग 500 शब्दों में दीजिए। प्रत्येक भाग से कम-से-कम दो प्रश्नों का उत्तर अवश्य दें।

भाग – I

प्रश्न 1. धर्म के अध्ययन में ऐतिहासिक एवं तुलनात्मक उपागम की उपयुक्त उदाहरण देकर चर्चा करें।
उत्तर – देखें इकाई–3, प्रश्न–1, 2, 3, 4

प्रश्न 2. धर्म के संदर्भ में दुर्खाइम के प्रकार्यवादी उपागम की व्याख्या कीजिए।
उत्तर – देखें इकाई–6, प्रश्न–1

प्रश्न 3. श्रीनिवास के कूर्गों के नृजातीय अध्ययन को रेखांकित कीजिए।
उत्तर – देखें इकाई–8, प्रश्न–1, 2, 3

प्रश्न 4. धर्म एवं अर्थव्यवस्था पर वेबर के प्रमुख शोध प्रबंध (central thesis) को स्पष्ट कीजिए।
उत्तर – देखें इकाई–7, प्रश्न–2

प्रश्न 5. धर्म की मार्क्सवादी धारणा की चर्चा कीजिए। धर्म को अधिरचना (superstructure) के भाग के रूप में कैसे देखा जाता है?
उत्तर – देखें इकाई–5, प्रश्न–1, 4

भाग – II

प्रश्न 6. धर्म का व्याख्यात्मक (interpretive) उपागम क्या है? गीर्ट्ज़ धर्म को प्रतीकों की व्यवस्था के रूप में कैसे देखते हैं?

उत्तर – देखें इकाई–13, प्रश्न–1, 2

प्रश्न 7. धर्म पर बर्जर के परिप्रेक्ष्य को व्यक्त कीजिए। "विश्व निर्माण" से उनका क्या अभिप्राय है?

उत्तर – देखें दिसम्बर–2009, प्रश्न–6

प्रश्न 8. भारत में जैन धर्म एवं बौद्ध धर्म पर निबंध लिखिए।

उत्तर – देखें इकाई–16, प्रश्न–1, 2

प्रश्न 9. धर्मनिरपेक्षता एवं धर्मनिरपेक्षीकरण को परिभाषित कीजिए एवं इनके बीच के अंतर को स्पष्ट कीजिए।

उत्तर – लैटिन भाषा के शब्द सायकुलम से उत्पन्न हुए शब्द पंथ–निरपेक्ष का अर्थ होता है शताब्दी का युग। पवित्र काल के प्रतिकल सायकुलम का काल अपावन (धर्म निंदक) काल तथा सामान्य ऐतिहासिक राज्यारोहण का काल था। यह समय अपने से उच्चतर समय जिसका पारस्परिक नाम 'शाश्वतता' है, का समय था, विचारों का समय था, उत्पत्ति का समय या भगवान का समय से सम्मिश्रित था। मनुष्य भी इन कालों में जी चुका है किंतु कुछ ही आचरण, संस्थान, जीवन एवं सामाजिक–आकार संपूर्ण रूप से लौकिक एवं अनाध्यात्मिक की ओर निर्दिष्ट था। सरकार भी चर्च के विपरीत अधिकतम 'सायकुलम में' थी। जीसस क्राइस्ट के समय से ही जीवन का यह विभाजन विद्यमान आसन्न तीसरे दशक की किवदन्ती है कि एक बार ईसा मसीह से पूछा गया कि क्या रोम को कर देना जीसस ने कहा 'सीजर को सीजर की संपत्ति दे दो और प्रभु को प्रभु की वस्तु अर्पित कर दो।'

पंथ निरपेक्षवाद शब्द का निर्माण सन् 1851 ई. में जॉर्ज जैकब होलियोक ने किया था। वह एक समाजशास्त्री था। 19वीं शताब्दी के उदारवाद की पृष्ठभूमि में पंथ निरपेक्षवाद पुनर्जागरण एवं ज्ञानोदय काल का उपोत्पाद था, जहाँ पुनर्जागरण काल व्यक्ति की प्रतिष्ठा का समर्थन करता था वहीं ज्ञानोदय कारण एवं विज्ञान की स्वायत्तता पर प्रकाश डालता था। पंथ निरपेक्षवाद शब्द के प्रतिपादन से पूर्व होलियोक ने 'नेथेइज्म' एवं परिसीमनवाद जैसे शब्दों पर विचार किया था। पंथ निरपेक्षवाद का प्रतिपादन करने के पीछे उनका प्रथम लक्ष्य धर्म को अस्वीकार करना नहीं था अपितु क्रिश्चियन धर्मशास्त्र की अविवेकिता एवं आधिदैविकता का प्रतिकार करना था। पंथ निरपेक्षवाद के प्रतिपादन में होलियोक का दूसरा लक्ष्य था व्यक्ति के महत्व एवं गौरव तथा उसके धर्मनिरपेक्ष जीवन को दृढ़ करना।

प्रश्न 10. धर्म परिवर्तन से क्या अभिप्राय है? अपना उत्तर उदाहरण देकर स्पष्ट कीजिए।

उत्तर – देखें इकाई–22, प्रश्न–1

धर्म का समाजशास्त्र : एम.एस.ओ.ई.–003
दिसम्बर, 2008

नोट : किन्हीं पाँच प्रश्नों के उत्तर दीजिए। प्रत्येक प्रश्न का उत्तर लगभग 500 शब्दों में दीजिए। प्रत्येक भाग से कम-से-कम दो प्रश्नों का उत्तर अवश्य दें।

भाग – I

प्रश्न 1. धर्म के अध्ययन के संदर्भ में समाजशास्त्रीय एवं नृजातीय उपागमों की तुलना कीजिए एवं इनके बीच के अंतर को स्पष्ट कीजिए।

उत्तर – धर्म का समाजशास्त्रीय उपागम : धर्म में समाजशास्त्रीय ज्ञान को प्राप्त करने के दो पथ रहे हैं :

(1) धार्मिक ग्रंथों में जितने लेख एवं व्याख्याएँ हैं उनका प्रयोग किया गया है एवं पूर्व लेखकों द्वारा वर्णित व्यक्तियों की क्रियाओं को समंक के रूप में प्रयोग किया गया है।

(2) धर्म जो समाजशास्त्रीय अध्ययन का केंद्रबिंदु है, को समझने के लिए विभिन्न दृष्टिकोणों को विकसित किया है। उदाहरण स्वरूप समाज में सहयोग और संघर्ष उत्पन्न करने में धर्म की भूमिका जानना?

धर्म के समाजशास्त्री धर्म के विशेषज्ञ नहीं हो जाते हैं, इसकी जटिलताएँ तथा व्याख्या की सच्चाईयाँ उन क्रियाओं से संबंध रखती हैं जो एक अन्य शीर्षक के अंतर्गत आती हैं। धर्मशास्त्र, धर्म का समाजशास्त्र किसी भी आस्था से संबंधित अथवा बिना किसी आस्था के समाजशास्त्री द्वारा प्रयुक्त किया जा सकता है। वास्तव में अधिक विख्यात समाजशास्त्री नास्तिक रहे हैं। वैस्टर मार्क जो मानव विवाह के इतिहास के एक प्रसिद्ध लेखक हैं, ने इस संदर्भ में किंग्सले डेविस द्वारा कक्षा में प्रयोग किए गए एक वाक्य "(वैस्टरमार्क) ने जीवनभर मानव विवाह पर अपने लेख लिखे और जीवन भर अविवाहित रहे" जो उद्धृत किया है। अतः संक्षेप में, धर्म का समाजशास्त्र केवल धर्म का अध्ययन ही नहीं है, वरन् धर्म के बारे में भी है। यह समाजशास्त्रीय अध्ययन है और इसके विद्यार्थी अथवा व्यवसायी धर्म की विशेषज्ञता का दावा नहीं कर सकते हैं।

इस अर्थ में यह एक धर्म निरपेक्ष कार्य है। इसको समझने के लिए दो बातों की आवश्यकता है : अनेक समाजों में समाज एवं धर्म का संबंध एवं धर्म की अवधारणा। अतः इस प्रक्रिया में कई धर्मों की जानकारी होने की आवश्यकता है जिससे विभिन्न समाजशास्त्रीय प्रक्रियाओं का अध्ययन विभिन्न परिस्थितियों में किया जा सके और इस विविधता के क्षेत्र की धार्मिक बहुलता इस विविधता को समझाने के लिए एक अतिरिक्त क्षेत्र प्रदान करता है।

धर्म का नृजातीय उपागम : 20वीं सदी में एक सीमित क्षेत्र में किए गए गहन अध्ययनों में, श्रीनिवास का अध्ययन 'दक्षिण भारत के कुर्गों में धर्म और समाज (1952) महत्त्वपूर्ण अध्ययन है। उसने विभिन्न सामाजिक समूहों जैसे परिवार, जाति, ग्राम को विशिष्ट देवी–देवताओं के साथ जोड़ा तथा त्यौहार के रूप में होने वाले अनुष्ठानों के साथ उनके संबंध का विवरण दिया। यद्यपि यह खोज कुर्ग लोगों के बारे में थी, तथापि प्रकरण संबंधी संदर्भ यह स्पष्ट करते हैं कि इन अनुष्ठानों का सांस्कृतिक स्रोतों से संबंध है और इसी दिशा में रूपांतरित होते हैं। उसने इस प्रक्रिया को संस्कारों और व्यवहारों की संस्कृतिकरण की प्रक्रिया कहा और इसके साथ–साथ यह भी बताया कि जब इन संस्कारों को निम्न समूहों के द्वारा अपना लिया जाता है तो एक माध्यम बन जाता है जिसके द्वारा अपवित्र संबंध छोड़ दिए जाते हैं और पवित्र अपनाए जाते हैं, जैसा कि धर्मग्रंथों या पुजारियों ने बताया है। ऐसा विश्वास किया जाता है कि पवित्रीकरण की ये प्रक्रिया अपवित्रता से जुड़ी भ्रांतियों को दूर कर सकेंगी और समूह में ऊर्ध्वगामी गतिशीलता हो पाएगी।

स्थानीय परंपराओं और उनके शास्त्रीय संबंध का प्रश्न तब उभरा जब शिकागो के मानव शास्त्रियों के समूह ने देशीय सभ्यता में लघु समुदायों की प्रकृति पर ध्यान केंद्रित किया गया। मिल्टन सिंगर ने मद्रास (अब चैन्नई) शहर में कृष्ण लीला के अवलोकन का परिक्षण यह देखने के लिए किया कि अनुष्ठान का समय और स्थान कैसे मुक्त अथवा लौकिक हो जाता है और विशेषकर जब नाट्य शाला में कार्यक्रम होता है। मैन्डल बॉम ने निरंतरता और परिवर्तन के अध्ययन में इस प्रक्रिया को दो पुस्तकों में बताया है। दुर्खीम ने सामाजिक तथ्यों को दो भागों में वर्गीकृत किया जिन्हें पवित्र एवं अपवित्र कहा और इसी वर्गीकरण से पवित्र तथा अपवित्र का विचार भी खोजा जा सकता है। यही पवित्र और अपवित्र के विचार ड्यूमोन्ट द्वारा लिखित पुस्तक, दी होमो हियेरारकिकस, में मुख्य बिंदु हो गए।

प्रश्न 2. यति प्रोटेस्टैन्टवाद (Ascetic Protestantism) और पूँजीवाद की भावना की चर्चा कीजिए।

उत्तर – देखें इकाई–7, प्रश्न–3

प्रश्न 3. धर्म पर मार्क्स के विचारों की चर्चा कीजिए।

उत्तर – देखें इकाई–5, प्रश्न–1

प्रश्न 4. टी.एन. मदान के कश्मीरी पंडितों के नृजातीय अध्ययन में 'गैर–परित्याग' (non-renunciation) की संकल्पना का वर्णन कीजिए।

उत्तर – देखें इकाई–10, प्रश्न–4

प्रश्न 5. दुर्खाइम धर्म को कैसे स्पष्ट करते हैं? 'पवित्र' एवं 'अपवित्र' के बीच के अंतर को स्पष्ट कीजिए।

उत्तर – देखें इकाई–6, प्रश्न–2

भाग – II

प्रश्न 6. भारत में ईसाई धर्म पर निबंध लिखिए।

उत्तर – देखें इकाई–17, प्रश्न–3

प्रश्न 7. साम्प्रदायिकता एवं मूलतत्त्ववाद के बीच के अंतर को स्पष्ट कीजिए।

उत्तर – देखें इकाई–21, प्रश्न–2

प्रश्न 8. टोटम क्या है? टोटमवाद एवं वर्गीकरण के बीच के संबंध को स्पष्ट कीजिए।

उत्तर – देखें इकाई–14, प्रश्न–1

प्रश्न 9. शिरडी के साईं बाबा का विशेष उदाहरण देकर हिन्दू धर्म में सम्प्रदायों की भूमिका का वर्णन कीजिए।

उत्तर – प्रत्येक महत्त्वपूर्ण संत अथवा धार्मिक उपदेशक अपनी मृत्यु के पश्चात् किसी सम्प्रदाय अथवा संगठन को जन्म देता है। ये सम्प्रदाय/संगठन अथवा धर्मार्थ ट्रस्ट संत के जीवन और उपदेशों के प्रचार–प्रसार का जिम्मा लेती है, अनेक उत्सव मनाती है, कई अनुष्ठान कराती है और संत के उपदेशों पर प्रार्थना अथवा चिंतन मनन करते हैं, भारत में ऐसे कई संत व उनके सम्प्रदाय हैं। उदाहरण के लिए जैन सम्प्रदाय, बौद्ध सम्प्रदाय, सिक्ख सम्प्रदाय इत्यादि शिर्डी के साईं बाबा के मामले में जिस ट्रस्ट की स्थापना की गई उसका नाम साईं बाबा संस्थान है। इन सभी सम्प्रदायों का हिन्दू धर्म में विशेष स्थान है।

फिर देखें इकाई–26, प्रश्न–1, 2, 3

प्रश्न 10. क्या टी.एम. (Transcendental Meditation) धर्म है? उपयुक्त उदाहरण देकर चर्चा कीजिए।

उत्तर – देखें इकाई–23, प्रश्न–1

धर्म का समाजशास्त्र : एम.एस.ओ.ई.–003
जून, 2009

नोट : निम्नलिखित में से किन्हीं पाँच प्रश्नों के उत्तर लगभग 500 शब्दों (प्रत्येक) में दीजिए। प्रत्येक भाग में से कम–से–कम दो प्रश्न अवश्य कीजिए।

भाग – I

प्रश्न 1. दुर्खीम और गीर्टज़ के धर्म संबंधी उपागमों की चर्चा कीजिए।

उत्तर – दुर्खीम की धर्म की परिभाषा केवल पवित्र की परिस्थितियों से संबंध नहीं रखती। बाद में धर्म के समाजशास्त्रियों ने दुर्खीम के विचारों का विस्तार करते हुए कहा कि उसमें नागरिक धर्म या राज्य के धर्म के बारे में विचार हैं। उदाहरण के लिए अमरीकी नागरिक धर्म के लिए कहा जा सकता है कि उसके अपने पवित्र "वस्तुओं" के समूह हैं : अमरीकी ध्वज, अब्राहम लिंकन, मार्टिन लूथर किंग आदि। अन्य समाजशास्त्रियों ने दुर्खीम को व्यवसायिक खेलों अथवा ताल बद्ध संगीत के धर्म की दिशा में देखा। कुछ ऐसे भारतीय समाजशास्त्री भी हैं जिन्होंने क्रिकेट के खेल के धार्मिक पात्रों को प्रस्तुत किया।

दुर्खीम ने स्वयं को प्रत्यक्ष परंपरा में रखा, अर्थात् वे समाज के अपने अध्ययन को वस्तुनिष्ठ तथा वैज्ञानिक मानते थे। धर्म की परिभाषा की दुर्खीम की खोज ने दो दिशाएँ ली–प्रत्यक्ष दिशा तथा अनुसंधानात्मक दिशा। प्रत्यक्ष से दुर्खीम का अभिप्राय उस योग्यता से है जो धर्म को उन गुणों के आधार पर वर्णन कर सके जिनका अवलोकन किया जा सके तथा ये अर्थ काल्पनिक विचार जैसे आत्माओं में विश्वास आदि को सम्मिलित नहीं करते। अनुसंधानात्मक दिशा धर्म को उसके प्रारंभिक भागों में सीमित करके सभी धर्मों के सामान्य तत्त्व को खोजती है। धर्म की परिभाषा बनाने के लिए दुर्खीम ने विभिन्न धार्मिक रिवाजों में अवलोकनीय सामान्य लक्षणों को देखा।

धर्म की परिभाषा "पवित्र वस्तुओं से संबंधित विश्वासों तथा रिवाजों की एकीकृत व्यवस्था के रूप में है, जिसका अर्थ है वे पापपूर्ण चीजें हैं, जो अलग रखी जाती हैं तथा जो मना हैं, ये विश्वास तथा रिवाज जो एक नैतिक समुदाय में जोड़ती हैं जो उन रिवाजों को मानते हैं, जिसे गिरजाघर कहते हैं।"

दुर्खीम के अनुसार चर्च की अवधारणा एक नियमित समारोह संबंधी संगठन के अस्तित्व से है जो पूजकों के एक निश्चित समूह का है। धर्म की इस परिभाषा में दो मुख्य भाग हैं : पहला यह कि सभी धर्मों को विश्वासों तथा रीति–रिवाजों की एक व्यवस्था के अर्थ में परिभाषित किया जा सकता है। विश्वास से अर्थ पवित्र वस्तुओं से जुड़े विचारों तथा प्रवृत्तियों के समूह से है, जबकि रीति–रिवाज क्रियाओं व्यवस्था में परिभाषित किए जा सकते हैं जो धार्मिक वस्तुओं के प्रति विकसित होते हैं। दूसरा यह कि सभी धर्मों को इस रूप में परिभाषित किया जा सकता है कि सभी धर्म संसार को दो हिस्सों में, पवित्र तथा अपवित्र में, बाँटने की प्रवृत्ति रखते हैं। उनके अनुसार धार्मिक जीवन का सबसे प्रमुख लक्षण संसार को दो क्षेत्रों में बाँटना है, एक में सब पवित्र है तथा दूसरे में सब अपवित्र।

धर्म को परिभाषित करने के क्रम में गीर्ट्ज दुर्खीम द्वारा प्रस्तुत पवित्र की धारणा से प्रारंभ करता है जो धर्म को परिभाषित करता है तथा इसे उन सभी संस्थाओं से पृथक् करता है जो 'अपवित्र' से संबंधित होते हैं। पवित्र की धारणा प्रतीकों (भौतिक तथा अभौतिक प्रतीकों) द्वारा निरूपित की जाती है। धार्मिक प्रतीक किन्हीं लोगों के आचार तथा विश्व दृष्टि को समन्वित करते हैं, दूसरे शब्दों में पवित्र प्रतीक लोगों के विचार, उनके जीवन के आचार–विचार, रंग–ढंग तथा उनके नैतिक एवं सौंदर्य शैली, को व्यवस्थित करते हैं। अपने चतुर्दिक के विश्व को कैसे निर्मित तथा व्यवस्थित करते हैं तथा अपने अस्तित्व को कैसे अर्थ प्रदान करते हैं इसे दशा–दिशा प्रदान करते हैं। धार्मिक प्रतीक कुछेक विशिष्ट तत्त्वज्ञान तथा दर्शन से शक्ति ग्रहण करते हैं, लोगों को यह ब्रह्माण्डित (या अतिप्राकृतिक) व्यवस्था से समंजित करने का प्रयास करता है, इससे ब्रह्माण्डीय व्यवस्था की छवियाँ मानव अनुभूतियों के धरातल पर प्रक्षेपित हो जाती है।

मनुष्यों ने अपनी सामूहिक कल्पना से ब्रह्माण्डीय व्यवस्था–पवित्र तथा अलौकिक का सृजन किया है जो वे समझते हैं कि उन्हें सतत् प्रभावित करते रहता है, यह विचार नया नहीं है। प्रारंभिक सिद्धांतों ने ब्रह्माण्डीय व्यवस्था एवं मानव क्रियाओं से संबंध की व्याख्या की है। किंतु गीर्ट्ज का कहना है कि यह वस्तुतः कैसे घटित होता है, इसका अन्वेषण नहीं किया गया है। जो हमें ज्ञात है वह यह है कि समुदायों में इसे वार्षिक, साप्ताहिक तथा दैनिक रूप से परिपूर्ण किया जाता है। ब्रह्माण्डीय व्यवस्था को मनुष्यों तक लाया जाता है तथा मानव–व्यवस्था अलौकिक हो जाती है–लोग पवित्र ब्रह्माण्डीय व्यवस्था की शक्ति की अनुभूति करने लगते हैं तथा अनुभूति नई ऊर्जा तथा बल के साथ पुनर्यौवन प्राप्त कर लेती है। जीवन की परिकल्पित सारहीनता जो अन्यथा लोगों को चिंताग्रस्त बनाती है पर विजय प्राप्त कर ली जाती है–पवित्र

प्रतीकों से निर्मित ब्रह्माण्डीय व्यवस्था जीवन को पूर्णतः सारयुक्त आनंददायक तथा जीने–योग्य बनाती है। गीर्ट्ज का कहना है कि धर्म समाजशास्त्रीय अध्ययनों में वह सैद्धांतिक ढाँचा है जिससे ब्रह्माण्डीय व्यवस्था एवं मानव–अनुभूतियों के संबंधों को विश्लेषणात्मक विवरण उपलब्ध कराया जाता है।

इस प्रकार के ढाँचे तक पहुँचने के लिए गीर्ट्ज धर्म को परिभाषित करने का प्रयत्न करता है। यह जानते हुए भी कि परिभाषाओं से कुछ भी प्रस्थापित नहीं होता, गीर्ट्ज की सोच है कि यदि सावधानी से उनका निर्माण किया जाए, वे विचारों के लिए एक उपयोगी दिक्विन्यास या पुनर्विड्न्यास प्रस्तुत कर सकते हैं। वे एक विश्लेषणात्मक सम्पृच्छा निर्देशित कर सकते हैं जिनकी अपेक्षा की जाती है। गीर्ट्ज के अनुसार धर्म :

(1) प्रतीकों की एक व्यवस्था है, जो

(2) मनुष्यों में सशक्त, व्याप्त तथा चिर–स्थायी इच्छाएँ एवं प्रेरणाएँ स्थापित करने का कार्य करता है,

(3) अस्तित्व की सामान्य व्यवस्था की अवधारणाओं के निर्माण का कार्य करता है, तथा

(4) इन अवधारणाओं को यथार्थ की प्रभा का आवरण प्रदान करता है, जिससे

(5) इच्छा तथा प्रेरणा विचित्र रूप से यथार्थपरक दिखती हैं।

प्रश्न 2. धर्म के मार्क्सवादी विचार को रेखांकित कीजिए और इसका आलोचनात्मक मूल्यांकन कीजिए।

उत्तर – देखें दिसम्बर–2008, प्रश्न–3

प्रश्न 3. टोटमवाद धर्म का प्रारंभिक स्वरूप किस प्रकार है? स्पष्ट कीजिए।

उत्तर – देखें इकाई–14, प्रश्न–1

प्रश्न 4. सरल प्रोटैस्टेंटवाद और पूँजीवाद में संबंध के बारे में लिखिए।

उत्तर – देखें दिसम्बर–2008, प्रश्न–2

प्रश्न 5. नुऐर में "कुऔंग" की अवधारणा का वर्णन कीजिए। यह आत्मा की धारणा से किस प्रकार संबंधित है?

उत्तर – कुऔंग शब्द का अर्थ 'सीधा' खड़े होने के अर्थ में 'सीधा खड़ा' है उदाहरण के लिए गौशालाओं के खम्भे के संदर्भ में। इस शब्द का लाक्षणिक दृष्टि से भी प्रयोग किया जाता है जैसे "बी गॉक कुऔंग" कथन अर्थात् 'उसका चूल्हा–चौका बना रहे।' अधिकतर इसका प्रयोग 'ठीक होने के' अर्थ में न्यायिक तथा नैतिक दोनों ही भाव में किया जाता है। प्रिचार्ड के अनुसार कुऔंग की अवधारणा दो कारणों से महत्त्वपूर्ण है। एक तो यह मानव के ईश्वर के

साथ अन्य आत्माओं, प्रेतों के प्रति व्यवहार से सीधे संबंधित है तथा दूसरे यह अप्रत्यक्ष रूप से ईश्वर से संबंधित है जिसमें वह नैतिकता संरक्षक है। नुऐर कहते हैं कि ईश्वर गलती करने पर उसे माफ या अनदेखा कर सकते हैं तथा यह विश्वास भी करते हैं कि ईश्वर क्षमा कर सकते हैं और मानव को हानि पहुँचा सकने वाले शाप को भी रोक सकते हैं, परंतु तभी जब व्यक्ति ने गलती जान बूझ कर न की हो। जब एक नुऐर बीमार पड़ता है तब कभी–कभी उसे अपनी बीमारी के कारण का तुरंत पता चल जाता है क्योंकि वे अपनी गलतियों के बारे में भली–भाँति जानते हैं। जब उनके ऊपर कोई दुर्भाग्य आता है तो वे जानते हैं कि वो आत्मा के क्रोध के कारण है।

नुऐर धर्म पशु बलि से घनिष्ट संबंध रखता है। उनकी प्रार्थनाएँ सार्वजनिक तथा औपचारिक अवसरों पर अधिकतर सुनी जा सकती है जो अधिकतर बलि के बारे में है। नुऐर की प्रार्थना में सबसे सामान्य कथन तथा जिससे प्रार्थना शुरू होती है वह है "अकोनीनको"। इसका साहित्यिक अर्थ "चलो सो जाएँ" है परंतु यहाँ इसका अर्थ "हमें शांति से रहना चाहिए" है। नुऐर की सबसे सामान्य शुभ कामना में पहली "सी नीए" है जिसका अर्थ है "क्या तुम सो गए" अर्थात् क्या तुम शांत हो? इसका उत्तर प्रणाम किए गए पुरुष के द्वारा दिया जाता है तथा दूसरों को सहमति की हुंकार देता है। इसका अर्थ है कि क्या तुम आराम में हों? नुऐर यह मानते हैं कि आराम में या शांति में होना ईश्वर के साथ मित्रता होना है। इसके बाद दूसरा प्रश्न किया जाता है: "सिपल" अर्थात् क्या तुमने प्रार्थना की? प्रिचार्ड के अनुसार इसमें यह विचार निहित है कि ईश्वर के साथ शांति से होने का अर्थ है ईश्वर और अपने साथियों के साथ भी शांति से होना।

नुऐर का आत्मा संबंधी विचार : नुऐर धर्म में आत्मा की अवधारणा बहुत महत्त्वपूर्ण है। आत्मा महत्त्वपूर्ण भूमिका निभाती है क्योंकि यह आकाश के साथ–साथ पृथ्वी पर भी रहती है। उनके लिए आत्माएँ दो प्रकार की होती है ऊपर वाली तथा नीचे वाली। ऊपर वाली "कुथ न्हीअल" कहलाती हैं। ये हवा तथा झौंको की आत्माएँ हैं। वे जितनी आत्माओं को जानते हैं उनमें से ये हवा वाली सबसे शक्तिशाली हैं। नीचे वाली आत्मा को "कुथ पिनी" कहते हैं। नुऐर ये विश्वास करते हैं कि जो आत्माएँ नीचे या पृथ्वी पर हैं वे ऊपर से नीचे गिरी हैं। नीचे की आत्माओं को कई श्रेणियों में बाँटा जा सकता है जैसे टोटम आत्मा, टोटम संबंधी आत्मा, प्रकृति आत्मा एवं अन्य प्रतीक संबंधी। एक अन्य "कोल" नामक आत्मा वर्षा तथा बिजली से संबंधित है। नुऐर में आत्मा संबंधी अनेक अलग–अलग अवधारणाएँ हैं। सामान्यतः नुऐर क्वौथ शब्द का प्रयोग ईश्वर अथवा ऊपर वाली या नीचे वाली आत्मा के लिए करते हैं। जब नुऐर ईश्वर की पूजा करते हैं तो वे नुऐर टोटमवाद में उसे कवौथ कहते हैं। वे प्राकृतिक वस्तुओं आदि का भी सम्मान करते हैं क्योंकि वे उन्हें आत्माओं का प्रतिनिधि या प्रतीक मानते हैं। सामाजिक समूहों, व्यक्तियों तथा उनके लिए महत्त्वपूर्ण प्रभावों के संदर्भ में ईश्वर को कई ढंगों से देखा जा सकता है। वे आत्माओं को अनेक प्रकार से प्रकट होते देखते हैं तथा उन्हें अलग–अलग

अंशों में महत्त्वता देते हैं, इसी कारण वे आत्माओं को दो भागों में बाँटते हैं जैसे काल्विक आत्मा तथा बीली आत्मा अर्थात् ऊपर वाली आत्मा और नीचे वाली आत्मा। दूसरे शब्दों में क्वौथ की अवधारणा में संरचनात्मक पहलू है। एक ओर यह व्यक्ति तथा विश्व के संबंध में देखी जाती है क्योंकि ईश्वर सर्वव्यापी है। इसका विचार विभिन्न सामाजिक समूहों, क्रियाओं तथा व्यक्तियों की श्रेणियों के संबंध में किया जाता है। दूसरी ओर इसका अर्थ व्यक्तियों की कम या अधिक व्यक्तिगत क्षमता के संबंध में किया जाता है जैसे प्रकृति आत्मा या प्रतीकों की आत्मा।

इवान्स प्रिचार्ड लिखते हैं कि टोटम अथवा टोटम संबंधी आत्मा कभी–कभी व्यक्ति को टोटम वस्तु के ऊपर कुछ शक्ति दे देती हैं। वे व्यक्ति जिन अनुष्ठानों को करते हैं उन्हें जादू की श्रेणी में रखा जा सकता है। नुऐर आत्माओं के सभी प्रत्यक्ष रूप को समान मूल्य नहीं देते और न ही सभी दावों सतही रूप से आत्मा के निर्देशन में मानते।

नुऐर समाज में दवाइयों की भूमिका बहुत कम है तथा वे उपचार के लिए धार्मिक अनुष्ठान में विश्वास करते हैं। नुऐर की दवाइयाँ अपनी शक्ति आत्माओं से नहीं लेती। आज की अधिकतर नुऐर की दवाइयाँ ताबीज के रूप में सताने के लिए होती हैं। जैसे शिकार करना, मछली पकड़ना, प्रेम प्रसंग करना तथा यात्रा करना। नुऐर के पास कुछ नुस्खे सामान्य कष्ट निवारण के लिए हैं जैसे कब्ज, गले या फेफड़े की शिकायतें, ज्वर, सूजन तथा बीमार गाय भैंसो का उपचार। इन दवाइयों को कम प्रभावकारी व छोटी माना जाता है तथा धार्मिक अनुष्ठान प्राथमिक हैं तथा दवाइयाँ कम महत्त्वपूर्ण मानी जाती हैं। इसका अर्थ है कि उनके लिए धर्म बीमारी और अन्य कष्टों के निवारण के लिए प्राथमिक क्रिया है तथा दवाई तभी प्रभावशाली हो सकती है जब ईश्वर प्रसन्न हो। इस प्रकार बीमारी के समय ईश्वर संरक्षक के रूप में कार्य करता है तथा दवाइयाँ उनके लिए केवल एक साधन के रूप में है।

भाग – II

प्रश्न 6. गीर्टज़ द्वारा प्रस्तुत सांस्कृतिक विश्लेषण को रेखांकित कीजिए।

उत्तर – गीर्ट्ज के विचारों का केंद्रीय बिंदु है कि धार्मिक विश्वास न केवल सामाजिक तथा मनोवैज्ञानिक प्रक्रियाओं की ब्रह्माण्डीय संदर्भों में व्याख्या करते हैं बल्कि वे उन्हें आकार भी प्रदान करते हैं। धर्म अपनी जटिलता के संदर्भ में भिन्न–भिन्न होते हैं। धर्म की जटिलता समाज के उद्विकास के परिमाण पर निर्भर नहीं करती। ऐसा विश्वास करना सही नहीं है कि सामाजिक रूप से विभिन्नीकृत तथा जटिल समाजों की धार्मिक व्यवस्था जटिल होती है, इसका विपरीत भी सही हो सकता है। गीर्ट्ज का निवेदन है कि धर्म का मानवशास्त्र अपने अध्ययन में दो क्रियाकलापों की संस्तुति करता है, प्रथम, प्रतीकों में अंतर्निहित शब्दों की व्याख्या जो धार्मिक व्यवस्था का निर्माण है तथा द्वितीय, अर्थ की व्यवस्था को सामाजिक

संरचना तथा मनोवैज्ञानिक प्रक्रियाओं के अन्य पक्षों के साथ जोड़ना। धर्म के समकालीन मानवशास्त्र के संबंध में गीर्ट्ज की आपत्ति यह नहीं है कि यह पूरी तरह से दूसरे पक्ष के साथ संबंधित है अर्थात् धर्म को समाज के अन्य पक्षों से जोड़ना तथा परीक्षण करना कि एक भाग ने किस प्रकार दूसरे भाग के लिए योगदान किया है, बल्कि यह कि इसने पहले पक्ष की पूर्णतया उपेक्षा की है, अर्थात् धर्म के प्रतीकात्मक आयाम को समझने का प्रयास करना। उसका यह कहना नहीं है कि धर्म के समकालीन मानवशास्त्री जो कार्य कर रहे हैं वह गलत हैं, किंतु वे प्रघटना का आंशिक अवबोधन ही प्रस्तुत कर रहे हैं। उनका अवबोध पुनरुक्ति भरा भी है क्योंकि वे यथा–स्वीकृत रूप में वर्णित होते हैं जैसे सामाजिक एकीकरण का विचार। टोटम की पूजा उसी तरह समाज में एकता उत्पन्न करता है जैसे धार्मिक कृत्य। इसीलिए गीर्ट्ज धर्म संबंधी अपने अध्ययन के प्रारंभ में ही कहता है कि धार्मिक प्रघटनाओं के समाजशास्त्रीय अध्ययन से जड़ता आ गई है। इस जड़ता को धार्मिक अध्ययनों में प्रतीकात्मक विश्लेषण के द्वारा दूर किया जा सकता है।

प्रश्न 7. मौलिकतावाद और साम्प्रदायिकतावाद की तुलना कीजिए।

उत्तर – देखें दिसम्बर–2008, प्रश्न–7

प्रश्न 8. बर्जर के धर्म के घटनाशास्त्र को रेखांकित कीजिए।

उत्तर – देखें इकाई–12, प्रश्न–1, 2

प्रश्न 9. धार्मिक बहुलवाद को परिभाषित कीजिए और इसकी सोदाहरण व्याख्या कीजिए।

उत्तर – धार्मिक बहुलवाद के संदर्भ में कहा जा सकता है कि एक ऐसा समाज जिसमें लंबे समय के अंतर्गत विभिन्न धर्मों के व्यक्ति अपने ढंग से विभिन्न संस्कृतियों और विश्वासों का पालन करते हुए समाज में एक साथ रहते हैं और गहरे आपसी संबंध के कारण धर्म के आधार पर कुछ समान मूल्यों का जन्म होता है। समाज में आपसी संबंधों के कारण ही धार्मिक प्रथाओं, धार्मिक मूल्यों और धार्मिक विश्वासों को आपस में बाँटा जाता है और इसी को धार्मिक बहुलवाद कहा जा सकता है।

फिर देखें इकाई–9, प्रश्न–1, 2

प्रश्न 10. धार्मिक पुनर्जागरण क्या है? सोदाहरण व्याख्या कीजिए।

उत्तर – भारत का पंथनिरपेक्षवाद यूरोपीय पंथनिरपेक्षवाद से उपनिवेशवाद के कारण पृथक् है। भारतीयों ने उपनिवेशवाद का चयन नहीं किया था, अपितु यह 18वीं सदी से आक्रामक रूप से भारत पर थोपा गया था। सुशोभन सरकार ने पुनर्जागरण पर अपना मत

व्यक्त करते हुए कहा है भारतीय तथा यूरोपीय नवजागरण के दो प्रमुख भेद हैं : प्रथम, यूरोप में पुनर्जागरण स्वतंत्र था। मुक्त राज्यों में विकसित हुआ जबकि भारत में नवजागरण को औपनिवेशिक स्थिति तथा विदेशी प्रभुत्व में उत्पन्न होने के लिए संघर्ष करना पड़ा। द्वितीय कारण यह है कि यूरोप में पुनर्जागरण से लोगों का मन तो स्वतंत्र हुआ किंतु यह स्वतंत्रता एक प्रक्रिया के तहत हुई जिससे यूरोप ने दुनिया की खोज की। इसके पश्चात् विश्व ने धर्म में एक क्रांतिकारी परिवर्तन देखा। आधुनिक विज्ञान के विकास से समाज के अंदर एक नया परिवर्तन देखने को मिला। केंद्रीकृत राज्यों का उदय देखा गया तथा पुरानी समाज व्यवस्था को टूटते देखा गया जिसमें राजाओं की शक्ति सीमित होती गई तथा व्यापार, उद्योग एवं कृषि का पुनर्गठन हुआ। भारतीय नवजागरण का स्वरूप इससे अलग था। इसमें यूरोप की तुलना में शक्ति की दिशा कुछ अलग थी। सामंतवाद व साम्राज्यवाद दोनों के गठजोड़ से आम जनता पिस रही थी। अंधविश्वास व रूढ़ियाँ समाज में विद्यमान थीं। कुछ वर्गों के अंदर नवीन चेतना का विकास हुआ था जिसके फलस्वरूप समाज में व्याप्त जकड़बंदियों से मुक्ति पाने का प्रयास किया जा रहा था। ये जकड़बंदियाँ सती प्रथा, बाल विवाह, विधवा पुनर्विवाह, शिक्षा का प्रसार, दलित वर्गों का उत्थान तथा सामाजिक रूढ़ियों से मुक्ति के उत्थान तक सीमित थीं। चूँकि यूरोप की जनता अधिक समृद्ध थी अतः उसने अपना विकास अनेक तरह के प्रपंचों के माध्यम से किया। भारतीय परिवेश व यहाँ का धर्म इस बात की इजाजत नहीं देता था अतः उस तरह का विकास यहाँ संभव भी नहीं था। यही कारण है कि भारतीय पुनर्जागरण के समानांतर चलने वाले यूरोपीय पुनर्जागरण की अंतिम परिणति औद्योगिक क्रांति के रूप में हुई। भारतीय परिप्रेक्ष्य में यही बात नहीं कही जा सकती है। इसका मुख्य कारण तो यह है कि भारतीय पुनर्जागरण में 'पुनर्जागरण' शब्द पर ही मतभेद है। यदि टर्मोलोजी के रूप में 'पुनर्जागरण' शब्द का प्रयोग किया जाएगा तो इससे पहले का अंधकार युग कहलाएगा। जबकि विद्वानों का मत यह है कि भारत में कभी अंधकार युग आया ही नहीं। अतः यहाँ हमेशा से 'नवजागरण' शब्द का प्रयोग किया जाता है।

नवजागरण की अवधारणा एक ऐसे विश्व का नेतृत्व कर रही है जहाँ की जनता जाहिल व गवार है लेकिन उसका मन पवित्र है। अतः ऐसी मानवीय भावना का विकास किया जाए जो शोषण की बजाए मानव कल्याण की भावना पर अधिक बल दे। सीमित लोगों के कल्याण की बजाए सबके कल्याण को ध्यान में रखा जाए। इसी प्रकार एक ऐसे समतामूलक समाज की स्थापना की जाए जो सर्वजनहिताय और सर्वजन सुखाय की भावना पर आधारित हो।

जीवन के माधुर्य का रस लेने के लिए हमें बीती बातों को भुला देने की शक्ति अवश्य धारण करनी है।

धर्म का समाजशास्त्र : एम.एस.ओ.ई.–003
दिसम्बर, 2009

नोट : निम्नलिखित में से किन्हीं पाँच प्रश्नों के उत्तर लगभग 500 शब्दों (प्रत्येक) में दीजिए। प्रत्येक भाग में से कम–से–कम दो प्रश्न अवश्य कीजिए।

भाग – I

प्रश्न 1. पंथ निरपेक्षवाद क्या है? यह पंथ निरपेक्षीकरण से किस प्रकार भिन्न है?

उत्तर – देखें इकाई–20, प्रश्न–1, फिर देखें जून–2008, प्रश्न–9

प्रश्न 2. लेवि–स्ट्रॉस के टोटमवाद के विचार को सोदाहरण रेखांकित कीजिए।

उत्तर – देखें इकाई–14, प्रश्न–1

प्रश्न 3. बौद्ध धर्म और जैन धर्म के बीच समानताओं और भिन्नताओं का उल्लेख कीजिए।

उत्तर – देखें इकाई–16, प्रश्न–1, 2

प्रश्न 4. गीर्टज़ के धर्म संबंधी विचार का वर्णन कीजिए। उनके अनुसार प्रतीकों की व्यवस्था का क्या अर्थ है? व्याख्या कीजिए।

उत्तर – देखें इकाई–13, प्रश्न–2, 3

प्रश्न 5. धर्म–परिवर्तन (धर्मांतरण) के बारे में सोदाहरण लिखिए।

उत्तर – देखें इकाई–22, प्रश्न–1

भाग – II

प्रश्न 6. बर्जर की "विश्व निर्माण" की धारणा क्या है? यह धर्म के भविष्य पर किस प्रकार प्रकाश डालती है?

उत्तर – बर्जर का धर्म प्रकार्य विश्व निर्माण के साहसिक कार्य में धर्म का उचित स्थान निर्धारित करने की शुरुआत है। प्रत्येक मानव समाज का संबंध अपने चतुर्दिक विश्व निर्माण के लक्ष्य, विभिन्न प्रघटनाओं के अर्थ को समझना, उनके बीच संबंध का निरूपण करना कार्यकारण का सिद्धांत निर्माण, प्राकृतिक शक्तियों पर नियंत्रण का प्रयास अथवा अनुनय विनय रहा है। बर्जर लिखते हैं कि समाज मानव का उत्पाद है। यह मानव क्रियाकलाप और चेतना के द्वारा मानव का स्वयं पर उपकार है। यहाँ मानव से सामाजिक वास्तविकता से अलग कुछ भी नहीं।

आगे चलकर बर्जर मानव व समाज के बीच संबंधों को समझने में गंभीर सोच प्रस्तुत करते हैं। 'समाज व्यक्ति का उत्पाद है और व्यक्ति समाज का उत्पाद' इस विचार में इसे द्वंद्वात्मक पाते हैं। मानव समाज को बनाता है और वह अपने उत्पाद को परिभाषित और प्रभावित तथा उसे स्वरूप प्रदान करता है। उसकी पहचान समाज के द्वारा जानी जाती है। उसका अस्तित्व समाज के बाहर (समाज के बिना) अकल्पनीय है। जब वह पैदा हुआ था उसके पहले समाज था और इसका अस्तित्व उसके मरने के बाद भी विद्यमान रहेगा। किंतु साथ ही समाज अपने आप को अपने अनुसार परिवर्तित नहीं करता, यह व्यक्ति है जो समाज में परिवर्तन लाता है। उसके द्वारा यह संशोधित, पूर्णकृत और अधिक जीवंत तथा अर्थपूर्ण बनाया जाता है। यहाँ बर्जर का निष्कर्ष है कि धर्म की प्रघटनाओं के साथ मानव व समाज के द्वंद्व से पृथक् आनुभाविक ढंग से समाज के यथार्थ को समझा नहीं जा सकता।

बर्जर कहते हैं कि 'समाज में व्यक्ति' और 'व्यक्ति में समाज' का द्वंद्व तीन प्रक्रियाओं में निहित है, जिसे वे 'निश्चित काल या चरण' कहते हैं जिसका नाम 'बाहरीकरण, वस्तुकरण और आंतरीकरण है। बाहरीकरण व्यक्तियों के भौतिक व मानसिक दोनों क्रियाओं में विश्व में मानव का प्रगतिशील उद्‌गार है। सरल शब्दों में इसका अर्थ यह है कि 'जैविकीय सावयव व्यक्ति' 'गैर सावयवी' या 'गैर युग्मित पर्यावरण के साथ अंतहीन अंतर्क्रिया के द्वारा 'व्यक्ति, सामाजिक सावयव' बन जाता है जो कि भौतिक तथा मानवीय दुनिया दोनों (समाज और संस्कृति) से बना हुआ है। मानवीय वस्तुकरण तब होता है जब मानवीय भौतिक और मानसिक क्रिया के उत्पाद स्वतः वास्तविकता को प्राप्त करते हैं जो कि निर्माता के कृति की तरह सामने आता है। जर्मन विद्वानों लुडविग फायरश और कार्ल मार्क्स की रचनाओं का स्मरण करता है जो परकीकरण की अवधारणा के अग्रेतर लेखक है।

इन प्रक्रियाओं से वस्तुनिष्ठता और विषयपरकता से विश्व का निर्माण होता है। लेकिन किस प्रकार व्यक्ति विश्व और व्यवहार के बारे में सीखता है? यहाँ बर्जर कहते हैं, निर्णायक

महत्त्व की प्रक्रिया समाजीकरण है, जिसे एक प्रक्रिया के रूप में परिभाषित करते हैं जिससे समाज एक पीढ़ी से दूसरे पीढ़ी को ज्ञान की वस्तुनिष्ठकृत व्यवस्था (प्रथाएँ मूल्य प्रतिमान) हस्तांतरित करता है। सीखने की इस प्रक्रिया के द्वारा व्यक्ति एक समाज के वस्तुनिष्ठकृत सांस्कृतिक अर्थ को ग्रहण करता है और इन्हीं अर्थों के साथ चिह्नित होता है। बर्जर कहते हैं कि यह समाजीकरण के द्वारा है जिसमें समाज के अंतर्गत पहले से मान लिए गए गुणों को आत्मसात करता है। यह काफी नहीं है कि व्यक्ति इसे उपयोगी, वांछनीय तथा उचित (ठीक) के अर्थ में देखे। वह 'सार्वमान के पुलिंदे तथा एक भाग जो अपरिहार्य है 'वस्तु की प्रकृति' के रूप में सोचने की प्रात्याशा रखता है। वह उनके विषय में ऐसी सोच की उम्मीद करता है जैसे: 'अवश्यम्भावी, जैसे सार्वभौमिक वस्तु की प्रकृति का अनिवार्य अंग जैसे जो सही और निश्चित दिशा में जाता है। व्यक्ति जो इन अर्थों को आत्मसात करता है उनको न केवल धारण करता है बल्कि उन्हें निरूपित और अभिव्यक्त भी करता है। एक समाज का मुख्य सांस्कृतिक अर्थ केवल तभी बना रह सकता है जब उस समाज के अधिकांश सदस्यों द्वारा आंतरीकृत हो।

प्रश्न 7. धार्मिक बहुलवाद को पर्याप्त उदाहरणों के साथ परिभाषित कीजिए।

उत्तर – देखें जून–2009, प्रश्न–9

प्रश्न 8. ईसाई धर्म अथवा इस्लाम धर्म की शिक्षाओं को रेखांकित कीजिए।

उत्तर – देखें इकाई–17, प्रश्न–1, फिर देखें इकाई–18, प्रश्न–1

प्रश्न 9. सम्प्रदायों/पंथों की आधारभूत विश्व दृष्टि का उल्लेख कीजिए। अपने उत्तर में उपयुक्त उदाहरणों को शामिल कीजिए।

उत्तर – अनुभवातीत का लोकप्रिय नाम टी.एम. है। यह ध्यान का एक स्वरूप है जिसे महर्षि महेश योगी जी ने प्रसिद्धि दिलाई। 1970 के दशक में स्वयं महर्षि ने एक योजना निर्मित की थी जिसे टी.एम. योजना के रूप में जाना जाता है। बहुसंख्य लोगों को इस योजना से जोड़ने की संकल्पना रखी गई थी जो कि आगे चलकर पूर्ण नहीं हो पाई। जितने भी टी.एम. केंद्र खोले गए, कुछ समय के पश्चात् सब अपनी स्थाई सुविधा दे पाने में असमर्थ रहे। समकालीन संसार में हम पाते हैं कि टी.एम. केंद्र का अस्तित्व पूरा संसार है और यह अनुमान लगाया गया है कि 5 मिलियन लोगों ने यह तकनीक सीखी। आरो महर्षि ने हॉलैंड में एक केंद्र बनाया जहाँ से वे अपने वैश्विक कार्यक्रमों में समन्वय करते हैं।

टी.एम. का अभ्यास एक योगविद्या है। इसे स्वयं करना है जिसमें 20–20 मिनट के दो सत्र होते हैं, एक सुबह और एक शाम में, जिसमें आँखें बंद करके बैठना होता है। टी.एम. तकनीक में कुछ नया नहीं है, बल्कि संस्कृत के मंत्रों का वैज्ञानिक तरीके से उच्चारण किया जाता है ताकि मनःस्थिति शांत बनी रहे। चूँकि कहा यह जाता है कि मंत्र के मनन से मन

स्वच्छ होता है और मन के विकार दूर होते हैं, अतः इसमें भी इसी प्रक्रिया को अपनाया जाता है।

ध्यान की वास्तविक दशा को प्राप्त करने हेतु चित्त का स्थिर होना अत्यंत आवश्यक है। यहाँ पूरी प्रक्रिया में इस बात पर सबसे अधिक बल दिया जाता है कि मन:स्थिति को कैसे शांत रखा जाए।

ध्यान की इस स्थिति का लक्ष्य यही है कि 'चेतना' और 'समाधि' का संबंध ध्यान लगाने की प्रक्रिया की तल्लीनता से है। ये दोनों प्रक्रियाएँ सिर्फ मानसिक ही नहीं बल्कि शारीरिक स्तर पर भी फायदा पहुँचाती हैं। बड़े-बड़े ऋषि और मुनियों ने 'चेतना' और 'समाधि' की प्रक्रिया से गुजरकर अपने शरीर को मनोनुकूल बना लिया है। आध्यात्मिक जगत में विचरण करने वाले प्राणी ब्रह्माण्ड के विषय में तरह-तरह की बातें किया करते हैं लेकिन वास्तविक जगत की हकीकत कुछ और ही है। अगर मनुष्य के संवेदना-जगत का विकास हो चुका है तो वह अध्यात्म को अपने भावजगत व अनुभवजगत से आसानी से प्राप्त कर सकता है। इस समस्त प्रक्रिया में मनुष्य के अंदर एक अजीब से आनंद का समावेश होता है।

प्रश्न 10. शिर्डी के साईं बाबा पर एक टिप्पणी लिखिए।
उत्तर – देखें इकाई–26, प्रश्न–1, 2, 3

भय को दूर भगाने के लिए ज्ञान व विवेक की प्राप्ति ही एकमात्र उपाय है।

धर्म का समाजशास्त्र : एम.एस.ओ.ई.–003
जून, 2010

नोट : किन्हीं पाँच प्रश्नों के उत्तर दीजिए। प्रत्येक उत्तर लगभग 500 शब्दों में होना चाहिए। प्रत्येक भाग से कम–से–कम दो प्रश्न अवश्य चुनिए।

भाग – I

प्रश्न 1. समाज में धर्म के महत्त्व की समीक्षा कीजिए।

उत्तर – देखें इकाई–1, प्रश्न–1, 3, 4

प्रश्न 2. ज्ञान की वृद्धि धर्म से किस प्रकार संबंधित है, चर्चा कीजिए।

उत्तर – कालांतर में श्रम विभाजन तथा विशेषीकरण के साथ ज्ञान की प्रक्रिया अनेक दिशाओं में विकसित होने लगी। हम सभी यांत्रिक व तकनीकी विज्ञान से परिचित हैं, शैक्षिक अध्ययनों में इसकी बहुलता विभिन्न विषयों को शाखाओं और उपशाखाओं में बाँटता है। अब धर्म ज्ञान का अंतहीन लक्षण नहीं रह गया है। उच्च शिक्षा व तकनीकी ज्ञान से जुड़ी संस्थाओं के लिए धार्मिक परतों से आगे जाना संभव हो गया है। ऐसा होने पर, धर्म स्वयं एक विशिष्ट क्रिया हो गया है और वैसी ही उसकी शिक्षा व व्याख्याएँ।

न्यूटन द्वारा किए गए अनेक अविष्कारों के क्रम ने आधुनिक समय में वैज्ञानिक विकासों को नई शुरुआत दी, गुरूत्वाकर्षण के नियम, गति तथा प्रकाश के नियम जाने–माने हैं तथा वैज्ञानिकों और सामान्य पाठकों को समकालीन जानकारी उपलब्ध कराने के लिए वैज्ञानिक पत्रिका 'नेचर' प्रकाशित हुई। पुरानी कहावत, ईश्वर ने कहा "प्रकाश को आने दो, सब प्रकाशमान हो जाएगा" नए विचार द्वारा बदल दी गई और नया विचार 'नेचर' के प्रकाशन के आमुख पर उद्धृत था, ईश्वर ने कहा "न्यूटन को आने दो सब प्रकाशमान हो जाएगा।" दो शताब्दी पहले मानविकी तथा दर्शन में कला तथा ज्ञान के पुनर्जागरण के साथ एक आंदोलन

शुरू हुआ। कला तथा तैलचित्रों में मानवाकृति प्राकृतिक स्वरूप में चित्रित की जाने लगी एवं साधारण व्यक्ति विचार–विमर्श की विषय–वस्तु बन गया। राजा के अधिकारों के औचित्य का दैवीय आधार समाप्त कर दिया है। सरकार का जनतांत्रिक स्वरूप औपचारिक व प्रभावशाली रूप में प्रकट हुआ। ज्ञान के स्रोत पाठशाला तथा शिष्टमंडल के द्वारा नियंत्रित संस्थाओं से आगे बढ़ गए। ज्ञान के विश्वकोष बने जिनमें ज्ञान के लौकिक अध्ययन के संक्षिप्त निष्कर्ष दिए गए। मानवता का विचार एक चलन के रूप में पनपा जिसने मानव को विश्व के केंद्र में रखते हुए 'मानव सभी वस्तुओं का परिमाण है' का निर्देश दिया। ईश्वर ने मनुष्य का निर्माण किया है यह विचार विपरीत हो गया। मनुष्य की मानसिक गुणवत्ता ने ईश्वर के विचार की उत्पत्ति की अथवा बाद के लेखकों के विचार में यह विचार एक सामाजिक रचना थी। विचारों के दावे एवं विशेषीकरण के विकास के क्रम में धर्म, इसका सिद्धांत एवं इसका अभ्यास जो हमारे सभी ज्ञान को समाहित कर रहे हैं। समाजशास्त्र के अंतर्गत भी, धर्म के समाजशास्त्र का निर्धारित विषय एक विशेषीकरण के रूप में विकसित हो गया जो कि एक वैकल्पिक विषय के रूप में प्रस्तावित किया गया।

दुर्खीम (1858–1917) 20वीं शताब्दी के उन समाजशास्त्रियों में प्रमुख हैं जिन्होंने धर्म की प्रकृति के लिए वैज्ञानिक उपागम के मुद्दे को उठाया। धर्म सभी समाजों, आदिकालीन, मध्ययुगीन या आधुनिक में पाया जाता है। आदिकालीन समाज में ये अपने सरलतम रूप में पाया जाता है। विकसित समाज जटिल है और धर्म भी विचारों और पूजा की कार्यशैली की जटिलता अपना लेता है। दुर्खीम इस बात पर बल देते हैं कि सरलतम रूप शुद्ध है। जिस प्रकार रसायन विज्ञान में तत्त्वों तथा सम्मिश्रण के भेद का प्रयोग किया गया है वैसा समाजशास्त्र में भी उपयोगी हो सकता है। इसलिए किसी भी चीज की प्रकृति का अध्ययन करने के लिए उसके तत्त्वों एवं गुणों का अध्ययन आवश्यक हो सकता है। इसलिए किसी वस्तु की प्रकृति को समझने के लिए उपाय यह है कि उसके तत्त्वों तक पहुँचकर उनके गुणों का अध्ययन किया जाए। इसी प्रकार कोई सामाजिक संस्था सबसे अच्छी तरह अपनी सबसे प्रारंभिक रूप में समझी जा सकती है। आदिकालीन समाज में सामाजिक जीवन का सबसे प्रारंभिक रूप होता है। तब ऐसे समाजों में धर्म सबसे प्रारंभिक संस्था का रूप प्रदान करता है तथा अन्य प्रभावों और परिणामों से स्वतंत्र होता है। इस अर्थ में ऐसा अध्ययन चाहे केवल एक ही घटना पर आधारित हो धर्म के विशुद्ध प्रतिरूप को प्रस्तुत करने में पर्याप्त है। उस रूप में जैसे एक अध्ययन प्रयोगात्मक अध्ययन जैसे गुण रखता है।

ऑस्ट्रेलिया के द्वीप पर ब्रिटिशवासियों के उस स्थान को खोजने से पहले कुछ जनजातियाँ रहती थीं। ये लोग अशिक्षित थे। इनका अध्ययन पहले के खोजकर्त्ताओं ने उनके बारे में जो लिखा उसके आधार पर किया जा सकता था। ऐसे वर्णन पेरिस के पुस्तकालय में उपलब्ध थे। दुर्खीम ने उस सामग्री का प्रयोग किया तथा पुस्तक प्रतिपादित की जिसका शीर्षक अंग्रेजी में *'दी ऐलीमेन्ट्री फॉर्म्स ऑफ रिलीजियस लाइफ'* है। इसकी मौलिक प्रति फ्रेंच में 1912 में

प्रकाशित हुई तथा 1915 में उनकी अंग्रेजी में अनुवादित होने वाली पुस्तकों में से प्रथम पुस्तक थी।

प्रश्न 3. संस्कृति, समाज और धर्म के बीच संबंध की चर्चा कीजिए।

उत्तर – मनोविश्लेषकों और मनोवैज्ञानिकों के अनुसार मानव की मानसिकता में संस्कृति की महत्त्वपूर्ण भूमिका है। एरिक एरिकसन की कृतियों में 'मनो–सामाजिक' विकास की अवधारणा का प्रयोग हुआ है। एरिकसन के अनुसार माँ की पालन पोषण पर पूर्ण निर्भरता से आत्मनिर्भर युवा के पहचान के भाव की प्राप्ति तथा मानव व्यक्तित्व के विकास तक को एरिकसन ने खोजा है। यहाँ पहचान की अवधारणा आंतरिक स्व तथा बाह्य संसार के एकीकरण के अर्थ में ली गई है। इसमें तीन प्रकार के आँकड़े भी सम्मिलित हैं–सांस्कृतिक, ऐतिहासिक व मनोवैज्ञानिक जो एक सामूहिक पहचान बताने के लिए आवश्यक है। एरिक एरिकसन के एक छात्र सुधीर कक्कड़ ने पहचान की अवधारणा का प्रयोग एक विधि के रूप में करके भारतीयों की "भारतीयता" से वह क्या समझते हैं, बताने के लिए किया। दूसरे शब्दों में भारतीय अथवा हिन्दू की स्व तथा व्यक्तित्व की अवधारणा के अर्थ को खोजने के लिए किया। अपने मनोविश्लेषणात्मक अध्ययन में उन्होंने चिकित्सीय साक्ष्यों से प्राप्त सामग्री ली तथा हिन्दू की पहचान के लिए पौराणिक गाथाओं को समझने का प्रयास किया।

इस अध्ययन में कक्कड़ के अधिकतर आँकड़ों का स्रोत पौराणिक कथाएँ हैं। उनके शब्दों में वह "बाह्य संसार में वैयक्तिक मानसिकता की अभिव्यक्ति हैं, जो 'अंदर' चल रहा है उसका 'बाह्य' होना है। पौराणिक कथाएँ केवल दबी हुई इच्छाओं का सामुदायिक स्वरूप व प्रारंभिक बचपन की परिकथाएँ ही नहीं बताती है, वरन् सामाजिक रूप से अमान्य आवेगों के लिए गहन शीत कक्ष का कार्य करती हैं, ये व्यक्ति के उसकी संस्कृति में अंतर्वैयक्तिक बंधनों की प्रकृति को भी दर्शाती है। उन्हें सामूहिक ऐतिहासिक चेतना के रूप में पढ़ा जा सकता है।" पौराणिक कथाएँ एक बच्चे के मस्तिष्क के मूल आरंभिक कार्यों को दर्शाती हैं जो अचेतन अवस्था में बहुत गहरे में स्थित हैं, परंतु बाह्य अभिव्यक्ति जैसे मृत्यु, जन्म, यौन संबंधी भावनाएँ आदि में निश्चित उपस्थिति कभी नहीं दर्शाती। सामूहिक अभिव्यक्ति में सार्वभौमिक में से सांस्कृतिक की पहचान करना संभव है, 'प्रभु मनोवैज्ञानिक आदर्शिकाएँ' संसार में विशिष्ट भारतीय हैं। इस प्रकार एरिकसन की अवधारणा व कक्कड़ के विचार फ्रायड के संस्कृति के अवधारणात्मक विचारों से हटकर हैं जिनमें एक व्यक्ति की आंतरिक इच्छाएँ, चालकों तथा आवेगों के विपरीत हैं। अब संस्कृति एक पूरक प्रक्रिया के रूप में है जो स्वयं इस प्रकार के चालकों और इच्छाओं की उत्पत्ति के लिए उत्तरदायी है। अतः 'राष्ट्रीय चरित्र' के वर्णन में मनोवैज्ञानिक विषय तथा सांस्कृतिक व मनोवैज्ञानिक संस्थाओं के मध्य से व्याख्या ली जा सकती है, जिनका मिश्रण पहचान बनाता है।

कक्कड़ ने हिंदुत्व के मुख्य विषय अलग किए जैसे मोक्ष, धर्म एवं कर्म तथा उनके मनोवैज्ञानिक सार को दर्शाया। वास्तविकता की हिन्दू समझ अहम् के माध्यम से चेतन रूप से नहीं ली गई वरन् स्व से जो प्राकृतिक तत्त्वों के साथ तालमेल में आरंभिक प्राचीन आत्म था। इस प्रकार हिंदुओं ने बाहर से ज्ञान प्राप्त नहीं किया वरन् अंदर के आत्म से, अंदर के आत्मचिंतन से जो एक पूर्ण अचेतन प्रक्रिया है। मोक्ष का उद्देश्य, जो हिन्दू धर्म का अंतिम उद्देश्य है, अहम् को उन सभी सीमाओं से स्वतंत्र करना है जिनसे उसकी पहचान बनी थी। मोक्ष में अहम् का सीमाओं का ज्ञान, मैं का ज्ञान उलट जाता है तथा अहम् अनंत में समा जाता है। धर्म की अवधारणा मानक की क्रियाओं के उचित क्रम के रूप में रखी गई है परंतु उच्च तुलनात्मक रूप में क्या ठीक है और क्या गलत इसकी कोई निश्चित परिभाषा नहीं है परंतु हर वस्तु सापेक्ष रूप में देखी जाती है। इससे व्यक्ति के कार्य करने में उचित होने पर संदेह बना रहता है, कार्य करने से पहले भी और कार्य करते समय भी। धर्म कार्यों के विवरण में न देखकर आत्मा में देखा जाता है। **कक्कड़** के अनुसार धर्म के अचेतन विवरण समाजीकरण की प्रक्रिया के साथ ही समझ लिए जाते हैं। "सामाजिक पक्ष में धर्म, जो पारिवारिक, सामाजिक, आर्थिक व राजनैतिक क्षेत्र की संस्थाओं तथा इन संस्थाओं के साथ उनका संबंध, को समझने और उनका मूल्यांकन करने में व्यक्ति को प्रभावित करता है, मुख्यतः चेतना पूर्व के स्तर पर रहता है तथा यदा-कदा ही चेतन मूल्यांकन का विषय बनता है।"

कर्म तीसरा नियम है जो मोक्ष तथा धर्म के बीच है। हिन्दू विश्वास में एक नवजात कुछ गुणों के साथ पैदा होता है जो उसके संस्कार का परिणाम है तथा जो उसकी आंतरिक अचेतनता को आकार देता है। अतः जो अधिक सात्विक गुणों के साथ है वो धर्म का अनुसरण कम प्रयास से कर लेगा जबकि राजसिक गुण या तामसिक गुण वाले व्यक्ति को अधिक प्रयास करना पड़ेगा। कर्म के द्वारा कोई व्यक्ति अपने भाग्य को आकार दे सकता है और अपने गुणों से ऊपर उठ सकता है परंतु हिन्दू मनोविज्ञान में आंतरिक गुण अथवा संस्कार की विशेष भूमिका है। यहाँ तक कि कठोर समाजीकरण भी बच्चे के किसी काम का नहीं होता क्योंकि मुख्यतः अपने संस्कारों से ही निर्देशित होता है।

हिंदुओं की समय की अवधारणा भी बहुत सापेक्षिक है। समय के लिए काल शब्द का प्रयोग किया जाता है जो अनेकार्थक है और अपने में अर्थों की कई परत रखता है जिसमें मृत्यु, भाग्य तथा समय की एक चक्रीय धारणा जिसमें बीते हुए कल और आने वाले कल के लिए एक शब्द का प्रयोग किया जाता है। हिंदुओं के लिए वास्तविक समय गतिहीन तथा अनंत है तथा मोक्ष के बराबर समझा जा सकता है। अतः हिंदुओं में मृत्यु का भय समय विहिनता की अवधारणा से समय से परे कर दिया जाता है वही सच्ची वास्तविकता है। वास्तविक समय की भावना अवास्तविक या माया कहकर समाप्त कर दी जाती है। ये हिंदुओं की भाग्यवाद की मानसिकता को बढ़ाता है। ये सांसारिक दृष्टिकोण अपनी संपूर्णता के साथ हिन्दू बालक के द्वारा अपने जन्म से ही आत्मसात कर लिया जाता है। आरंभ में पालन पोषण करने वाले से

तथा बाद के जीवन में पौराणिक कथाओं तथा लोक कथाओं से जो हिंदुओं को एक निश्चित मानसिक पहचान देती है।

प्रश्न 4. धर्म और अर्थव्यवस्था के बारे में वेबर की मुख्य (केन्द्रीय) धारणा (शोधकार्य) की जानकारी दीजिए।

उत्तर – देखें इकाई–7, प्रश्न–2

प्रश्न 5. न्यूअर धर्म में इवान्स प्रिचार्ड का कुऑन्ग की संकल्पना से क्या अभिप्राय है?

उत्तर – देखें इकाई–9, प्रश्न–1, 2

भाग – II

प्रश्न 6. प्रतीकों से क्या अभिप्राय है? धर्म प्रतीकों की प्रणाली किस प्रकार है? स्पष्ट कीजिए।

उत्तर – देखें इकाई–13, प्रश्न–2

प्रश्न 7. सिख धर्म क्या है और यह क्यों माना जाता है कि इसकी पृष्ठभूमि युद्ध (सैन्य) संबंधी है?

उत्तर – देखें इकाई–15, प्रश्न–1, 3

प्रश्न 8. जैनधर्म और बौद्धधर्म के बीच समानताओं और भिन्नताओं की तुलना कीजिए।

उत्तर – देखें इकाई–16, प्रश्न–1, 2, 3

प्रश्न 9. भारत में धर्म निरपेक्षीकरण की प्रक्रिया की चर्चा कीजिए।

उत्तर – देखें जून–2008, प्रश्न–9

प्रश्न 10. उपयुक्त उदाहरण देते हुए धार्मिक पुनर्जागरण (पुनःप्रवर्तनवाद) की प्रमुख विशेषताओं की चर्चा कीजिए।

उत्तर – देखें जून–2009, प्रश्न–10

धर्म का समाजशास्त्र : एम.एस.ओ.ई.–003
दिसम्बर, 2010

नोट : किन्हीं पाँच प्रश्नों के उत्तर दीजिए। प्रत्येक उत्तर लगभग 500 शब्दों में होना चाहिए। प्रत्येक भाग से कम से कम दो प्रश्न अवश्य चुनिए।

भाग – I

प्रश्न 1. धर्म के बारे में फ्रायड की धारणा (शोधकार्य) की चर्चा कीजिए।

उत्तर – देखें इकाई–4, प्रश्न–1

प्रश्न 2. मार्क्स का यह विचार क्यों है कि धर्म, दमन (अत्याचार) का एक साधन है, विवेचना कीजिए।

उत्तर – देखें इकाई–5, प्रश्न–1, 2

प्रश्न 3. दुर्खाइम की धर्म की परिभाषा का उल्लेख कीजिए तथा विज्ञान और जादू के साथ इसके संबंध की भी चर्चा कीजिए।

उत्तर – देखें इकाई–2, प्रश्न–3

प्रश्न 4. पाप और बलिदान (त्याग) के बारे में न्यूअर की संकल्पनाओं की चर्चा कीजिए।

उत्तर – देखें इकाई–9, प्रश्न–1

प्रश्न 5. धर्म, स्वास्थ्यलाभ की संकल्पना से किस तरह से संबद्ध है? हिंदूधर्म से उदाहरण देते हुए स्पष्ट रूप से समझाइए।

उत्तर – आज जिन्हें हिन्दू धर्म की संज्ञा दी जाती है वह अकस्मात् उत्पन्ना नहीं है। इसका विकास एवं लंबी ऐतिहासिक (प्राक् इतिहास सहित) प्रक्रिया से हुआ है। बल्कि इसका उद्‌भव निरंतर गतिमान आकृत्यात्मक उद्विकास की गत्यात्मकता से हुआ है। इस उद्विकास के नाटक का जन्म एवं प्रस्फुटन भारत जिसे हिन्दुस्तान तथा इंडिया भी कहा जाता है कि भूमि पर हुआ है। वह भारत जिसने अपनी राजनैतिक सीमाओं को अपने धार्मिक और सांस्कृतिक सीमाओं से पृथक् रखा है। अस्तित्व की दृष्टि से हिन्दू धर्म काल तथा देश दोनों ने महत्त्वपूर्ण लचीलापन तथा सातत्य बनाए रखा है, यद्यपि इसका विकास विविध नृजातीय समूहों एवं प्रजातियों तथा उनकी भाषाओं, संस्कृतियों तथा विचार–प्रक्रियाओं के मध्य आदान–प्रदान के द्वारा हुआ है अथवा डी.एन. मजुमदार की शब्दावली में इसका विकास 'संस्कृतियों के संघर्ष तथा प्रजातियों तथा धर्मों के संपर्क' की गत्यात्मकता से हुआ है जिससे एक उल्लेखनीय संश्लेषण का जन्म हुआ जिसमें संस्कृत भाषा ने महत्त्वपूर्ण भूमिका निभाई है।

तथापि हिन्दू धर्म की सत्तामीमांसा उपनिषदों में वर्णित सूत्रवाक्यों चरैवेति (आगे बढ़ो–आगे बढ़ो) तथा गीता की रहस्यमयी किंतु यथार्थ विश्वदृष्टि 'अविभक्त विभक्तेषु' विविधता में एकता से प्रेरित रहता है। ये सिद्धांत 'जगत्याम् जगत्' (सतत् परिवर्तनशील जगत) से उद्‌भूत तथा व्याप्त है और इसलिए ये तात्विक एवं भौतिक इहलोक और परलोक में व्याप्त है, संक्षेप में वे मनुष्य उसके अस्तित्वपरक आधारों एवं आयामों में व्याप्त हैं।

'अविभक्तम् विभक्तेषु' की अनुभूति उत्तम एवं सात्विक ज्ञान की प्राकृतिक विशेषता है। इस चरम कल्याण एवं प्रसन्नता के लिए मनुष्य को इसके परिष्कार का प्रयास करना होता है। इसलिए मनुष्य के लिए उनके अस्तित्व एवं उसकी प्रकृति तथा पर्यावरण के बारे में, उसकी वैचारिक विश्व दृष्टि के संबंध में हिन्दू धर्म ने अनेकता में एकता का भाव पिरोया है, व्यापकता को चयनात्मकता के साथ, पुराण पंथी को वैविध्य के साथ विश्व की अस्वीकृति को जीवन की उपलब्धि तथा योग को भोग के साथ तथा लोक संग्रह को अपरिग्रह के साथ समन्वित किया है।

भाग – II

प्रश्न 6. धर्म के बारे में पीटर बर्गर के विचारों का वर्णन कीजिए।

उत्तर – देखें इकाई–1 2, प्रश्न–1

प्रश्न 7. टोटमवाद से क्या अभिप्राय है? लेवी–स्ट्रॉस ने इस परिघटना की संकल्पना किस प्रकार की है?

उत्तर – देखें इकाई–1 4, प्रश्न–1

प्रश्न 8. यदि हिंदुत्त्व (हिंदूधर्म) एक "जीवन शैली" है तो फिर यह धर्म किससे बनता है? व्याख्या कीजिए।

उत्तर – देखें इकाई–19, प्रश्न–1, 2

प्रश्न 9. मूलतत्ववाद और संप्रदायवाद, धर्म–निरपेक्षतावाद के लिए किस अर्थ में खतरे उत्पन्न करते हैं?

उत्तर – देखें इकाई–21, प्रश्न–1, 2

प्रश्न 10. धार्मिक परिवर्तन क्या है? इसके पक्ष और विपक्ष में प्रस्तुत किए गए तर्कों की चर्चा कीजिए।

उत्तर – देखें इकाई–22, प्रश्न–1, 2

●●●

धर्म का समाजशास्त्र : एम.एस.ओ.ई.–003
जून, 2011

नोट : किन्हीं पाँच प्रश्नों (प्रत्येक) के उत्तर दीजिए। प्रत्येक उत्तर लगभग 500 शब्दों में होना चाहिए। प्रत्येक भाग से कम–से–कम दो प्रश्नों के उत्तर दीजिए।

भाग – क

प्रश्न 1. धर्म के अध्ययन के संबंध में समाजशास्त्रीय एवं नृविज्ञानीय परिप्रेक्ष्यों के अंतर को स्पष्ट कीजिए।

प्रश्न 2. धर्म की प्रकार्यात्मक व्याख्या की समालोचना लिखिए।

प्रश्न 3. 'धर्म, समाज की अधिरचना (super-structure) है।' टिप्पणी कीजिए।

प्रश्न 4. धर्म, दुख निवारण (healing) में किस प्रकार सहायक है? उचित उदाहरणों की सहायता से उत्तर दीजिए।

प्रश्न 5. किन्हीं चार (प्रत्येक) पर लगभग 100 शब्दों में नोट लिखिए:

(a) जादू–टोना और धर्म के बीच का अंतर

(b) पवित्र एवं लौकिक (profane) के बीच का अंतर

(c) यह सांसारिक वैराग्यवृत्ति (asceticism)

(d) जनजातीय विश्वमीमांसा

(e) आत्मा की संकल्पना

भाग – ख

प्रश्न 6. पीटर बर्गर (Berger) की धर्मनिरपेक्षतावाद की संकल्पना का आलोचनात्मक मूल्यांकन कीजिए।

प्रश्न 7. विकास के सामाजिक संदर्भ और बौद्ध धर्म के विसरण (diffusion) को स्पष्ट कीजिए।

प्रश्न 8. हिंदू धर्म में प्रचलित पुरुषार्थ के सामाजिक महत्त्व का विश्लेषण कीजिए।

प्रश्न 9. समकालीन भारत में धार्मिक संप्रदायों के सामाजिक महत्त्व पर उचित उदाहरण दे कर निबंध लिखिए।

प्रश्न 10. संक्षेप में नोट लिखिए:
(a) सांप्रदायिकता
(b) इस्लाम की उत्पत्ति (जेनेसिस)

धर्म का समाजशास्त्र : एम.एस.ओ.ई.–003
दिसम्बर, 2011

नोट : निम्नलिखित में से किन्हीं पाँच प्रश्नों (प्रत्येक) का उत्तर लगभग 500 शब्दों में होना चाहिए। प्रत्येक भाग से कम-से-कम दो प्रश्नों के उत्तर दीजिए।

भाग – क

प्रश्न 1. धर्म के अध्ययन में टोटम के महत्त्व को स्पष्ट कीजिए।

प्रश्न 2. 'धर्म, समाज की सांस्कृतिक उप-व्यवस्था है'–टिप्पणी कीजिए।

प्रश्न 3. क्या धर्म, आर्थिक पिछड़ेपन में योगदान देता है? उचित उदाहरणों की सहायता से विश्लेषण कीजिए।

प्रश्न 4. धर्म को लागू करने में मांगलिकता और शुद्धता (पवित्रता) के महत्त्व का विश्लेषण कीजिए।

प्रश्न 5. निम्नलिखित में से प्रत्येक पर लगभग 100 शब्दों में नोट लिखिए:
(a) धार्मिक संकेत
(b) माना का विचार
(c) व्यवसाय की संकल्पना
(d) प्रेतात्माओं एवं भूतों की संकल्पना

भाग – ख

प्रश्न 6. 'धर्म, प्रतीकों/संकेतों की व्यवस्था है।' चर्चा कीजिए।

प्रश्न 7. लेवी–स्ट्रॉस के टोटमवाद आधारित दृष्टिकोण और धर्म से इसके संबंध को स्पष्ट कीजिए।

प्रश्न 8. इस्लाम की तत्वमीमांसा एवं इसके सामाजिक महत्त्व की चर्चा कीजिए।

प्रश्न 9. धर्मनिरपेक्षीकरण के यूरोपीय एवं भारतीय अनुभव पर तुलनात्मक नोट लिखिए।

प्रश्न 10. निम्नलिखित पर संक्षेप में नोट लिखिएः

(a) धर्म परिवर्तन

(b) धर्म का भविष्य

धर्म का समाजशास्त्र : एम.एस.ओ.ई.–003
जून, 2012

नोट : किन्हीं पाँच प्रश्नों (प्रत्येक) का उत्तर लगभग 500 शब्दों में दीजिए। प्रत्येक भाग से कम-से-कम दो प्रश्न अवश्य कीजिए।

भाग – I

प्रश्न 1. मुख्य धर्म पर उद्विकासवादी एवं प्रकार्यात्मक परिप्रेक्ष्यों की चर्चा कीजिए।
उत्तर – देखें इकाई–2, प्रश्न–1, 3

प्रश्न 2. धर्म के संबंध में मार्क्सवादी दृष्टिकोण की चर्चा कीजिए।
उत्तर – देखें इकाई–5, प्रश्न–1

प्रश्न 3. यति (ascetic) प्रोटेस्टेंटवाद एवं पूँजीवाद के संबंध पर वेबर के दृष्टिकोण की चर्चा कीजिए।
उत्तर – देखें इकाई–7, प्रश्न–3

प्रश्न 4. टी.एन. मदान का "गैर त्याग" से क्या तात्पर्य है? सोदाहरण चर्चा कीजिए।
उत्तर – देखें इकाई–10, प्रश्न–4

प्रश्न 5. कुर्गों में धर्म के अध्ययन के संबंध में एम.एन. श्रीनिवास के योगदान की चर्चा कीजिए।
उत्तर – देखें इकाई–8, प्रश्न–1, 2

भाग – II

प्रश्न 6. बर्जर का "धर्म एवं विश्व निर्माण" से क्या अभिप्राय है?
उत्तर – देखें दिसम्बर–2009, प्रश्न–6

प्रश्न 7. टोटमवाद पर लेवी–स्ट्रॉस विश्लेषण को रेखांकित कीजिए।
उत्तर – देखें इकाई–14, प्रश्न–1

प्रश्न 8. धर्म के अध्ययन में फ्रायड के योगदान की चर्चा कीजिए।
उत्तर – देखें इकाई–4, प्रश्न–1

प्रश्न 9. बौद्ध धर्म के आविर्भाव के सामाजिक संदर्भ की जाँच कीजिए।
उत्तर – देखें इकाई–16, प्रश्न–3

प्रश्न 10. धर्म परिवर्तन की प्रक्रिया की सोदाहरण चर्चा कीजिए।
उत्तर – देखें इकाई–22, प्रश्न–1

●●●

GET PUBLISHED, BECOME FAMOUS

GULLYBABA PUBLISHING HOUSE (P) LTD.

Complete Publishing Assistance:- Content Writing, Proof Reading, Editing, Designing, Printing and Marketing.

9312235086, 9350849407, 27387998, 27384836

धर्म का समाजशास्त्र : एम.एस.ओ.ई.–003
दिसम्बर, 2012

नोट : किन्हीं पाँच प्रश्नों (प्रत्येक) का उत्तर लगभग 500 शब्दों में दीजिए। प्रत्येक भाग से कम-से-कम दो प्रश्न अवश्य चुनिए।

भाग – I

प्रश्न 1. धर्म को परिभाषित कीजिए और इसके विविध स्वरूपों की चर्चा कीजिए।

प्रश्न 2. सांस्कृतिक व्यवस्था के रूप में धर्म को रेखांकित एवं इसकी जाँच कीजिए।

प्रश्न 3. "टोटमवाद, धर्म का प्रारंभिक स्वरूप है।" चर्चा कीजिए।

प्रश्न 4. धर्म एवं अर्थव्यवस्था के संबंध पर वेबर के दृष्टिकोण की जाँच कीजिए।

प्रश्न 5. धर्म के अध्ययन के संबंध में मार्क्सवादी दृष्टिकोण की जाँच कीजिए।

भाग – II

प्रश्न 6. धार्मिक प्रतीकों में विश्वास एवं आस्था के महत्त्व की चर्चा कीजिए।

प्रश्न 7. धर्मनिरपेक्षता और धर्म निरपेक्षीकरण की प्रक्रिया के अंतर को स्पष्ट कीजिए।

प्रश्न 8. भारत में ईसाई धर्म के आविर्भाव एवं विस्तार की चर्चा कीजिए।

प्रश्न 9. समकालीन भारत में धार्मिक पुनर्जागरणवाद (पुनः प्रवर्तनवाद) की चर्चा, उचित उदाहरणों से कीजिए।

प्रश्न 10. घटनाविज्ञान (phenomenology) क्या है? यह धर्म एवं विश्व निर्माण की व्याख्या कैसे करता है?

धर्म का समाजशास्त्र : एम.एस.ओ.ई.–003

जून, 2013

नोट : किन्हीं पाँच प्रश्नों (प्रत्येक) का उत्तर लगभग 500 शब्दों में दीजिए। प्रत्येक भाग से कम-से-कम दो प्रश्नों के उत्तर अवश्य दीजिए।

भाग – क

प्रश्न 1. धर्म के अध्ययन में तुलनात्मक दृष्टिकोण के महत्त्व की सोदाहरण चर्चा कीजिए।

प्रश्न 2. धर्म के संबंध में मार्क्सवादी दृष्टिकोण की तुलना दुर्खाइम के दृष्टिकोण से कीजिए और इनके अंतर को स्पष्ट कीजिए।

प्रश्न 3. शामन, रहस्यवादी और चिकित्सकों की सामाजिक भूमिकाओं के अंतर को सोदाहरण स्पष्ट कीजिए।

प्रश्न 4. वेबर की धर्म एवं अर्थव्यवस्था आधारित केंद्रीय धारणा को रेखांकित कीजिए।

प्रश्न 5. कुर्ग के समाज में "ओक्का" (OKKa) तथा इसकी भूमिका का विवरण एवं चर्चा करें।

भाग – ख

प्रश्न 6. धर्म के अध्ययन के संबंध में घटनाविज्ञान के महत्त्व की चर्चा कीजिए।

प्रश्न 7. धर्म बहुलवाद क्या है? उचित उदाहरणों सहित चर्चा कीजिए।

प्रश्न 8. क्या सांप्रदायिकता, कट्टरता से भिन्न है? चर्चा कीजिए।

प्रश्न 9. भारत में धार्मिक संप्रदायों के समाजशास्त्रीय महत्त्व की चर्चा कीजिए।

प्रश्न 10. संक्षेप में (प्रत्येक) पर 250 शब्दों में नोट लिखिए।
(a) धर्मनिरपेक्षता एवं लौकिकीकरण के बीच का अंतर
(b) बौद्ध धर्म के उद्भव की सामाजिक पृष्ठभूमि

धर्म का समाजशास्त्र : एम.एस.ओ.ई.–003
दिसम्बर, 2013

नोट : किन्हीं पाँच प्रश्नों (प्रत्येक) का उत्तर लगभग 500 शब्दों में दीजिए। प्रत्येक भाग से कम-से-कम दो प्रश्नों के उत्तर अवश्य दीजिए।

भाग – क

प्रश्न 1. धर्म के अध्ययन में समाजशास्त्रीय दृष्टिकोण की चर्चा कीजिए। यह मनोवैज्ञानिक दृष्टिकोण से कैसे भिन्न है?

प्रश्न 2. धर्म की बोध पर वेबर-धारणा की चर्चा कीजिए।

प्रश्न 3. क्या धर्म, उत्पीड़न का साधन है? चर्चा कीजिए।

प्रश्न 4. धार्मिक रीति-रिवाजों के समाजशास्त्रीय महत्त्व की चर्चा कीजिए।

प्रश्न 5. मांगलिकता और शुद्धता (पवित्रता) की संकल्पनाओं की चर्चा कीजिए।

भाग – ख

प्रश्न 6. गर्टज के विचार 'धर्म प्रतीकों की एक व्यवस्था है,' की चर्चा कीजिए।

प्रश्न 7. धर्म के रूप में ईसाई धर्म की उत्पत्ति के बारे में लिखिए।

प्रश्न 8. धर्म परिवर्तन और नव युग संप्रदायों के संबंध को स्पष्ट कीजिए।

प्रश्न 9. टोटमवाद के अध्ययन के संबंध में लेवी-स्ट्रॉस के दृष्टिकोण का विश्लेषण कीजिए।

प्रश्न 10. निम्नलिखित पर 250 शब्दों में नोट लिखिए:
(a) सूफीवाद   (b) धर्मनिरपेक्षता

धर्म का समाजशास्त्र : एम.एस.ओ.ई.–003
जून, 2014

नोट : किन्हीं पाँच प्रश्नों का उत्तर लगभग 500 शब्दों (प्रत्येक) में दीजिए। प्रत्येक भाग से कम-से-कम दो प्रश्नों के उत्तर अवश्य दीजिए। सभी प्रश्नों के अंक समान हैं।

भाग – I

प्रश्न 1. धर्म की प्रकार्यवादी व्याख्या की समीक्षा लिखिए।

प्रश्न 2. धर्म, संस्कृति और अर्थव्यवस्था के बीच संबंधों को स्पष्ट कीजिए।

प्रश्न 3. दुर्खीम एवं फ्रायड की रचनाओं को विशेष रूप से ध्यान में रखते हुए, धर्म के अध्ययन में, समाजशास्त्रीय एवं मनोवैज्ञानिक परिप्रेक्ष्यों के बीच अंतर को स्पष्ट कीजिए।

प्रश्न 4. मांगलिकता एवं शुद्धता (पवित्रता) की संकल्पनाओं की चर्चा कीजिए। धर्म के अध्ययन में इनका क्या महत्त्व है?

प्रश्न 5. कुर्गों में 'ओक्का' (Okka) की मुख्य विशेषताओं और धर्म के अध्ययन में इसके महत्त्व को स्पष्ट कीजिए।

भाग – II

प्रश्न 6. भारत में बौद्ध-धर्म के विकास एवं प्रसार के सामाजिक संदर्भों की चर्चा कीजिए।

प्रश्न 7. कट्टरवाद से आप क्या समझते हैं? कट्टरवाद समाज में धर्मनिरपेक्षीकरण की प्रक्रिया को कैसे प्रभावित करता है?

प्रश्न 8. धर्म परिवर्तन के अर्थ और समाजशास्त्रीय आयामों की चर्चा उचित उदाहरणों सहित कीजिए।

प्रश्न पत्र

प्रश्न 9. धर्म के अध्ययन में टोटम के महत्त्व का विश्लेषण कीजिए। टोटम, समूहों के सामाजिक संबंधों से कैसे संबद्ध है?

प्रश्न 10. निम्नलिखित पर संक्षेप में टिप्पणी लिखिए:

(क) 'ट्रांसेंडैंटल' ध्यान (अतींद्रिय चिंतन)

(ख) इस्लाम में साकल्यवाद एवं सोपानक्रम

धर्म का समाजशास्त्र : एम.एस.ओ.ई.–003
दिसम्बर, 2014

नोट : किन्हीं पाँच प्रश्नों (प्रत्येक) का उत्तर लगभग 500 शब्दों में दीजिए। प्रत्येक भाग से कम–से–कम दो प्रश्नों के उत्तर अवश्य दीजिए।

भाग – I

प्रश्न 1. 'धर्म, समाज की अधिरचना है'। चर्चा कीजिए।

प्रश्न 2. मिथक एवं धर्म के संबंधों को स्पष्ट कीजिए।

प्रश्न 3. धर्म के ईडिपस मनोग्रंथि सिद्धांत की समीक्षा लिखिए।

प्रश्न 4. 'पूँजीवाद की भावना' से आप क्या समझते हैं? वेबर के अनुसार, यह क्यों, हिंदू धर्म में मौजूद नहीं है?

प्रश्न 5. धर्म के प्रारंभिक स्वरूपों का विश्लेषण, विश्वमीमांसा से इनके संबंध के आधार पर कीजिए।

भाग – II

प्रश्न 6. पुरुषार्थ से आप क्या समझते हैं? हिंदुओं में इसके सामाजिक एवं धार्मिक महत्त्व को स्पष्ट कीजिए।

प्रश्न 7. बर्जर के इस दृष्टिकोण की चर्चा कीजिए कि–धर्म, विश्व को क्रमबद्ध करने की क्रिया है।

प्रश्न 8. धर्म के सांस्कृतिक विश्लेषण में आस्था (विश्वास) और प्रतीक के महत्त्व को स्पष्ट कीजिए।

प्रश्न 9. धर्मनिरपेक्षीकरण से आप क्या समझते हैं? यूरोपियाई एवं भारतीय अनुभव के अंतर को स्पष्ट कीजिए।

प्रश्न 10. टोटम के अध्ययन में लेवी–स्ट्रॉस की मेथोडोलॉजी की चर्चा कीजिए।

धर्म का समाजशास्त्र : एम.एस.ओ.ई.–003

जून, 2015

नोट : निम्नलिखित में से किन्हीं पाँच प्रश्नों के उत्तर लगभग 500 शब्दों (प्रत्येक) में दीजिए। प्रत्येक भाग से कम–से–कम दो प्रश्नों के उत्तर अवश्य दीजिए।

भाग – I

प्रश्न 1. धर्म के अध्ययन पर आधारित नृवैज्ञानिक दृष्टिकोणों की चर्चा कीजिए।

प्रश्न 2. धर्म की मार्क्सवादी धारणा की व्याख्या कीजिए।

प्रश्न 3. धर्म और अर्थव्यवस्था के बीच संबंध पर वेबर के प्रमुख शोध–पत्र की चर्चा कीजिए।

प्रश्न 4. दुर्खाइम की 'पवित्र' और 'लौकिक' संबंधी धारणाओं का परीक्षण कीजिए।

प्रश्न 5. नुएर (Nuer) धर्म में पुजारियों और पैगम्बरों की भूमिकाओं की चर्चा कीजिए।

भाग – II

प्रश्न 6. सांस्कृतिक व्यवस्थाओं के संबंध में गीर्ट्ज के व्याख्यात्मक दृष्टिकोण की चर्चा कीजिए।

प्रश्न 7. धर्म को स्पष्ट करने में बर्जर के सैद्धांतिक ढाँचे पर प्रकाश डालिए।

प्रश्न 8. जैनधर्म और बौद्धधर्म के बुनियादी सिद्धांतों की तुलना कीजिए और इनके अंतर को स्पष्ट कीजिए।

प्रश्न 9. धर्मनिरपेक्षता क्या है? यह लौकिकीकरण (सैक्यूलराइजेशन) से कैसे संबद्ध है? चर्चा कीजिए।

प्रश्न 10. धार्मिक परिवर्तन पर समकालीन वाद–विवाद को सोदाहरण स्पष्ट कीजिए।

धर्म का समाजशास्त्र : एम.एस.ओ.ई.–003
दिसम्बर, 2015

नोट : निम्नलिखित में से किन्हीं पाँच प्रश्नों के उत्तर लगभग 500 शब्दों (प्रत्येक) में दीजिए। प्रत्येक भाग से कम-से-कम दो प्रश्नों के उत्तर अवश्य दीजिए।

भाग – I

प्रश्न 1. धर्म को समझने में प्रकार्यात्मक दृष्टिकोण की चर्चा कीजिए।

प्रश्न 2. धर्म और ज्ञान के निर्माण के बीच के संबंध का विश्लेषण कीजिए।

प्रश्न 3. धर्म और अर्थव्यवस्था पर वेबर के मुख्य शोध-पत्र की चर्चा कीजिए।

प्रश्न 4. धर्म की 'अधिरचना' के रूप में चर्चा कीजिए।

प्रश्न 5. तांत्रिक परंपरा में चिकित्सा की संकल्पना का वर्णन कीजिए।

भाग – II

प्रश्न 6. नए आंदोलनों और संप्रदायों (cults) के संबंध में धार्मिक पुनर्जागरणवाद (पुनःप्रवर्तनवाद) की चर्चा कीजिए।

प्रश्न 7. लेवी-स्ट्राउस की टोटमवाद अध्ययन विधि को संक्षेप में रेखांकित कीजिए।

प्रश्न 8. लौकिकीकरण की व्याख्या कीजिए और धर्म के भविष्य को रेखांकित कीजिए।

प्रश्न 9. धर्म के घटनाविज्ञान (phenomenology) के बुनियादी सिद्धांत क्या हैं?

प्रश्न 10. 'कट्टरवाद' और 'सांप्रदायिकता' की तुलना कीजिए और इनके अंतर को स्पष्ट कीजिए।

धर्म का समाजशास्त्र : एम.एस.ओ.ई.–003
जून, 2016

नोट : किन्हीं पाँच प्रश्नों (प्रत्येक) का उत्तर लगभग 500 शब्दों में दीजिए। प्रत्येक भाग से कम-से-कम दो प्रश्नों के उत्तर अवश्य दीजिए।

भाग – क

प्रश्न 1. धर्म की उत्पत्ति का वर्णन करते हुए, धर्म के सिद्धांतों की जाँच कीजिए।
उत्तर– देखें इकाई–2, प्रश्न–1

प्रश्न 2. "सभी मिथक कहानियाँ होती हैं, लेकिन सभी कहानियाँ मिथक नहीं होतीं"– टिप्पणी कीजिए।

उत्तर– पौराणिक कथाएँ अत्यंत प्राचीन समय से चली आ रही हैं। लैवी स्ट्रॉस जैसे मानवशास्त्री का ध्यान इनकी ओर सार्वभौमिकता के कारण गया और उन्होंने इन्हें मानव मस्तिष्क की उपज माना। प्रमुख मनोवैज्ञानिक सिगमंड फ्रायड ने इन कथाओं के द्वारा मानव प्रजाति के उद्विकास को जानने का प्रयास किया जबकि जंग ने इन्हें मानव प्रजाति की सामूहिक याद कहा। चाहे मानव मस्तिष्क से हो या सामूहिक अतीत से अलग-अलग स्थान व समय में मानव की व्यापक परिस्थिति से पौराणिक कथाएँ उनकी आश्चर्यजनक सार्वभौमिक समानताओं के कारण जोड़कर देखी गईं। वृक्ष और सर्पों से जुड़ी कुछ सामान्य कथाएँ अधिकतर संस्कृतियों में महत्त्वपूर्ण भूमिका रखती हैं। ऐसा विश्वास किया जाता है कि इन दोनों को प्रजनन, यौन व उत्पत्ति का प्रतीक माना जाता है जो मानव समाज की प्राथमिक आवश्यकता है। मनोवैज्ञानिकों ने पौराणिक कथाओं को उप-चेतना के प्रतीकात्मक संबंध से जोड़ा है जैसे सर्प उत्पत्ति से। समाजशास्त्रियों और मानवशास्त्रियों ने पौराणिक कथाओं के

प्रकार्यात्मक पक्ष को अधिक देखा। धर्म के ऐतिहासिक अध्ययन में भी पौराणिक कथाओं का बहुत प्रयोग होता है क्योंकि ये वो सामग्री प्रदान करते हैं जो प्राचीन संस्कृतियों के अध्ययन के लिए अन्यथा उपलब्ध नहीं हैं। इनका एक मुख्य लक्षण यह है कि ये विस्मृत समय से गुजरी हैं। हालाँकि आधुनिक समय की भी काल्पनिक कथाएँ हैं। पौराणिक कथा के निर्माण में प्रत्येक समय पर किसी न किसी की सत्यता को समर्थन मिलता है जैसे किसी देवी–देवता, धार्मिक रिवाज या कोई पहचान। उदाहरण के लिए जब कोई मानव मात्र दैवीय स्तर तक उठाया जाता है तब कई काल्पनिक कथाएँ उसे वैधता देती हैं इनमें उनके आश्चर्यजनक के संबंध में कथाएँ, चमत्कारी प्रदर्शन, आश्चर्यजनक जन्म आदि की कथाएँ सम्मिलित होती हैं।

स्मार्त (1996:131) ने कहा है, "हमें यह ध्यान रखना चाहिए कि सभी पौराणिक कथाएँ कहानियाँ होती हैं परंतु सब कहानियाँ पौराणिक कथा नहीं होती"। पौराणिक कथा अधिकतर एक समूह के सामूहिक अतीत को दर्शाती हैं और यह एक अतीत होने का भाव सामूहिक पहचान बनाने में सहायक होता है। इसलिए अधिकतर जनजाति और व्यक्तियों की अपनी कहानियाँ हो सकती हैं जैसे उत्तर–पूर्वी भारत की नागा जनजाति में उनकी गुफा से उत्पत्ति विख्यात है; अथवा यहूदियों में ईश्वर द्वारा छाँटे गए लोगों की कहानी आदि। इस प्रकार उत्पत्ति से जुड़ी कथाएँ एक समूह के एकीकरण में सहायता देती है जो एक सभा बनाने, एक साथ धार्मिक कृत्य करने और एक ही ईश्वर में विश्वास करने में सहायक होते हैं। अतः हर ईश्वर के साथ वह जीवन गाथा जुड़ी है जो ईश्वर के निर्माण सहित सभी पक्षों को उजागर करती है; उदाहरण के लिए हिंदुओं की देवी महामाया, शिव पुराण, भग्वत गीता तथा हिंदुओं की रामायण।

प्रश्न 3. अधिसंरचना के रूप में धर्म का आलोचनात्मक विश्लेषण कीजिए।

उत्तर—मार्क्स के अनुसार अर्थव्यवस्था संपूर्ण सामाजिक–सांस्कृतिक व्यवस्था का आधार है। उनके अनुसार उत्पादन तथा वितरण अथवा उत्पादन के साधन और संबंधों की आर्थिक व्यवस्था समाज की आधारभूत संरचना का निर्माण करती है। जीविका के आवश्यक भौतिक साधनों का उत्पादन तथा उसके परिणामस्वरूप कुछ अंशों में आर्थिक विकास आधार बनाता है, जिस पर अन्य संस्थाएँ जैसे राज्य, विधिक अवधारणा, सौंदर्य शास्त्र तथा धार्मिक विचार विकसित होते हैं। इस प्रकार मार्क्स के अनुसार मानव अनुभव में अन्य कारकों के समान धर्म का आधार भी आर्थिक कारक पर निर्भर करता है।

मार्क्स ने धर्म को संपूर्ण के एक फलिका से रूप में देखा जिसे उन्होंने अधिसंरचना कहा तथा जो अधोसंरचना पर आधारित है तथा प्रभावित होती है। ऐतिहासिक युग का आर्थिक अधोसंरचना के साथ बदलाव अधिसंरचना में भी बदलाव ले आता है। इसलिए धर्म में विविधता अधोसंरचना में परिवर्तन के साथ आती है। उन्होंने कहा कि पहले (पूँजीवाद से पहले) धार्मिक विश्वास आदि मानव की प्रकृति के प्रति संघर्ष की मजबूरी से उत्पन्न हुए,

जबकि वर्ग समाज में ये मानव के प्रति संघर्ष से उत्पन्न हुए अपने अत्याचारियों के विरोध में खोज तथा संघर्ष में लगे मानव अर्थात् श्रमिक वर्ग ने मजबूरी के विभिन्न स्वरूपों का यह विश्वास पैदा किया कि दूसरी दुनिया में खुशहाल जीवन तथा लौकिक दुखों के लिए पुरस्कार मिलेगा।

मार्क्स के अनुसार अधिसंरचना की सभी फलिकाएँ जैसे धर्म, राज्य, राजनीतिक, संवैधानिक, विधिक दार्शनिक तथा कलात्मक एक दूसरे पर प्रभाव डालती है तथा आर्थिक रूप से भी प्रभाव डालती है। इस प्रकार आर्थिक स्थिति अकेली सक्रिय कारण नहीं है। आर्थिक संस्थाओं में पारस्परिकता उनके परिवर्तन का कारण है, हालाँकि आर्थिक आवश्यकता हमेशा अपना प्रभाव डालती है। मानव के विचार मानव की जागरूकता तथा मानव की चेतना स्वतः उत्पन्न नहीं हुई थी वरन् आर्थिक सिद्धांतों की परिणाम है। इस संदर्भ में धर्म को नियंत्रित करना चाहिए तथा मानवीय चेतना को प्रभावशाली बनाना चाहिए। इस अर्थ में धर्म को उसे उत्पन्न करने वाली परिस्थितियों के संदर्भ में समझना चाहिए।

प्रश्न 4. नुअर धर्म में 'क्युआंग (Cuong)' की संकल्पना को आरेखित कीजिए।
उत्तर— देखें इकाई–9, प्रश्न–1

प्रश्न 5. शामन, रहस्यवादी और चिकित्सकों के संबंध की जाँच कीजिए।
उत्तर— कक्कड़ ने विशेष रूप से ज्ञान पर अपने विचारों को बढ़ाया तथा कहा कि ज्ञान के चार स्तर हैं; सामान्य ज्ञान, विज्ञान का तार्किक ज्ञान, कलाकार का कल्पनात्मक ज्ञान तथा रहस्यों का आध्यात्मिक ज्ञान। चारों का ही अपना महत्त्व है तथा किसी को भी छोड़ा नहीं जा सकता।

आध्यात्मिक और मनोविश्लेषणात्मक दोनों मस्तिष्क को शुद्ध और संतुलित स्थिति में लाना चाहते हैं। इसके लिए मनोवैज्ञानिक उपचार की पद्धति है, उसे अभी इस दिशा में बहुत कुछ करना है। परंपरात्मक हिंदूवाद में मस्तिष्क की इस मुक्ति को मस्तिष्क की आंतरिक दशा की मुक्ति के रूप में देखा गया है। इसमें विभिन्न आंतरिक अवस्थाओं को अनुभव करने की क्षमता की आवश्यकता है परंतु बाहरी अभ्यास सीमित हैं तथा परंपरात्मक रूढ़िवादी व्यवहार का पालन करते हैं। इस प्रकार मुक्ति अनिवार्य रूप से बाह्य लौकिक प्रकार की है जबकि इस लोक की बातें थोड़ी बहुत व्यवहार के रूढ़िवादी आदर्शों तक सीमित रह जाती है।

पश्चिम यह विश्वास करता है कि आंतरिक चेतना को आत्म के तार्किक तथा जाग्रत भाव के अर्थ में परिभाषित किया जाता है जो स्थायी रहता है। बाहरी संसार में कार्य करने की क्षमता को बढ़ाकर तथा विकल्प बढ़ाकर मुक्ति प्राप्त की जा सकती है। आंतरिक क्षेत्र का विस्तार खारिज कर दिया जाता है यह कहकर कि यह अतार्किक तथा मानसिक रोग की पहचान है। उदाहरण के लिए पुनः याद किया जा सकता है कि गैर–पश्चिमी शामन तथा रहस्यमय को अधिकतर पश्चिमी विचारकों के द्वारा विक्षिप्ति तथा मनोरोगी कहा जाता है।

भारत में उपचार को सामूहिकता से संबंधित देखा जाता है न कि व्यक्तिगत। भारत में रोगी सदा संबंधियों तथा शुभचिंतकों से घिरा रहता है तथा इसे उपचार की एक प्रक्रिया के रूप में देखा जाता है। चिकित्सा की पश्चिमी व्यवस्था के अंतर्गत ऐसी सामूहिकता को रोगी की व्यक्तिगतता में अनाधिकार प्रवेश माना जाता है तथा रोगी के स्वास्थ्य के लिए वास्तव में हानिकारक समझा जाता है। परंतु जिस प्रकार कक्कड़ ने बालाजी मंदिर के उदाहरण में दर्शाया है कि सामूहिक क्रिया वास्तव में रोगी को यह बताती है कि वह एक बड़ी संपूर्णता का भाग है तथा उसकी समस्या केवल उसकी ही नहीं है वरन् एक बड़े समूह की है। रोगी तथा संबंधियों के बीच सक्रिय वार्तालाप, मस्तिष्क को उचित दिशा प्रदान करके भूतबाधा को दूर किया जा सकता है जैसे विश्वासों को सांस्कृतिक सहारा देकर तथा अपराध से मुक्त करने की भावना व्यक्ति को अधिक अनुकूलन करने की ओर ले जाती है।

मान्यता प्राप्त दृष्टिकोण के अंतर्गत सामाजिक समर्थन तथा रोगों का सांस्कृतिक अनुवाद वास्तविक उपचार संबंधी समर्थन देता है तथा बहुत से उदाहरणों में रोगी सामान्य जीवन को पुनः प्राप्त कर लेता है। उदाहरण के लिए यदि रोगी यह विश्वास करता है कि उसकी अवस्था उसके शरीर में किसी गड़बड़ के कारण नहीं है वरन् किसी बुरी आत्मा के अवैध अधिकार के कारण है, तब चिंताएँ इस नकारात्मक आकृति पर स्थानांतरित हो जाती हैं तथा जब यह विश्वास हो जाता है कि वह आत्मा शरीर को छोड़ चुकी है तब रोगी यह विश्वास करता है कि वह ठीक हो गया है तथा यह विश्वास वास्तव में मानसिक स्वास्थ्य प्राप्त करा देता है। अधिकतर नकारात्मक आकृतियाँ सांस्कृतिक रूप से भी नकारात्मक होती हैं। उदाहरण के लिए, भूत को अधिकतर दूसरे धर्म में से समझा जाता है, इसीलिए, अतार्किक कल्पनाएँ तथा लालसाएँ रोगी की नहीं होती वरन् व्यक्ति की नकारात्मक सांस्कृतिक श्रेणी की हैं। विस्थापन की मनोविश्लेषणात्मक अवधारणा सामाजिक तथा सांस्कृतिक साधनों से समर्थन पाती है तथा प्रभावशाली बनाती है।

इस प्रकार जो पश्चिमी व्यवस्था में भी मानसिक स्वास्थ्य का चिन्ह माना जाता है, वही आंतरिक आवश्यकता तथा बाह्य वास्तविकता के बीच का संतुलन समाज तथा संस्कृति द्वारा प्रदान किया जाता है। आवश्यकताएँ क्योंकि सांस्कृतिक शब्दावली में परिभाषित की जाती हैं अधिकतर सामान्य व्यक्तियों का लालन-पालन या समाजीकरण उन्हें उनके समाज के उचित सदस्य बनाने के लिए किया जाता है। जीवन की कुछ विशिष्ट ऐतिहासिक परिस्थितियों में व्यक्ति कभी-कभी आंतरिक उप-चेतनाओं की लालसा एवं समाज की माँग के बीच तालमेल बैठाने में असमर्थ हो जाता है। कभी-कभी सामाजिक माँग व्यक्ति के सहनशीलता के स्तर से भी आगे बढ़ जाती है जैसा कि रूढ़िवादी समाजों में महिलाओं के प्रकरण में अधिकतर देखा गया। ऐसी स्थिति में सांस्कृतिक तकनीकी बाहर निकलने का मार्ग सुझाती है। इसी प्रकार भूतबाधा रोगी को वे आंतरिक भावनाएँ दर्शाने के योग्य बना देता है जो सामान्य जीवन में कभी भी दर्शाए नहीं जा सकते; इसी प्रकार शांत एवं गंभीर रहने वाली स्त्री तेज तर्रार भाषा बोलते

हुए अपने पति को भला-बुरा कह सकती है, अथवा अवैध यौन संबंधों तक में लिप्त हो सकती है और इस प्रकार स्व की दबी हुई भावनाओं से आराम देती है, परंतु साथ ही साथ उसकी क्रियाओं के परिणामों से सांस्कृतिक रूप से अपराध मुक्त हो जाती है क्योंकि उनका उत्तरदायी उसे नहीं माना जाता वरन् उसमें प्रविष्ट पिशाच को उत्तरदायी माना जाता है। इस प्रकार उपचार तथा मानसिक स्वास्थ्य में समाज व संस्कृति महत्त्वपूर्ण भूमिका निभाते हैं तथा यह सांस्कृतिक मनोविज्ञान की अवधारणा के अंतर्गत माना गया है।

भाग – ख

प्रश्न 6. धर्म के अध्ययन के संबंध में व्याख्यात्मक दृष्टिकोण के महत्त्व की चर्चा कीजिए।

उत्तर–रैडक्लिफ ब्राउन ने पवित्रता के विचार के साथ निषेध (टैबू) का विचार जोड़ा। टैबू अथवा टाबू शब्द पॉलीनेशिया का शब्द है जिसे रैडक्लिफ ब्राउन ने इस क्षेत्र में अध्ययन करते समय सीखा। यह उन सब वस्तुओं के लिए प्रयोग किया जाता है जो धार्मिक रूप से खतरनाक मानी जाती है। तब भी, रैडक्लिफ ब्राउन ने टैबू की यह व्याख्या की है कि विचार का अच्छे, बुरे या पवित्र से कोई संबंध नहीं है; वास्तव में पॉलीनेशिया में ऐसे विचार विद्यमान नहीं थे। किसी वस्तु की पवित्र प्रकृति का संबंध उसके धार्मिक मूल्य से होता है तथा इन धार्मिक मूल्यों में परिवर्तन करने में खतरा है जो किसी बड़े धार्मिक मूल्य के संपर्क में आने से हो सकता है। इस प्रकार मृतक शरीर जितनी टैबू की वस्तु है उतना ही मंदिर के समान पवित्र स्थान है। उनके धार्मिक मूल्य व धार्मिक दशा के कारण दोनों निषेध हैं।

रैडक्लिफ ब्राउन के अनुसार टैबू का प्रकार्य अन्य धार्मिक कृत्यों के ही समान सामाजिक एकता में योगदान है। उदाहरण के लिए पॉलीनेशिया में होने वाली माता एवं उसके पति तथा उनके निकट के नातेदारों, बहन, भाई, माता-पिता पर कई टैबू (करने योग्य और न करने योग्य) लगाए जाते हैं। साधारण रूप से यह अपेक्षित है कि होने वाली माँ ही जो प्राणी शास्त्रीय रूप से तथा उसके कारण मानसिक रूप से होने वाले बच्चे के जन्म से जुड़ी है, उन निषेधों का पालन करें। अजन्मे बच्चे से सामाजिक रूप से संबंधित अन्य लोग उस प्रकार के बंधनों का अनुभव नहीं करते क्योंकि उनके शरीर से इस पैदाइश का कोई संबंध नहीं है। टैबू का ये प्रकार्य है कि वो बच्चे के जन्म में नातेदारों और विशेषतः पिता को भागीदारी के प्रति जागरूक बनाता है। इस प्रकार टैबू लोगों को उनकी नातेदारी, सामाजिक स्थिति के बारे में सचेत करता है जबकि प्राणी शास्त्रीय रूप से वे जागरूक नहीं होते। कुछ अन्य आदतों के भी वही समान प्रकार्य हैं जैसे 'सहकष्टी' जहाँ पिता बच्चे के जन्म का झूठा नाटक करता है। वो ये इशारा करते हैं कि पिता की भूमिका माँ से अधिक महत्त्वपूर्ण है हालाँकि भौतिक रूप से जन्म वही देती है परंतु माता-पिता में पिता अधिक महत्त्वपूर्ण हो रहा है।

रैडक्लिफ ब्राउन ने धार्मिक अनुष्ठानों का विश्लेषण उसी ढंग से किया जैसा दुर्खीम ने। किसी धार्मिक अनुष्ठान में सामूहिक सहभागिता का यह प्रकार्य है कि लोगों को याद दिलाए कि

वे एक ही समुदाय के हैं। इस प्रकार धार्मिक कृत्यों को बार-बार करने की प्रकृति हर बार धार्मिक कृत्य करने के अवसर पर उससे जुड़ी भावनाओं को जाग्रत करते हैं तथा फिर से दृढ़ता व शक्ति लाते हैं। ऐसे ही वार्षिक धार्मिक कृत्य सामाजिक एकता को बनाए रखने का कार्य करते हैं। धार्मिक कृत्य महत्त्वपूर्ण सामाजिक संबंधों, सामाजिक घटनाओं जैसे विवाह, मृत्यु, वयस्कता की दीक्षा और बच्चे के जन्म के महत्त्व पर बल देते हैं। हर वो घटना जिसका सामाजिक प्रभाव अधिक है उन्हें सार्वजनिक धार्मिक कृत्य से पहचाना जाता है; जैसे बच्चे के जन्म का अर्थ है समाज में एक नए सदस्य का जुड़ना, किसी व्यक्ति की मृत्यु का अर्थ है समाज से एक व्यक्ति का जाना। यदि समाज में संस्तरण हो तब किसी महत्त्वपूर्ण व्यक्ति के जीवन चक्र से जुड़े धार्मिक अनुष्ठानों को मानना उनकी सामाजिक स्थिति तो दर्शाता ही है साथ ही स्थिति को उठाने में योगदान देता है। उदाहरण के लिए राजा की अंत्येष्टि क्रिया का विस्तृत रूप। इस प्रकार दुर्खीम और रैडक्लिफ ब्राउन दोनों ही धर्म का अर्थ समाज के प्रतिबिंब में देखते हैं। हालाँकि मैलिनोव्सकी का दृष्टिकोण थोड़ा अलग था। उनके अनुसार प्रकार्य कुछ हद तक व्यक्ति की मानसिक आवश्यकताओं पर केंद्रित था, फिर भी अपने शास्त्रीय अध्ययन कोरल गार्डनस एंड देअर मैजिक में उन्होंने दिखाया कि शामन द्वारा किए गए धार्मिक अनुष्ठान किस प्रकार बागबानी क्रियाओं को नियमित करने में सहायक होते हैं। मैलिनोव्सकी के अनुसार धर्म और जादू दोनों ही रहस्यमय, जादुई तथा परंपरात्मक क्षेत्र में आते हैं। उसने 'माना के विश्वास में' जादू का अस्तित्व देखा और माना कि आदिम समाजों के धर्म का निचोड़ 'माना' की अवधारणा है न कि जीववाद। मैलिनोव्सकी ने टेलर के प्रतिबिंबात्मक विचारों की आलोचना की तथा आदिमानव को व्यावहारिक तथा व्यक्तिगत तथा सामूहिक स्तर पर धर्म और जादू की आरंभिक रूप की व्यावहारिकता को देखते हैं।

उनके अनुसार धर्म और जादू में मुख्य अंतर यह है कि धर्म दैवीय तथा आध्यात्मिक अनुभवों से निर्देशित है जो अपने आप में ही लक्ष्य है। इस प्रकार यदि बच्चे के जन्म के अवसर पर धार्मिक अनुष्ठान किया जाता है तो यह अपने आप में लक्ष्य है क्योंकि यह समुदाय में एक नए सदस्य के आगमन के लिए समारोह करता है, तथा यह देवताओं के प्रति श्रद्धा की अभिव्यक्ति हो सकती है। परंतु यदि धार्मिक कृत्य किसी बीमार बच्चे के इलाज के लिए किया जा रहा है तो ये उद्देश्य से प्रेरित हैं क्योंकि यह भविष्य में कुछ पाने के उद्देश्य से निर्देशित है, विशेष रूप से जिसके लिए किया जा रहा है उस व्यक्ति का अच्छा स्वास्थ्य हो।

प्रश्न 7. धर्मनिरपेक्षता संबंधी भारतीय अनुभवों का आलोचनात्मक विश्लेषण कीजिए।

उत्तर–आधुनिक जनतंत्र में पंथनिरपेक्षता एक आवश्यकता है, अतिरिक्त विकल्प नहीं। अनेक धार्मिक तथा जातीय समूह है जिसके सदस्य परस्पर बहुलवादी किंतु समता के आधार पर अंतःक्रिया करते हैं। बहुलतावाद भारत में मध्यकाल में भी विद्यमान रहा है किंतु हमारे

समय में बहुलतावाद को चुनौती अलग तरह की है। मध्यकाल में पद सोपान न कि समता एक आदर्श व्यवस्था थी इसलिए विभिन्न धर्मों एवं संस्कृतियों ने सामाजिक पदसोपान में अपनी पहचान बनाई। एक ओर सीरियाई ईसाईयों जैसे गैर–हिंदू धार्मिक समूह को भी जातीय आधार खोजना पड़ा। दूसरी तरफ मुगलों, मराठों तथा सिक्खों में सैन्य बल ही वैधता का आधार था। उन्होंने भी अपनी सांस्कृतिक पहचान बनाई। शासक प्रभुत्वशाली वर्ग सहनशील भी होगा और रियायत भी देगा बशर्ते कि दूसरे पंथ सार्वजनिक रूप से उसकी सत्ता स्वीकार करें। बेली ने पाया कि 18वीं एवं 19वीं शताब्दियों में उत्तर प्रदेश में प्रभु सांस्कृतिक समूहों चाहे वे छोटे–छोटे कस्बों में मुस्लिम हों या बनारस में हिंदू व्यापारी ने ऐसी सीमाएँ तय कर दी थीं जिनमें अन्य सांस्कृतिक समूह अपने अधिकार प्राप्त कर सकते थे (बेली 1983:335–8)। आधुनिक समय में सभी समान अधिकार के इच्छुक हैं। इसीलिए ऐसी माँग की जा रही है कि लोगों को समान अधिकार मतदान के आधार पर दिए जाएँ।

औपनिवेशिक प्रभाव–पंथ निरपेक्षवाद की यूरोपीय दृष्टि पुनर्जागरण कालीन विचारों तथा औद्योगिक पूँजीवाद पर केंद्रित है। भारत का पंथ निरपेक्षवाद यूरोपीय पंथ निरपेक्षवाद से उपनिवेशवाद के कारण पृथक् है। जैसा कि विदित है कि भारतीयों ने उपनिवेशवाद का चयन नहीं किया था अपितु यह 18वीं सदी से आक्रामक रूप से भारत पर थोपा गया था। भारत में उपनिवेशवाद का प्रभाव पुनर्जागरण सदृश विचारों के विकास एवं औद्योगिक पूँजीवाद दोनों को कमजोर करने वाला हुआ। सुशोभन सरकार का कहना है कि बंगाल जो 19वीं सदी में भारत का अग्रदूत था, में पुनर्जागरण आंशिक एवं अप्राकृतिक था। उन्होंने भारतीय तथा यूरोपीय नवजागरण में दो प्रमुख भेद पाया है। प्रथम, यूरोप में पुनर्जागरण स्वतंत्र था मुक्त राज्यों में विकसित हुआ जबकि भारत में नवजागरण को औपनिवेशिक स्थिति तथा विदेशी प्रभुत्व में उत्पन्न होने के लिए संघर्ष करना पड़ा। द्वितीय; यूरोप में पुनर्जागरण से लोगों का मन स्वतंत्र हुआ किंतु यह स्वतंत्रता एक प्रक्रिया के तहत हुई जिससे यूरोप ने दुनिया की खोज की। विश्व ने धर्म में एक क्रांति देखी। आधुनिक विज्ञान का एक आधार देखा। केंद्रीकृत राज्यों का उदय देखा तथा पुरानी समाज व्यवस्था को टूटते देखा जिसमें राजाओं के अधिकार सीमित होते गए तथा व्यापार उद्योग एवं कृषि का पुनर्गठन हुआ। भारतीय नवजागरण में यह गति और शक्ति नहीं थी। (सरकार 1970: 149–50)।

पंथ निरपेक्षता तथा धर्म–पंथनिरपेक्षीकरण के संदर्भ में भारत में पंथ निरपेक्षता की संकल्पना और व्यवहार की उपयुक्तता के बारे में पर्याप्त वाद–विवाद होता रहा है और पंथ निरपेक्षीकरण के संबंध में भारत में गाँधी एवं नेहरू के विचार अलग रहे हैं। टी.एन. मदान ने 'सेक्यूलरिज्म इन इट्स प्लेस' में आधुनिकीकरण की सतर्क आलोचना की है। उनका कहना है कि पंथ निरपेक्षता तथा भारतीय संस्कृति सुमेलित नहीं है जिसके दो कारण हैं। प्रबोध संबंधी मुख्य विचार यह था कि धर्म अतार्किक होता है। यदि पंथ निरपेक्षता धर्म को भारतीय जन–जीवन तथा संस्कृति से हटाना चाहती है तो यह संभव नहीं होगा। तथा दूसरा मदान

कहते हैं कि किसी धर्म को हटाया नहीं जा सकता। ऐसा करने पर भारी सांस्कृतिक विरोध होगा। नेहरू ने तुर्की की तरह बलपूर्वक हटाए जाने को स्वीकार नहीं किया किंतु नेहरूवादी विचारकों ने राज्य की संस्थाओं को पंथ निरपेक्ष लक्ष्यों को प्राप्त करने के लिए साधन की तरह प्रयोग किया। यद्यपि इसमें वे असफल रहे तथा धार्मिक अंधविश्वास एवं सांप्रदायिक हिंसा को नहीं रोक पाने का उत्तरदायित्व उन्हें लेना पड़ेगा।

पंथ निरपेक्षता के विचार—मदान की तरह नंदी भी पंथ निरपेक्षता को अस्वीकृत तथा भारत के विभिन्न मतों में विद्यमान सहिष्णुता के भाव को शामिल करने की इच्छा रखते हैं। उनके अनुसार पंथ निरपेक्षता के दो विचार हैं। प्रथम, पश्चिमी मॉडल जो धर्म को राजनीति से अलग रखता है, दूसरा गैर–पश्चिमी पंथ निरपेक्षता जिसके अनुसार धार्मिक परंपराओं के बीच और धार्मिक तथा पंथ निरपेक्ष परंपराओं में संवाद होते रहना चाहिए। इससे बड़े धर्मों में दूसरे धर्मों की बातों को स्वीकारने तथा आंतरिक आलोचनाओं को स्वीकारने का अवसर मिलेगा भार्गव (1998 : 524–5)। नंदी पंथ निरपेक्षता के संबंध में दो विचार रखते हैं किंतु आधुनिकता के सम्बन में मात्र एक और वह भी नकारात्मक। अतः वह आधुनिकता तथा पंथ निरपेक्षता के आधुनिक विचार को अस्वीकार करता है।

प्रश्न 8. भारत में इस्लाम और ईसाई धर्म अपनाने के विविध पहलुओं का विश्लेषण कीजिए।

उत्तर— देखें इकाई–17, प्रश्न–3 और देखें इकाई–18, प्रश्न–3

प्रश्न 9. बौद्ध धर्म के उद्भव की सामाजिक–ऐतिहासिक पृष्ठभूमि की चर्चा कीजिए।

उत्तर— देखें इकाई–16, प्रश्न–2

प्रश्न 10. निम्न पर संक्षेप में नोट लिखिए (प्रत्येक के बारे में लगभग 250 शब्दों में)

(a) कट्टरवाद

उत्तर— देखें इकाई–21, प्रश्न–1

(b) हिंदू जीवन शैली

उत्तर— आज जिन्हें हिंदू धर्म की संज्ञा दी जाती है वह अकस्मात् (आकाश से) उत्पन्न नहीं है। इसका विकास एवं लंबी ऐतिहासिक (प्राक् इतिहास सहित) प्रक्रिया से हुआ है। बल्कि इसका उद्भव निरंतर गतिमान अकृत्यात्मक उद्विकास की गत्यात्मकता से हुआ है। इस उद्विकास के नाटक का जन्म एवं प्रस्फुटन भारत जिसे हिंदुस्तान तथा इंडिया भी कहा जाता है, की भूमि पर हुआ है। वह भारत जिसने अपनी राजनैतिक सीमाओं को अपने धार्मिक और सांस्कृतिक सीमाओं से पृथक् रखा है। अस्तित्व की दृष्टि से हिंदू धर्म काल तथा देश दोनों में

महत्त्वपूर्ण लचीलापन तथा सातत्य बनाए रखा है, यद्यपि इसका विकास विविध नृजातीय समूहों एवं प्रजातियों तथा उनकी भाषाओं, संस्कृतियों तथा विचार–प्रक्रियाओं के मध्य आदान–प्रदान के द्वारा हुआ है। अथवा डी.एन. मजूमदार की शब्दावली में इसका विकास 'संस्कृतियों के संघर्ष तथा प्रजातियों तथा धर्मों के संपर्क' की गत्यात्मकता से हुआ है जिससे एक उल्लेखनीय संश्लेषण का जन्म हुआ जिसमें संस्कृत भाषा ने महत्त्वपूर्ण भूमिका निभाई है (मजूमदार, डी.एन. 1965, चटर्जी, एस.के. 1965)।

तथापि हिंदू धर्म की सत्तामीमांसा उपनिषदों में वर्णित सूत्रवाक्यों चरैवेति (आगे बढ़ो–आगे बढ़ो) तथा गीता की रहस्यमयी किंतु यथार्थ विश्वदृष्टि 'अविभक्त विभक्तेषु'–विविधता में एकता से प्रेरित रहता है। ये सिद्धांत 'जगत्याम् जगत्' (सतत् परिवर्तनशील जगत) से उद्भूत तथा व्याप्त है और इसलिए ये तात्विक एवं भौतिक इहलोक और परलोक में व्याप्त है, संक्षेप में वे मनुष्य उसके अस्तित्वपरक आधारों एवं आयामों में व्याप्त हैं।

'अविभक्तम् विभक्तेषु' की अनुभूति उत्तम एवं सात्विक ज्ञान की प्राकृतिक विशेषता है। इस चरम कल्याण एवं प्रसन्नता के लिए मनुष्य को इसके परिष्कार का प्रयास करना होता है (गीता, अध्याय 18)। इसलिए मनुष्य के लिए उनके अस्तित्व एवं उसकी प्रकृति तथा पर्यावरण के बारे में, उसकी वैचारिक विश्व दृष्टि के संबंध में हिंदू धर्म ने अनेकता में एकता का भाव पिरोया है, व्यापकता को चयनात्मकता के साथ, पुराण पंथी को वैविध्य के साथ विश्व की अस्वीकृति को जीवन की उपलब्धि तथा योग को भोग के साथ तथा लोक संग्रह को अपरिग्रह के साथ समन्वित किया है।

जीवन शैली—कुछेक न्यायिक निर्णयों में हिंदुत्व को एक जीवन शैली के रूप में वर्णित किया गया है। यहाँ एक तार्किक प्रश्न उठता है किसकी जीवन शैली? क्या यह उन तथाकथित हिंदू या भारतीय लोगों की जीवन शैली है जो अत्यंत ही प्राचीन परिभाषा के अनुसार हिंदू और हिंदुत्व की पारिभाषिक उपच्छाया के अंतर्गत आता है।

दूसरी ओर अंतर्वस्तु की दृष्टि से हिंदुत्व अपनी जातीय संरचना तथा कर्मकांडीय गतिशीलता के प्रचलन में संतुष्ट दिख पड़ता है। जातीय संरचना वास्तविक और अनुभवसिद्ध को वर्ण–व्यवस्था (आदर्श) के साथ भूलवश जोड़ दिया जाता है। फलस्वरूप हिंदुत्व समाज का धर्म बन जाता है। जो समय तथा स्थान से आबद्ध हो जाता है। इससे राष्ट्रीय भावना प्राप्त करने की अपेक्षा की जाती है। हिंदू धर्म के बाहर इसके अस्तित्व जाति एवं भारत को एक प्रतिष्ठापूर्ण संभावना के रूप में देखा जाता है।

●●●

धर्म का समाजशास्त्र : एम.एस.ओ.ई.–003
दिसम्बर, 2016

नोट : किन्हीं पाँच प्रश्नों (प्रत्येक) का उत्तर लगभग 500 शब्दों में दीजिए। प्रत्येक भाग से कम–से–कम दो प्रश्नों के उत्तर अवश्य दीजिए।

भाग – क

प्रश्न 1. टोटमवाद से आप क्या समझते हैं? उचित उदाहरणों की सहायता से चर्चा कीजिए।

उत्तर– देखें इकाई–14, प्रश्न–1

प्रश्न 2. धर्म के संबंध में मार्क्स और वेबर दृष्टिकोण की तुलना और इनके अंतर को स्पष्ट कीजिए।

उत्तर– देखें इकाई–5, प्रश्न–1 और देखें इकाई–7, प्रश्न–2

प्रश्न 3. नुअर धर्म में "कुयांग" (Cuong) की संकल्पना को आरेखित कीजिए।

उत्तर– देखें जून–2009, प्रश्न–5

प्रश्न 4. फ्रायड की धर्म आधारित दृष्टिकोण की चर्चा कीजिए।

उत्तर– देखें इकाई–4, प्रश्न–1

प्रश्न 5. संक्षेप में नोट लिखिए (प्रत्येक के बारे में लगभग 250 शब्दों में)

(a) धार्मिक प्रतीकें

उत्तर– देखें इकाई–13, प्रश्न–2

(b) जीववाद की संकल्पना

उत्तर– देखें इकाई–2, प्रश्न–1

भाग – ख

प्रश्न 6. धर्म के अध्ययन के संबंध में घटनाविज्ञान के महत्त्व की चर्चा कीजिए।

उत्तर– देखें इकाई–12, प्रश्न–1, 2, 3

प्रश्न 7. सिक्ख धर्म के उदय के उत्तरदायी सामाजिक–ऐतिहासिक कारक की चर्चा कीजिए।

उत्तर– सिक्ख धर्म का उदय पंजाब में 15वीं–16वीं शताब्दी में हुआ है। सिक्ख धर्म को भारतीय दो विशेष कारणों के आधार पर माना जाएगा। सर्वप्रथम, इसकी उत्पत्ति और विस्तार इसी भारत में हुआ। द्वितीय, सिख धर्म में कर्म (अविद्या)–संसारचक्र–ज्ञान (एवं भक्ति)–मोक्ष का चतुष्पदी स्तंभ स्वीकारा जाता है। तृतीय, सिक्खों में भारतीय परंपरा शुद्ध रूप में पाई जाती है। इनमें भजन–संगीत, कविता इत्यादि अन्य सभी भारतीय धर्मों के समान पाई जाती है। फिर सिक्ख धर्म की समानता हिंदी संत संप्रदाय के धर्म और संतों से बहुत मिलती है।

सिक्ख धर्म का उदय उस समय हुआ था जब भारत में राजनीतिक तथा सामाजिक अवस्थाएँ करवट बदल रही थीं। हिंदू परंपरा में धर्म का बाह्य रूप ही रह गया था और भक्त–सुधारक धर्मों की आंतरिकता पर बल दे रहे थे। ऐसा प्रतीत होता है कि इस्लाम का सूफी मत बहुत कुछ अद्वैतवादी रहस्यवाद से बहुत घुल मिल गया था।

गुरु नानक का धर्म–विचार सुधारक का था। प्रारंभ में सिक्ख धर्म आध्यात्मिक धारा थी, पर वर्णभेद, मूर्तिपूजा, अवतारवाद को ठुकराने पर सिख धर्म में सामाजिक विकास का होना आवश्यक था। चूँकि वर्णभेद को सिक्ख धर्म में गुरु नानक ने कोई स्थान नहीं दिया, इस सामाजिक रूप से इसके अनुयायियों को एक अलग पंथ मानना भी अनिवार्य हो गया था। प्रायः ब्राह्मणवादी वैदिक धर्म में वेदों को धर्मशास्त्र मानना और वर्णभेद को स्वीकार कर ब्राह्मणों की श्रेष्ठता को मानना, इस परंपरा का सारगुण कहा जाएगा। चूँकि गुरु नानक ने न तो वर्णभेद, न पौराणिक देवी–देवता, न अवतारवाद और न वेदों को धर्मग्रंथ स्वीकारा, इसलिए गुरु नानक ने अपने को 'हिंदू' भी कहने से इंकार कर दिया है। पर व्यापक अर्थ में सिक्ख धर्म को हिंदू कहा जाएगा।

यह ऐसा युग था जिसमें धार्मिक क्रांति आ गई थी और इस काल में प्रमुख संत कवियों का उदय हुआ था। गुरु ग्रंथ साहेब में 4 त्रिलोचन के पद, नामदेव के 62, कबीर के 240 साखियाँ और 227 पद्य पाए जाते हैं। गुरु ग्रंथ साहेब में शुद्ध एकेश्वरवाद पाया जाता है जिसमें मूर्तिपूजा–विरोध, वर्ण–विरोध, बाह्याचार–विरोध पाए जाते हैं और ये बातें कबीर की उक्तियों में विशेष रूप से पाई जाती हैं। संभवतः, गुरु–नानक और कबीर समकालीन थे।

प्रश्न 8. भारतीय समाज में धर्म परिवर्तन के विविध पहलुओं का विश्लेषण कीजिए।

उत्तर– देखें इकाई–22, प्रश्न–1

प्रश्न 9. धर्मनिरपेक्षीकरण के यूरोपीय और भारतीय अनुभवों पर तुलनात्मक नोट लिखिए।

उत्तर— देखें इकाई–20, प्रश्न–2

प्रश्न 10. संक्षेप में नोट लिखिए (प्रत्येक के बारे में लगभग 250 शब्दों में)

(a) इस्लाम के बुनियादी सिद्धांत

उत्तर— देखें इकाई–18, प्रश्न–1

(b) धर्मनिरपेक्षता

उत्तर— देखें इकाई–20, प्रश्न–1

क्रोध एक प्रचंड अग्नि है,
जो मनुष्य इस अग्नि को वश में
कर सकता है, वह उसे बुझा देगा।
जो मनुष्य अग्नि को वश में नहीं
कर सकता, वह
स्वयं अपने को जला लेगा।

धर्म का समाजशास्त्र : एम.एस.ओ.ई.–003
जून, 2017

नोट : किन्हीं पाँच प्रश्नों (प्रत्येक) का उत्तर लगभग 500 शब्दों में दीजिए। प्रत्येक भाग से कम-से-कम दो प्रश्नों के उत्तर अवश्य दीजिए। सभी प्रश्नों के अंक समान हैं।

भाग – I

प्रश्न 1. अर्थव्यवस्था और धर्म के बीच के संबंध की चर्चा कीजिए।
उत्तर— देखें इकाई–1, प्रश्न–3

प्रश्न 2. धर्म के अध्ययन में दुर्खीम के योगदान की आलोचनात्मक जाँच कीजिए।
उत्तर— देखें इकाई–6, प्रश्न–2

प्रश्न 3. नुअर (Nuer) धर्म में आहुति की संकल्पना का वर्णन कीजिए।
उत्तर— देखें इकाई–9, प्रश्न–1

प्रश्न 4. सुधीर कक्कड़ की व्याख्या के अनुसार शामनों, रहस्यवादियों और चिकित्सकों के संबंध का विश्लेषण कीजिए।
उत्तर— देखें जून–2016, प्रश्न–5

प्रश्न 5. धर्म को बर्जर के परिप्रेक्ष्य में व्यक्त कीजिए।
उत्तर— देखें दिसम्बर–2009, प्रश्न–6

भाग–II

प्रश्न 6. धर्म के घटनाविज्ञान की चर्चा, धर्म और विश्व रचना पर विशेष जोर देते हुए कीजिए।

उत्तर— बर्जर की धर्म संबंधी संकल्पना विश्व निर्माण और विश्व व्यवस्था की क्रिया के समान ही उसकी समाज के प्रति समझ के पीछे चलती है। वह कहता है कि समाज भिन्न अनुभवों और प्रत्येक के अर्थों पर एक अर्थपूर्ण व्यवस्था (क्रमबद्धता) आरोपित करता है। उसके लिए वह एक विशेष शब्दावली 'नोमोस' (Nomos) का प्रयोग करता है। जब हम कहते हैं कि समाज विश्व निर्माण का एक साहसिक कार्य है, तब हमारा मतलब होता है कि यह एक 'व्यवस्था' बनाने (क्रमबद्धता) या कार्यकलाप है। बर्जर नोमोस और ब्रह्मांड में भिन्नता प्रकट करते हैं; पहला (नोमोस) उस अर्थपूर्ण व्यवस्था की ओर संकेत करता है जिसे समाज अपने सदस्यों पर आरोपित करता है जबकि दूसरे का अर्थ 'ब्रह्मांड' व्यक्ति के चारों ओर का आकाश मंडल जो कि उनके लिए शाश्वत रहस्यमयी है। सभी समाज नोमोस और ब्रह्मांड के बीच संबंध विकसित करते हैं।

इस पड़ाव पर बर्जर समाजों का सातत्य के विषय में विचार करते हैं। एक सिरे पर वे हैं जहाँ सामाजिक रूप से स्थापित नोमोस निर्विवाद हैं तथा लगभग स्वीकृत मान लिए गए हैं। इस स्थिति में वहाँ की घटनाएँ नोमोस के अर्थों और आधारभूत अर्थों, जो कि ब्रह्मांड की कल्पना में निहित है के बीच मिलती (लीन होती) हैं। इन समाजों में नोमोस को ब्रह्मांड के 'सूक्ष्म ब्रह्मांडीय परावर्तन' जैसा मान लिया जाता है। ब्रह्मांड का आधारभूत अर्थ व्यक्तियों को नोमोस द्वारा पता चलता है। इस स्थिति के क्रियाकलाप (घटनाएँ) साधारण एवं परंपरागत समाजों में पाए जाते हैं। इस प्रकार, उदाहरण के लिए, यह आश्चर्यपूर्ण नहीं है कि परंपरागत चीनी समाज विश्वास करता था कि राजा की आज्ञा 'स्वर्ग की आज्ञा' है। वह दैवीय शक्ति का पृथ्वी पर प्रतिनिधि था।

जटिल समाजों में विज्ञान और प्रौद्योगिकी विकास के साथ विविध प्रघटनाओं के कारण और परिणाम के संबंध वस्तुनिष्ठ रूप से स्थापित किए जा रहे हैं जिसे मैक्स वेबर 'ब्रह्मांड का विभ्रमीकरण' कहते हैं। ये घटनाएँ एक समय में आदरयुक्त भय एवं कौतुक जागृत करती हैं किंतु लंबे समय तक ऐसा नहीं कर पाती हैं। एक समय जो रहस्यात्मक थी, वह अब वैज्ञानिक विचारों के क्षेत्र में बहुत ज्यादा व्याख्यायित और विश्वसनीय हो गई है। लेकिन ऐसा नहीं है कि संपूर्ण ब्रह्मांड—इसकी सभी योजनाओं और विचित्रताओं के साथ वैज्ञानिक ज्ञान की परिधि में आ गया है। बहुत–सी स्थितियों में नोमोस का स्थायित्व 'सर्वाधिक शक्तियुक्त स्रोतों की अपेक्षा मानव अस्तित्व के ऐतिहासिक प्रयत्नों' से प्राप्त किया जाता है। बर्जर कहते हैं कि धर्म हमारे तर्क में प्रवेश करता है। इस प्रकार बर्जर के लिए धर्म को सामाजिक रूप से निर्मित व्यवस्था और ब्रह्मांड में अंतर्निहित आधारभूत अर्थों के बीच संबंधों के सामाजिक पर्यावरण में देखना है।

प्रश्न 7. धार्मिक बहुवाद क्या है? समाज में इसके महत्त्व का वर्णन कीजिए।
उत्तर— देखें जून–2009, प्रश्न–9

भारत किसी एक धर्म की भूमि नहीं है, बल्कि प्राचीन काल से ही यह अनेक धर्मों की भूमि रही है और प्रत्येक धर्म की अपनी प्राथमिक विशेषता होती है, पर साथ–साथ अनेक सामाजिक, सांस्कृतिक और व्यावहारिक तत्त्व सारे धर्मों में समान रूप से पाए जाते हैं। ये समानताएँ आपसी संबंधों और समायोजन का परिणाम हैं, जो लंबे समय से चलते आ रहे क्षेत्रीय, भाषायी और सामाजिक निकटता पर आधारित हैं।

प्राचीन काल से ही भारत विभिन्न सांस्कृतिक समूहों और अनेक धर्मों को मानने वाले लोगों की भूमि रही है। यह वह भूमि है, जहाँ पर बाहर से विभिन्न नृजातीय और धर्मों के लोगों ने लगातार प्रयास किया है, इसलिए यहाँ पर पहले से बसे लोग और प्रवास करने वाले लोगों के बीच एक–दूसरे के साथ अंत:क्रियाओं के दौरान थोड़े समय के लिए टकराव भी हुए हैं। परंतु अंतत: विभिन्न धर्मों में विश्वास रखने वाले लोग घुल–मिल गए और वे यहाँ पर स्थायी रूप से बस गए। भारत में इस सहयोग के कारण धार्मिक बहुलवाद एक तथ्य के रूप में उभरकर सामने आया है।

समय बीतने के पश्चात् विभिन्न धर्मों में विश्वास रखने वाले लोग भारत में बस गए तथा साझी भौगोलिक स्थिति की समानताएँ, समान या अन्योन्याश्रित आर्थिक संबंधों तथा ग्रामीण और शहरी लोग निकटतम संपर्क के कारण विभिन्न धर्मों में विश्वास करने के बाद भी उन्होंने अनेक समान या सांस्कृतिक विशेषताओं के साझे तत्त्वों और विश्वास पद्धति को विकसित किया है। कभी–कभी लोगों ने अपने धर्म दूसरे के दबाव के कारण छोड़े हैं और कभी उन्होंने अपनी स्वेच्छा से भी धर्म परिवर्तन किया है। ऐसा करते समय अधिकतर मामलों में धर्म परिवर्तन करने वाले लोग अपनी पुरानी संस्कृति तथा सामाजिक व्यवहार, यहाँ तक कि अपने विश्वास या मूल्यों को पूरी तरह से छोड़ नहीं पाते हैं, जबकि वे लोग एक अलग धार्मिक समूह को अपना चुके होते थे। यही तत्त्व भारत में धार्मिक बहुलवाद को बल प्रदान करता है।

भारत विश्व के प्रमुख धर्मों का मूल स्थान रहा है, जैसे कि हिंदू, इस्लाम, ईसाई, जैन, सिक्ख इत्यादि। भारत में राज्य धर्म के प्रति सकारात्मक मार्गदर्शन एवं उस पर नियंत्रण करता रहा है, यहाँ तक कि राज्य भारतीय इतिहास के अधिकतर हिस्सों में धर्म का संरक्षण और उसकी सुरक्षा करता रहा है। इसलिए धार्मिक बहुलवाद भारतीय संस्कृति का मूल सिद्धांत है और धार्मिक सहिष्णुता भारतीय धर्मनिरपेक्षता का मूल आधार है। धार्मिक धर्मनिरपेक्षता इस विश्वास पर टिका है कि सभी धर्म समान रूप से अच्छे हैं और सभी धर्मों का एक ही लक्ष्य है—ईश्वर की प्राप्ति करना। धार्मिक बहुलता का लक्ष्य धर्मनिरपेक्षवाद है, जो मिश्रित व्याख्यात्मक प्रक्रिया पर आधारित है, जिसमें धर्म का उत्कर्ष तत्त्व निहित है और जो कि बहुत से धर्मों का एकीकरण है। यह धर्म बहुल समाज में धर्मों के बीच सेतु का कार्य करता है, जिसके माध्यम से प्रत्येक धर्म अपनी विभिन्नताओं की सीमाओं को लाँघकर एक–दूसरे में सम्मिश्रण होने में समर्थ होते हैं। यही प्रमुख विशेषता है, जिसे हम धार्मिक बहुलता के नाम से जानते हैं।

प्रश्न 8. धर्मनिरपेक्षीकरण क्या है? भारतीय अनुभव की चर्चा कीजिए।
उत्तर— देखें जून–2008, प्रश्न–9 और देखें इकाई–20, प्रश्न–2

प्रश्न 9. वेबर का धर्म का विश्लेषण, मार्क्स से कैसे भिन्न है?
उत्तर— देखें इकाई–7, प्रश्न–2 और देखें इकाई–5, प्रश्न–1

प्रश्न 10. संक्षेप में नोट लिखिए :
(a) 'टोटमवाद, समाज में वर्गीकरण की रीति है' — चर्चा कीजिए।
उत्तर— देखें इकाई–14, प्रश्न–1

(b) धार्मिक परिवर्तन
उत्तर— देखें इकाई–22, प्रश्न–1

धर्म का समाजशास्त्र : एम.एस.ओ.ई.–003
दिसम्बर, 2017

नोट : किन्हीं पाँच प्रश्नों उत्तर दीजिए। प्रत्येक भाग से कम-से-कम दो प्रश्नों के उत्तर अवश्य दीजिए। सभी प्रश्नों के अंक समान हैं।

भाग – I

प्रश्न 1. धर्म के अध्ययन में, फ्रॉयड के दृष्टिकोण की चर्चा कीजिए।

प्रश्न 2. प्रोटेस्टैन्ट नीतिशास्त्र और पूँजीवाद के उदय के संबंध का वर्णन कीजिए।

प्रश्न 3. धर्म के मार्क्सवादी सिद्धांत की आलोचनात्मक जाँच कीजिए।

प्रश्न 4. 'गैर-त्याग' क्या है? मांगलिकता एवं शुद्धता (पवित्रता) को ध्यान में रखते हुए चर्चा कीजिए।

प्रश्न 5. कुर्ग बस्तियों में 'ओक्का' की विशेषताओं की चर्चा कीजिए।

भाग – II

प्रश्न 6. धार्मिक बहुवाद क्या है? भारतीय संदर्भ में यह कैसे महत्त्वपूर्ण है?

प्रश्न 7. लेवी-स्ट्रॉस टोटमवाद को कैसे व्यक्त करते हैं?

प्रश्न 8. धर्मनिरपेक्षता के भारतीय अनुभव की चर्चा कीजिए।

प्रश्न 9. धार्मिक पुनरुज्जीवनवाद क्या है? समाज में इसके महत्त्व का वर्णन कीजिए।

प्रश्न 10. 'धर्म प्रतीकों की व्यवस्था है' – चर्चा कीजिए।

धर्म का समाजशास्त्र : एम.एस.ओ.ई.–003
जून, 2018

नोट : किन्हीं पाँच प्रश्नों (प्रत्येक) का उत्तर लगभग 500 शब्दों में दीजिए। प्रत्येक भाग से कम–से–कम दो प्रश्नों के उत्तर अवश्य दीजिए। सभी प्रश्नों के अंक समान हैं।

प्रश्न 1. धर्म क्या है? धर्म के अध्ययन के संबंध में धर्मनिरपेक्ष दृष्टिकोणों की चर्चा कीजिए।

उत्तर– धर्म शब्द से तात्पर्य "अलौकिक" शक्तियों के बारे में विचारों तथा विश्वासों के एक समुच्चय तथा उसे मानव जीवन पर पड़ने वाले प्रभाव से है। मानव के समक्ष हमेशा से कुछ ऐसी समस्याएँ और संकट आते रहे हैं जिनका कोई तार्किक समाधान नहीं किया जा सका है।

ऐसा क्यों होता है कि जो हमें प्रिय होते हैं उनकी मृत्यु हो जाती है? ऐसा क्यों होता है कि एक अच्छा व्यक्ति तकलीफ उठाता है और बुरा व्यक्ति फलता–फूलता है? प्राकृतिक आपदाएँ क्यों होती हैं? इन कठिन प्रश्नों का समाधान उन धार्मिक विश्वासों में मिलता है जो इसका "अलौकिक" या "दैवी" उत्तर प्रदान करते हैं। उदाहरण के लिए मानव जीवन के दु:खों का कारण यह बताया जाता है कि यह मनुष्य के विश्वास की परीक्षा करने का "दैवी ढंग" होता है या फिर ये पूर्व जन्म के पापों का दंड होता है। धार्मिक विश्वास जीवन को एक अर्थ प्रदान करते हैं। ये लोगों को उनके तथा उस दुनिया के अस्तित्व के बारे में जिज्ञासाओं का समाधान देते हैं, जिसमें उनका जीवन बीतता है ये विश्वास लोगों के लिए आचार–व्यवहार के नियमित निर्देश व्यवस्थित करते हैं जिन पर चलने की उनसे अपेक्षा की जाती है।

फिर देखें इकाई–20, प्रश्न–1 (पेज नं.–144)

प्रश्न 2. त्याग की संकल्पना की चर्चा कीजिए। क्या सभी धर्मों में यह एक समान है? आलोचनात्मक मूल्यांकन कीजिए।

उत्तर– देखें इकाई–3, प्रश्न–3 (पेज नं.–25)

प्रश्न 3. टोटमवाद धर्म का प्रारंभिक स्वरूप है, दुर्खिम के परिप्रेक्ष्य की जाँच कीजिए।

उत्तर– देखें इकाई-6, प्रश्न-4 (पेज नं.-52)

प्रश्न 4. मिथक की संकल्पना का वर्णन, उचित उदाहरण देते हुए कीजिए।

उत्तर– देखें इकाई-3, प्रश्न-4 (पेज नं.-28)

शेरी ओर्टनर (1979) ने इन पौराणिक कथाओं को "मुख्य परिदृश्य" नाम दिया है और कहा है कि ये सामाजिक आचारण के लिए प्रतीकों का काम करते हैं। एक तरह से ये समाज को ऐसा मार्गदर्शन प्रदान करते हैं कि उन्हें समाज में कैसा आचरण करना चाहिए। उदाहरण के लिए भारत में रामायण एक आदर्श परिवार का चित्र प्रस्तुत करती है जिसमें विभिन्न पात्र आदर्श चरित्रों की भूमिका अदा करते हैं। राम आदर्श पुत्र है तो लक्ष्मण आदर्श भ्राता है। सीता आदर्श पत्नी हैं तो हनुमान आदर्श सेवक हैं। उसी प्रकार जातक कक्षाओं में भी हमें विभिन्न प्रकार के नैतिक आदर्श देखने में मिलते हैं जहाँ बुद्ध के विभिन्न अवतार नैतिक आदर्शों का पालन करते हुए निर्वाण के पथ को प्रदर्शित करते हैं। इसी प्रकार कर्म की महत्ता को प्रतिपादित करने वाली भगवत्गीता का उदाहरण हमारे सम्मुख है।

मिथक प्रायः मानव जाति अथवा धर्म का पूर्ण इतिहास होते है जिसमें प्रायः सृजन के प्रारंभ से लेकर उसके अंत तक की पूरी कथा को बताया जाता है।

मिथकों का राष्ट्रवाद तथा नृजातीय पहचान के साभ भी गहरा संबंध है। जहाँ एकता को प्रतिपादित करने के लिए मिथकों के माध्यम से यह कहा जा सकता है कि हमारा इतिहास एक था। वहीं अलग पहचान को बताने के लिए मिथकों के माध्यम से अलग इतिहास की बात कहीं जा सकती है। उदाहरण के लिए स्वतंत्रता प्राप्ति के संघर्ष के दौरान हिंदुओं के यशस्वी इतिहास के मिथकों का सहारा मुस्लिम शासकों का मुकाबला करने और पश्चिमी श्रेष्ठता की आलोचना के लिए किया गया। हिन्द राष्ट्रवादियों ने अंग्रेजों की भारतीय स्त्रियों की घटिया होने की भावना को वैदिक काल में नारी जाति के गौरवपूर्ण इतिहास के मिथक को प्रस्तुत करते हुए तोड़ने का प्रयास किया। ऐसा भी दावा किया गया कि इस्लाम के कारण ही समाज में नारी की स्थिति में गिरावट आई।

इस प्रकार मिथक समय-समय पर समाज में सामाजिक एवं राजनीतिक आंदोलनों की अगुवाई करने की भूमिका का भी निर्वाह करते रहे हैं।

प्रश्न 5. संस्कृति और आत्मन् (self) के संबंध की चर्चा कीजिए। अपने उत्तर की पुष्टि उचित उदाहरण देते हुए कीजिए।

उत्तर– फ्रायड के मनोविज्ञान में सकारात्मक चलन में मानव की आत्मचेतना को पूरी तरह नकार दिया गया था। 'आत्म' की अवधारणा जो कि अहं की ज्वलंत अवधारणा के विरुद्ध थी। मनोविज्ञान तथा सामाजिक विज्ञान जैसे मानवशास्त्र तथा समाजशास्त्र आदि के समकालीन उपागमों में आत्मनिष्ठ अनुभवों पर अधिक ध्यान दिया जाने लगा है, न कि बाहर से अथवा सदाचारी ढंग से मानव व्यवहार को समझने की सीमाओं में स्वयं को बाँधने पर।

जॉर्ज डेवोस, एन्थनी, मार्सेला तथा फ्रेंसिस सू ने आत्म के भाव की तुलना करने का प्रयास किया और इसके लिए संसार की कई दार्शनिक व्यवस्थाओं; जैसे हिन्दुत्व, कफ्यूशी तथा चीन का

माओवाद एवं जापान के मिश्रित विचारों के समकालीन दृष्टिकोण में आत्म को विविध रूप में समझा गया है। आत्म का सबसे जटिल ज्ञान हिन्दू विचारों में मिलता है। वास्तविक आत्म की अवधारणा आत्मा है, परंतु इसका वास्तविक अस्तित्व मोक्ष पाने की स्थिति में आता है जब आत्मा परमात्मा में विलीन हो जाती है।

अगेहानन्द भारती ने सही बताया है कि आत्म के हिन्दू ज्ञान में व्यक्तित्व का आत्म एक नहीं वरन् अधिक है। अधूरा आत्म का लक्ष्य, उसकी पहचान उससे बड़े आत्म में विलीन होना है। इस प्रकार समकालीन मनोवैज्ञानिक सिद्धांत वस्तुनिष्ठ संक्षिप्तीकरण से आगे बढ़कर सांस्कृतिक और सामाजिक परिस्थितियों को भी सम्मिलित करने लगे जो आत्म को आत्मनिष्ठ ज्ञान की ओर ले जाता है और व्यक्तित्व की अवधारणा के लिए जो समय तथा स्थान के साथ बदलती रहती है। 'आत्म' (self) की पश्चिमी अवधारणा के विश्लेषण में इसे मनोविज्ञान तथा दर्शन शास्त्र का एकीकरण माना गया है। इस मामले में जॉनसन फ्रैंक ने तीन स्तरों की पहचान की है। पहले स्तर पर मन की वह दशा है जहाँ वह स्वयं द्वारा अकेले स्वयं से संप्रेषण किया जाता है। दूसरे शब्दों में इसे स्वयं से बात करने की दशा कहा जा सकता है जिसमें व्यक्ति स्वयं अपने बारे में अपने व्यवहार के बारे में, अपनी कल्पनाओं के बारे में अथवा अपने दिवा स्वपनों के बारे में निर्णय लेता है। दूसरे स्तर पर मन की वह दशा है जब व्यक्ति केवल एक या दो व्यक्तियों के छोटे-छोटे समूहों से आमने सामने बात करता है। इस प्रकार दूसरी दशा में वह दूसरों के साथ क्रिया करता है अर्थात् वार्तालाप करता है। तीसरी दशा में उसे भीड़ का सामना करना पड़ता है अथवा वह बड़े समूह से बात करता है। तीसरी दशा में ऐसा लगता है कि उससे क्रिया कराई जा रही है। इस प्रकार पहली दो दशाओं में उसकी अपनी अनुभूति एक कर्त्ता की होती है जबकि तीसरी दशा में स्वयं को एक वस्तु के रूप में पाता है। इन स्थितियों का अलग-अलग संस्कृतियों में अलग-अलग अर्थ निकाला जा सकता है। उदाहरण के लिए जापानी संस्कृति में 'ईमानदार होने' का अर्थ है अपने से अपेक्षित भूमिका के अनुरूप कार्य करना जबकि अमरीकी संस्कृति में इसका अर्थ अपनी आंतरिक आस्थाओं के अनुरूप अर्थात् स्वयं को कर्त्ता मानकर कार्य करना।

यूरोपीय दर्शन मन तथा शरीर की भिन्नता की अवधारणा पर आधारित है जबकि पूर्व का दर्शन इनके अंतर को नहीं मानता। इस प्रकार मनोविज्ञान पर लागू की गई प्रणालियों में व्यवहार के मनोवैज्ञानिक आधारों पर ध्यान केंद्रित किया गया और मन की चेतना को पूरी तरह से नकार दिया गया। जबकि हिन्दू दर्शन में जगत को माया के रूप में देखा गया है और स्वयं की स्थिति केवल वंशावली, गौत्र, गाँव और निजी पहचान केवल सामाजिक क्षेत्र तक ही सीमित है। यहाँ आत्मा के विकास के लिए व्यक्ति को आध्यात्मिक मार्ग को अपनाने की बात कहीं गई है और इसके लिए उसे सभी सामाजिक तथा सांसारिक पहचानों से खुद को अलग करने की अवधारणा को प्रस्तुत किया गया है।

भाग – II

प्रश्न 6. सिक्ख धर्म क्या है? अन्य आस्था पद्धतियों से इसके अंत:संबंध की चर्चा कीजिए।

उत्तर– सिक्ख धर्म भारत के महत्त्वपूर्ण धर्मों में से एक है। इसकी शुरुआत भारतीय भूमि पर प्रथम संत गुरु नानक देव जी के द्वारा हुई। प्रथम गुरु नानक देव जी से होकर 10वें गुरु, गुरु गोविंद

सिंह जी तक इस धर्म को अनेकों कठिन परिस्थितियों से गुजरना पड़ा तथा इसमें महत्त्वपूर्ण परिवर्तन भी हुए।

फिर देखें इकाई-15, प्रश्न-1, 2 (पेज नं.-107, 110)

प्रश्न 7. सांस्कृतिक व्यवस्था के रूप में धर्म की चर्चा कीजिए।
उत्तर– देखें जून-2010, प्रश्न-3 (पेज नं.-203)

प्रश्न 8. नुअर धर्म में पैगम्बरों और पादरियों की भूमिका की चर्चा कीजिए।
उत्तर– देखें इकाई-9, प्रश्न-2 (पेज नं.-72)

प्रश्न 9. धर्मनिरपेक्षवाद के विचार की आलोचनात्मक चर्चा कीजिए।
उत्तर– देखें इकाई-20, प्रश्न-1 (पेज नं.-144)

प्रश्न 10. हरे कृष्णा आंदोलन क्या है? इसके मुख्य उद्देश्यों की चर्चा कीजिए।
उत्तर– वैष्णव परंपरा में 'हरे कृष्ण' नाम-स्मरण पंथ अत्यंत ही महत्त्वपूर्ण और प्रसिद्ध है। इसके सदस्य सिर को मुँडवाकर रखते हैं। यहाँ वे तबला और तम्बूरा बजाते हैं तथा 'हरे कृष्ण' मंत्र का मंत्रोच्चारण करते हैं और साथ ही नाचते, गाते और घूमते हैं। हरे कृष्ण जो इस्कॉन के नाम से विख्यात है, एक अत्यंत ही परंपरागत आंदोलन है किंतु पश्चिम और पूर्व से इसे अतिरिक्त रूप रंग और व्यापकता दी गई है। उनका दैनिक मानदंड अत्यंत ही ऊँचा है। उन्हें ब्रह्मचारी का जीवन व्यतीत करना होता है और भगवान कृष्ण जो उनके लिए भक्ति के स्रोत हैं कि भक्ति सेवा में घंटों गुजारने पड़ते हैं।

फिर देखें इकाई-24, प्रश्न-1 (पेज नं.-166)

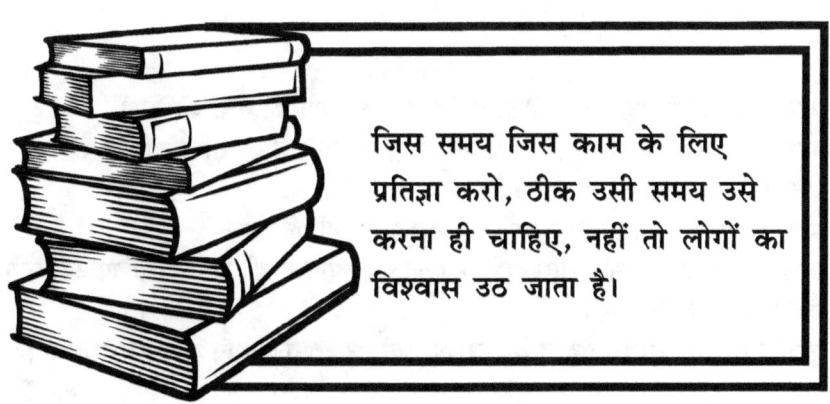

जिस समय जिस काम के लिए प्रतिज्ञा करो, ठीक उसी समय उसे करना ही चाहिए, नहीं तो लोगों का विश्वास उठ जाता है।

धर्म का समाजशास्त्र : एम.एस.ओ.ई.–003
दिसम्बर, 2018

नोट : किन्हीं पाँच प्रश्नों (प्रत्येक) का उत्तर लगभग 500 शब्दों में दीजिए। प्रत्येक भाग से कम–से–कम दो प्रश्नों के उत्तर अवश्य दीजिए। सभी प्रश्नों के अंक समान हैं।

भाग–I

प्रश्न 1. धर्म की प्रकार्यात्मक व्याख्या की चर्चा कीजिए।

प्रश्न 2. फ्रायड के धर्म के अध्ययन पर आधारित दृष्टिकोण का वर्णन कीजिए।

प्रश्न 3. कुर्ग समाज के ओक्का शब्द की चर्चा कीजिए।

प्रश्न 4. गैर–त्याग क्या है? कश्मीरी पंडितों में जीवन और मरण के विचार का वर्णन कीजिए।

प्रश्न 5. धर्म और अर्थव्यवस्था के बीच के संबंध की चर्चा कीजिए।

भाग–II

प्रश्न 6. धर्म के अध्ययन में पीटर बर्जर के दृष्टिकोण की चर्चा कीजिए।

प्रश्न 7. टोटमवाद क्या है? लेवी स्ट्रॉस ने सामाजिक वास्तविकता को समझने में इसका प्रयोग किस तरीके से किया?

प्रश्न 8. 'धर्म एक प्रतीक (संकेत) व्यवस्था है'। चर्चा कीजिए।

प्रश्न 9. कट्टरवाद और साम्प्रदायिकता की संकल्पनाओं की तुलना कीजिए और इनके अंतर को स्पष्ट कीजिए।

प्रश्न 10. धर्म परिवर्तन क्या है? इसकी चर्चा, भारत को ध्यान में रखकर कीजिए।

●●●

धर्म का समाजशास्त्र : एम.एस.ओ.ई.–003
जून, 2018

नोट : किन्हीं पाँच प्रश्नों (प्रत्येक) का उत्तर लगभग 500 शब्दों में दीजिए। प्रत्येक भाग से कम–से–कम दो प्रश्नों के उत्तर अवश्य दीजिए।

भाग–I

प्रश्न 1. टोटमवाद से आप क्या समझते हैं? उचित उदाहरण देते हुए चर्चा कीजिए।

उत्तर– देखें इकाई–14, प्रश्न–1

प्रश्न 2. धर्म की प्रकार्यात्मक व्याख्या की चर्चा कीजिए।

उत्तर– देखें इकाई–2, प्रश्न–3

प्रश्न 3. यतित्ववाद और शृंगारिकता की धारणा का वर्णन कीजिए।

उत्तर– वैराग्य तथा वासना के विचार को तीन उपन्यासों की सहायता से समझाया गया है। पहला भगवतीचरन वर्मा का 'चित्रलेखा' है, दूसरा यू.आर. अनन्थ मूर्थी का कर्नाटक उपन्यास 'संस्कार' जिसे बाद में ए.के. रामानुजन ने अंग्रेजी में अनुवादित किया था तथा तीसरा विष्णु संग्राम खाण्डेकर का मराठी उपन्यास 'ययाति' जिसे मोरेस्वर तपस्वी ने हिंदी में अनुवाद किया था। इन तीनों कहानियों का संक्षिप्त वर्णन निम्न प्रकार है–

चित्रलेखा की कहानी पाप और पुण्य की अवधारणा पर आधारित है। एक गुरु के दो शिष्य थे जो पाप और पुण्य के बीच अंतर जानना चाहते थे। गुरु ने कहा कि पाप क्या है वह नहीं जानते क्योंकि उन्हें उसका व्यक्तिगत अनुभव नहीं हैं। इसके विपरीत उन्होंने दोनों शिष्यों से कहा कि जाकर अपने लिए स्वयं पाप और पुण्य की आवधारणा ढूंढ़ों। दोनों शिष्य दो ऊँची

जातियों से थे, एक ब्राह्मण जाति से था तथा दूसरा क्षत्रिय से। ब्राह्मण एक बड़े योगी कुमारगिरी का शिष्य बन गया तथा क्षत्रिय एक सामंत स्वामी, बीजगुप्त, के यहाँ सेवक बन गया।

योगी कुमारगिरी ने यह दावा किया कि वह शारीरिक इच्छाओं तथा बंधनों से मुक्त है। उसने यह भी दावा किया कि इच्छाओं से अलग होने के कारण उसका नैतिक चरित्र अच्छा है। दूसरी ओर बीजगुप्त कुमारगिरी से विपरीत है और वह सभी प्रकार की शारीरिक इच्छाएँ रखता है तथा सांसारिक वस्तुओं का सुख उठाता है। वह एक प्रसिद्ध नर्तकी चित्रलेखा के प्रति आकर्षित है। वस्तुतः चित्रलेखा व्यवसाय से नर्तकी है परंतु वह चतुर तथा सांस्कृतिक स्त्री है। नर्तकी तथा बीजगुप्त एक साथ रहते हैं और एक दूसरे की शारीरिक आवश्यकताओं को पूरा करते हैं। एक बार अचानक बीजगुप्त तथा चित्रलेखा कुमारगिरी से मिलते हैं तथा उससे उसके आश्रम में एक रात के लिए आश्रय माँगते है। कुमारगिरी किसी स्त्री को आश्रय देना नहीं चाहते थे परंतु मजबूरी में उन्हें स्त्री को आश्रय देना पड़ा। कुमारगिरी मानते थे कि स्त्री बंधन, इच्छा तथा मोह के अंधेरे के समान है। कुछ समय बाद इस सबके परिणामस्वरूप चित्रलेखा और उनके बीच विस्तार से शास्त्रार्थ हुआ। शास्त्रार्थ के बाद कुमारगिरी बहुत प्रभावित हुए तथा स्त्री के प्रति उनकी धारणा बदल गई तथा उनमें स्त्री के प्रति एक सकारात्मक भाव उत्पन्न हुआ।

शास्त्रार्थ के बाद कुमारगिरी से कथन में चित्रलेखा जीत गई तथा कुमारगिरी ने यह अनुभव किया कि एक योगी होकर भी वे पतित स्त्री, एक नर्तकी से हार गए। परंतु चित्रलेखा फिर उनके आश्रम आई तथा उसने कहा कि वह योगी से आत्मिक उपदेश पाने आई है, परंतु वास्तव में वह उससे प्रेम करने लगी थी। चित्रलेखा ने कुमारगिरी को स्त्री की प्रकृति का एक रूप समझाने का प्रयास किया जो उनकी पहली मुलाकात में योगी द्वारा समझे गए रूप से विपरीत था। उसने कहा कि स्त्री शक्ति का स्रोत है तथा उत्पत्ति का प्रमुख स्रोत है। धीरे-धीरे कुमारगिरी को उसकी बौद्धिक शक्ति के साथ उसके शारीरिक सौंदर्य के आकर्षण के अनुभव होने लगे। अंततः चित्रलेखा ने बीजगुप्त को छोड़ने का निर्णय कर लिया। बाद में बीजगुप्त एक अन्य स्त्री, यशोधरा से मिला, परंतु वह पहले ही चित्रलेखा से प्रेम करता था। अतः वह यशोधरा से विवाह नहीं करना चाहता था। उसके लिए यह नैतिक न्याय का प्रश्न था। उसके लिए विवाह एक सामान्य घटना नहीं थी वरन् स्त्री पुरुष के बीच सदा रहने वाला भौतिक व आत्मिक बंधन था। दूसरी और चित्रलेखा कुमारगिरी के आश्रम में रहने लगी तथा आध्यात्मवाद में विशुद्ध भागीदारी करने लगी और अंततः वह उसके प्रेम में डूब गया। अब कुमारगिरी की वैराग्य की धारणा बदल गई तथा उनके अनुसार वास्तविक वैरागी को सभी मानवों को प्रेम में सम्मिलित करना चाहिए। इस प्रक्रिया में कुमारगिरी ने चित्रलेखा से झूठ बोला कि बीजगुप्त ने यशोधरा से विवाह कर लिया। यह चित्रलेखा के लिए एक आघात के समान था तथा उसने स्वयं को कुमारगिरी को समर्पित कर दिया। अंत में बीजगुप्त ने यह मान लिया कि चित्रलेखा

ने उसे अपनी इच्छा से छोड़ दिया तथा वह यशोधरा की तरह आकर्षित होने लगा। परंतु कुछ समय बाद बीजगुप्त ने यशोधरा से भी विवाह नहीं किया तथा यशोधरा के नए पति को सारी संपत्ति दान करके वैरागी बन गया। बाद में चित्रलेखा को सत्य का पता चला तथा उसने कुमारगिरी को छोड़ दिया और अंत में आत्मा की खोज में बीजगुप्त के पास चली गई।

अंत में गुरु के दोनों शिष्य उनके आश्रम लौट गए। गुरु ने समझाया कि मानव मात्र स्वयं में एक नैतिक अभिकर्त्ता नहीं होता; वह स्वतंत्र नहीं है तथा जीवन की विभिन्न परिस्थितियों से बंधा है। उनके अनुसार लोग न तो पाप करते हैं और न ही पुण्य करते हैं, वे सामान्य रूप से वे कार्य करते हैं जिन्हें जीवन की परिस्थितियों के अनुसार करना पड़ता है।

प्रश्न 4. हीलिंग (चिकित्सा) की संकल्पना क्या है? तंत्र और तांत्रिक हीलिंग का वर्णन कीजिए।

उत्तर– यह पुस्तक उपचार की अवधारणा के शब्द कोशीय अर्थ से आरंभ होती है जहाँ ऑक्सफोर्ड इंग्लिश डिक्शनरी में इसे परिभाषित करते हुए कहा है, "किसी बुरी अवस्था या आडम्बर (जैसे—पाप, दुख, मरम्मत हीन, अपूर्णता, संकट विखंडन) से चंगा करना, बचाना, पवित्र करना, स्वच्छ करना, सुधार करना, मरम्मत करना"। उपचारकों की श्रेणी में हिंदू आयुर्वेद तथा सिद्ध व्यवस्थाओं के वैद्य, इस्लामी यूनानी परंपरा के हकीम के साथ ज्योतिषियों के हकीम, साधु, औषधि विक्रेता, सगुनिया, माताएँ, भगवान तथा अन्य प्रकार से उपचार करने वालों को सम्मिलित किया है। उपचार की अवधारणा इस प्रकार परंपराओं से दृढ़ता से जुड़ी है जहाँ उपचार अलग चिकित्सा का क्षेत्र नहीं है वरन् रहस्यमयी आत्मिक क्षेत्र में आता है तथा यह घटना केवल भारत में ही नहीं फैली है वरन् अनेक गैर पश्चिमी संस्कृतियों में भी पाई जाती है। वास्तव में जूड़ियो ईसाई परंपराओं में आत्माओं के द्वारा अधिकार करने तथा शरीर पर राक्षसी घुसपैठ से कब्जा करने का विश्वास सर्वव्यापक था। ये विचार तब तक व्याप्त थे जब तक कि, औषधियों की पश्चिमी व्यवस्था तथा विचारों का पश्चिमी वैज्ञानिक ढंग के नेतृत्व ने उन्हें समाप्त किया। भारत में उपनिवेशीय समय में औषधियों की पश्चिमी व्यवस्था में विश्वास पनपा तथा उच्च वर्ग में इस विचार का गहरा प्रभाव पड़ा तथा जिसने उस परंपरात्मक मार्ग को जो कक्कड़ ने बताया, तहस नहस कर दिया (चन्ना 2004)। कक्कड़ स्वास्थ्य तथा उपचार के संबंध में पुराने विचारों के ढंगों को पुनर्जीवित करना चाहते हैं। उन्होंने आधुनिक मनोविश्लेषणात्मक व्यवस्था एवं औषधि के दर्शन तथा परंपरात्मक व्यवस्थाओं की तकनीकी के बीच समानता बताते हुए व्याख्या का वैज्ञानिक ढंग दिया।

विचारों की हिंदू व्यवस्था विचारों की पश्चिमी व्यवस्था के समान लोगों के बारे में दृष्टिकोण नहीं रखती, इस पश्चिमी व्यवस्था में व्यक्ति को वर्तमान में तथा सीमित रूप में देखा जाता है। हिंदू दृष्टिकोण में आत्म को वर्तमान में स्थित नहीं देखा जाता वरन् कर्मों के चक्र से जोड़ते हुए, कई जन्मों तक इसके विस्तार को देखा जाता है तथा सामाजिक व्यवस्था

को भी वर्तमान से बहुत आगे वंशजों तक तथा पूर्वजों तक देखा जाता है। दूसरे शब्दों में मानसिक तथा भौतिक स्वास्थ्य के संदर्भ में एक व्यक्ति कैसा है यह इस बात पर निर्भर करता है कि उसका पिछला जन्म, पूर्वजों के कर्म कैसे थे तथा व्यक्ति क्या करेगा जो आने वाली पीढ़ियों को प्रभावित करेगा, इसका भी प्रभाव पड़ता है। इस प्रकार व्यक्ति केवल व्यक्तिगत रूप से नहीं देखा जाता जैसा कि पश्चिमी समाजों में होता है, वरन् जैसा कि मैक किम मैरियट ने कहा है कि पुरुष अनेक अंगों से निर्मित के पृथक समान है और जो पृथक करने योग्य है। क्योंकि ये सारे भाग भूतकाल तथा वर्तमान काल के अनेक स्रोतों से बने हैं, अतः उपचार पवित्र होना आवश्यक है, ताकि सभी पहलुओं पर ध्यान दिया जा सके, जिनमें से बहुत की उत्पत्ति परा लौकिक तथा रहस्यमयी मानी गई है। इस प्रकार स्वास्थ्य शरीर में कुछ घटना मात्र नहीं है वरन् व्यक्ति ने अपना अस्तित्व कहाँ से प्राप्त किया, उन्होंने अपना चरित्र कैसा रखा तथा पारिवारिक इतिहास, जन्म भूमि तथा सांस्कृतिक रिवाज जैसे अनेक कारकों आदि को सम्मिलित किया जाता है। उपचार एक ऐसा शब्द है जिसे चिकित्सीय अर्थ से आगे बढ़कर समझने की आवश्यकता है तथा स्वास्थ्य एक ऐसी अवधारणा है जो एक व्यक्ति के जीवन के सामाजिक, सांस्कृतिक तथा आध्यात्मिक पक्ष से संबंधित है जो मात्र शारीरिक से परे है।

कक्कड़ के विचार फूको (1965) के विचार से मेल खाते हैं जो मानसिक बीमारी को विशिष्ट समय तथा स्थान के संदर्भ में सांस्कृतिक परिभाषा के अनुसार स्थित मानते है। मानवशास्त्रियों ने भी लंबे समय से इस तथ्य की ओर ध्यान दिया है कि पागलपन एक सामाजिक रचना है तथा मनोविश्लेषणात्मक अवधारणा संस्कृति के साथ बदल जाती है तथा अपनी विश्वसनीयता अपनी ही प्रतीकात्मक संरचना से प्राप्त करती है। एक शामन जो अपने दृष्टिकोण के कारण जनजातीय समाज में उच्च सम्मान प्राप्त करता है उसे आधुनिक संस्कृति में विभ्रम की अवस्था सहित खंडित मानसिकता की तरह माना जा सकता है। वस्तुतः आरंभिक अवस्था में फ्रायड और अनेक मानवशास्त्री तथा विद्वान यह मानते थे कि गैर पश्चिमी संस्कृति में शामन तथा रहस्यमयी लोग पश्चिमी संस्कृति के स्नायूरोगी तथा मनोरोगी के प्रतिरूप है। परंतु बाद में यह स्पष्ट हुआ कि ये लोग पूर्णतया सामान्य हैं, प्रतिदिन की क्रियाओं में तर्कपूर्ण है परंतु कुछ संस्कृति द्वारा निर्धारित लिपि के अनुसार कार्य करते हैं। यहाँ तक कि कष्ट को भूलना अथवा असामान्य शारीरिक कौशल करने की योग्यता जैसे कुछ रूपांतरण को प्राप्त करना भी गहन मनोवैज्ञानिक कारण का परिणाम है, जिनमें से कुछ को इस पुस्तक में कक्कड़ ने बताया है। उन्होंने संस्कृति तथा मनोविज्ञान के मेल को दर्शाने के लिए "सांस्कृतिक मनोविज्ञान" का शब्द दिया।

उन्होंने अपनी पुस्तक में परावर्तीय उपागम को बनाए रखने में एक विधिशास्त्रीय पक्षपात को स्वीकार किया है, वह यह कि एक भारतीय होने के नाते वह यह समझते थे कि भारतीय विचार करने के ढंग में कुछ तार्किकता होनी चाहिए। परंतु वह यह लिखने से नहीं चूके कि "अपनी संस्कृति से कुछ अलगाव, दूसरों के सांस्कृतिक दृष्टिकोण का ज्ञान तथा अस्थाई

समय के लिए 'दूसरो के समान' रहना उस संस्कृति व समाज जिसमें वह जन्म लेता है, उसे समझने के लिए आवश्यक है"। इस प्रकार उसने समाजशास्त्र में लंबे समय से चल रही बहस पर विचारपूर्ण टिप्पणी दी और अपनी संस्कृति के अध्ययन के लाभ एवं हानि तथा विश्लेषण के दृष्टिकोण के रूप में आत्मनिष्ठता तथा वस्तुनिष्ठता के सकारात्मक व नकारात्मक बिंदुओं पर भी टिप्पणी की। हालाँकि वह यह भी समझते हैं कि अपने अध्ययन को सैद्धांतिक से मान्यता दिलवाने के लिए वे मनोविश्लेषण के सैद्धांतिक उपागमों की मुख्यधारा से बहुत दूर तक हट सकते तथा वह जानते थे कि "साथ–साथ प्रभाव डाल रही सांस्कृतिक सापेक्षता तथा मनोवैज्ञानिक सार्वभौमिकता में अंतर विरोध स्पष्ट है"। प्रत्येक व्यक्तिगत अध्ययनों में उन्होंने उपचार को विधि तथा उपागम को सार्वभौमिक प्रकरणों एवं मनोवैज्ञानिक सिद्धांतों की रूपरेखा के अंतर्गत स्वीकृत करने का प्रयास किया।

तंत्र और तांत्रिक उपचार—तांत्रिक प्रक्रियाएँ हिंदुवाद का एक भाग हैं परंतु फिर भी वे रूढ़ीवादी हिंदू विचारों के अनुसार नहीं है। वास्तव में वो हिंदू परंपराओं की मुख्यधारा के अधिकतर नैतिक मूल्यों तथा विश्वासों के विपरीत है। यहाँ तक कि भौगोलिक आधार पर भी बंगाल, केरल, आसाम और कश्मीर जहाँ तांत्रिक क्रियाएँ और मत ऐतिहासिक रूप से पाई जाती थी, उनको भी हिंदू समाज की मुख्यधारा की सामाजिक तथा राजनीतिक रूप से सीमाओं पर माना जाता है क्योंकि वह निषेधात्मक वस्तुओं से संबंधित है, तंत्रवाद मनोविश्लेषण के सर्वाधिक निकट है। आत्म के कल्याण को देखने के ढंग से दोनों में समानता है। मनोविश्लेषण में उपचार के अंतर्गत "ज्ञानोदय" सम्मिलित है जो प्रकृति में केवल व्यक्तिगत नहीं होता वरन् सामाजिक भी होता है क्योंकि इस मामले में व्यक्ति समाज द्वारा स्वीकार करने योग्य होना चाहिए ताकि उसे 'सामान्य' समझा जा सके। तंत्र में 'मुक्ति' केवल रहस्यात्मक अर्थ में नहीं होती वरन् कल्याण करने वाली है यहाँ तक कि व्यक्ति के जीवन इतिहास तथा परिस्थितियों के संदर्भ में भी कल्याण करने वाली है। मनोविश्लेषण तथा तंत्रवाद दोनों उपचार में पहचान तथा व्यक्ति की भावात्मक प्रकृति के आयोजन को सम्मिलित किया जाता है।

वास्तव में मानव के मानसिक रोगों की पहचान करने में तंत्र मनोविश्लेषण के समान है। जन्म के अनुभव को छोड़ते हुए, जिसका कि हमें बहुत कम ज्ञान है, विकसित होने के मार्ग में व्यक्ति द्वारा अनुभव किए गए अधिकतर मानसिक कष्ट अलग किए जा सकते हैं तथा उनमें भेद किया जा सकता है। एक नवजात के द्वारा यह समझने की प्रक्रिया कि वह अपनी माँ से तथा विशेष रूप से उसकी छाती से अलग है एक कष्टदायी प्रक्रिया है तथा यही लिंग को समझने में भी है। एक नवजात में विभेदीकरण का कोई विचार नहीं है परंतु जब वह यह समझता है कि वह पुरुष अथवा स्त्री में से केवल एक हो सकता है, उसके ऊपर दूसरे प्रकार का कष्ट बन जाता है। फ्रायड ने व्यक्ति के विकास के अपने सिद्धांतों में इन पहलुओं को विस्तार से समझाया है जिसमें नवजात आत्ममोह कष्ट के साथ मैं से गैर– मैं को अलग करता है और ये अलग करना मानव मानसिकता की "इतिहासपूर्ण अवस्था" में होता है जो उसके जन्म से तीन वर्ष की आयु तक चलती है।

फ्रॉयडवादी विश्लेषण उचित रूप में तंत्रवाद के अनुरूप है क्योंकि इस प्रकार का विश्लेषण द्विलैंगिकता तथा सांस्कृतिक अंतरों के विकास संबंधी पहलू के प्रति संवेदनशील होते हैं। हालाँकि कक्कड़ यह विश्वास नहीं करते कि किसी को या तो मनोवैज्ञानिक शून्य के अथवा सांस्कृतिक सापेक्ष के साथ चलना चाहिए वरन् एक बीच का पथ जिसमें अंतर सांस्कृतिक दृष्टिकोण में मनोवैज्ञानिक सिद्धांतों का परीक्षण किया जाना चाहिए।

स्टोलर (1968) के अनुसार पुरुष में पुरुषत्व एक प्राकृतिक रूप से प्रकट होने वाली अवस्था नहीं है तथा कुछ स्त्रीत्व के अस्तित्व आरंभ से ही रहते हैं जो माँ से प्राथमिक पहचान का परिणाम है जो सभी नवजातों के लिए सामान्य है। विकास की प्रक्रिया में यह समझ आता है कि हर कोई केवल एक ही लिंग का होता है तथा इस अंतर के कारण यह एक प्राथमिक चिंता के रूप में बनी रहती है। विभेदीकरण की यह प्रक्रिया अलग–अलग संस्कृतियों में अलग–अलग स्वरूप ले लेती है और भारत में माँ–बेटे का बंधन विशेष रूप से लंबा व स्थायी होने के साथ–साथ सभी ज्ञात संस्कृतियों से प्रबल है। एक भारतीय पुरुष के अचेतन दिमाग में ये यादें गुप्त रूप से रहती हैं तथा वयस्क व्यक्तित्व को प्रभावित करती है। हालाँकि उन पुरुषों में जिनके माँ के साथ के आरंभिक अनुभव शत्रुता के होते हैं उनके बाद के जीवन में स्त्रियों के प्रति ये उग्रता के रूप में प्रकट होते हैं तथा पालन पोषण का कोई भी स्त्री योग्य गुण उसके पुरुषत्व को नरम नहीं कर पाता। एक आदर्श भारतीय पुरुष में लालन–पालन के गुण की कमी नहीं होती तथा जैसा हमने बाला जी के मंदिर में देखा कि पौराणिक कथा के अनुसार बाला जी माँ की गोद में थे। द्विलैंगिकता भारत की कई पौराणिक कथाओं में पाई जाती है जैसे शिव अर्धनारीश्वर के रूप में तथा स्त्री के कपड़े पहने हुए विष्णु; राम कृष्ण परमहंस जैसे पवित्र आदमी अनेक बार स्त्री के गुण दर्शाते हैं।

मनोवैज्ञानिक चिंताएँ जिन्हें तांत्रिक रिवाजों से शायद दूर किया जा सकता है, उससे अलग ऊपरी तौर से यह व्यवस्था बुरे स्वास्थ्य के लिए भी एक व्याख्या देती है। शरीर का तांत्रिक दृष्टिकोण उसे चक्रों में बाँटता है जो रीढ़ के आधार से सिर के ऊपरी सिरे तक स्थित है। जीवन शक्ति (कुंडलिनी) आधार से सिर के ऊपर तक उठती है, जैसे–जैसे व्यक्ति ज्ञानोदय तक पहुँचता है। बीमारी, चक्रों के बाधा पड़ने के कारण है तथा ऐसी बाधाएँ क्यों उत्पन्न होती है? ये बिना समझे कर्मों से होती हैं। हिंदू अध्यात्म विद्या तथा विशेषतः तंत्रवाद में अच्छे तथा बुरे की कोई अवधारणा नहीं है, परंतु बिना समझे कर्मों का अर्थ उन कर्मों से है जो व्यक्ति के जीवन ढंग या परिस्थिति में अच्छे नहीं लगते। जब बाधाएँ बहुत उच्च हो जाती है तब एक भूत बनता है। इस प्रकार मनोविश्लेषक के समान तंत्रवाद भी यह विश्वास करता है कि भूत या पिशाच हमारे अंदर से बनता है तथा बाहर से घुसपैठ नहीं है। पिशाच हमारे अंदर की अनियंत्रित मूल प्रवृत्ति है। भारतीय भूत अच्छा (आज्ञाकारी) या बुरा (आज्ञा पालन न करने वाला) हो सकता है। इस प्रकार रोग होने के चार चरण है। पहला बिना समझे कर्म हैं जो चक्र की क्रियाशीलता को कम कर देते हैं तथा जब भूत बन जाता है उससे मानसिक रोग हो

जाता है। एक तांत्रिक उपचारक को चक्र के बारे में जानना चाहिए, विशेष रूप से उसके अपने चक्रों के बारे में तथा पिशाचशास्त्र अथवा भूत विद्या का मास्टर होना चाहिए। इस प्रकार हम देखते हैं कि एक तांत्रिक बनने के लिए किसी को स्वयं अपनी अचेतन चिंताओं को सफलतापूर्वक जीत लेना चाहिए जो बताए गए अभ्यास से हो सकता है। इसी के बाद कोई व्यक्ति शिक्षा पा सकता है, उन गुणों को पा सकता है जो चिंताओं से छुटकारा पाने के लिए आवश्यक हैं, जो मानसिक रोग के भूत के रूप में प्रकट होती हैं।

तांत्रिक अभ्यास का एक उदाहरण कक्कड़ ने निर्मला देवी का लिया। हालाँकि सामान्य तांत्रिक से यह काफी अलग प्रकार का है। निर्मला देवी बहुत शीघ्र कुंडलिनी जागृत करवाने की योग्यता के लिए प्रसिद्ध हैं।

प्रश्न 5. निम्नलिखित पर संक्षिप्त टिप्पणियाँ लिखिए (लगभग 250 शब्दों में)—

(क) कॉलिंग की संकल्पना

उत्तर— कॉलिंग की अवधारणा को मध्य युग की कैथोलिक विचारधारा में देखा जा सकता है। जिसका अर्थ है 'जीवन कार्य'। किसी भी कॉलिंग के रूप में ईश्वर की सेवा का आह्वान किया जाता है, जिसमें समर्पण की नैतिकता संबंधी भावना साथ होनी चाहिए (मॉरीसन)। वैबर ने देखा कि 'कॉलिंग' की अवधारणा ने प्रोटेस्टेंट ब्रह्मविद्या में अलग उपयोगी अर्थ दिए (कैथोलिक तथा अन्य कैथोलिक पंथ से अलग प्रकार का अर्थ)। प्रोटेस्टेंट ने 'कॉलिंग' को ब्राह्य सांसारिक सेवाओं के स्थान पर इस संसार की सेवाओं का अधिक महत्त्व दिया। हालाँकि आरंभिक दिनों में इस संसार की क्रियाओं को निम्न तथा लौकिक माना जाता था क्योंकि ये प्रतिदिन के जीवन के लिए आवश्यक है तथा गिरजाघर इन्हें नैतिक रूप से उदासीन मानते हैं।

कैथोलिकवाद में 'कॉलिंग' की अवधारणा—लूथर के प्रभाव के कारण 'कॉलिंग' की अवधारणा ने सुधारवादी ब्रह्मविद्या में महत्त्वपूर्ण भूमिका प्राप्त की। कैथोलिक ब्रह्मविद्या में 'कॉलिंग' की अवधारणा ईश्वर की सेवा है जो धार्मिक कर्त्तव्यों के रूप में की जाती है तथा जो धार्मिक सेवाएँ प्रतिदिन के लौकिक संसार से ऊपर थी। बाद में इस शब्द ने मठ संबंधी जीवन के लिए इस अल्पकालिक संसार को त्यागने का विशिष्ट अर्थ ले लिया। यह इस विचार पर आधारित था कि अनुभव वाला अल्पकालिक संसार आध्यात्मिक संसार की तुलना में मूल्यहीन है।

(ख) 'ओक्का'

उत्तर— ओक्का कुर्ग समाज की आधारभूत इकाई है। यह पितृवंशीय तथा पितृस्थानीय संयुक्त परिवार है। केवल पुरुष सदस्य ही पैतृक संपत्ति में अधिकार रखते हैं। इसी प्रकार केवल बेटा ही ओक्का को बनाए रह सकता है। ओक्का में पैदा हुई महिलाएँ अपने पैदाइशी ओक्का में उनके विवाह होने के बाद सदस्य नहीं रहती। वे स्त्रियाँ जो अपने विवाह संबंधी

ओक्का की सदस्य हैं उन्हें अपने विवाह संबंधी ओक्का में कोई विशेष अधिकार नहीं होते। हाँलाकि वे अपने पति के छोटे भाई से विवाह कर सकती हैं तथा अपने विवाह संबंधी ओक्का में अपनी सदस्यता बनाए रख सकती है अथवा पैदाइशी ओक्का में भी अपनी सदस्यता रख सकती है।

कुर्गो में लिंग पृथक्करण है। बाहरी बरामदा पुरुषों के लिए प्रयोग किया जाता है तथा स्त्रियाँ रसोई घर अथवा अंदर के कमरे को अपने अतिथियों के लिए प्रयोग करती हैं।

फसल कटाई के उत्सव तथा ग्रामीण देवी देवताओं के उत्सव के समय पुरुष गाते और नाचते हैं तथा स्त्रियाँ दूर से उन्हें देखती हैं।

पुरुषों के लिए शक्ति, लड़ने तथा शिकार करने का ज्ञान तथा हिम्मत आदर्श है। बाघ या तेंदुये को मारना एक पुरुष के लिए मंगला समारोह का सम्मान देता है। एक कहावत के अनुसार पुरुष को युद्ध क्षेत्र में मरना चाहिए तथा स्त्री को प्रसूती में।

कुर्ग पुरुष भूमि पर कृषि को करवाते हैं जबकि निम्न जाति के श्रमिक खेतों का अधिकतर कार्य करते हैं। कुर्ग के लिए सेना बहुत बड़ा आकर्षण है।

"दक्षिण भारत में संयुक्त परिवार की तुलना में कुर्ग ओक्का अधिक शक्तिशाली तथा अधिक संरचना वाले होते हैं, कुछ अपवाद जैसे नायर के मात्रवंशीय धारवाड़ तथा नम्बूदरी के पितृ वंशीय इलम'। कुर्ग के अन्य प्रादेशिक समूह ग्राम तथा नाद हैं। कुर्ग में पैंतीस नाद तथा कोम्बस हैं।

"प्रत्येक समाज में रीति–रिवाजों का एक संगठन होता है तथा कुछ रीति–रिवाज संबंधी क्रियाएँ अपने आप को पुनः दोहराती रहती हैं। केवल रीति–रिवाज संबंधी क्रियाएँ ही नहीं, वरन् रीति–रिवाज संबंधी समूह जो स्वयं कई व्यक्तिगत क्रियाओं से बने होते हैं, जिनकी आवृत्ति अपने आप फिर से दोहराई जाती है, ऐसे अनेक रीति–रिवाज संबंधी समूह तथा कुछ व्यक्तिगत धार्मिक क्रियाएँ आपस में एक साथ बंधी हो सकती है तथा एक बड़ा धार्मिक अनुष्ठान हो जाता है जो कभी–कभी होता है"।

उदाहरण के लिए बन्दगी एक व्यक्तिगत धार्मिक कृत्य है। ये दो प्रकार का हो सकता है, सरल तथा व्यापक। सरल अनुष्ठान संबंधी क्रिया में व्यक्ति अपने हाथों को अपनी छाती पर मोड़ कर नमस्कार कह सकता है यदि दो व्यक्ति बराबर के हैं। बन्दगी की विस्तृत धार्मिक क्रिया में एक व्यक्ति अपने घुटनों पर झुक जाता है, किसी बूढ़े पुरुष या स्त्री के पैरों को छूता है तथा हाथों को माथे तक ले जाता है तथा कम से कम एक बार करता है। यदि एक व्यक्ति किसी देवी–देवता के सामने है तब वह भूमि को छूने के लिए झुक सकता है तथा अपने हाथ को माथे तक ले जाता है और कम से कम तीन बार ऐसा करता है। व्यापक रूप की बन्दगी बहुत से धार्मिक अनुष्ठानों में से एक है। ये मूर्त के अनुष्ठानों के समूह में से एक है। मूर्त मंगला का भाग है।

भाग—II

प्रश्न 6. भारत में नव संप्रदायों के आविर्भाव का आलोचनात्मक विश्लेषण कीजिए।

उत्तर— जहाँ नए युग के संप्रदायों का संबंध है कम से कम दो प्रकार के दृष्टिकोण हैं। एक सकारात्मक या संप्रदाय समर्थक दृष्टिकोण है, जबकि दूसरा संप्रदाय विरोधी दृष्टिकोण है। इसमें जहाँ तक संप्रदायों का संबंध है, बलात् मत प्रवर्तन सिद्धांत के रूप में भी जाना जाता है। बलात् मत प्रवर्तन सिद्धांत के समर्थकों का यह मानना है कि संप्रदाय और उसके सदस्य संभाव्य व्यक्तियों के दिमाग में प्रचार भरते हैं और उसके द्वारा उन्हें धर्मान्तरित करते हैं और उस संप्रदाय के सक्रिय सदस्य बन जाते हैं। संक्षेप में आरोप यह है कि संप्रदाय अपने सदस्यों का मस्तिष्क नियंत्रण करते हैं और अधिकतर धर्म परिवर्तन करने वाले लोगों को इस तरह से तैयार किया गया है कि वे संप्रदाय के दृष्टिकोण को ही देखते हैं जो कि उन्हें संप्रदाय के नेतृत्व के पूरे नियंत्रण में ले आता है। दूसरे शब्दों में संप्रदायों में धर्मान्तरण स्वैच्छिक नहीं है और संप्रदाय सदस्यता में वह सदस्यता सम्मिलित है जिसमें आचरण और मनोदशा संबंधी परिवर्तन प्रेरणा और प्रचार के माध्यम से किए जाते हैं। इस प्रकार के धर्म परिवर्तन करने वाले अपने स्वायत्त व्यवहार में कमी तथा नहीं पहचान की स्वीकार्यता को दर्शाते हैं जो सोचने की नई रीति पर आधारित होता है। वे संप्रदाय के नेतृत्व और संप्रदाय के सदस्यों पर निर्भरता की प्रवृत्ति भी दर्शाते हैं। कुछ समाजशास्त्रियों ने इस बात पर बल दिया है कि यह अत्यधिक घातक है और धर्मान्तरण के मनःआध्यात्मिक पहलु संप्रदाय के सदस्य को उस मार्ग पर प्रशस्त करते है जिससे वह मानसिक रूप से बुद्धिहीन हो जाता है और परिणामस्वरूप वह अपने जीवन के बारे में ध्यान केंद्रित नहीं कर पाता है तथा स्वतंत्र रूप से निर्णय नहीं ले पाता है। मतारोपण (सिद्धांतबोधन) तंत्र इतने प्रबल है कि नए शिष्य अपने नए समूह के प्रति पूरी तरह से प्रतिबद्धता दर्शाते हैं।

इसे धर्म परिवर्तन के गौण मॉडल के रूप में भी जाना जाता है और इसका आरोप है कि शिष्य, नवदीक्षित को संप्रदाय के नेता या नेताओं के प्रति पूर्ण निष्ठा के लिए बाध्य किया जाता है। धर्मान्तरण के गौण मॉडल की अनेक विशेषताएँ इसके मूल में हैं। आरंभ हम एंथोनी और रॉबिन्स के कथन से करते हैं कि शिष्य पूरी तरह से संप्रदाय की शक्ति में हैं और किसी व्यक्ति द्वारा स्वयं निर्णय लेने का प्रश्न ही नहीं उठता। यह जैसा कि हमने नोट किया यह स्वयं में हानिकर है क्योंकि यह सदस्य के मस्तिष्क में घर कर जाता है और उसे संप्रदाय की विचारधारा के अनुसार सोचने के लिए बाध्य करता है। अगला यह है कि गौण मॉडल पूरी तरह से इस तर्क को अस्वीकार करता है कि कुछ ऐसे धर्मान्तरित हो सकते हैं जो स्वयं प्रेरित थे और जिन्होंने स्वयं अपनी प्रेरणा से संप्रदाय को अपनाया था तथा यह संप्रदाय के प्रचार तंत्र से अतिरिक्त आदान के बिना हुआ था। दूसरे शब्दों में यह मॉडल इस बात की ओर संकेत करता है कि संप्रदाय में स्वैच्छिक धर्मान्तरण जैसी कोई चीज नहीं है। यह वास्तव में धर्मान्तरण के मुद्दे पर अतिवादी विचार रखता है क्योंकि नए युग में एक संप्रदाय के सभी

सदस्यों में हम पाते हैं कि धर्मान्तरितों का अच्छा प्रतिशत निश्चित रूप से धर्मान्तरण करना चाहता था और नई परिस्थितियों का उनके द्वारा स्वागत किया गया। कहने का अर्थ है कि उन्होंने अपने पूर्व धार्मिक प्रतिबद्धता से उस संप्रदाय जिसे उन्होंने अपनाया, में अपनी निष्ठा बदलने के लिए संप्रदाय के दर्शन को अपने मस्तिष्क में प्रवेश करने के लिए आमंत्रित किया तथा इसमें पूरा–पूरा सहयोग भी किया।

गौण मॉडल—आगे गौण मॉडल यह भी कहता है कि सम्मोहन और आत्म विस्मृति की अवस्था उत्पन्न की जाती है जिससे धर्म परिवर्तन करने वाला संभावित व्यक्ति अत्यधिक परामर्शग्राही बन जाता है और अपने दृष्टिकोण का संप्रदाय के दृष्टिकोण से आसानी से तालमेल बिठा पाता है। गौण मॉडल आग्रह करता है कि इस तरह के सम्मोहनीय आत्मविस्मृति का नए धर्मान्तरित व्यक्ति के व्यक्तित्व पर और जो पहले ही संप्रदाय का स्थापित हिस्सा हैं पर गंभीर प्रभाव डालता है। ये प्रक्रियाएँ किसी भी दूसरी प्रक्रिया से संबंधित हैं जिसका प्रयोग सदस्य को पराधीन करने और स्वतंत्र इच्छा के किसी भी भाव को पूरा तरह से दरकिनार करने के लिए किया जा सकता है। यह नए युग के संप्रदायों के लिए विशेष रूप से सही है जिसमें संप्रदाय का नेतृत्व जो संप्रदाय की सदस्यता के बारे में प्रत्येक निर्णय लेता है। नेता अथवा गुरु के निर्णयों के लिए उससे प्रश्न नहीं किया जा सकता है अथवा उसे चुनौती दी जा सकती है और समग्र रूप से राजा या धर्माध्यक्ष जो सदस्यों का ख्याल रखता है उनके अपने हित के लिए उनकी कठिनाइयों तथा भ्रमों की स्थिति में उनका मार्गदर्शन करता है। नए युग के संप्रदायों के अनुकूलन का एक अंग यह है कि गुरु पूर्णतया प्रबुद्ध सत्ता है और वह अलौकिक के साथ सीधे–सीधे जुड़ा हुआ है और वह कष्टों से मुक्ति का एकमात्र मार्ग है। इस प्रकार किसी पुरुष या स्त्री को निर्वाण या ईश्वर की प्राप्ति का मार्ग मान लेना अपने आप में एक ऐसी मनोदशा है जिस पर प्रश्न किया जा सकता है किंतु यह दूसरी आस्थाओं के बुनियाद में है। इस प्रकार धर्मान्तरित पहला वचन यह देता है कि वह अपने जीवन में गुरु के प्रभाव को प्राथमिक मानता है। किसी भक्त के जीवन में किसी दूसरे व्यक्ति का इतना ऊँचा दर्जा नहीं होता है जितना कि उसके आध्यात्मिक गुरु का और उसकी स्थिति ईश्वर से भी ऊपर होती है जिसके प्रत्यक्ष संपर्क में वह होता है। इसलिए इस प्रकार की केंद्रीय मनोदशा जिसके चतुर्दिक संप्रदाय का संपूर्ण दर्शन घूमता है। विवाहों को विच्छेद कर सकता है या किया है या घरों को तोड़ सकता है या तोड़ा है क्योंकि धर्मान्तरित के सामाजिक जीवन का पूरा पदसोपान एक विचार केंद्र से निर्मित होता है जिसके केंद्र में गुरु की छवि होती है।

आगे यह मॉडल स्पष्ट करता है कि इस प्रकार के अतिशय मतारोपण जहाँ गुरु या आध्यात्मिक शिक्षक भक्त के जीवन में सबसे महत्त्वपूर्ण व्यक्ति होता है बोध की प्रक्रिया ही बाधित हो जाती है। इस प्रकार धर्मान्तरित व्यक्ति की सामान्य चिंतन शैली ही बिगड़ जाती है तथा वह गुरु का सहारा तब भी नहीं छोड़ पाता है जब वह सामान्यतया अत्यंत ही दूर में स्थित होता है तथा केवल उपदेश में ही दिखाई पड़ता है। मतारोपण या बलात् मत प्रवर्तन के समय

संप्रदाय के सदस्यों द्वारा सामान्यतया यह नीति अपनाई जाती है कि गुरु परामर्श के लिए या भ्रमित सदस्य के मस्तिष्क से आध्यात्मिक प्रकार के संदेहों को दूर करने के लिए उपलब्ध है। समय बीतने के साथ संप्रदाय का सदस्य यह समझ जाता है कि वह प्रचार तंत्र में सिर्फ एक चालाकी है तथा उससे सिर्फ संप्रदाय से अधिक सदस्यों को लाने में सहायता की अपेक्षा की जाती है। गुरु एक दूरस्थ व्यक्ति है जो शायद ही उन लोगों के नाम जानता है जो इस आंदोलन के बाहरी वृत्त में हैं। बाह्य रिवाजों तथा आचरण पैटर्न से युक्त इन संप्रदायों के सदस्य अपने गुरु के प्रति सम्मान तथा आंदोलन के प्रति निष्ठा दर्शाने के लिए उसके चरण को अपने मस्तक से स्पर्श करता है। इस प्रकार बोध की यह प्रक्रिया इतनी पेचीदा हो जाती है कि वे लोग जो इस संस्कृति से बाहर के हैं नहीं समझ पाते हैं कि धर्माध्यक्षों अथवा दूसरों का चरण स्पर्श करना अत्यावश्यक है। यह तथ्य कि इन संप्रदायों के अनुयायी स्वयं इन रिवाजों का पालन करते हैं इस बात को दर्शाता है कि उनकी स्वतंत्र इच्छा शक्ति समाप्त हो गई है और उनमें तर्कसंगत रूप से सोचने की क्षमता नहीं रह गई है। सभी स्पष्टीकरणों को गुरु के आशीष में शामिल कर लिया जाता है और वास्तव में पूरा विचार यह है कि व्यक्ति को अपना संपूर्ण जीवन गुरु या नेता की सेवा में समर्पित कर देना चाहिए। इस प्रकार संप्रदाय के सदस्य एक प्रकार का कैडर बना लेते हैं जो कि ऊपर से आदेश प्राप्त करता है उसे नेता तथा दूसरे सदस्यों के प्रति कोई अधिकार नहीं है अपितु दायित्व ही दायित्व है।

गौण मॉडल यह भी दर्शाता है कि मतारोपण की यह प्रक्रिया अपने सदस्यों के मस्तिष्क में गलत विचार भरने का काम करते हैं कि जो यह दंभ भरते हैं कि उन्हें ईश्वर ने चुना है और वे शीघ्र ही मोक्ष प्राप्त कर सकते हैं जबकि जो इस समूह के सदस्य नहीं हैं उनके लिए यह संभव नहीं है। कहने का अर्थ यह है कि यह सिर्फ सदस्यता के लिए मतारोपण के अवसर पर ही नहीं किया जाता है अपितु जारी रहता है और जब सदस्य एक दूसरे से मिलते हैं या प्रवचन सुनने के लिए एकत्र होते हैं या उन पर चर्चा करते हैं। फिर हम कह सकते हैं कि संप्रदायों में मतारोपण जीवनपर्यन्त प्रक्रिया है और कोई व्यक्ति जब धर्म परिवर्तन करता है उससे पहले से ही जारी रहता है तथा समूह के साथ उसके साथ के समाप्त होने तक जारी रहता है।

प्रश्न 7. बौद्ध धर्म के आविर्भाव के लिए उत्तरदायी सामाजिक-ऐतिहासिक कारकों की चर्चा कीजिए।
उत्तर— देखें इकाई-16, प्रश्न-2

प्रश्न 8. कट्टरवाद और संप्रदायवाद के बीच क्या कड़ी है? चर्चा कीजिए।
उत्तर— देखें इकाई-21, प्रश्न-2

प्रश्न 9. धर्म निरपेक्षता के भारतीय अनुभवों पर एक निबंध लिखिए।
उत्तर— देखें जून-2016, प्रश्न-7

प्रश्न 10. निम्नलिखित पर संक्षिप्त टिप्पणियाँ लिखिए (लगभग 250 शब्दों में)—

(क) हिंदू धर्म के बुनियादी सिद्धांत

उत्तर— आधुनिक विज्ञान सांप्रदायिकता के पर्याप्त अनुरूप है, जबकि मौलिकतावादी इसे शत्रु के रूप में देखते हैं। मौलिकतावादी सुधार के किसी भी भाव या धार्मिक आस्थाओं तथा सिद्धांतों के आगे विकास या उन पर आधारित सामाजिक संरचना, आचरणों तथा संस्थाओं के विकास का विरोध करते हैं। सांप्रदायिकतावादी विरासत में प्राप्त धमो' के सुधार का समर्थन कर सकते हैं तथा बहुधा करते हैं। यह विशेष रूप से हिंदू सांप्रदायवादियों के लिए सच है। हिंदुत्व का आधारभूत बुनियादी सिद्धांत जाति प्रथा है और बुनियादी सामाजिक ग्रंथ मनुस्मृति है। वेदों या उपनिषद्ों या गीता में काफी कम है जिस पर मौलिकतावादी पूरा ढाँचा खड़ा कर सकते हैं। शायद मनुस्मृति एकमात्र ऐसा ग्रंथ है। फिर भी शायद ही कोई हिंदू सांप्रदायिकतावादी इसके अथवा मौलिकतावादी रूप में जाति प्रथा के प्रति प्रतिबद्ध है। वास्तव में, कुछ कट्टर पुरोहितों को छोड़ कर शायद ही कोई हिंदू सांप्रदायवादी जाति व्यवस्था और इसकी मौलिक असमानतापूर्ण विशेषताओं का समर्थन करता है तथा मनुस्मृति के अनुरूप जीवन में आचरण करता है।

(ख) सिक्ख धर्म

उत्तर— देखें जून—2018, प्रश्न—6

धर्म का समाजशास्त्र : एम.एस.ओ.ई.–003
दिसम्बर, 2019

नोट : किन्हीं पाँच प्रश्नों (प्रत्येक) का उत्तर लगभग 500 शब्दों में दीजिए। प्रत्येक भाग से कम–से–कम दो प्रश्नों के उत्तर अवश्य दीजिए।

भाग–क

प्रश्न 1. धर्म की मूल–उत्पत्ति पर आधारित सिद्धांतों की चर्चा कीजिए।

उत्तर– देखें इकाई–2, प्रश्न–1

प्रश्न 2. धर्म को एक सांस्कृतिक व्यवस्था के रूप में व्यक्त कीजिए।

उत्तर– मानवशास्त्र में धर्म का प्रमुख अध्ययन क्लीफोर्ड गीर्टज जो मानव शास्त्रीयों की नई पीढ़ी में उभर कर धर्म और धार्मिक कृत्यों से जुड़े प्रतीकों के अध्ययन के इच्छुक थे तथा प्रकार्यात्मक न्यूनीकरण से आगे बढ़ गए थे। गीर्टज के अनुसार मानव अर्थों की एक व्यवस्था में जीता हैं जो समूह की संस्कृति है। मानव जीवन के सभी आयाम प्रतीकों से बने हैं जो तभी कोई अर्थ देते हैं जब अर्थों की उसी व्यवस्था में होते हैं जिनके वे भाग हैं। उसके अपने शब्दों में वे "धार्मिक विश्लेषण का सांस्कृतिक आयाम" विकसित करना चाहते है। उनके द्वारा संस्कृति "प्रतीकों में साकार रूप लेती अर्थों की ऐतिहासिक हस्तांतरण की एक रचना, प्रतीकों के स्वरूप में अभिव्यक्ति अनुवांशिक धारणा की व्यवस्था जिसके द्वारा मनुष्य संदेश देता है, चिरस्थायी रहता है तथा जीवन के प्रति भाव तथा ज्ञान का विकास करता है," के रूप में परिभाषित की गई।

प्रकार्यवादी क्रिया पर केंद्रित थे और क्रिया को लोगों के विचारों के अनुसार ही समझते थे। उनसे हट कर गीर्टज मूलतः प्रघटना के बारे में विचारों की निगमनात्मक प्रक्रिया का प्रयोग

करते हैं। दूसरा स्थान उन क्रियाओं को देते हैं जो मानव मस्तिष्क की विशेष स्थिति को बताती हैं तथा बदले में प्रतीकों से उत्पन्न शक्तिशाली अर्थों पर निर्भर करती है। धर्म के प्रति उनका दृष्टिकोण सैद्धांतिक तथा परा सावयवी है। उन्होंने सांसारिक दृष्टिकोण तथा जीवनशैली के बीच चक्रीय संबंध देखा; क्योंकि ऐसे संसार के प्रति लोगों का एक विशिष्ट दृष्टिकोण होता है, वे एक विशेष प्रकार का जीवन जीना चाहते हैं और बदले में अपने अनुभवों के द्वारा सांसारिक दृष्टिकोण बनाते हैं।

प्रतीक वास्तविक तथा भौतिक है तथा संस्कृति में निहित सभी विश्वासों और अर्थों का प्रतिनिधित्व करते हैं। गीर्टज ने धर्म को परिभाषित करते हुए कहा: 1) धर्म प्रतीकों की एक व्यवस्था है, 2) यह शक्तिशाली, व्यापक तथा देर तक चलने वाले भावों और प्रेरणाओं का निर्माण करता है, 3) अस्तित्व की सामान्य व्यवस्था की धारणा बनाता है, 4) वास्तविकता की धारा से इस धारणा को ढकता है, तथा 5) भावों तथा प्रेरणाओं को विशिष्ट रूप में दर्शाता है।

धार्मिक प्रतीकों की शक्ति लोगों के आधारभूत मूल्यों में निहित है जिन्हें सांस्कृतिक परिस्थितियाँ बनाती हैं। इनमें वो अभ्यास और क्रियाएँ होती हैं जो धार्मिक कहलाती हैं व इनके अपने सामाजिक महत्त्व होते हैं जैसे लोगों का झंडे लेकर धार्मिक युद्ध लड़ना जो उनके धार्मिक अर्थ का निशान है। झंडे की उपस्थिति उनकी शक्तिशाली भावनाओं को वेग देती है तथा उनके मिजाज को क्रिया करने के लिए तैयार करती है। गीर्टज के अनुसार 'मिजाज' (मूड) अंतर्वस्तु में स्थित है। यह अपने आप क्रिया नहीं करता। 'प्रेरणा' इसे क्रिया करने के लिए प्रेरित करती है। धार्मिक प्रतीक केवल अपनी मूल्य व्यवस्था में अर्थ देते है। केसरिया झंडा केवल उन लोगों की भावनाओं को वेग दे सकता है। जिन्हें ये रंग अर्थों की एक बड़ी व्यवस्था से जोड़ता है जिससे शक्तिशाली भावनाएँ प्रभावित होती है।

गीर्टज ने एक और महत्त्वपूर्ण बात बताई। प्रतीक की प्रकृति अमूर्त है, ये उस जीवन शैली से बड़े हैं जो उन मूल्यों के समान है जिनका वे प्रतिनिधित्व करते हैं। प्रतीकों द्वारा जो व्यवस्था बनाई जाती है। वह सदा क्रिया में परिवर्तित नहीं होती, परंतु क्रिया के एक शक्तिशाली स्रोत के रूप में बनी रहती है। जब हम कहते हैं कि एक व्यक्ति धार्मिक है, इसका यह अर्थ नहीं है कि वह हर समय पूजा में लिप्त है, वरन् वह पूजा कर सकती है या उसका पूजा करना के लिए अपेक्षित है। इस प्रकार वह प्रेरणा को इस प्रकार परिभाषित करता है कि प्रेरणा कुछ क्रियाओं को करने के लिए चिरकालीन चाह है, न कि वास्तविक क्रिया को।

गीर्टज के अनुसार धर्म का प्रकार्य धर्म का वास्तविकता पर एक प्रकार की व्यवस्था थोपना है, अव्यवस्था के बोध को दूर करना है, और यह विश्वास थोपना है कि "ईश्वर पागल नहीं है"। उन्होंने तीन ऐसे बिंदुओं की पहचना की जहाँ मानव की समझने की क्षमता ठहर जाती है। वे तीन बिंदु वहाँ हैं जहाँ अन्य स्रोत असहाय हो जाते हैं तथा धर्म की आश्रय देता है। पहला है मानव की विश्लेषण क्षमता की सीमा, जहाँ लगता है कि इसका समाधान कोई ज्ञान नहीं कर सकता। उदाहरण के लिए कोई किस प्रकार समझा सकता है कि जब एक भूकंप में

अधिकतर लोग मर जाते हैं तो कुछ ही महीने का शिशु कैसे जीवित रह जाता है अथवा एक व्यक्ति कैसे फेंफड़ों के कैंसर से मर जाता है जिसने अपने पूरे जीवन में कभी सिगरेट नहीं पी। दूसरा, सहनशीलता की शक्ति की सीमा जहाँ बीमारी असहनीय हो जाती है, धर्म बीमारी को दूर नहीं कर पाता परंतु वह ऐसी समझ दे पाता है जो उसे सहनीय बना देती है। उदाहरण के लिए गरीबी की चरम सीमा पर जब किसी को बताया जाता है कि स्वर्ग के द्वार केवल गरीब के लिए खुले हैं तब दमन करती हुई गरीबी सहनीय बन जाती है। तृतीय, नैतिक अंतर्दृष्टि की सीमा या बुराई की समस्या जो रोज अधिकतर लोगों को चोट पहुँचाती है जब हम देखते हैं कि बुरा व्यक्ति उन्नति कर रहा है और अच्छा कष्ट पा रहा है। यह एक ऐसी अव्यवस्था या नैतिक अंतार्किकता है जिससे केवल धर्म या समाधान देकर बचा सकता है कि 'वह अगले जन्म में कष्ट पाएगा'।

इस प्रकार जब हम संसाधानों के अंत तक पहुँच जाते हैं तब धर्म रास्ता दिखाता है और धर्म की शक्ति इस बात में निहित है कि उसकी व्याख्या तर्क पर आधारित न होकर आस्था पर आधारित है, किसी बात को ज्यों की त्यों स्वीकार करने में है। अतः धर्म का प्रकार्य ज्ञानात्मक है न कि व्यवहारिक रूप में। यह संसार को एक विशिष्ट प्रकार से देखने में मदद करता है, एक ऐसा प्रकार जो चेतना को कम मानसिक आघात देता है। इस प्रकार गीर्टज मैलिनोत्सकी की सारे धर्म को लघुकृत करने की आलोचना करते हैं।

गीर्टज सर्वप्रथम ज्ञानात्मक प्रक्रिया पर केंद्रित हैं तथा अपने विश्लेषण में मनोवैज्ञानिक आयाम के निकट रहे विशेषतः मिजाज तथा प्रेरणाओं के संदर्भ में। मैलफोर्ड स्पीरों ने धर्म की और व्यापक परिभाषा दी और धर्म को इस रूप में समझा कि धर्म दोनों सांस्कृतिक व मनोवैज्ञानिक आयाम रखता है।

प्रश्न 3. टी.एन. मदान के अध्ययन के अनुसार जीवन–मरण की संकल्पना की संक्षेप में प्रस्तुति कीजिए।

उत्तर– देखें इकाई–10, प्रश्न–4

प्रश्न 4. भारत की जनजातियों में आत्मा (Spirit) की धारणा का वर्णन, उचित उदाहरण देते हुए कीजिए।

उत्तर– देखें इकाई–3, प्रश्न–3

प्रश्न 5. संक्षेप में नोट लिखिए। (लगभग 250 शब्दों में)

(क) टोटम

उत्तर– देखें इकाई–14, प्रश्न–1

(ख) पाप की संकल्पना

उत्तर– देखें इकाई–9, प्रश्न–1

भाग – ख

प्रश्न 6. धर्म के अध्ययन के संबंध में व्याख्यात्मक दृष्टिकोण की चर्चा कीजिए।
उत्तर— देखें जून–2016, प्रश्न–6

प्रश्न 7. बौद्ध धर्म के बुनियादी सिद्धांतों का वर्णन कीजिए।
उत्तर— देखें इकाई–16, प्रश्न–2

प्रश्न 8. कट्टरवाद और संप्रदायवाद के बीच क्या सरोकार है? संक्षेप में प्रस्तुति कीजिए।
उत्तर— देखें इकाई–21, प्रश्न–2

प्रश्न 9. हिंदु धर्म में प्रचलित पुरूषार्थ की संकल्पना पर प्रकाश डालिए।
उत्तर— देखें इकाई–19, प्रश्न–2

प्रश्न 10. संक्षेप में नोट लिखिए (लगभग 250 शब्दों में)
(क) धर्मांतरण
उत्तर— देखें इकाई–22, प्रश्न–1

(ख) धर्मनिरपेक्षता
उत्तर— देखें इकाई–20, प्रश्न–1

ATTENTION IGNOU STUDENTS

Email at info@gullybaba.com
to claim your FREE book

"How to pass IGNOU exams on time with Good Marks"

धर्म का समाजशास्त्र : एम.एस.ओ.ई.–003
जून, 2020

नोट : किन्हीं पाँच प्रश्नों (प्रत्येक) का उत्तर लगभग 500 शब्दों में दीजिए। प्रत्येक भाग से कम-से-कम दो प्रश्नों के उत्तर अवश्य दीजिए।

भाग–I

प्रश्न 1. 'भगवान की पूजा दरअसल लोगों द्वारा समाज को ही पूजने के समान है।' चर्चा कीजिए।

उत्तर— देखें इकाई–6, प्रश्न–4

प्रश्न 2. धर्म की चर्चा, एक सांस्कृतिक व्यवस्था के रूप में कीजिए।

उत्तर— देखें दिसम्बर–2019, प्रश्न–2

प्रश्न 3. अधिरचना के रूप में धर्म का आलोचनात्मक विश्लेषण कीजिए।

उत्तर— देखें जून–2016, प्रश्न–3

प्रश्न 4. अनुष्ठान क्या है? धार्मिक परंपराओं में इसके महत्त्व का वर्णन कीजिए।

उत्तर— अनुष्ठान का अर्थ—किसी भी मंत्र आदि साधना में सभी नियमों का पालन किया जाए जैसे ब्रह्ममुहूर्त में उठना-संध्यावंदन आदि करके किसी मंत्र या जो भी साधना करते हैं उसका एक चोक्कस समय पर ही आरंभ करना चाहे कुछ भी हो जाए, साधना के दौरान उसी समय को लेकर चलना, सिर्फ फलाहार करके साधना करना या एक समय ही खाना खाना, ब्रह्मचर्य का पालन करना, अधिक मात्रा में न बोलना या मौनव्रत धारण करना, रात को एक निर्धारित समय पर सोकर प्रातः काल निर्धारित समय पर जगना इत्यादि नियमों का कठोरता पूर्वक पालन करने को ही अनुष्ठान कहते हैं।

भारत एक ऐसा देश है जहाँ धार्मिक विविधता और धार्मिक सहिष्णुता को कानून तथा समाज, दोनों द्वारा मान्यता प्रदान की गई है। भारत के पूर्ण इतिहास के दौरान धर्म का यहाँ की संस्कृति में एक महत्त्वपूर्ण स्थान रहा है। भारत विश्व की चार प्रमुख धार्मिक परंपराओं का जन्मस्थान है – हिंदू धर्म, जैन धर्म, बौद्ध धर्म तथा सिख धर्म। भारतीयों का एक विशाल बहुमत स्वयं को किसी–न–कसी धर्म से संबंधित (संबंधित) अवश्य बताता है भारत की जनसंख्या के 79.8% लोग हिंदू धर्म का अनुसरण करते हैं। इस्लाम (75.23%) बौद्ध धर्म (0.70%), ईसाई धर्म (2.3%) और सिक्ख धर्म (1.72%), भारतीयों द्वारा अनुसरण किए जाने वाले अन्य प्रमुख धर्म हैं। आज भारत में उपस्थित धार्मिक आस्थाओं की विविधता, यहाँ के स्थानीय धर्मों की उपस्थिति तथा उनकी उत्पत्ति के अतिरिक्त, व्यापारियों, यात्रियों, आप्रवासियों, यहाँ तक कि आक्रमणकारियों तथा विजेताओं द्वारा भी यहाँ लाए गए धर्मों को आत्मसात करने एवं उनके सामाजिक एकीकरण का परिणाम है। भारतीयों की एक विशाल संख्या दैनिक आधार पर कई रीति–रिवाजों का पालन करती है। अधिकांश हिंदू अपने घर में ही धार्मिक रीति–रिवाजों का पालन करते हैं। हालाँकि, रीति–रिवाजों का पालन भिन्न–भिन्न क्षेत्रों, गाँवों, तथा व्यक्तियों के बीच काफी अलग हो सकता है। श्रद्धालु हिंदू जन कुछ कामों को दैनिक रूप से करते हैं, जैसे कि, सुबह–सुबह स्नान करने के बाद पूजा करना (जिसे आमतौर पर घर के किसी मंदिर में किया जाता है और सामान्यतः धूपबत्ती जलाने के बाद भगवान की मूर्ति को भोग लगाया जाता है), धार्मिक ग्रंथों का पाठ करना और देवताओं की स्तुति करना, आदि। शुद्धता और प्रदूषण के बीच विभाजन, धार्मिक रीति–रिवाजों की एक उल्लेखनीय विशेषता है। धार्मिक कृत्यों में यह मानकर चला जाता है कि उसको करने वाले में कुछ अशुद्धि अथवा कलंक अवश्य मौजूद है, जिसे धार्मिक अनुष्ठान के दौरान या पहले समाप्त या दूर किया जाना चाहिए। जल द्वारा शुद्धीकरण, अधिकांश धार्मिक कृत्यों का एक अभिन्न अंग है। जन्म, विवाह और मृत्यु जैसे अवसरों पर अक्सर काफी विशिष्ट प्रकार की धार्मिक रस्मों का पालन किया जाता है। इस प्रकार, यह कहा जा सकता है कि अनुष्ठान व्यक्ति के जीवन में विशेष महत्त्व रखते हैं, क्योंकि यह धार्मिक परंपराओं का एक अटूट हिस्सा है।

प्रश्न 5. कुर्गों की बस्तियों में 'ओक्का' की विशेषताओं की चर्चा कीजिए।

उत्तर– देखें जून–2019, प्रश्न–5 (ख)

भाग–II

प्रश्न 6. धार्मिक पुनरुज्जीवनवाद की चर्चा, नव आंदोलनों और पूजा–प्रथाओं (cults) के संबंध में कीजिए।

उत्तर– छठी शताब्दी ईसा पूर्व दुनिया के विभिन्न हिस्सों में कई धार्मिक आंदोलनों की गवाह बनी इओनिया द्वीप में हेराक्लिटस, फारस में जोरोस्टर और चीन में कंफ्यूशियस ने नए

सिद्धांतों का प्रचार किया। भारत में भी, हम नए विचारों की उथल-पुथल पाते हैं, जिससे नए दार्शनिक सिद्धांतों और धार्मिक संप्रदायों का उदय होता है। और वे बहुत अधिक विविध थे क्योंकि दार्शनिक अनुमान धार्मिक अटकलों को लेकर थे और सत्य की खोज की लालसा जो उपनिषदों ने बनाई थी, इस सदी में इसके परिणामों के बारे में बताया गया। पुराना वैदिक धर्म एक जीवित शक्ति बन गया था और महँगे धार्मिक अनुष्ठानों और खूनी बलिदानों के खिलाफ व्यापक असंतोष था। सत्य की खोज की लालसा को वैदिक धार्मिक-ग्रंथों, उपनिषदों ने स्वयं प्रोत्साहित किया। उपनिषदों ने निर्वाण या मोक्ष, आत्मा की मुक्ति के लिए ज्ञान मार्ग (ज्ञान का मार्ग) का प्रचार किया। उपनिषदों ने बताया कि किसी व्यक्ति के लिए जीवन का सबसे अच्छा पाठ्यक्रम जन्म, मृत्यु और पुनर्जन्म के चक्र से छुटकारा पाना था, जो ब्रह्म के साथ आत्मा के विलय की ओर ले जाता है, अर्थात्, निर्वाण की प्राप्ति।

उपनिषदों का विरोध मुख्य रूप से पशु बलि के खिलाफ था, हालाँकि अप्रत्यक्ष रूप से उन्होंने निर्वाण प्राप्त करने के लिए पशु बलि की उपयोगिता से इनकार किया। इस प्रकार, उपनिषदों ने स्वयं वैदिक धर्म की बुनियादी विशेषताओं को चुनौती दी और विचार की स्वतंत्रता पर जोर दिया और। इस प्रकार, धर्म में सभी प्रकार के विचारों के लिए खुलापन पैदा हुआ। उस युग में विभिन्न धार्मिक आंदोलनों के बढ़ने में आर्थिक परिस्थितियों में भी महत्त्वपूर्ण भूमिका निभाई गई थी। बाद के वैदिक युग के दौरान, आर्य पूर्व की ओर बढ़ गए थे और लोहे को उनके बारे में पता चल गया था, जिसका उपयोग वे न केवल अपने हथियारों के उत्पादन में करते थे बल्कि कृषि उपकरण और अन्य उपकरणों के निर्माण के लिए भी। शतपथ-ब्राह्मण में यह वर्णित किया गया है कि अग्नि-देवता ने जंगलों को जलाया और इस तरह आर्यों के उत्तर-पूर्व की ओर आगे बढ़ने का रास्ता साफ हो गया। महात्मा बुद्ध ने गायों और बैलों के बलिदान को रोकने और यज्ञों के प्रदर्शन को मुख्य रूप से कृषि की रक्षा के लिए आवश्यक बताया। बौद्ध-ग्रंथों में से एक ने जानवरों को इंसानों का रिश्तेदार बताया। कृषि-उत्पादन में वृद्धि ने आर्थिक और सामाजिक जीवन को कई तरह से प्रभावित किया। इसने व्यापार और वाणिज्य को बढ़ाने में मदद की क्योंकि किसानों के पास अब अधिशेष उत्पादन था जो वे विनिमय उद्देश्यों के लिए उपयोग करते थे। कृषि, व्यापार और शहरों के विकास के परिणामस्वरूप, आर्यों की आदिवासी परंपराओं को तोड़ दिया गया। शहरों का विकास व्यवस्थित जीवन का प्रमाण था और इसलिए गाँवों में भी, देहाती- किसान भी धीरे-धीरे उन किसानों द्वारा प्रतिस्थापित किए गए, जिन्होंने व्यवस्थित जीवन स्वीकार किया और स्थायी रूप से खेती की।

सामाजिक परिवर्तनों ने भी समकालीन विचारों को गंभीरता से प्रभावित किया। आरंभ में आर्यों की वर्ण-व्यवस्था लचीली थी और किसी व्यक्ति के कर्म या कर्म में परिवर्तन से संभव था। लेकिन बाद के वैदिक युग के दौरान, वर्ण-व्यवस्था कठोर हो गई थी और किसी के वर्ण का आधार केवल कर्म नहीं रह गया था। ऐसी दशा में ब्राह्मणों और क्षत्रियों ने समाज में श्रेष्ठ स्थिति मान ली और शायद, दोनों वर्णों को समझ में आ गया, जिसके द्वारा शिक्षा और

पुरोहिती के कार्यों पर ब्राह्मणों का एकाधिकार हो गया, जबकि शासन करने का अधिकार क्षत्रियों को स्वीकार था। बाद में, समाज के एक बड़े हिस्से में बदली परिस्थितियों में यह स्वीकार्य नहीं रहा। जब कृषि, व्यापार और उद्योग का विकास हुआ, तब सुदास और विशेषकर वैश्यों ने, जिन्होंने धन अर्जित किया था, ने मौजूदा सामाजिक व्यवस्था को चुनौती दी थी जिसमें उनकी स्थिति को कम रखा गया था।

वे, विशेष रूप से वैश्यों ने, ब्राह्मणों को चुनौती देने में क्षत्रियों का समर्थन किया क्योंकि क्षत्रिय अकेले अपने कृषि, व्यापार और उद्योग को सुरक्षा प्रदान कर सकते थे और उन्हें एक बेहतर सामाजिक स्थिति प्रदान करने में भी सहायक हो सकते थे। इसके अलावा, यज्ञों के बढ़ने और त्याग की प्रथा का एक कारण ब्राह्मण-पुरोहितों की बढ़ती हुई कपिता थी। प्रत्येक यज्ञ एक धार्मिक समारोह था जिसके बाद ब्राह्मण-पुरोहितों को दान के रूप में धन, पशु, भोजन आदि प्राप्त होते थे। इसने ब्राह्मणों के चरित्र पर बहस की थी। उनमें से एक वर्ग धन प्राप्त करने के प्रलोभन के कारण अपनी नैतिकता खो रहा था, जबकि उनके बीच एक अन्य वर्ग गरीबी के कारण निम्न व्यवसायों में संलग्न था।

ऐसी परिस्थितियों में, जन्म के आधार पर वर्ण को बनाए रखना और ब्राह्मणों द्वारा श्रेष्ठ स्थिति का दावा करने के परिणामस्वरूप व्यापक विरोध हुआ। समृद्ध वैश्य-समुदाय ने अपनी सामाजिक स्थिति को सुधारने के उद्देश्य से इस विरोध का समर्थन किया और इस कार्य में क्षत्रियों की मदद माँगी। अन्य व्यवसायों के लोग भी उस विरोध के लिए एक पक्ष बन गए क्योंकि उन्हें लगा कि इससे उन्हें अपनी सामाजिक स्थिति में सुधार करने का अच्छा अवसर मिला है।

नए धार्मिक आंदोलनों के बीच, बौद्ध धर्म और जैन धर्म सबसे लोकप्रिय हो गए और यह कोई दुर्घटना नहीं थी कि दोनों धर्मों के पूर्वज क्षत्रिय-शासक थे। इन दोनों धर्मों ने सामाजिक परिस्थितियों को बदलने का लक्ष्य रखा, जन्म के आधार पर वर्ण निर्धारण का विरोध किया और वर्ण (कर्म या कर्म) के आधार पर वर्ण निर्धारण का समर्थन किया। वैदिक धर्म में, एक ब्राह्मण एक निचले पेशे में लगे हुए थे या बहस की नैतिकता का पीछा करते हुए अभी तक एक ब्राह्मण थे।

लेकिन इन दोनों धर्मों ने किसी के कर्म के अनुसार वर्ण के परिवर्तन का समर्थन किया, अर्थात्, निर्बल नैतिकता वाले ब्राह्मण को ब्राह्मण बने रहने का कोई अधिकार नहीं था, जबकि निम्न वर्ण के व्यक्ति को अपने अच्छे कर्मों के कारण अपने वर्ण को उन्नत करने का अधिकार था। महात्मा बुद्ध ने उन सभी ब्राह्मणों की प्रशंसा की, जिन्होंने उच्च नैतिकता का पालन किया और अच्छे कर्म किए, लेकिन वे एक ब्राह्मण के रूप में विवादित नैतिकता के एक ब्राह्मण को स्वीकार करने के लिए तैयार नहीं थे।

बौद्ध धर्म और जैन धर्म दोनों ने वेश्याओं और नागर-वधुओं के प्रति उदार रवैया रखा। महात्मा बुद्ध अंबपाली के निवास स्थान पर एक अतिथि के रूप में रहे, वैशाली के नगर-वधु

और वेश्याओं को नन बनने के लिए मना नहीं किया। इसके विपरीत, वैदिक धर्म ने ब्राह्मणों को वेश्याओं और नगर-वधुओं से भोजन लेने के लिए मना किया था। दोनों के बीच का यह विरोध उस समय समाज के बदलते नजरिए का सूचक था। इस प्रकार, वैश्यों की अपनी सामाजिक स्थिति में सुधार के लिए, क्षत्रियों द्वारा ब्राह्मणों के वर्चस्व को चुनौती देने का अवसर और अन्य वर्णों या जातियों के लोगों को उनकी सामाजिक स्थिति में सुधार करने के लिए उस उचित समय का उपयोग करने का प्रयास भी एक था। उस युग में विभिन्न धार्मिक आंदोलनों के प्राथमिक कारण।

वैदिक धर्म कुछ गंभीर दोषों से पीड़ित था। इससे विभिन्न धार्मिक आंदोलनों के उदय में भी मदद मिली। वैदिक धर्म विभिन्न अनुष्ठानों जैसे यज्ञ, पशु-बलि इत्यादि पर आधारित था, जिसे आम लोग न तो समझ पाते थे और न ही इसका अनुसरण कर सकते थे। इसलिए, वे धर्म का पालन करने के लिए पूरी तरह से पुजारी वर्ग पर निर्भर हो गए। इसके अलावा, पुरोहित वर्ग ने धन के लालच को संतुष्ट करने के लिए धर्म को महँगा कर दिया।

आम लोग महँगे यज्ञों और अन्य धार्मिक अनुष्ठानों का खर्च नहीं उठा सकते थे। केवल अमीर लोग ही इस तरह के महँगे अनुष्ठान कर सकते थे। इसके अलावा, प्रत्येक व्यक्ति को निर्वाण पाने या स्वर्ग जाने का अधिकार नहीं था। सुदर्शन और महिलाएँ निश्चित रूप से इससे रहित थे। इसलिए, यह स्वाभाविक था कि आम लोगों में इस तरह के धर्म के प्रति उदासीनता थी। इसके अलावा, वैदिक धर्म और ब्राह्मणों के वर्चस्व का दावा करना, जन्म के आधार पर वर्ण-व्यवस्था का बचाव करना और महिलाओं और निम्न जातियों के लोगों के प्रति उपेक्षापूर्ण रवैया भी वैदिक धर्म के खिलाफ विरोध का कारण बन गया और जिससे नए धार्मिक विचारों को बढ़ने में मदद मिली। उनमें से प्रत्येक ने अपने-अपने तरीके से वर्ण-व्यवस्था, पुरोहित-वर्ग के वर्चस्व और यज्ञों, पशु-बलि आदि के प्रदर्शन का विरोध किया और ऐसा करते हुए, एक व्यक्ति को अच्छे और बुरे कर्मों की अवधारणाओं से मुक्त किया। ये धार्मिक विचार तत्कालीन समाज को कोई दिशा प्रदान करने में विफल रहे और लोकप्रिय नहीं हुए। हालाँकि, ये समकालीन सामाजिक और धार्मिक विचारों को किसी अन्य तरीके से प्रभावित करते हैं।

उनके चरम विचारों ने प्रतिक्रिया पैदा की और इनका विरोध किया गया। महात्मा बुद्ध और महावीर दोनों ने न केवल तत्कालीन वैदिक धर्म बल्कि इन अतिवादी और अधिकतर भौतिकवादी दर्शनों का विरोध करना आवश्यक समझा। इस प्रकार, इन नए धार्मिक दर्शनों ने आगे के धार्मिक विचारों को जाँचने में भी मदद की। इस प्रकार, कई धार्मिक दर्शन इस युग के दौरान प्रतिपादित किए गए थे। इसके अलावा, जैन धर्म, बौद्ध धर्म, भगवतीवाद या वैष्णववाद और नागरिकवाद थे, जिन्होंने भारत के बाद के इतिहास में एक महत्त्वपूर्ण भूमिका निभाई। सभी चार धार्मिक संप्रदाय जाति-व्यवस्था की असमानताओं के खिलाफ थे और पुराने वैदिक पंथ से काफी दूर निकल गए थे। लेकिन, जबकि बौद्ध धर्म और जैन धर्म को कट्टरता के रूप में देखा गया था और नए धार्मिक संप्रदायों की स्थापना की गई थी।

प्रश्न 7. धर्म को समझने में बर्जर के सैद्धांतिक दृष्टिकोण पर प्रकाश डालिए।

उत्तर— देखें इकाई–12, प्रश्न–1

प्रश्न 8. धर्मनिरपेक्षीकरण क्या है? धर्मनिरपेक्षता से यह कैसे संबंधित है?

उत्तर— देखें जून–2008, प्रश्न–9

"धर्मनिरपेक्ष" और "धर्मनिरपेक्षीकरण" शब्द हमारे यहाँ अंग्रेजी शब्द "सेक्यूलर" (Secular) और "सेक्यूलराइजेशन" (Secularization) के रूपांतरण हैं। इन अंग्रेजी शब्दों का प्रयोग यूरोप में तीस वर्ष तक चले युद्ध की समाप्ति पर सन् 1648 में पहली बार हुआ और तभी इनको बौद्धिक विचारधारात्मक लोकप्रियता मिली। इनका प्रयोग चर्च की संपत्ति को राजा के नियंत्रण में हस्तांतरित किए जाने के संदर्भ में हुआ। फ्रांस की क्रांति के बाद 2 नवम्बर, 1798 को टैलीरेन्ड (एक वयोवृद्ध फ्रांसीसी राजनीतिज्ञ) ने फ्रांस की राष्ट्रीय सभा (फ्रेन्च नेशनल असेम्बली) में घोषणा की कि गिरजाघरों से संबंधित सारी वस्तुएँ राष्ट्र के अधिकार में हैं। काफी बाद में, 1851 में जॉर्ज जेकब होलियोग (George Jacaobe Holyoaake) ने "सेक्यूलरिज्म" (धर्मनिरपेक्षतावाद) शब्द गढ़ा।

धर्मनिरपेक्षतावाद ने राजनीतिक दर्शन का स्वरूप 1850 में ही ग्रहण किया। इसे राजनीतिक और सामाजिक संगठन का एकमात्र तार्किक आधार घोषित किया गया। यूरोप के अधिकांश परिवर्तनवादी बुद्धिजीवियों और सुधारकों ने इसे प्रगति का आंदोलन करार दिया। जब 13 अप्रैल, 1853 को राबसपियर (Robespierre) के सम्मान में आयोजित एक सार्वजनिक सभा में लई ब्लॉक (Louis Blank), नादौ (Nadaud) कसली (Kussuli) तथा अन्य उग्र प्रवक्ताओं ने भाग लिया तो धर्मनिरपेक्ष आंदोलन शुरू हो गया।

धर्मनिरपेक्षीकरण की प्रक्रिया कई तत्त्वों से निर्धारित होती है। आधुनिक राष्ट्र राज्य के उभरने की प्रकृति, उसकी ऐतिहासिक परिस्थितियों की विशिष्टताएँ, राज्य के वैज्ञानिक और प्रौद्योगिक विकास का स्तर आदि सामंती प्रतिक्रिया को पराजित करने में निर्णायक भूमिका निभाते हैं। (धर्मनिरपेक्षता का प्रसार सामंती व्यवस्था के टूटने से जुड़ा हुआ है) अतः यूरोप और उत्तरी अमेरिका में जल्दी विकसित हो जाने से पूँजीवाद सामंती व्यवस्था को उखाड़ फेंकने में काफी हद तक सफल रहा, जबकि तीसरी दुनिया के देशों में पूँजीवाद का विकास अपेक्षाकृत देर से हुआ, इसलिए यहाँ यह सामंती व्यवस्था को यूरोप की तरह झटका नहीं दे सका।

इसके अतिरिक्त, धर्मनिरपेक्ष शिक्षा, धर्मनिरपेक्ष साहित्य और धर्मनिरपेक्ष इतिहास लेखन की भूमिका भी गैर–धार्मिक अर्थों में राष्ट्र और राष्ट्रीय विकास को परिभाषित करने में मदद करती है। इस तरह "धर्मनिरपेक्षीकरण" को एक ऐसी प्रक्रिया के रूप में परिभाषित किया जा सकता है जिसके द्वारा समाज और संस्कृति के क्षेत्रों को धार्मिक संस्थाओं और प्रतीकों से मुक्त कराया जाता है।

प्रश्न 9. बौद्धधर्म की उत्पत्ति की सामाजिक–ऐतिहासिक पृष्ठभूमि की चर्चा कीजिए।
उत्तर— देखें इकाई–16, प्रश्न–2

प्रश्न 10. 'धार्मिक पुनरुज्जीवनवाद' से आप क्या समझते हैं?
उत्तर— देखें जून–2009, प्रश्न–10

Feedback is the breakfast of Champions.
Ken Blanchard

You can Help other students.
"Inform any error or mistake in this book."

We and Universe
will reward you for Your Kind act.

Email at : feedback@gullybaba.com
or
WhatsApp on 9350849407

धर्म का समाजशास्त्र : एम.एस.ओ.ई.–003
फरवरी, 2021

नोट : निम्नलिखित में से किन्हीं पाँच प्रश्नों के उत्तर लगभग 500 शब्दों (प्रत्येक) में दीजिए। प्रत्येक भाग से कम–से–कम दो प्रश्नों के उत्तर दीजिए। सभी प्रश्नों के अंक समान हैं।

भाग I

प्रश्न 1. धर्म को समझने में प्रकार्यात्मक दृष्टिकोण की चर्चा कीजिए।

उत्तर— देखें इकाई–6, प्रश्न–1

प्रश्न 2. धर्म के संबंध में मार्क्स और वेबर के दृष्टिकोण की तुलना और इनमें अंतर स्पष्ट कीजिए।

उत्तर— देखें इकाई–5, प्रश्न–1 और देखें इकाई–7, प्रश्न–2

प्रश्न 3. नुअर धर्म में पादरियों और पैगम्बरों की भूमिकाओं की चर्चा कीजिए।

उत्तर— देखें इकाई–9, प्रश्न–2

प्रश्न 4. टी.एन. मदन के शब्दों में 'गैर–त्याग' क्या है? चर्चा कीजिए।

उत्तर— देखें इकाई–10, प्रश्न–4

प्रश्न 5. शामन, योगियों (रहस्यवादियों) और चिकित्सकों के आपसी संबंध की जाँच कीजिए।

उत्तर— देखें जून–2016, प्रश्न–5

भाग II

प्रश्न 6. धर्म को समझने में, गीर्ट्ज़ के व्याख्यात्मक दृष्टिकोण की चर्चा कीजिए।
उत्तर— देखें इकाई–13, प्रश्न–1

प्रश्न 7. लेवी-स्ट्राउस द्वारा प्रतिपादित टोटमवाद अध्ययन की विधि की संक्षेप में प्रस्तुति कीजिए।

उत्तर— लेवी-स्ट्रास का टोटमवाद मुख्यत: एक प्रणाली का अभ्यास है। उन्होंने टोटमवाद की प्रघटनाओं की एकता पर ध्यान केंद्रित न करके इसको अनेक दृष्टव्य बौद्धिक कूटों में खंडित कर दिया है। उनकी टोटमवाद की व्याख्या में रुचि नहीं थी बल्कि उनकी रुचि इसकी व्यवस्था के आशय में थी। अपनी पुस्तक के प्रथम अध्याय में उन्होंने अपने पद्धतिशास्त्र संबंधी कार्यक्रम का सार प्रस्तुत किया है—

(1) अध्ययन के अंतर्गत दो अथवा अधिक शब्दों–वास्तविक या काल्पनिक के मध्य संबंध स्थापित करते हुए प्रघटना का विश्लेषण करना।

(2) इन शब्दों के मध्य सम्भव क्रम परिवर्तन की तालिका बनाना।

(3) इस तालिका को विश्लेषण की सामान्य वस्तु की भाँति ले, केवल इसी स्तर पर आवश्यक संबंध प्राप्त किए जा सकते हैं, आरंभ में विचार किए गए अनुभवजन्य प्रघटना का दूसरों में एकमात्र संभव समुच्चय होने के कारण इसकी पूरी व्यवस्था का पहले ही पुन: बना लेनी चाहिए।

इसे समझने के लिए हम नातेदारी के क्षेत्र में एक सरल उदाहरण ले सकते है। उदाहरण के लिए वंशानुक्रम को पिता अथवा माता से जाना जा सकता है। यदि वंश को पिता से लिया जाए और उसे 'P' तथा माता से लिए जाने पर 'Q' कहा जाए, तथा उन्हें अलग–अलग मूल्य दे दिया जाए तो— यदि माता अथवा पिता के वंश को पहचान लिया जाए तो उसे हम '1' से सूचित करें, और यदि वंश न पहचाना जाए तो उसे '0' द्वारा सूचित करें।

अब हम संभव क्रम परिवर्तन से संबंधित तालिका निर्मित कर सकते हैं जिसमें (1) 'P' 1 है तथा 'Q' 0 है, (2) 'P' 0 है तथा 'Q' 1 है (3) 'P' भी 1 है तथा 'Q' भी 1 है (4) P भी 0 है तथा 'Q' भी 0 है। पहला क्रम परिवर्तन पितृसत्तात्मक सिद्ध हुआ, दूसरा मातृसत्तात्मक, तीसरा पितृ एवं मातृ सत्तात्मक दोनों तथा अंतिम न पितृसत्तात्मक न मातृसत्तात्मक पाया गया।

लेवि-स्ट्रॉस ने इस पद्धति को टोटमवाद में किस प्रकार प्रयोग किया। उनका कहना है कि टोटमवाद दो प्रकार की वस्तुओं से निर्मित है—पहली प्राकृतिक वस्तु (पशु, पौधे) दूसरी सांस्कृतिक (व्यक्ति, गोत्र) लेवि-स्ट्रॉस के अनुसार टोटमवाद की समस्या तब उठती है जब दो गोत्र जो कि अलग-अलग टोटम के अनुयायी है वे अनेक भ्रांतियों से घिर जाते हैं। मनुष्य स्वयं को अनेकों प्रकार से प्रकृति से संबद्ध करते हैं और एक अन्य बात यह है कि वे अपने सामाजिक समूहों को पशु या वनस्पति जगत से लिए गए नामों से कहते हैं। ये दो अनुभव भिन्न हैं किंतु जब इन क्रमों के बीच किसी प्रकार की परस्पर व्याप्ति होती है तो इसका

परिणाम टोटमवाद होता है। पुनः लेवी–स्ट्रॉस लिखता है, "प्राकृतिक शृंखला में एक ओर श्रेणियाँ होती हैं तो दूसरी ओर विशिष्ट सांस्कृतिक शृंखला में समूह और व्यक्ति होते हैं। वह प्रत्येक शृंखला में अस्तित्व के दो रूपों सामूहिक और व्यक्तिगत में भेद करने के लिए तथा इन शृंखलाओं को अलग रखने के लिए अपेक्षाकृत मनमाने ढंग से इन शब्दावलियों का चयन करता है। लेवी–स्ट्रॉस कहता है कि किसी भी शब्दावली का प्रयोग किया जा सकता है बशर्तें कि वे भिन्न हों।

प्रकृति	श्रेणी	विशिष्ट
संस्कृति	समूह	व्यक्ति

शब्दावलियों के इन दो सेटों को चार तरह से संबद्ध किया जा सकता है जैसाकि पूर्व में दिए गए उदाहरण के मामले में हैं।

प्रकृति	श्रेणी	श्रेणी	विशिष्ट	विशिष्ट
संस्कृति	समूह	व्यक्ति	व्यक्ति	समूह

इस प्रकार टोटमवाद मानवजाति (संस्कृति) तथा प्रकृति के बीच संबंध स्थापित करता है और जैसा कि ऊपर दर्शाया गया है इन संबंधों को चार प्रकार में विभाजित किया जा सकता है और हम उनमें से प्रत्येक के अनुभव सिद्ध उदाहरण देख सकते हैं।

ये चारों समीकरण समतुल्य है। इसका कारण यह है कि वे समान क्रिया के ही परिणाम हैं (अर्थात् तत्त्वों का क्रम परिवर्तन जिसमें एक प्रघटना है)। किंतु मानवशास्त्रीय साहित्य जिसकी लेवीस्ट्रॉस जाँच करते हैं, इसमें से केवल पहले दो टोटमवाद परिधि में शामिल हैं, जबकि अन्य दो अप्रत्यक्ष रूप से टोटमवाद से संबंधित रहे हैं। कुछ लेखकों ने अपनी चर्चा में टोटमवाद के अंतिम दो प्रकारों पर विचार नहीं किया है। यहाँ लेवी–स्ट्रॉस यह पाता है कि 'टोटमवाद की समस्या' (अथवा जिसे 'टोटमवादी भ्रम' कहा जाता है) अर्था संबंधी क्षेत्र जिसमें उसी प्रकार की प्रघटना होती है के तोड़ने मरोड़ने का परिणाम हैं इसका यह परिणाम निकला कि कतिपय पहलुओं (या टोटमवादी प्रघटना के पहले और दूसरे प्रकार) को दूसरों (तीसरे और चौथे प्रकार) की कीमत पर छाँट दिया गया है, जो कि 'मूल' और 'अजनबी' होने का आभास कराता है जो कि उनमें वास्तव में नहीं होता है।

प्रश्न 8. धर्म की परिघटना के बुनियादी सिद्धांत क्या हैं?

उत्तर– देखें इकाई–12, प्रश्न–1

प्रश्न 9. सिक्ख धर्म की आविर्भाव की सामाजिक–ऐतिहासिक पृष्ठभूमि की चर्चा कीजिए।

उत्तर– देखें दिसंबर–2016, प्रश्न–7

प्रश्न 10. 'कट्टरवाद' और 'संप्रदायवाद' की तुलना और इनमें अंतर स्पष्ट कीजिए।

उत्तर– देखें इकाई–21, प्रश्न–2

●●●

धर्म का समाजशास्त्र : एम.एस.ओ.ई.–003
जून, 2021

नोट : किन्हीं पाँच प्रश्नों (प्रत्येक) का उत्तर लगभग 500 शब्दों में दीजिए। प्रत्येक भाग से कम–से–कम दो प्रश्नों के उत्तर अवश्य दीजिए।

भाग–I

प्रश्न 1. धर्म का समाजशास्त्रीय परिप्रेक्ष्य में वर्णन कीजिए।

उत्तर– देखें दिसंबर–2008, प्रश्न–1

प्रश्न 2. पूँजीवाद की भावना के उद्‌गम पर वेबरवादी स्थिति की चर्चा कीजिए।

उत्तर– पश्चिमी पूँजीवाद के विकास में धार्मिक नैतिकता की भूमिका बताने के लिए वेबर ने पहले कुछ संबोधित घटनाओं के बारे में व्यवहारिक विचार बनाने का प्रयास किया। उन्होंने यह अनुभव किया कि पश्चिमी पूँजीवाद के विकास के पीछे एक दर्शन या रुझान है जो धन कमाने की अन्य व्यवस्थाओं से अलग है। उन्होंने पूँजीवाद की प्रवृत्ति के पीछे तीन परम आवश्यक दशाएँ देखी; व्यक्ति की व्यक्तिगत आवश्यकताओं के अलावा अटूट संपत्ति तथा लाभ का समर्पण; बिना अवकाश लिए कठिन परिश्रम व कार्य करने के पक्के इरादे के साथ किसी बात को स्वयं त्यागना व्यक्तिगत आनंद के उद्देश्य के लिए धन के प्रयोग से बचना। यही वह मनोभाव है जो पश्चिमी पूँजीवाद की विशिष्ट प्रकृति है।

आर्थिक क्रियाओं में मनोभाव को प्रत्यक्ष रूप में दिखाने के लिए वेबर ने बैंजामिन फ्रेंकलिन की कृतियों पर ध्यान दिया जो स्वयं एक सफल उद्यमी थे तथा जिन्होंने धन उत्पन्न करने के लिए कुछ उपयोगी सुझाव दिए। वेबर ने फ्रेंकलिन के सुझावों को एक विशिष्ट नैतिकता के रूप में देखा जो विशिष्ट नैतिकता अथवा मनोभाव का वर्णन करती है। ये जीवन के आचरण को बताने के लिए नैतिकता के नियम है।

वेबर ने कहा, "जो यहाँ समझाया गया है वह संसार में एक मार्ग बनाने के लिए एक सामान्य साधन नहीं है वरन् एक विशिष्ट आचार–विचार है..........। ये केवल एक व्यवसायिक समझदारी नहीं है, इस प्रकार की बात तो सामान्य है, यह एक आचार विचार है"। उन्होंने आगे कहा कि "आधुनिक आर्थिक व्यवस्था के अंतर्गत धन को कमाना, तब तक, जब तक कि वह कानूनन किया जाए उसका परिणाम तथा गुणों का प्रदर्शन तथा व्यवसाय में दक्षता हो तब ये गुण और दक्षता, जिसे अब देखना कठिन नहीं है, फ्रेकलिन के आचार–विचार के वास्तविक अल्फा तथा ओमेगा है"।

वेबर कहते हैं कि पूँजीवाद के केंद्रीय मनोभाव में कार्य को करना एक नैतिक कर्त्तव्य है तथा ऐसा न करना कर्त्तव्य का उल्लंघन है।

आधुनिक बनाम परंपरागत पूँजीवाद—वेबर के अनुसार पूँजीवाद के मनोभाव केवल आधुनिक पश्चिमी पूँजीवाद की ही विशेषता थी जो परंपरागत पूँजीवाद में नहीं मिलती। ये पश्चिमी आधुनिक पूँजीवाद का लक्षणात्मक गुण है जो औचित्यपूर्ण आर्थिक क्रियाओं के द्वारा धन कमाने के प्रति समर्पण है तथा साथ–साथ कमाए गए धन को अपनी व्यक्तिगत खुशी के लिए प्रयोग न करने का एक अनूठा मेल है। इसकी जड़ें एक विश्वास में हैं। वह विश्वास यह है कि चुने हुए व्यवसाय को एक कर्त्तव्य और गुण माना जाता है। इस प्रकार धार्मिक सिद्धांत आर्थिक क्रियाओं में एक नैतिकता का निहित होना है।

वेबर ने आधुनिक पूँजीवाद के मनोभाव की विशिष्टता की तुलना परंपरागत पूँजीवाद में श्रमिकों के व्यवहार से की। वेबर के अनुसार, आधुनिक पूँजीवाद में नियोक्ता अलग–अलग कार्यों की कीमत अलग–अलग दरों पर निश्चित करता है जिससे कि वह श्रमिकों से अधिक से अधिक जितना संभव हो सके। श्रमिक अपने कार्य की तीव्रता बढ़ा कर अधिक कमा सकता है, जो लाभ तथा वेतन के बढ़ने से नियोक्ता तथा श्रमिक दोनों के लिए लाभदायक है। जबकि परंपरागत पूँजीवाद में वस्तु के दाम को बढ़ाना कार्य के लिए अधिक प्रेरणा देने के बजाय प्रभाव को कम करता है। परंपरात्मक पूँजीवाद में श्रमिक अधिक कमाने के स्थान पर कम काम करना पसंद करता है। वे जितना पहले कमाते थे उतना ही कमाने के लिए कार्य करना पसंद करते थे जो उनकी परंपरागत आवश्यकताओं को पूरा करने के लिए जरूरी था (मौरीसन 1998)।

प्रश्न 3. धर्म की प्रकार्यवादी व्याख्या की आलोचनात्मक जाँच कीजिए।

उत्तर— देखें इकाई–2, प्रश्न–3

प्रश्न 4. उपचारात्मक (healing) की संकल्पना की चर्चा, उचित उदाहरण देते हुए कीजिए।

उत्तर— देखें जून–2019, प्रश्न–4

प्रश्न 5. मांगलिकता और परिशुद्धता की संकल्पनाओं का वर्णन कीजिए।

उत्तर— देखें इकाई–10, प्रश्न–3

भाग—II

प्रश्न 6. पीटर बर्जर के शब्दों में धर्म की परिघटना का वर्णन कीजिए।

उत्तर— देखें इकाई–12, प्रश्न–1, 3

प्रश्न 7. लेवी स्ट्रॉस द्वारा प्रतिपादित, टोटमवाद के विश्लेषण की विधि की चर्चा कीजिए।

उत्तर— देखें फरवरी–2021, प्रश्न–7

प्रश्न 8. बहुलवादी समाज क्या है? धार्मिक शिक्षाओं के एक प्रमुख धार्मिक सिद्धांत का वर्णन कीजिए।

उत्तर– बहुलवाद वह सिद्धांत है जिसके अनुसार समाज में आज्ञापालन कराने की शक्ति एक ही जगह केंद्रित नहीं होती, बल्कि वह अनेक समूहों में बिखर जाती है। ये समूह मानव की भिन्न–भिन्न आवश्यकताएँ पूरी करने का दावा करते हैं।

बहुलवाद को विचारधारा के रूप में स्थापित करने का श्रेय जर्मन समाजशास्त्री गीयर्क तथा ब्रिटिश विद्वान मेटलेंड को है, जिन्हें आधुनिक राजनीतिक बहुलवाद का जनक कहा जाता है।

संप्रभुता के बहुलवादी सिद्धांत के मुख्य समर्थक लास्की, बार्कर, लिंडसे, क्रेब, डीगवी, मिस फॉलेट आदि है।

बहुलवाद इस तथ्य में विश्वास करता है कि मनुष्य के सर्वांगीण विकास में सामाजिक स्तर पर विकसित अनेक प्रकार के संघों का अपना विशेष योगदान होता है। ये संघ समान रूप से प्रभावशाली तथा एक–दूसरे से स्वतंत्र होते हैं तथा इनमें कोई भी संघ दूसरों से अधिक महत्त्वपूर्ण या सर्वोच्च नहीं होता। बहुलवादी राज्य को भी अन्य सामाजिक संघों की तरह एक संघ मानते हैं।

लास्की के शब्दों में, चूँकि समाज का स्वरूप संघीय है, अतः सत्ता का स्वरूप भी संघीय होना चाहिए।

फिर, देखें इकाई–16, प्रश्न–2

प्रश्न 9. इस्लाम की व्युत्पत्ति एवं शिक्षाओं की चर्चा कीजिए।

उत्तर– देखें इकाई–18, प्रश्न–1

प्रश्न 10. धर्मनिरपेक्षता और लौकिकीकरण के भारतीय अनुभव का वर्णन कीजिए।

उत्तर– देखें जून–2016, प्रश्न–7

धर्म का समाजशास्त्र : एम.एस.ओ.ई.–003
दिसम्बर, 2021

नोट : निम्नलिखित में से किन्हीं पाँच प्रश्नों के उत्तर लगभग 500 शब्दों (प्रत्येक) में दीजिए। प्रत्येक भाग से कम–से–कम दो प्रश्नों के उत्तर दीजिए। सभी प्रश्नों के अंक समान हैं।

भाग–I

प्रश्न 1. धर्म को समझने के संबंध में मार्क्सवादी दृष्टिकोण की चर्चा कीजिए।

उत्तर– देखें इकाई–5, प्रश्न–1

प्रश्न 2. धर्म को समझने के संबंध में फ्रायड के दृष्टिकोण की चर्चा कीजिए।

उत्तर– देखें इकाई–4, प्रश्न–1

प्रश्न 3. कश्मीरी पंडितों के संबंध में टी.एन. मदन के गैर–त्याग आधारित दृष्टिकोणों का वर्णन कीजिए।

उत्तर– देखें इकाई–10, प्रश्न–4

प्रश्न 4. मैक्लिओडगंज के लामाओं की रहस्यमयी परंपराओं की चर्चा कीजिए।

उत्तर– लामा, हिंदुओं से अलग, बौद्ध हैं तथा जीववादी हैं। वह भी शमनवाद का प्रयोग करते हैं जैसे जनजातियों में तथा वे भूतबाधा संबंधी धार्मिक कृत्यों में विश्वास करते हैं। ये लामा दलाई लामा के साथ तब धर्मशाला आते हैं जब वह तिब्बत से भाग जाते हैं। उनका स्थानीय जनसंख्या पर काफी प्रभाव पड़ता है भले ही वे बौद्ध हो अथवा हिंदू या जीववादी। लामाओं में तीन प्रकार के उपचारक हैं रहस्यमयी, चिकित्सक जो तिब्बतीय औषधियों की प्राचीन कला से उपचार करते हैं तथा शासन जो भूतबाधा का उपचार करते है।

परंतु तिब्बतियों का दृष्टिकोण हिंदुओं के भूत बाधा के दृष्टिकोण से अलग है। बौद्ध के

लिए सभी अस्तित्व दिमाग की मृगतृष्णा है तथा आदर्श सत्यता तभी प्राप्त की जा सकती है जब उसे ढ़के हुए मकड़ी का जाला, जिसे हम वास्तविक संसार समझ लेते हैं परंतु जो केवल माया है, साफ हो जाए। इस लौकिक दृष्टिकोण के अंतर्गत, भौतिक तथा मानसिक दोनों ही बीमारियाँ दिमाग के दोष के कारण होती हैं जिसमें समझ की विकृति है। मानसिक तथा भावनात्मक संसार की संपूर्ण स्वच्छता हर प्रकार की बीमारी के लिए आवश्यक है। हालाँकि बीमारी के वास्तविक इलाज में लामा उन रोगियों का सामना करते हैं जो शीघ्र उपचार चाहते है तथा यदि उन्हें यह बता दिया जाए कि ये सब आभासी है तो आराम नहीं पाते। उपचारक मुख्य रूप से बीमारी के चार प्रत्यक्ष कारणों की पहचान करते हैं, वर्ष का समय, भोजन, आदत एवं व्यवहार तथा पर्यावरण में एकत्रित तीन सौ साठ आत्माएँ। तिब्बतीय व्यवस्था में मानसिक तथा भौतिक रोगों में आवश्यक कारणात्मक अंतर नहीं है क्योंकि उनकी उत्पत्ति समान है। रोग पहचानने के लक्षणों में सामान्यतः स्वप्नों का विश्लेषण है जो अधिकतर संस्कृतियों में एक प्रसिद्ध विधि है। अन्य लक्षण जैसे आँख की गति प्रवेश करने वाली सही आत्मा की पहचान करने में सहायक है। हालाँकि, सभी लक्षण आत्मा के प्रवेश के ही नहीं होते, भावनात्मक विघ्न, दुःख आदि भी मानसिक अशांति के कारण के रूप में देखे जाते हैं जैसे चिकित्सा की आधुनिक व्यवस्था में। अस्वस्थता का कारण बुरा समय, बुरे कर्म तथा दुर्भाग्य भी हो सकते हैं।

रहस्यमयी परंपराएँ

ब्यास समूह का राधास्वामी सत्संग उत्तरी भारत का बहुत प्रसिद्ध आंदोलन है तथा गुरु शिष्य परंपरा पर आधारित है जो मोक्ष के लिए एक जीवित गुरु की आवश्यकता बताता है। राधास्वामी का लौकिक दृष्टिकोण कहता है कि मोक्ष का मार्ग सूरत शक योग में है जहाँ व्यक्ति निर्माण के उच्चतम क्षेत्र से आती हुई दैवीय ध्वनियों से जुड़ता है, एक ऐसा क्षेत्र जहाँ सर्वोच्च हस्ती का निवास है।

राधास्वामी सत्संग भावोन्यन का एक वातावरण बना कर सामूहिकता के अधिकतर विचार बनाता है जिसमें हजारों अनुयायी साथ बैठ कर अपने गुरु की प्रशंसा का उच्चारण करते है। कक्कड़ जो सही अर्थों में एक सहभागी अवलोकन करते है, लिखते हैं "भीड़ के बड़े भाग, पचास हजार का गाने वालों का दल, के अंदर जो भी कोई बैठा है, प्रकृति की तात्विक ध्वनि को समान अनुभव करता है। यहाँ मैं जान बूझ कर सत्संग के अपने आत्मनिष्ठ अनुभवों को बता रहा हूँ, उस दिन और इसी प्रकार अगले दिनों में जैसे ही कोई बैठता है वैसे ही हजारों शरीरों की गर्मजोशी के साथ घनिष्ठता से भर जाता है तथा चेतना के आगे कल्पनाएँ उबाल लेने लगती हैं"। उन्होंने आगे लिखा है "प्रस्थिति, आयु तथा लिंग की दूरी तथा अंतर उपचार संबंधी भावनाओं में समाप्त हो जाती है (निश्चित रूप से अस्थाई) यानी अपनी–अपनी सीमाओं से परे हो जाते हैं तथा जो पहली बार में शायद भ्रमपूर्ण थी"।

इन परिस्थितियों में उपचार कैसे होता है? एक युवा का उदाहरण लेते हैं जो बाबा का चेहरा अपने स्वप्न में देखता है तथा उन्हें देखने आता है। यह कहा जा सकता है कि एक दाढ़ी वाले वृद्ध (जैसे बाबा दिखाई देते हैं) को देखना बहुत गहन व्यक्तिगत परेशानी के समय

एक पितृआकृति की खोज तथा आवश्यकता से इसे जोड़ा जा सकता है। जंगवादी विश्लेषण में 'वृद्ध बुद्धिमान आदमी' का आदर्श स्वरूप के रूप में विश्लेषण करते हैं जो सामूहिक अचेतनता से आया है। उपचार के एक भाग के रूप में सत्संगी अपने गुरु के साथ अधिक से अधिक पहचान बनाने का प्रयास करते हैं तथा इस प्रक्रिया में वे बलपूर्वक अपने भीतर के सकारात्मक गुणों को संदर्भित करते हैं। मनोविश्लेषणात्मक भाषा में आदर्शवादी बनने व पहचान बनाने की प्रक्रिया में इसकी व्याख्या ढूँढी जा सकती है। इस प्रकार, हर अनुयायी गुरु के द्वारा बताए गए साधना के पथ को अपनाना चाहता है जिसमें आत्म शुद्धि की अनेक क्रियाएँ हैं जैसे माँसाहारी भोजन के सेवन का त्याग, मद्य का त्याग, झूठ बोलने का त्याग आदि। जो ऊपर बताए गए गुण है, के आधार पर वो अपनी एक पहचान बना लेता है, क्योंकि वे गुरु को संपूर्ण रूप में मानते हैं। जैसे–जैसे लोग साधना के पथ पर आगे बढ़ते हैं गुरु महाराज जी का आकार सर्वज्ञ तथा सर्वव्यापी हो जाता है तथा गुरु में मान ली गई शक्तियाँ स्वयं व्यक्ति में आ जाती हैं। शक्ति तथा आंतरिक शुद्धि का यह वो भाव है जो अधिक से अधिक गुरु के साथ पहचान के साथ आता है तथा जो आंतरिक स्व का उपचार होता है।

प्रश्न 5. 'ओक्का' क्या है? कूर्गों के संदर्भ में चर्चा कीजिए।

उत्तर– देखें जून–2019, प्रश्न–5(ख)

भाग–II

प्रश्न 6. धार्मिक पुनरुज्जीवनवाद की चर्चा, नव आंदोलनों और पूजा–प्रथाओं (cults) के संबंध में कीजिए।

उत्तर– देखें जून–2020, प्रश्न–6

प्रश्न 7. मांगलिकता और परिशुद्धता की संकल्पनाओं का वर्णन, धर्म के अध्ययन में इनके महत्त्व को ध्यान में रखकर कीजिए।

उत्तर– देखें इकाई–10, प्रश्न–3

प्रश्न 8. धर्म के सांस्कृतिक विश्लेषण में आस्था और प्रतीक के महत्त्व की जाँच कीजिए।

उत्तर– देखें दिसम्बर–2019, प्रश्न–2

प्रश्न 9. संप्रदायवाद और कट्टरवाद की संकल्पनाओं का वर्णन, उचित उदाहरण देते हुए कीजिए।

उत्तर– देखें इकाई–21, प्रश्न–2

प्रश्न 10. शिरडी के साँई बाबा के जीवन और शिक्षाओं की चर्चा कीजिए।

उत्तर– देखें इकाई–26, प्रश्न–1, 2

www.ingramcontent.com/pod-product-compliance
Lightning Source LLC
LaVergne TN
LVHW021802060526
838201LV00058B/3206
9789381066737